스물에 만나는 현대해석학의 거장들

스물에 만나는 현대해석학의 거장들

양 해 림

집문당

스물에 만나는 현대해석학의 거장들

2023년 7월 20일 1판 1쇄

저자 | 양해림
발행인 | 임동규
발행처 | **(주)집문당**
등록 | 1971. 3. 23. 제2012-000069호
주소 | 03134 서울시 종로구 돈화문로 82, 5층
전화 | +82-1811-7567
이메일 | sale@jipmoon.com
홈페이지 | www.jipmoon.com

ISBN 978-89-303-1952-2 93160

가격 35,000원

(주)집문당 이순신돋움체B (저작권자 아산시, 무료글꼴)

머리말

본서는 지난 2007년, 2011년 『현대해석학 강의』라는 제목으로 초판 및 개정판이 나온 이후로 대학에서 전공 강의를 하는 과정에서 학생들의 의견을 다소 반영하여 1강부터 13강까지 최근의 내용들과 문헌들을 대폭 수정 · 보완하여 다시 새롭게 제목을 붙여 구성해 보았다. 그리고 오타 및 문장들을 전체적으로 다시 손질하였다. 필자는 충남대학교 철학과에서 지난 2002년 부임 이후에 현대해석학 강의를 지속적으로 맡아 왔다. 점차 철학과 학부의 현대해석학 강의를 대학원 학생들의 전공 강의로 점차 확대하였고 지난 2007년 이후로는 일반 독자들도 함께 볼 수 있게 『현대해석학 강의』(2007, 2011:개정판)를 편찬하여 지금껏 활용해 왔다.

이미 시중에는 해석학에 관한 많은 책들이 출판되고 있지만, 거의 대학에 종사하는 전문가들을 위한 책들이 주종을 이룬다. 이러한 불편을 덜기 위해 필자는 일반 독자들에게 보다 쉽게 접근할 수 있는 책들이 없을까 하는 고민 끝에 이 책을 내놓게 되었다. 또한 필자가 대학의 학부 및 대학원에서 강의를 진행하는 과정에서 최근의 새로운 내용을 담은 해석학이 그리 많지 않다는 인식 아래 몇 년간의 강의 결과물을 근거로 하여 계획하고 편성해 보았다. 이 기획이 얼마만큼 독자들의 욕구와 기대를 충족시켰는지에 대한 판단은 독자들의 몫이다.

해석학은 그 역사가 아주 길다. 주지하듯이, 해석학은 그리스시대 이후로 오랜 역사에 걸쳐 다양한 학문의 영역에서 다루어져 왔다. 그렇기 때문에 우리는 다양한 영역의 해석학을 일목요연하게 정리하는 것 자체도 쉽지 않다. 하지만 해석학은 모든 학문에 통용되는 텍스트 이해와 해석에 관한 이론이기 때문에 전문영역뿐만 아니라 우리의 일상생활에까지 깊숙이 관여한다. 해석학의 어원에서도 보여 주듯이, 해석학은 고귀한 신의 말씀을 인간 세상에 전해주는 것에서 유래하였다. 우리는 일상생활에서 많은 사람들과 함께 전문영역이나 비전문영역을 막론하고 언어를 매개로 하여 서로 대화를 나누고 각자의 행위에 대해 이해를 구하고자 한다. 그리고 다른 사람들이 생각하고 말하는 의도를 파악하고자 하며, 서로에게 이해하고 이해시키고자 노력한다. 우리가 사회생활에서 공통된 행위를 하고자 할 때에는 서로의 이해가 더욱 더 필요하다. 하지만 사람들 사이에서 서로를 어느 정도 이해한다고는 하지만, 오해는 언제나 생겨날 수 있으며, 우리는 많은 질문과 토론을 통해 오해의 소지를 제거하고자 한다. 이런 점에서 서로에 대한 이해는 한 사회의 구성원으로서 우리 삶의 본질적인 토대를 형성한다.

이렇듯 해석학은 우리의 일상생활과 친밀한 관계를 갖고 있지만, 우리 일상생활에서는 여전히 낯설다. 왜냐하면 해석학이 일상생활에서 적절히 활용되어 많은 사람들이 이해한 학문이기보다는 전문가들 사이에서 고준담론(高峻談論)의 학문으로 진행되어 왔기 때문이다. 물론 이러한 다양한 영역에 걸쳐 있는 해석학을 일상생활에 쉽게 풀어낼 수 있는가는 여전히 쉽지 않다.

필자가 이 책에서 근대 이후부터 최근에 이르기까지 13강에 걸쳐 12명의 해석학의 거장들을 선정하여 초대하고 있지만, 오랜 역사만큼 그들의 해석학 이론들을 이해하는 것만으로는 소화하기 벅찬 것이 사실이다. 하지만 이 책은 단지 우리가 그들의 이론을 암기식으로 머릿속에 들여놓는 데 있지 않다. 이들의 다양한 해석이론을 통해 우리의 현실사회에서 적절하게 활용하고자 하는 데 있다. 하지만 얼마만큼 이러한 해석이론들을 통해 현실 속에서 적절히 갈증을 풀어낼 것인지는 독자들의 몫에 맡긴다. 또한 그것을 풀어낼 소임을 다하지 못했다면, 그 책임 역시 필자의 몫이다. 독자들의 질책을 기다리며 겸허히 그 질책을 받아들이겠다. 이 책은 인물을 중심으로 주제별로 해석학자들의 이론을 구성하고 있기에 독자들이 장(章)의 순서대로 읽을 필요는 없다. 독자들이 마음에 드는 인물의 이론을 선정하여 손에 와 닿는 대로 읽어도 무방하게 편성되어 있다.

무엇보다 인문학의 오랜 불황 속에서도 본서를 출판하게 되어 기쁘게 생각한다. 우리 사회에 인문학에 대한 위기가 유행 사조처럼 시기적으로 한 번씩 오가고 있다. 인문학 위기의 담론이 오르내리는 것 자체가 이미 인문학이 현장에서 활동력을 잃어버렸다는 반증일지 모른다. 하지만 이러한 상황일수록 인문학의 책무는 더 무겁게 피부에 와 닿는다.

향후 수정 및 보완할 부분의 장들이 발견되면 지속적으로 다시 보충할 것을 독자 여러분께 약속드리며 아낌없는 질정을 부탁드린다. 끝으로 어려운 국내 출판계의 상황에도 불구하고 이 책의 출판을 허락해 준 집문당 임동규 사장님과 방대한 분량의 원고를 출판할 수 있게 도와준 전정아 편집부장님 그리고 예쁘게 책을 디자인해 주신 임용우 부장님께 감사의 마음을 전하고 싶다.

2023년 6월
궁동 연구실에서
양 해 림

차 례

제1강

해석학이란 무엇인가

1. 해석학의 어원
2. 해석학의 정의 및 역사

제1강

해석학이란 무엇인가

1. 해석학의 어원

해석학의 어원은 그리스 신화의 헤르메스(Hermes)에서 유래한다. 이러한 해석학의 어원은 해석하다(to interpret)로 번역되는 그리스어의 동사 "헤르메네웨인(ἑρμηνεύειν, hermenein)"[1])과 해석(interpretation)으로 번역되는 명사 헤르메네이아(ἑρμηνεία, hermeneia)에서 나왔다. 동사로 표현되는 헤르메네웨인과 명사로 번역되는 헤르메네이아는 날개 달린 사자신(使者神)이라 불리는 헤르메스까지 소급된다.

헤르메네웨인(hermenein : 동사) + 헤르메네이아(hermeneia : 명사) = 헤르메스(해석학)

1) 헤르메네웨인의 동사는 두 가지 주요한 의미가 있다. 이 단어는 표현과정(표현방식과 표현과 발표)뿐만 아니라 설명과정(또는 번역)을 가리킨다. 이 두 가지 경우는 두 가지 방향에서 가능한 의미의 매개이다. 매개함은 ① 사상(思想)에서 나아가 말(혹은 담화, 화법)로 인도된다. ② 말에서 나아가 사상으로 되돌아 갈 수 있다.(장 그롱댕, 『현대해석학의 지평』, 최성환 옮김, 동녘, 2019, 21쪽.)

하지만 그 낱말의 어원은 오랜 역사만큼 다소 모호하다.[2] 흔히 헤르메스는 신의 메시지를 인간에게 전달해 주는 전달자, 이를테면 신의 사자(使者)였으며 신의 말씀을 선포하는 자였다. 헤르메스는 신의 메시지를 인간에게 전달하는 단순한 사명뿐만 아니라 신탁을 인간이 이해할 수 있는 언어로 설명하기도 하였다. 말하자면 그의 사명은 인간의 세계와 근본적으로 다른 세계의 의미연관을 인간의 세계에서 이해되는 의미로 옮겨 주어야 했다. 헤르메스는 제우스나 다른 신들의 말씀을 인간들에게 전달하는 신이다. 제우스의 말을 전달하기 위하여 헤르메스는 먼저 그의 입으로 어떤 말을 소리 내어 말해야 하고, 듣는 사람이 더 잘 이해할 수 있도록 설명해야 한다. 신의 말씀을 직접 이해할 수 없는 인간들에게는 외국어를 자국어로 바꾸듯이 번역해야 한다.

위의 어원에 의하면, 신의 말씀을 전달해 주는 역할을 맡고 있는 성직자는 무엇인가를 공표하고 진술하고 있음을 암시한다. 따라서 성직자는 헤르메스 신이나 델피 신탁의 사제와 마찬가지로 신으로부터 운명에 관한 소식을 사람들에게 전해 주는 기능을 떠맡는다. 이런 점에서 성직자는 말하거나 선포를 한다는 점에서 헤르메스 신과 마찬가지로 신과 인간의 중재자 역할을 한다.[3] 이렇듯 헤르메스(Hermes)는 신과 연결된다. 첫째, 인간의 이해능력을 초월해 있는 것을 인간의 지성이 파악할 수 있도록 전환시켜 주는 기능과 관련된다. 둘째, 이해능력의 의미파악과 언어를 도구로 사용하는 것

2) E. Boisacq, *Dictionnaire étymologique*, Hedelberg-Paris, 1916, 282쪽.
3) 리차드 팔머, 『해석학이란 무엇인가』, 이한우 옮김, 문예출판사, 2001, 37쪽.

을 헤르메스의 덕택이라 믿는다. 셋째, 하이데거는 해석학으로서 철학을 헤르메스와 연관시켜서 개시성(開示性)이라 표현하기도 한다. 여기서 개시는 "밖으로 내어 놓다"라는 의미이다. 이는 곧 시인을 통해서 이미 말해진 것을 설명한다는 뜻이다. 다시 말해 해석학은 단어를 명료하게 하는 것을 함축한다. 이러한 해석학은 두 가지의 의미를 담고 있다. 첫째, 해석학은 어떠한 단어 · 문장 · 구문 등의 정확한 의미와 내용을 파악하는 것이며, 둘째, 상징적 형식에 담겨 있는 교훈을 다시 발견하는 것이다.[4] 그리스시대의 소피스트에게서도 해석학은 어휘의 분석과 그 어휘의 다의성, 이와 연관된 명제들이 다양하게 사용할 수 있음을 보여 주었다.

라틴어 헤르멘오티카(hermeneutica)란 용어는 17세기 프랑스 스트라우스의 신학자 단하우저(J.C. Dannhauser)의 『신성한 해석학 내지 성서문헌의 해석방법(*Hermeneutica sacra sive methodus exponendarum sacrarum litterarum*)』(1654)에서 처음으로 등장하였다. 17세기 후반까지도 해석학은 그 이름이 없었다. 단하우저는 이전에 해석론(Interpretation/Auslegungslehre) 혹은 해석술(Auslegungskunst)이라 일컬어졌던 것을 나타내기 위해 이런 개념을 고안해 냈다.[5] 일찍이 해석 기술(ars interpretandi)이라고 불렀던 것이 비평, 주석, 문헌학 등 다양한 학문 분과에서 채택되고 발전했다. 위의 저서의 제목에서 암시하고 있듯이, 해석학은 17세기부터 "문헌해석의 규칙이나 방법에 관한 학"으로 규정하고 있다. 이러한 의미에서 해석학은 어

4) 조셉 블라이허, 『현대 해석학』, 권순홍 옮김, 한마당, 1983, 18쪽.
5) 장 그롱댕, 『현대해석학의 지평』, 최성환 옮김, 동녘, 2019, 19쪽.

떤 문헌을 실제로 해석하는 작업을 넘어서 실제의 해석 활동을 지배하는 규칙이나 방법을 세우는 일이다. 이 용어는 특정한 텍스트를 위한 해석을 보조하거나 해석의 여러 가지 규칙을 확정하는 신학이나 문헌학 또는 법률학을 위한 보조 수단으로 발전하게 되었다. 따라서 17세기에 등장한 해석학이라는 용어는 아주 일반적인 의미로 이해의 문제와 연관되어 파악된다.[6] 그렇지만 그 시대에 논의되었던 내용들은 아주 오랜 그리스 철학으로까지 거슬러 올라간다. 해석학은 해석의 기술(Kunst der Hermenuein)로 대변되는 번역하고, 설명하며, 해석하는 기술이다.[7] 요컨대 해석학은 다른 세계와 다른 언어로부터 의미 연관성을 신뢰할 수 있게 번역을 해야 하는 것이다.

2. 해석학의 정의 및 역사

해석학은 "오랜 역사"[8]에 걸쳐 신학 · 철학 · 문학 · 법학 등의 영역에서 다양하게 다루어져 왔다. 고전적 의미에서 해석학은 텍스트를 올바르게 해석하는 기술(die Kunst)로 불렸다. 이 기예는 주로 종교적 텍스트나 규범적 텍스트의 해석과 연관이 있는 분과 학문, 즉 성서해석학, 신학, 법률해석학, 문헌학 등에서 전개되었다.

6) 알뷘 디이머, 『철학적 해석학』, 백승균 옮김, 경문사, 1985, 1쪽.

7) 한스 인아이헨, 『철학적 해석학』, 문성화 옮김, 문예출판사, 1998, 21-22쪽.

8) 해석학의 역사에 대한 자세한 내용은 다음을 참조: Matthias Jung, *Hermeneutik zur Einführung*, Hamburg, 2012, 32-74쪽.

여기서 해석학은 해석 절차가 원활히 진행될 수 있게 도와주는 보조 기능을 수행한다.9)

이제 해석학은 텍스트를 올바르게 해석하는 이해와 해석에 관한 이론으로서 전문영역뿐만 아니라 우리의 일상생활에까지 깊숙이 영향을 미치고 있다. 우리는 서로 대화를 나누고 각자의 행위에 대해 이해를 구하거나 다른 사람들이 생각하고 말하는 것을 파악하고자 하며, 서로를 이해하려고 노력한다. 특히 우리가 공통된 행위를 하고자 할 경우에 서로의 이해를 더욱 더 필요로 한다. 하지만 우리가 서로 어느 정도 이해한다고는 하지만, 오해는 언제나 생겨날 수 있으며, 우리는 많은 질문과 토론을 통해 오해의 소지를 제거하고자 한다. 이런 점에서 서로에 대한 이해는 한 사회의 구성원으로서 우리 삶의 본질적인 토대를 형성한다.

해석학은 일반적으로 의미의 해석에 대한 이론이나 철학으로 규정된다. 앞장에서 언급했듯이, 해석학의 근대적 기원이 17세기 초엽 이후부터 예술철학, 언어철학 및 문예비평의 논제로 등장하기 시작한다. 먼저 해석학은 문헌적 해석학을 위한 기초적 · 예비적 분야로 파악한다. 웹스터 제3국제사전에서는 해석학을 해석과 설명의 방법론적 여러 원리에 대한 연구라 정의하고 있다. 해석학자 팔머(Richard E. Palmer)의 견해에 의하면, 해석학은 문학해석에 적합한 접근방법을 모색하는 것이라 말한다. 해석학은 일반적으로 서로 다르면서도 상호작용하는 두 가지의 관점을 포함한다. 팔머에게 있어서 그 하나는 텍스트의 이해이며 다른 하나는 '이해와 해석은

9) 장 그롱댕, 『현대해석학의 지평』, 최성환 옮김, 동녘, 2019, 12쪽.

과연 무엇인가?'라고 묻는 아주 포괄적인 문제라 파악한다.[10] 또한 해석학은 이해이론의 두 영역을 함께 다룬다. 하나는 텍스트 이해라고 하는 사건 속에서 무엇이 포함되어 있는가 하는 문제이며, 다른 하나는 가장 기본적이고 실존적인 의미에 있어서 이해 자체란 무엇인가 하는 문제이다.[11] 따라서 해석학이란 용어는 해석의 이론, 적절한 텍스트 주석의 제 원리라는 뜻을 함축하고 있다.

플라톤에 의하면, 『법률(*Gesetze*)』의 부록편인 「에피노미스(Epinomis)」의 후기 대화에서 해석학의 정의는 여러 종류의 해석학의 기술(Kunst)들에 대하여 기록하는 것이라 말한다. 그것은 참과 거짓에 대해 판단하지 않고 신탁(信託)의 의미만을 밝혀내는 기술이었다. 즉 해석학은 후기 대화론에 들어 있는 예감의 기술(techne mantiké)과 함께 해석의 기술이라 부르면서 시작된다. 그러나 그가 언급하는 해석기술은 종교적인 영역에서의 예언술과 함께 분명한 지식보다는 개연적이고 추측하는 지식을 다루는 데 사용하였다. 그 당시 시인들은 시들의 해석자였다. 그리고 신의 사자인 헤르메스를 해석과 연결시킬 수 있다고 믿었다. 신들이 전달하려는 것이 인간에게는 아직도 불분명한 언어였기 때문에 주석을 필요로 하는 해석이었다. 플라톤에 의하면, 헤르메네우스(해석자: 신들의 대변자)는 어떤 타자가 의미하는 바를 어떤 누군가에게 전달하고 알려주는 자이며 그러한 전달 및 고지(告知)를 그들에게 중계하고 추수행(追修行)하는 자라는 점을 지적한다. 이때의 알려 주는 것이란 일반적인 것과 다

10) 리차드 팔머, 앞의 책, 27쪽.
11) 리차드 팔머, 앞의 책, 30쪽.

른 것과의 차이를 명백히 해주는 것이다. 그것은 단지 이론적 이해가 아니라 원하고자 하는 의지, 동일한 것, 존재, 실존 등을 의미한다. 따라서 해석학이란 존재자의 존재자에게 있어서 무엇인지를 언어로 알려주는 것이다.

해석학은 앞서 언급한 플라톤, 그리고 아리스토텔레스에 이르기까지 거슬러 올라가는 오랜 역사를 지닌다. 이러한 긴 역사는 두 시기로 나눌 수 있다. 첫 번째 시기는 프로테스탄트 종교개혁에 의해 촉발된 성서연구에서부터 시작한다. 이는 19세기에서 절정에 이르는데 이른바 근대(modern era)라고 부르는 시기이다. 두 번째 시기는 20세기에 와서 모든 것이 변화하였고, 포스트모던이라 부르는 20세기 말에 정점을 이른다.[12]

아리스토텔레스는 논리학의 『기관(*Organon*)』의 한 부분인 「해석에 관하여(Peri Hermeneia, On Interpretation)」에서 해석의 정의에 대해 언어를 사용하는 여러 방식(언명: 言明, enunciation)이라 말한다. 그에 의하면, 언명이란 신으로부터의 메시지가 아니라 합리적 지성의 작용을 뜻했다. 다시 말해 그가 정의하는 의미는 "말하다" 또는 "천명하다"를 지칭한다. 아리스토텔레스의 "해석하다"라는 말뜻은 진술 · 표현 · 이해이다. 위의 저서에서 그는 존재자를 발견하고 그것에 친숙해지는 기초적인 수행작업으로서 로고스를 다루었다.[13] 로고스는 아리스토텔레스의 고전철학에서 이성이 아닌 말이며 대화를 의미하였다. 다시 말해 인간은 말을 건네는 방식으로 그의 세

12) 존 카푸토, 『포스트모던해석학』, 이윤일 옮김, 도서출판b, 2020, 14-15쪽.

13) 하이데거, 「해석학」, 『마르틴 하이데거의 존재론』, 이기상 · 김재철 옮김, 서광사, 2002, 32쪽.

계를 이해하는 존재자이다.[14] 또한 아리스토텔레스의 로고스는 무엇인가를 보이게 하며 그 구조는 지시적으로 보여 줌이다. 여기서 로고스는 존재자를 숨겨져 있음으로부터 숨겨져 있지 않음을 보여주는 것이기 때문에 숨겨져 있지 않음으로써 진리에 관계한다.[15]

그렇지만 아리스토텔레스의 해석방식은 논리학과 구별된다. 논리학은 비교되는 언명된 진술로부터 비롯된다. 이 언명은 알려진 것으로부터 모르는 것에서의 추론과정이 아니라 진술의 형성 그 자체이다. 아리스토텔레스는 해석을 ① 단순한 대상들에 대한 이해 ② 종합과 분석의 작용, ③ 알려진 것으로부터 모르는 것에 이르기까지 추론작용으로 나눈다. 아리스토텔레스의 『해석에 관하여』에서 논의되는 언명은 위에서 언급한 ②만을 다룬다. 언명이란 참과 거짓을 판별할 수 있는 진술들을 형성할 때 일어나는 구성작용과 분할작용에 관련된다. 따라서 언명은 논리학이나 수사학과 동일시하지 않는다. 하지만 아리스토텔레스의 『해석에 관하여』라는 저술은 해석학이 아니라 참, 거짓과 관계하는 판단의 논리적 구조를 다루었다. 이러한 고대 해석의 기술은 17세기에 들어와서 신학과 문헌학 그리고 법률학의 보조분과로서 나타났으며, 해당하는 텍스트를 위한 해석의 여러 규칙들을 파악해야만 했다.[16]

후기 고대철학에서는 아리스토텔레스의 『논리학』에서 파생된 비판, 수사학, 대화법만이 성행하였다. 위에서 언급한 아리스토텔레스의 『해석에 관하여』는 근대 해석학을 이해하는 데 중요한 역

14) 하이데거, 위의 책, 50쪽.

15) 오토 푀겔러 엮음, 『해석학의 철학』, 박순영 옮김, 서광사, 1993, 28쪽.

16) 리차드 팔머, 앞의 책, 47쪽.

할을 하였다. 그는 해석론에서 해석이 로고스에 대해 다루고 있다는 것, 즉 존재자를 드러내고 존재자에 친숙하게 해 주는 근본역량이 된다고 말한다. 결국 아리스토텔레스에서 시작하는 해석학의 전통은 슐라이어마허(D. E. Schleiermacher, 1768~1834)가 등장하기까지 오랜 세월 동안 단절되고 있었다. 근대의 해석학은 성서해석에 있어 전환을 맞게 된다. 여기서는 해석학이 주로 신학의 보조학으로서 수용되었다. 주로 해석학은 성서의 해석기술로서 번창하였다. 초기의 해석학은 성서의 보다 나은 해석에 주력하였던 것이다. 그러다가 성서해석학을 문헌학과 법률학의 보조학으로 끌어들이면서 해석학의 정의는 보다 근본적으로 진행된다.

슐라이어마허는 이해의 두 양식을 문법적 이해, 즉 직접적으로 언어의 이해와 심리적 이해, 즉 사유하고 말하면서 자기를 나타내는 개인에 관계하는 것으로 구분한다. 이 무렵 성서 해석술의 전통을 문헌학에 도입한 이론가는 아스트(Friedrich Ast, 1778~1841)였다. 아스트와 동시에 활동했던 철학자로서 해석이론에 관심을 가졌던 사람은 볼프(F. A. Wolf)와 뵈크(A. Boeckh)였으며, 이들의 이론을 다시 정리하여 해석학을 새로운 차원으로 끌어올린 인물은 슐라이어마허였다. 특히 슐라이어마허에게 있어서 개별적인 사고와 표현은 삶의 전체적인 연관에서 이해되어야 한다고 보았다. 텍스트의 진정한 이해를 위해서 그는 원작자의 상황과 작자의 정신으로 몰입해야 하고 그 안에 살 것(Sich-Erlebnen)을 요청하였다. 슐라이어마허의 해석학은 심리적인 작용에 큰 의미를 부여하고 있다. 즉 그는 해석학에서 타자의 정신 · 행위동기 · 이념 · 표상 · 소원 · 희망 등의 개념들은 감정이입을 통해서 심리적으로 원래의 발상과 의도가 해석자에 의해서 재구성(Nachkonstruktion)되어야 한다고 보았다. 해석자는 작자보다도 훨씬 더 직접적으로 감정에서 자유로울 수 있기 때문에 재생은 저자가 의식하였던 역사적인 연관을 더 잘 재현시킬 수 있다. 따라서 슐라이어마허는 "저자 자신이 이해한 것보다 그것을 더 잘 이해"하는 데 있다. 슐라이어마허의 이러한 심리적인 이해능력에 대해 현대 해석학자 가다머는 원작자의 의도를 원본처럼 재생산해내는 심리적인 과정이 아니라 파악하기 때문에 비판적 입장에 서 있다.

현대 해석학은 그동안 망각 속에 묻혀 있던 슐라이어마허의 작업을 들추어내고 이를 정신과학의 방법론으로 승화시킨 딜타이의 해석학 작업에서 비로소 시작된다. 오늘날까지도 그의 발상은 해석학에 생동적으로 작용하고 있다. 딜타이는 슐라이어마허의 해석학의 개념을 "해석규칙의 형식"으로 받아들이고 이해의 분석을 통해 그 개념에 토대를 제공하였다. 그리고 정신과학의 발전에 대한 자신의 연구와 관련하여 해석학의 연구를 수행하였다. 왜냐하면 출발부터 해석학이 문헌해석에서 시작되었기 때문에 딜타이 역시 언어표현에 나타난 해석학의 문제를 다루었다. 해석학은 이해시킴에 관한 이론, 즉 해석의 이론(Lehre der Auslegung)을 일컫는다. 딜타이는 해석학이란 개념의 이러한 용법에 대해 잘 알고 있었다. "문자로 고정된 삶의 표현들을 이해하는 기술에 관한 이론을 우리는 해석학이라 부른다." 이는 단지 문헌들뿐만 아니라 몸짓이나 행동들도 이해할 수 있다. 이에 따라 해석학이란 말은 훨씬 넓은 의미로 사용된다. 딜타이의 진정한 의도는 정신과학의 기초를 설정하는 작업과 더 나아가서 체험표현 · 행위표현 등에 걸쳐 폭넓게 이해의 기술에 관한 해석학의 학문적인 근거를 설정하는 데 있었다. 다시 말해서 이해의 대상은 결코 문자로 표현된 작품에만 제한되지 않고 인간이 만들어 낸 모든 문화적 표현, 즉 사회 · 법 · 제도 · 종교 · 예술 등과 같은 인간의 행위가 인간의 역사에 이르는 모든 영역에 걸쳐 있는 것이다. 딜타이 이후로 해석학은 하이데거와 가다머를 거치면서 정신과학의 방법론으로만 제한되지 않는 존재의 이론으로 발전하였다.

하이데거는 『존재와 시간』(1927)에서 해석학이라는 명칭을 단지 딜타이처럼, 역사적인 정신과학의 방법론을 의미하는 것이 아니라 현존재의 역사성에 대한 이해와 해석을 의미하였다. 해석학은 모든 존재론적인 탐구의 가능조건을 마무리 짓는 작업이다.[17]

무엇보다 그는 해석학을 현존재의 해석을 통해 존재의 본래적 의미를 밝혀내는 것이었다. 인간은 현(da)이다. 바로 여기서 존재자는 그 존재로서 비로소 시작된다. 이러한 현존재는 세계-안의-존재(In-der Welt-Sein)이다. 세계란 존재자들의 총체를 의미하는 것이 아니고 우리가 존재자를 만나는 방식을 의미한다. 즉 하이데거는 해석학을 삶의 다의적인 개념인 실존으로서 현존재의 개념으로 대체시켰다.[18] 가다머는 그의 주저인 『진리와 방법』(1960)이란 제목으로 출판한 「철학적 해석학의 개요」에서 해석학을 정신과학의 이해에 대한 분석을 새롭게 구체적인 방식으로 전개시켰다. 딜타이와 하이데거, 후설의 영향을 받은 가다머는 해석학의 이해를 인간

17) Jean Grondin, *Einführung in die philosophische Hermeneutik*, Darmstadt, 1991, 3쪽.
18) 오토 푀겔러 엮음, 『해석학의 철학』, 박순영 옮김, 서광사, 1993, 29쪽.

현존재의 근본특징으로 파악함으로써 정신과학의 이해와 해석에 많은 관심을 기울였다. 그는 해석학의 정의에 대해 "이해된 존재는 언어"라고 보았다. 그러나 언어는 개별적인 화자를 포괄하는 사건, 즉 역사라 파악한다.

하버마스(J. Habermas)와 아펠(K.-O. Apel)을 통해 해석학은 사회과학적 실천철학의 방법론으로 전개되었다. 아펠과 하버마스에 의하면, 철학이 오늘날의 산업사회라는 삶의 상황 속에서 실제로 작용하고 있는지, 그리고 철학이 자신의 자리만을 지키고 있는 것이 아니라 "삶의 이론과 실천을 실제로 매개시키고 있는 철학이 과연 어떤 것인지"를 진지하게 물었다. 특히 아펠에 의하면, 1960년대 후반 철학은 세 가지의 근본방향, 즉 "마르크스주의, 분석철학, 현상학적 실존주의적 - 해석학적 사유"[19]에 의해 주도되고 있다고 본다. 이 세 부류의 학파 중 마르크스주의는 현재성을 일정부분 상실했으며, 이제 분석철학과 현상학적 - 실존주의적 - 해석학적 전통만 남아 있다. 이러한 현대의 해석학은 리쾨르와 푸코가 주장하는 현상학, 구조주의 등 다양한 관점과 접맥되면서 초기의 해석학과는 다른 양상으로 전개되어 가고 있다.[20]

이와 같이 살펴본 근 · 현대의 해석학은 6가지의 상이한 방식들로 정의되어 왔다. 따라서 해석학의 분야는 다음과 같이 나눈다. ① 성서주석의 이론, ② 일반적인 문헌학적 방법론(볼프, 아스트), ③ 모든 이해에 관한 학문(슐라이어마허), ④ 정신과학의 방법론적

19) K-O Apel, *Einführung zu C. S. Perice Schriften zur Entstehung des Pragmatismus*, Bd. 1. Frankfurt. a. M, 1967, 13쪽.

20) 박순영, 「해석학의 현대적 위상」, 『현대철학 특강』, 철학과현실사, 1999, 117쪽.

기초(딜타이), ⑤ 실존과 실존론적 이해의 현상학(하이데거), ⑥ 신화나 상징의 배후에 있는 의미에 부합하기 위해 사용되는 우상파괴적인 해석의 체계(데리다, 푸코, 라캉, 지젝)들이 그들이다.[21] 따라서 현대의 해석학은 일반적으로 두 전통으로 나누어진다. 한편으로 슐라이어마허와 딜타이 전통에서 해석학이란 해석의 근저에 놓여 있는 방법론적 원리를 일반적으로 모아 놓은 결집체라 파악한다. 다른 한편으로 하이데거적인 전통에서 해석학을 모든 이해의 성격과 필수적인 조건들에 대해 철학적으로 해명한 인물은 베티(E. Betti), 가다머(H.-G. Gadamer), 리쾨르(Paul Ricouer)였다. 특히 가다머와 리쾨르는 해석학이라는 단어를 가장 엄밀한 사고를 하게끔 특징짓는 데 기여했다. 그들은 오늘날 우리 세계경험의 역사적 · 언어적 성향이 강조되는 해석과 정신과학에 포괄적인 철학을 발전시켰다.[22]

이러한 향후 해석학의 전망은 보다 다양한 방향으로 전개되고 있다. 19세기~20세기 초까지 슐라이어마허의 보편적 해석학, 딜타이의 정신과학의 방법론, 하이데거의 현존재의 실존론적 해석학, 리쾨르의 상징 및 텍스트의 해석학 등 해석학의 중심개념은 이해였지만, 그 이후 전개되는 해석학은 이해를 그 중심으로 다루든지 그렇지 않든지 간에 그 범위가 "단순히 텍스트의 의미를 객관적으로 파악하는 작업으로서의 이해에 관한 탐구"를 넘어서는 새로운 사상들이 등장하고 있다. 따라서 향후 현대해석학은 텍스트의 주

21) 리차드 팔머, 앞의 책, 63쪽.
22) 장 그롱댕, 『현대해석학의 지평』, 11쪽.

관적 및 객관적 해석뿐만 아니라 이를 통해 다양한 분야에 걸쳐 응용 해석학으로서 점차 전개해가고 있다. 즉 1980년 이후 서구의 "포스트모더니즘의 사조"[23]와 맞물려 장르의 넘나들기가 그 한 실례이다. 해석학과 심리학[24], "해석학과 문학"[25], 해석학과 정신분석학[26], 해석학과 신학[27], 해석학과 과학[28] 및 인공지능(AI), 해석학과 대중영화 및 대중문화[29], 해석학과 디지털미디어[30], "해석학과 인지과학"[31] 등 폭넓은 학제간의 교류를 통해 점차 문화 · 통합 콘텐츠로서의 역할을 담당할 전망을 보이고 있다.

23) 존 카프토, 『포스트모던 해석학』, 이윤일 옮김, 도서출판b, 2020.
24) 한국해석학회 편, 『심리학과 해석학』, 철학과현실사, 2002.
25) 이기언, 『해석학-해석의 이론과 이해의 예술-』, 그린비, 2021.
26) 양해림, 「라캉의 무의식의 해석학」, 『현대해석학 강의』, 집문당, 2011.
27) 이경재, 『해석학과 신학』, 다산글방, 2002.
28) 커널리 코이트너, 『해석학과 과학』, 이유선 옮김, 민음사, 1994.
29) 양해림, 『미와 아트, 대중문화와 만나다』, 집문당, 2014.
30) 양해림, 「과학기술과 새로운 공간의 창출-일상적 도시 공간에서 디지털미디어의 정체성을 중심으로-」, 『철학연구』, 제109집, 대한철학회, 2009, 57-82쪽.
31) 양해림, 『해석학적 이해와 인지과학-현대해석학, 인지과학에 말걸다-』, 집문당, 2014.

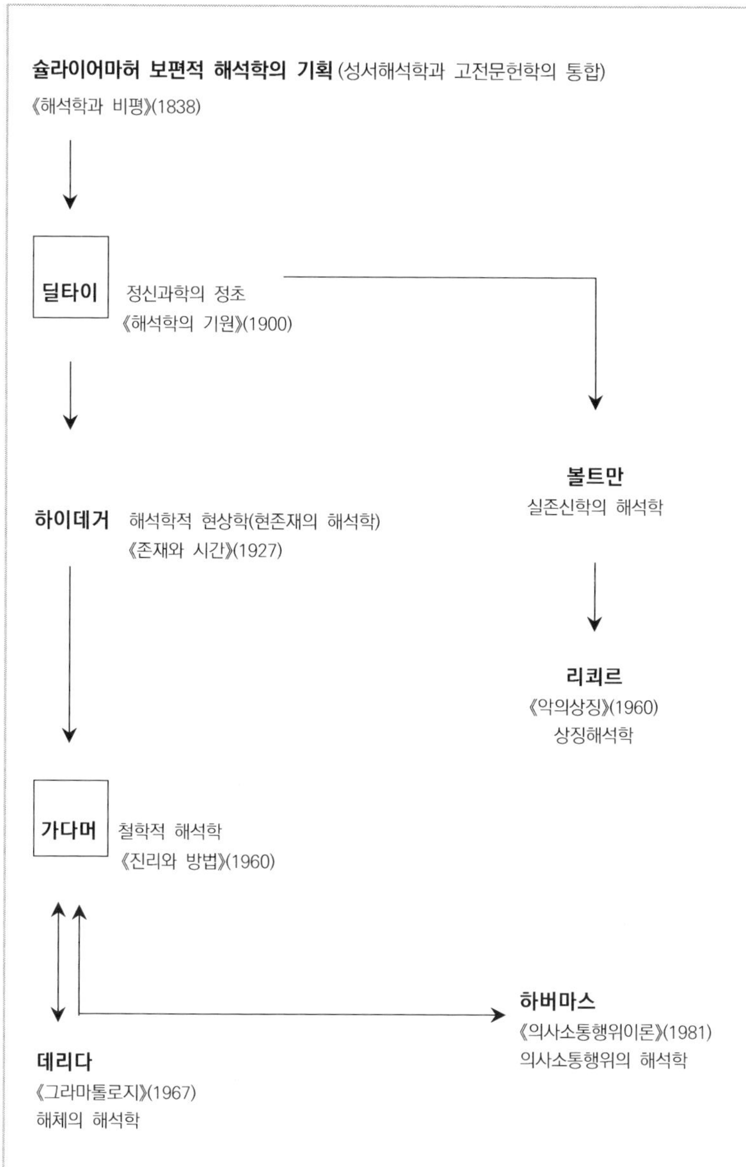

슐라이어마허 보편적 해석학의 기획 (성서해석학과 고전문헌학의 통합)
《해석학과 비평》(1838)
딜타이 정신과학의 정초
《해석학의 기원》(1900)
볼트만
실존신학의 해석학
하이데거 해석학적 현상학(현존재의 해석학)
《존재와 시간》(1927)
리쾨르
《악의상징》(1960)
상징해석학
가다머 철학적 해석학
《진리와 방법》(1960)
하버마스
《의사소통행위이론》(1981)
의사소통행위의 해석학
데리다
《그라마톨로지》(1967)
해체의 해석학

제2강

슐라이어마허

보편적 해석학의 기획

1. 슐라이어마허에 앞선 두 선구자: 아스트와 볼프
2. 슐라이어마허: 보편적 해석학의 시도
3. 영향과 의의

제2강

슐라이어마허

보편적 해석학의 기획

1. 슐라이어마허에 앞선 두 선구자: 아스트와 볼프

1) 아스트

아스트(Friedrich Ast, 1778~1841)는 『문법 · 해석학 · 그리고 비판의 기초 원리들(*Grundlinien der Grammanik, Hermeneutik und Kritik*)』(1808), 『문헌학의 개요(*Grundriß der Philologie*)』(1808) 등의 저서에서 문헌학을 전통적 고대 세계를 포괄하는 연구로 간주하였다. 아스트의 모든 이해의 목표는 고대의 다양한 변화 속에서 살아 움직였던 정신을 파악하는 것이었다. 이 정신이란 창조적인 삶의 객관화된 유산이라 할 수 있는 고전(die Antike)을 통해서 자신을 표현한다. 정신적인 것의 출발점은 고대 정신의 지식을 형성한다. 따라서 그의 주된 관심사는 19세기 유럽세계에서 로마의 고대문학과 문화의 역할과 기능을 탐구하는 것이었다.[1] 즉 그는 고대와 역사 전체에서 표현하는

1) 김영한, 『쉴라이에르마허에서 리꾀르까지 - 현대 철학적 해석학의 흐름 - 』, 숭실대학

정신의 통일성을 예감하여 고대 세계의 이론들을 다시 확보하고자 했다. 아스트는 정신적인 것의 근원적 통일성이 없다면, 이해는 불가능하다는 동일성(Identitätsphilosophie)의 판단으로부터 나아간다. 그가 말하고자 하는 해석학, 또는 성서해석학은 모든 외적이고 내적인 요소에서 고대 일반에 대한 이해를 전제로 하며 그것을 고대 저작물에 대한 설명의 근거로 삼았다.[2] 그에게 있어서 외적인 대상은 관념론적인 사변의 의미에서 내적인 대상을 정신이 이에 마주하는 것으로 파악하였다. 이런 점에서 언어는 정신의 모든 대상을 표현한다. 그리고 정신적인 모든 내적인 관계는 언어를 통해 이해하고 해석하는 근거를 마련한다. 이러한 언어를 통한 정신의 이해와 설명은 창작과정을 반복함으로써 우리의 내적인 대상으로 나타난다. 광범위한 의미에서 이해는 생산물처럼 모든 것을 지속적으로 형성, 조직하고 이러한 것들을 포함시킨다. 그러나 아스트는 '도대체 이해하는 자와 창작하는 자가 항상 같은 길을 걸어가야 하는가?'라는 물음으로 이의를 제기한다. 이러한 의문은 정신의 근거가 되는 어떤 관점들의 허용 가능성에 대해 물음을 던지는 것이다.[3]

아스트는 세 종류의 이해를 다음과 같이 제시한다. 첫째, 역사적 이해는 여러 종류의 문학과 예술에 관계없이 작품의 내용을 목적으로 하며, 둘째, 문법적 이해는 언어를 목표로 하며, 셋째, 정신적 이해는 저자와 고대 정신 일반을 목표로 한다. 즉 이해는 작품 속

교출판부, 2011, 57쪽.

2) F. Ast, *Grundlinien der Grammatik, Hermeneutik und Kritik*, H.-G. Gadamer/G. Boehm(Landshut 1808), 1972, 112쪽.

3) 한스 인아이헨, 앞의 책, 12쪽.

에 나타난 근본이념 · 인생관 · 개념을 파악한다. 이렇게 아스트는 역사적 이해, 문법적 이해, 정신적 이해의 구별을 통해, 해석학을 “문자 해석학(Buchstaben)”, “의미(Sinn) 해석학”, “정신(Geist) 해석학”으로 분류한다.[4] 따라서 아스트 문헌학의 근본 목적은 문헌유산을 통해 분명하게 드러나는 고대의 “정신(Geist/spirit)”을 이해하는 것이다. 그 당시의 정신은 존재의 내적 통일에 관련되었다. 이러한 정신은 헤르더의 “민족정신(Volksgeist)”개념에서 파생되어 나왔고 그리스나 로마의 민족정신을 가리킨다. 먼저 고대 저작을 연구하기 위해서는 문법이 필요한데 고대의 언어연구는 해석학과 결부될 수밖에 없다. 따라서 정신의 통일성(Einheit der Geistes) 개념은 해석학적 순환에 관한 아스트 견해의 기초가 된다. 그러므로 정신은 발전과 생성의 원천이 되기 때문에 전체의 정신은 개별적 부분들에 각인되어 나타난다. 즉 정신은 부분에서 전체로, 전체에서 부분의 내적인 조화로서 이해한다.[5]

2) 볼프

볼프(F. A. Wolff, 1759~1824)는 대단히 숭고한 정신을 가진 교사였고, 예리한 비판가였다. 일반적으로 문헌학이란 고대에 관한 학을 다루어 왔다. 문헌학은 체계적인 학문의 정립을 위해 다음과 같은 세 가지의 해석을 시도한다. 첫째, 문법적 해석은 해석을 위해 언어에 대한 이해의 모든 것을 다룬다(언어이론). 둘째, 역사적 해석

4) F. D. S. Schleiermacher, *Hermeneutik und Kritik*, Manfred Frank(H.G.), Frankfurt. a. M, 1977, 342쪽.

5) 리차드, 팔머, 『해석학이란 무엇인가』, 119-115쪽 참조.

은 그 시대의 역사적 사실과 저자의 생애에 관심을 갖는다(해석학). 셋째, 철학적 해석은 두 부류의 해석을 논리적으로 규제하는 역할을 한다(비판).[6] 특히 볼프는 『고대학문들의 총서(*Museum der Alterthumswissenschaften*)』(1807)에서 문법, 해석학, 그리고 비판을 함께 묶어 고전 학문의 수단(Organon)을 구성하는 보조학으로 상세하게 기술한다. 이러한 측면은 고대 학문들을 서술할 필요가 있었으며, 고대 세계의 지식을 다양한 관점에서 전달하고자 하였다. 문법과 해석학 그리고 비판은 이러한 문헌학의 토대 위에서 형성되었다. 이 세 가지 학문 모두는 형식적 또는 입문적인 학문으로 기능한다. 왜냐하면 이 학문들은 문헌학적 학문들의 자료가 아니라, 문헌들을 규칙에 따라 이해하고 설명하기 위해 모든 사람들이 익숙해져야 할 (문법, 규칙, 비판의) 규칙과 관련되기 때문이다.[7]

이때에 해석학은 다른 사람들의 구전된 사상과 글로 쓰인 사상들을 이해하여 해명하는 과제로서 전개하였다. 그리고 심리학적 고찰방식은 해석의 기준을 저자에 의해서 생각한 의미들을 포함시켰다.[8] 볼프는 해석학이란 기호나 상징의 의미를 파악하는 기준이 되는 규칙들에 관한 학문이라 말한다. 즉 모든 규칙은 이론이 아니라 실제적인 연구 작업을 통해서 얻어진다는 것이다. 이런 점에서 그의 해석학은 의미파악을 위한 규칙들을 한 곳에 모아 놓은 것이다. 그에게서 해석학의 목적은 저자가 말이나 글로 표현해 놓은 사상을 그 저자가 의도한 그대로 파악하였을 때 의사소통을 위한 출

6) 알뷘 디이머, 백승균 옮김, 『철학적 해석학』, 경문사, 1985, 59쪽.
7) 장 그롱댕, 앞의 책, 127쪽.
8) 한스 인아이헨, 앞의 책, 126쪽.

발점을 제공한다. 따라서 해석학은 이해의 생동성이 없이는 어느 누구도 제대로 해석할 수 없다.[9] 궁극적으로 그의 해석학은 해석의 척도가 저자에 뜻에 따라 주제에 부합하여 도달하게 된다.[10] 그렇게 하여 볼프의 해석학은 다양한 사상을 수용하고 심화시킨 슐라이어마허의 저술로 확장되어 나간다.

2. 슐라이어마허: 보편적 해석학의 시도

1) 생애 및 사상개요

슐라이어마허

슐라이어마허(Daniel Ernst Schleiermacher, 1768~1834)는 독일의 브레슬라우에서 대를 잇는 개혁교회의 목회자 집안에서 태어났다. 그의 아버지는 두이스부르크에서 신학을 공부한 뒤 경건주의 종파의 설교자로 활동했다. 슐라이어마허도 경건주의의 일파인 헤른후프파의 정신적 분위기 안에서 자라났다. 그의 어머니도 또한 오스트리아에서 독일로 이주한 개신교 신앙을 믿는 목회자 집안 출신이었다. 슐라이어마허는 군목의 일로 출장과 외지 근무가 잦았던 아버지보다 어머니의 영향 아래서 성장했다. 열 살 때까

9) 리차드 팔머, 앞의 책, 126-128쪽 참조.
10) 한스 인아이헨, 앞의 책, 125-126쪽.

지 브레슬라우에서 프리드리히 초등학교를 다녔으며, 플레스로 이사한 뒤에는 12살 때부터 기숙학교에서 정규교육을 받았다. 여기서 주로 고전어를 공부했다. 1783년 6월 그는 니스키(Nieskey)의 기숙학교에 입학하여 경건주의 정신에 영향을 받는다. 그는 경건주의의 아성이었던 할레(Halle)대학의 기숙학교에서 신학과 철학 및 고전학을 수학한 뒤, 가정교사를 하였고 베를린 등지에서 설교자로 일했다. 베를린 시절에 슐레겔 형제를 비롯한 낭만파 그룹과 관계를 맺었으며 온전한 계몽주의의 영향도 받아 1804년에 할레대학의 교목 겸 철학 신학교수에 취임하였다. 나폴레옹에 의해 할레대학이 폐쇄된 이후 베를린으로 다시 돌아가 훔볼트(Wilhelm von Humboldt, 1767~1835) 등과 함께 민족적 자각을 목표로 하는 정치활동에 참가했고 그 연장선상에서 베를린대학(Berlin, 지금의 훔볼트대학)의 창설에 기여했다. 대학 창립 후에 스스로 신학과의 정교수가 되었다. 슐라이어마허는 1805년 할레대학에서 처음으로 해석학 강의를 시작하였다. 특히 슐라이어마허는 볼프, 슐레겔, 아스트의 해석학적 사유에 많은 영향을 받았다. 볼프는 할레대학의 고대어와 문학 교수로서 슐라이어마허의 스승이었다. 슐라이어마허는 그 후에 베를린대학에서도 여러 번 해석학 강의를 했다. 그의 생애는 대체로 두 시기로 나눌 수 있다. 첫째, 베를린에 그가 처음 머물러 있던 1796년부터 1802년까지의 직관적 창조적 시기, 둘째, 1811년부터 1834년까지의 베를린 생활에서 계속적인 노력을 통해 전성기에 이른 그의 사상을 체계화한 시기이다.

그의 베를린대학에서 해석학 강의는 물론이고 신학, 철학에서 많은 영향을 끼쳤다. 그의 강의안들 및 강의에 대한 보충서들은 하인츠 킴멀레(Heinz Kimmerle)에 의해 편집되어 『해석학』이라는 제목의 책자로 전해져 오고 있다. 그는 베를린의 샤리테병원에서 원목으로 목회활동을 하였으며, 슐레겔, 노발리스 등과 함께 낭만주의 운동을 주도하기도 하였다. 그는 할레대학 교수로 재직하던 중에 훔볼트와 함께 베를린대학을 창립하는 데 주도적인 역할을 담당하였다. 이곳에서 신학부 학장 및 철학부 교수, 베를린학술원 회원을 지냈다. 고전 문헌학자로서 플라톤 전집을 독일어로 옮기는 등 독일 문화계에 영향을 끼친 문화 철학자였으며, 베를린 삼위일체교회의 설교자로서 국가와 교회의 개혁을 주도한 실천적 지성인이었다. 1834년에 갑자기 발병한 폐렴으로 사망했다.[11]

슐라이어마허의 해석학에 관한 저서는 생전에 간행되지 못했다. 모든 것은 강의, 강연, 유고, 초안의 형태로 남겨진 것에 불과하다. 슐라이어마허 해석학의 영향력은 전적으로 제자인 뤼케의 덕분이다. 뤼케는 수고로 된 유고와 강의 노트를 정리하여 『해석학과 비판, 신약성서와의 특별한 관계와 함께』라는 제목으로 출간했다.[12] 유일하게 전집에 수록되어 있는 것도 제자였던 뤼케가, 1838년에 슐라이어마허 자신의 강의노트 및 자신을 포함한 몇몇의 청강자에 의한 필기노트에 기초하여 편집한 것이다. 킴멀레에 의하면, 슐라이어마허는 초기에 문법적 해석에 중점을 두었고, 1820년대 이후부터 심리적 해석으로 관점을 바꾸었다. 전집에 수록되어 있는 뤼

11) 슐라이어마허의 생애 및 사상에 대한 자세한 내용은 다음을 참조: Dilthey, W., *Leben Schleiermachers*, II; *Schleiermachers System als Philosophie und Theologie*, hg. v. m. Redeker, 1966; Dilthey, W., *Schleiermacher in Briefen*, III, Stuttgart, 1957.

12) 장 그롱댕, 『철학적 해석학 입문』, 최성환 옮김, 한울, 2008, 158쪽.

케 편집의 강의록은 이 시절에 속한 것이며, 딜타이는 강의록에 기초하여 슐라이어마허의 해석학을 이해하였고, 슐라이어마허의 심리적 해석을 보편적 해석학의 특징으로 간주되었다. 종종 슐라이어마허의 해석학은 보편적 해석학이라 부른다. 그 이유는 특정한 텍스트 이해의 기술은 물론이거니와 인간의 보편적 세계인식의 가능한 방법을 지칭하기 때문이다. 해석학이 이해의 기술로서 이해가 보편적인 것으로 될 수 있기 위해서는 보편적 인식능력 일반에 대한 특별한 반성으로부터 출발해야 한다. 여기서 슐라이어마허의 보편적 해석학의 기본 근간은 언어와 사고라고 하는 인식의 근본원리로서 준비되었다.[13]

이러한 슐라이어마허의 해석학은 근대 해석학의 출발선상에 있다. 그 이전까지 학문의 영역에 따라 특수하게 사용되었던 "이해의 특수한 기술"은 슐라이어마허에 의해 철학적 근거와 보편성을 획득하는 계기를 마련하였다. 슐라이어마허는 성서해석과 문헌학적 해석을 특수해석학이라 불렀다. 특수해석학으로서의 신학적 해석과 문헌학적 해석은 교조적으로 고정된 채 지금까지 전승되어 온 해석에 따른다. 이 양자의 해석은 역사적 텍스트를 해석하는 것과는 다르게 성서와 고대의 문헌이 지니고 있는 근원적 의미를 그 당시의 시대적 요구에 따라 부응하여 생겨났다.[14] 따라서 그의 해석학은 문헌해석과 성서해석에 대한 반성에서 새로운 해석학을 위한 토대를 준비하였다.

---

13) 최신한, 『독백의 철학에서 대화의 철학으로 - 슐라이어마허의 해석학적 - 변증법적 사유방법』, 문예출판사, 2011, 163쪽.

14) 강돈구, 『슐라이어마허의 해석학』, 이학사, 2000, 43-44쪽.

2) 문법적 해석과 심리적 해석

슐라이어마허의 강의안 및 강의에 대한 보충자료들은 킴멀레에 의해 편집되어 『해석학』이라는 제목의 책자로 지금까지 전해져 내려오고 있다. 킴멀레에 의하면, 슐라이어마허는 초기에 문법적 해석에 중점을 두었고, 1820년대 이후부터는 심리적 해석으로 자신의 관점을 바꾸었다. "뤼케(Friedrich Lücke)가 편집"[15]한 슐라이어마허의 강의록은 이 시절에 속한 것이며, 딜타이는 이 강의록에 기초하여 슐라이어마허의 해석학을 파악하였다.[16] 따라서 딜타이는 강의록에 근거하여 슐라이어마허의 해석학을 이해하고 있으며, 그의 심리적 해석을 보편적 해석학의 특징으로 간주하였다.

슐라이어마허는 해석을 문법적 해석(Die grammatische Interpretation)과 심리적 해석(Die psychologische Interpretation)으로 구별한다. 문법적 해석학은 언어를 언어 사용의 전체성으로부터 고찰한다. 그 이유는 모든 말은 "전체 언어와 언어 창작자의 전체의 사유"에 관계하고 있기 때문이다. 문법적 해석은 말을 언어 속에 도입하는 것에 관계한다. 즉 그것은 주어진 텍스트 안에서 언어체계를 파악하는 것을 과제로 삼는다.

15) 슐라이어마허의 해석학은 1838년 그의 전집 중 제1부 7권으로 처음으로 출판되었다. 편집자인 뤼케는 슐라이어마허의 자필 초고 3편은 1805년과 1819년 사이에 나온 것이라 말한다. 하지만 주로 1819년 초안에 전적으로 의존하고 있다(강돈구, 앞의 책, 39쪽).

16) 킴멀레의 슐라이어마허 해석학에 대한 자세한 내용은 다음을 참조: Heinz Kimmerle, "Das Verhältnis Schleiermachers zum transzendentalen Idealismus", in; *Kant-Studien*, Bd. 51, 1959/1960, 410-426쪽; Ders., "Metahermeneutik, Applikation, hermeneutische Sprachbildung", in: *Zeitschrift für Theologie und Kirche*, Bd. 61, 1964, 221-235쪽.

반면에 심리적 해석은 언어를 내면의 표현으로서 파악한다. 즉, 말은 자신의 생각을 전달하고자 하며, 말하는 사람을 전제하고 있다는 사실에 관계한다. 이것은 한 텍스트의 저자가 무엇을 주장하는가를 이해하는 것이다. 여기서는 주로 말하는 자의 삶의 동기를 주시한다. 그렇지만 문법적 해석과 심리적 해석은 전달방식에 따라 그 중요성이 서로 다르게 구별된다. 그 이유는 어떤 종류의 텍스트는 서술된 텍스트를 위해 저자가 완전히 뒤로 물러나 있기 때문이다. 다른 텍스트들은 저자가 다시 등장하는 과정 속에서 이해된다.[17] 문법적 해석과 심리적 해석의 필연적 교호성은 슐라이어마허 해석학 강의의 대부분을 차지한다. 여기서 우리는 슐라이어마허가 이해의 서로 다른 두 측면의 필연적 교호관계를 문법적 해석과 반대되는 측면에 대해 더 이상 기술적 해석이라 명명하지 않고 "심리적" 해석이라 부르는 것에 주목해 볼 필요가 있다.[18] 비록 슐라이어마허가 자신의 사상을 1829년의 "학술원 강연" 속에서 폭넓게 전개시켰다고 할지라도, 그는 1832년의 마지막 해석학 강의에서야 비로소 심리적 해석과 기술적 해석의 관계를 상대적인 의미로서 분명하게 언급하였다.[19]

무엇보다 슐라이어마허 해석학의 가장 큰 특징은 새로운 언어관에 근거하여 두 축을 중심으로 전개된다. 첫째는 해석의 대상인 담화를 구성하는 모든 언어의 문법적 해석이며, 둘째는 스스로 사용

17) 한스 인아이헨, 앞의 책, 128쪽.
18) Die Einleitung H., *Kimmerles (des Herausgebers) zu Schleiermachers Hermeneutik*, 14쪽.
19) 강돈구, 앞의 책, 167쪽.

하는 언어체계를 자기 나름의 방식으로 변형한 모든 저자로부터의 기술적 해석 및 심리적 해석에 대한 분석이다. 이러한 두 부류의 측면은 양자(兩者) 모두의 해석을 필요로 하며 상호작용한다. 특히 개별적인 언어의 사용은 언어의 변화를 불러일으키게 된다. 하지만 저자는 언어와의 대립을 넘어서 개성을 언어에 각인시킨다.[20] 이렇게 두 축은 언어를 중심으로 하여 구성된다. 따라서 슐라이어마허의 해석학은 언어를 토대로 하여 문법적 해석과 심리적(기술적) 해석이라는 두 축으로 파생되었다. 이런 점에서 언어의 문제는 다음과 같이 표현된다.

> "해석학에서 전제될 수 있는 모든 것은 오로지 언어뿐이며 그리고 주관적이든 객관적인 것이든 간에 발견될 수 있는 모든 것은 언어로부터 발견되지 않으면 안 된다."[21]

슐라이어마허의 이러한 주장은 언어가 해석학에서 가장 핵심적인 요소라는 것을 강조하고자 한 것이다. 해석학에 있어서 모든 전제가 되는 것은 언어로부터 찾아내고자 한다. 따라서 "해석학의 모든 전제조건은 언어로부터 이해"[22]하고 해석하는 것이다. 이렇듯 그의 해석학은 "해석의 넓은 의미에서 저자의 사상에 대한 언어적 응결체인 문서와 담화이며 사상 그 자체를 언어화한 것이다."[23] 이와 같이 슐라이어마허의 해석학은 철두철미하게 새로운 언어관에

20) 리차드 팔머, 앞의 책, 156쪽.

21) Schleiermacher, *Hermeneutik und Kirtik*. Frankfurt, a. M., 1997, 38쪽.

22) Jean Grondin, *Einführung in die philosophische Hermeneutik*, Darmstadt 1991, 90쪽.

23) 이소오 켄, 『해석학의 흐름』, 이수정 옮김, 이문출판사, 1995, 110-111쪽.

입각한다. 즉 언어는 보편적인 지시체계이다. 이 경우 언어의 보편성이란 계몽주의적 의미에서 보편성이 아니라 개개인의 보편성에 의해 그 개인의 사고를 제약하는 것이다.[24] 그래서 그의 사유는 내적인 말함이며, 말을 결여한 사상은 존재하지 않는다. 이런 점에서 생각하는 것과 말하는 일은 서로 동일하다. 사유함이란 반드시 필요한 담화, 즉 말하는 활동이다. 이것은 지금까지의 개별적인 언어체계에 의존해 있다.

우리는 일반적으로 언어를 말하는 활동이라 부른다. 즉 언어는 말에 의해서 존재한다는 것을 뜻한다. 다시 말해 언어는 말하는 개인의 언어능력에 의해 좌우된다. 따라서 말을 한다는 것은 단순히 말하는 사람들의 행위만이 아니라 문법과 항상 연관되어 있다. 이런 점에서 언어는 말하는 사람이 개인적으로 무엇인가를 표현하기 위해 이용하는 어떤 공통적인 것을 기술한다. 또한 단어들은 언제나 반복되는 낱말에 의해 어떤 공통적인 것이 특기(特記)될 때 성립한다. 이것은 각 개인의 일반적인 어떤 사안을 나타내고자 하는 형식에 의해 생겨난다. 왜냐하면 개개의 형상은 동시에 개별적인 요소를 갖고 있기 때문이다. 그렇게 될 때 보편적 직관으로서의 형식은 궁극적으로 단어에 의해 확정된다. 그러나 단어 그 자체는 어떤 의미에서 허구적인 것이며 그 의미가 언제나 변화될 수 있는 것을 전제로 한다. 따라서 슐라이어마허는 의식적으로 언어관을 자신의 해석학에 관련시키고자 하였다. 그 이유는 해석학적 논의가 심리학적 제한을 넘어설 수 있는 영역에 도달한다고 믿었기 때문이다.[25]

24) F. Schleiermacher, *Hermeneutik und Kritik*, 39쪽.

한편으로 슐라이어마허의 해석학에서 말한 모든 것을 언어를 중심으로 고찰하고자 한다면, 모든 개인적 가치는 사라져 버릴 수 있으며, 다른 한편으로 저자를 중심으로 이해한다면, 언어의 가치에 대해 그 이전의 가치와 현재의 가치가 또한 사라져 버릴 수 있다.[26] 이미 말해진 것은 가장 보편적인 것 없이는 이해할 수 없다. 그리고 가장 개인적인 것과 가장 특수한 것 없이도 이해할 수 없다.[27] 그는 초기 유고에서 해석학의 언어성을 다음과 같이 강조한다.

> "해석학에 있어서 전제되어야 할 모든 것은 오로지 언어이며, 우리가 찾아야 할 모든 것, 그리고 객관적 · 주관적 전제들이 속해야 할 모든 것은 언어로부터 발견되어야 한다."[28]

위 인용문에서 보듯이, 슐라이어마허는 언어를 인간 사이의 교호적 이해의 매개체로 파악한다. 그래서 모든 앎의 형성은 언어를 통해 수행되는 말함과 이해에 의해 의존한다.[29] 따라서 언어와 지식의 교호관계는 다음과 같이 말할 수 있다.

> "문법적 측면을 독립해서 완성시키고자 한다면, 언어에 대한 완전한 지식이 주어져 있지 않으면 안 된다. 한편으로 인간에 관한 완전한 지식이 주어져 있지 않으면 안 된다. 그러나 이 양자의 모두가 존재할 수 없는 것이므로 한쪽에서 다른 측면을 이행하지 않으면 안 된다. 그리고 이것을 어떻게 이행하는가에 대해서는 어떠한 변칙도

25) 한스 인아이헨, 앞의 책, 131쪽.
26) F. Schleiermacher, 앞의 책, 38쪽.
27) F. Schleiermacher, 앞의 책, 37쪽.
28) F. Schleiermacher, 앞의 책, 38쪽.
29) 강돈구, 앞의 책, 65쪽.

존재하지 않는다."[30]

위 문장에서 인간과 언어가 갖는 순환적 관계는 문법적 이해방식과 심리학적 이해방식의 필연적 교호관계로서 성립한다. 슐라이어마허는 자신의 수고 전체를 통해서 초기의 수고들의 내용에서 드러난 문법적 해석에 다소 비중을 높게 둔다. 왜냐하면 모든 이해는 오로지 공통적인 대화를 통해 그 공통성에 도달할 수 있기 때문이다. 그리고 이러한 대화는 오로지 공통적인 언어의 이해에 의해 완수된다. 그러므로 두 이해의 방식, 즉 문법적 이해방식과 심리학적 이해방식은 이해의 언어성으로 거슬러 올라간다. 여기서 문법적 해석과 심리적 해석은 해석의 객관적 측면과 주관적 측면을 말한다. 따라서 이 양자는 상호보완적 측면을 갖는다.

3) 문법적 해석

슐라이어마허는 문법적 해석에 대해 44개의 규준을 제안하지만, 일반적으로 다음과 같은 두 가지 규준으로 요약한다.

첫 번째 규준(Kanon)에 따르면, "주어진 말(Rede)의 부분들 속에서 보다 상세한 규정을 필요로 하는 모든 것은 오직 그의 원독자(저자)가 공유하고 있는 언어영역(Sprachgebiet)과 관련하여 정확한 결정을 하여야 한다."[31] 이러한 규준은, 구체적인 해석자와 어떤 대상이 그에 대한 의미를 갖도록 하여 그 대상에 의미를 부여한 저자 사이의 연결관계를 강조한다. 그리고 저자에 의해 주어진 말의 의

30) F. Schleiermacher, 앞의 책, 82쪽.
31) F. Schleiermacher, 앞의 책, 101쪽.

미를 이해하기 위해 해석자와 저자 사이에 공유된 언어를 이해해야 한다. 여기서 문헌의 해석에 관계하는 고전문헌학자나 신학자들의 텍스트의 해석은 중요하게 간주된다.

첫 번째 규준은 공통언어를 이해하는 배경을 이룬다. 따라서 첫 번째 규준은 언어에서 품사의 가치처럼 특정한 부분을 탐구한다.

두 번째 규준에 의하면, "하나의 주어진 구절에서 각 낱말이 가지는 의미는 그 낱말을 둘러싸고 있는 다른 낱말들과 공존한다는 사실에 따라 결정한다."[32] 이 규준에 의하면, 사람들은 단어와 구절의 의미를 문맥에 따라 설명한다. 슐라이어마허의 이러한 두 가지 부류의 해석론은 특정한 언어관에 의해서 주관의 상태에 따라 받아들였다. 이렇게 슐라이어마허는 언어에 많은 의미를 부여하였다: "말을 한다는 것은 생각을 진술하는 것이다. 그것은 사유의 외적인 측면이다."[33] 특히 "문법적 해석은 언어로부터 파생한 기술이기 때문에 언어의 도움을 받아 말의 규정된 의미를 찾아낸다."[34] 슐라이어마허의 입장에서 텍스트 혹은 담화의 규정된 의미에 대한 해석의 가능성은 오직 언어로부터 찾는다. 그래서 문법적 해석학은 특정한 언어의 의미를 일반적인 의미의 지평에서 구성한다. 여기서 슐라이어마허의 관점에서 "언어와 개성은 그 자체로 규정되지 않은 단일성으로 나타나며 서로를 제한한다. 이 교호적 구성에 의해서 언어와 개별성은 특정한 말과 언어 작품 안에서 서로 맞물리게 된다. 구성으로서의 문법적 해석은 규정되지 않은 의미의 영

32) F. Schleiermacher, 앞의 책, 116쪽.
33) F. Schleiermacher, 앞의 책, 76쪽.
34) F. Schleiermacher, 앞의 책, 57쪽.

역에 근거하여 언어의 의미를 규정해야 한다."고 말한다.[35] 그렇지만 이런 경우에 화자의 개별적 계기는 언어의미의 규정과 연관관계를 맺어야만 한다. 왜냐하면 슐라이어마허 해석학의 토대는 논리적 개념의 언어가 아니라 개별적으로 말하는 자의 직관의 흔적과 저자의 탁월한 정신의 "개별적 개성"[36]을 담고 있는 자연언어이기 때문이다. 그는 다음과 같이 문법적 대상을 말한다.

> "문법적 대상은 보편적 개념으로서의 언어가 아니며, 응용된 개별적 낱말의 집합도 아니다. 그것은 오히려 개별적 본성으로서의 언어이다."[37]

위 문장에서 보여 주듯이, 문법적 해석의 대상은 개념으로서의 언어가 아니다. 단지 개별화된 언어의 본성일 뿐이다. 계속해서 그는 언어에 대해 다음과 같이 말한다.

> "일반적 개념으로서 언어에서 주어와 술어의 필연적 형식들, 그리고 문장 이외에 다른 것은 없다. 이 형식들은 긍정적인 설명 수단이 아니라 오히려 부정적 설명 수단이다. 왜냐하면 이 형식들과 모순되는 것은 전혀 이해되지 않기 때문이다."[38]

35) 강돈구, 앞의 책, 93쪽.

36) 슐라이어마허의 개별적 개성에 대한 자세한 내용은 다음을 참조: Enno Rudolph, "Seit ein Selbstgespräch wir sind Hermeneutische Kritische Kriterien einer Ethik der Individuum im Anschluß an Schleiermacher", in: *Internationale Zeitschrift für Philosophie*, Heft. 1, 1992, 88-100쪽; 이병옥, 「개성과 인문학 - 슐라이어마허의 윤리학을 중심으로 -」, 『인문학과 해석학』, 철학과현실사, 2001, 15-33쪽.

37) F. Schleiermacher, 앞의 책, 114쪽.

38) F. Schleiermacher, 앞의 책, 114쪽.

위의 인용문에서 일반적 개념으로서 언어는 텍스트 속에서 개별적으로 규정된 의미를 파악하지 않는다. 언어는 개별적으로 취급함에 있어서 필연적인 형식들 속에 항상 머물러 있지는 않는다. 왜냐하면 말하는 자의 개별적인 내용은 언어에 의해 제한받기 때문에 모두 언어로부터 설명되는 것은 아니다. 그렇기 때문에 문법적 해석은 개별적으로 말하는 자가 표현하는 개별적인 단어와 문장의 뜻을 일반적인 문법의 형식을 넘어서 파악하고자 한다. 이러한 타자의 개별성은 연역할 수 있는 것이 아니며 "어떠한 개별성도 어떠한 개념 안에서 정리"[39]될 수 없는 기본 사상에 근거를 둔다. 저자나 말하는 자가 개별적으로 사용하는 낱말의 의미는 논리적 방식을 통해 일반적으로 동일한 개념 속에 포섭되는 것은 아니다. 그 이유는 말하는 자가 개별적으로 선택하고 규정하였던 논리의 일반적 개념으로 파악할 수 없기 때문이다.

이렇듯 문법적 해석의 과제는 언어의 개별적 부분들에 대해 단어와 문장으로 구성되어 있다. 이러한 문법적 해석은 두 부류로 나눈다. 하나는 낱말의 특수한 사용 방식에 대해 어떤 공통적인 기반을 마련하는 것이며, 다른 하나는 개별적으로 변형된 낱말의 의미를 규정하는 것에 대해 공통적인 기반을 준비하는 것이다. 슐라이어마허는 이러한 관점을 다음과 같이 언급한다.

> "특별하게 규정된 말을 추론하려 할 때, 우리는 작가나 최초의 독자에게 공통적으로 규정된 낱말의 단일성과 그것의 명료성으로부터 출발해야만 한다."[40]

39) F. Schleiermacher, 앞의 책, 115쪽.

여기서 낱말과 문맥의 각 측면은 서로를 규정함에 있어서 각기 다른 관점을 전제한다. 그리고 주어진 개별적인 낱말 사용의 이중적 관계는 교호작용의 순환관계를 형성한다. 이것은 개별적 작품이 작가와 언어의 총체성에 대해서 갖는 관계와 동일하다. 이와 같이 개별적 낱말의 의미규정은 해석학적 이중의 순환구조 속에서 일어난다. 이러한 의미에서 슐라이어마허는 "모든 지식은 그것이 학문적으로 정립되려면 필연적으로 순환 속에 존재해야만 한다"[41] 고 말한다. 이러한 경우는 문장을 구성하는 경우도 동일하다.[42] 그는 개별적 문장들을 다음과 같이 말한다.

> "어떻게 정확하게 개별적 문장을 일련의 문장들과 함께 다룰 수 있는지가 문제이다. 그리고 어떠한 관점으로부터 그러한 문자의 결합을 고찰하는 것도 문제이다. 이렇게 문제가 되는 모든 경우에 우리는 먼저 문장들이 속해 있는 전체를 알아야만 한다."[43]

위 인용문에서 문장은 문장론의 규칙에 의해 조합되거나 문법의 필연적 문맥에 따라 전개되는 것은 아니다. 즉 "언어나 말의 종류에 있어서 결합의 형식들이 더 많이 규정될수록, 우리는 문장들의 내용과 관련하여 질문할 필요가 더욱더 없어진다. 그와 반대로 연관관계가 분명해질수록, 결합형식들의 사용은 그다지 문제가 되지 않는다."[44] 그러나 자연언어에 있어서 문장의 요소들은 문장론의

40) F. Schleiermacher, 앞의 책, 62쪽.
41) F. Schleiermacher, 앞의 책, 88쪽.
42) 강돈구, 앞의 책, 148쪽.
43) F. Schleiermacher, 앞의 책, 143쪽.
44) F. Schleiermacher, 앞의 책, 106쪽.

형식적인 틀 안에서 서로 자유롭게 결합한다. 여기서 문장론의 규칙은 자유로운 결합의 전제가 된다. 하지만 문장론의 규칙은 그러한 결합을 설명하는 데 충분한 것은 아니다. 왜냐하면 언어요소들의 결합은 일반적 규칙에 따라 단지 수동적으로 행해지는 것이 아니라 창조적이고 내적 근거로부터 개별적 개성의 생산적 활동으로 나타나기 때문이다.

4) 심리적 해석

슐라이어마허에 있어서 심리적 해석은 처음에 기술적 해석(Die technische Interpretation)이라 불렀으나, 나중에 심리적 해석으로 명칭을 바꾸어 불렀다. "심리적 해석" 혹은 "기술적 해석"은 텍스트의 이해와 해석에 대해 저자의 심정을 깊숙이 파고들어 저자가 의도하고자 하는 속뜻을 헤아리는 것이다. 일반적으로 저술은 저자의 창작물이라 말한다. 하지만 창작물로서 저자의 심리적 근원을 넘어서 개성을 가지고 있다는 사실을 소홀히 취급한다면, 심리적 왜곡이 어디서나 쉽게 발생할 수 있다. 심리적 해석은 저자가 지니고 있는 기본적인 생각을 저술에 의해 그 기원과 구조를 분명히 규명해야 한다. 그래서 해석자는 저자의 고찰방법을 파악하여 그 안에서 저술의 내용을 이해한다. 동시에 해석자는 저자의 다른 작품과 다른 저자의 작품을 비교하는 분석을 근거로 한다. 예료(divination)가 해석의 가설을 형성하는 수단으로서만 받아들여진다면, 슐라이어마허의 사상은 관대히 수용할 수 있고 정당한 것이다.[45] 슐라이

45) 한스 인아이헨, 앞의 책, 132쪽.

어마허는 심리적 해석을 순수 심리적 해석과 기술적 해석으로 구분한다. 이러한 구분에 의해 그는 해석학적인 근거를 마련한다. 따라서 슐라이어마허는 1832~1833년에 순수 심리적 해석과 기술적 해석을 다음과 같이 설명한다.

> "순수 심리적 해석은 전체적 삶의 계기로부터 나오는 사상이다. 기술적 해석은 오히려 사상들의 계열이 전개되어 나오는 일정한 사유나 서술 의도에로 환원된다. 그러한 사상적 맹아의 결심이 확고하고, 이 결심에 대해서 외부의 일시적인 작용이 영향을 끼치지 못할 때, 바로 심리적 해석과 기술적 해석의 두 경우가 발생한다. 그렇지 않다면 기술적 해석은 성찰의 이해 그리고 구성의 이해에 불과할 것이다. 그리고 심리적 해석은 착상의 사상들의 계열 전체가 전개되는 근본사상이 이 착상에 속해 있다. 이것은 이해이거나 부수적 사상들의 이해이다."[46]

위 인용문에서 슐라이어마허는 심리적 내부에 존재하는 두 개의 서로 다른 순수 심리적 해석과 기술적 해석을 분명하게 제시하고자 하였다. 그러나 그는 이와 같은 관점에서 작품을 해석하고자 할 때, 심리적 해석의 두 형식 중에서 어느 하나를 선택해야만 한다고 주장하지는 않는다. 다만 이 두 형식은 작품을 이해하는 데 서로 공존의 형식을 취한다. 그리고 두 형식들은 특수한 관점으로부터 작품의 근원적 창작과정을 관찰하기 위해 시도한다.

슐라이어마허에 있어서 이해의 두 계기는 해석학적 상황의 두 대립적 계기를 변증법으로 교차시킨다. 이러한 해석학적 상황은

46) F. Schleiermacher, 앞의 책, 63쪽.

작품 창작의 모든 과정에서 언제나 작용한다. 한편으로 창작은 개별적으로 자유로운 특성을 지니고 있으며, 다른 한편으로 보편적 구속의 성격을 지니고 있다. 따라서 인간은 순수한 심리적 상태에서 사상의 창출을 자유롭게 한다.[47] 여기서 해석학의 두 개의 대립적인 계기는 "자기 결정의 원칙들"에 따라 근거를 설정한다. 이러한 자유를 제한하는 형식의 규범성은 심리적 해석의 내부에서 이중적인 것으로 파악한다. 그렇기 때문에 "순수 심리적 해석"과 "기술적 해석"의 사이에는 심리적 해석과 문법적 해석에서 관찰할 수 있었던 것과 비슷한 교호관계의 구조가 형성된다.[48] 심리적 해석의 내부에서 이런 관계가 다루어질 때, "언어에 의한 직접적인 담론행위"[49]는 없다. 여기서 관심을 끄는 것은 언어의 예술적 창작을 전개함에 있어서 표준적인 계기로서 작용하는 형식을 규범화하는 힘이다. 따라서 심리적 해석은 언어를 통해 말하는 자이며 작가자신의 자유로운 정신에 의해 파악한다.

슐라이어마허가 이해하는 "순수 심리학의 상태"는 넓은 의미에서 인간의 세계에 대한 관계를 의미한다. 그리고 이 관계 속에서 인간은 자유롭고 창조적인 존재로서 활동하게 된다. 이러한 자유로운 계기에 있어서 각 개인의 사유 활동은 어떠한 목표의 규정을 의도적으로 의식하지 않는다. 또한 보편적으로 지배하는 세계관이나 예술의 형식들에 의해 제한을 받지 않으면서 순전히 창조적이고 내면적 중심으로부터 자기 자신을 직접적으로 수행해 나간다.

47) 강돈구, 앞의 책, 168-169쪽.
48) 강돈구, 앞의 책, 169쪽.
49) F. Schleiermacher, 앞의 책, 201쪽.

즉 사상의 계열들이 "서로 필연적으로 결합되지 않은 채 일련의 사상이 다른 사상으로 무한한 이행을 한다."[50] 슐라이어마허에 있어서 심리적 해석의 일차적 동기는 말이나 언어 작품을 통해서 보편적으로 표현되어 있는 일련의 사상을 내적 기원에 의해 발생하는 근원으로 파악하는 것이었다. 그런데 작가의 사상이나 발생한 근원을 이해하는 것은 오직 이해하는 자가 자신의 내면으로부터 작가와의 직접적인 예감을 통해서 가능하다. 이러한 이해는 비교방법의 교호작용을 통해 보다 더 완전하게 전개된다.[51] 슐라이어마허의 심리적 해석은 궁극적으로 예감의 과정을 해석자가 저자의 상태와 일치하는 것을 말한다. 여기서 해석자는 작품구성의 내적 기원을 통찰하여 창작활동을 재현한다. 따라서 이해는 원 창작에 대한 재창작이며, 알려진 것에 대한 앎이며 생생한 순간으로부터 출발하는 재구성이며, 창작의 원동력으로서의 최초의 결단이다.[52]

심리적 해석은 전체에 직접적으로 직관하는 예감(divination)과 부분들 사이의 관계를 추론에 의해 비교(komparation)하는 것이다. 완전한 이해가 가능하려면 양자 중의 하나가 다른 하나를 전제해야 한다. "전체적인 용건을 위해 처음부터 두 가지의 방법, 즉 예감적 방법과 비교적 방법이 존재한다. 그러나 이 두 가지의 방법은 상호간에 분리가 쉽게 허용되지 않는다."[53] 슐라이어마허는 해석

50) F. Schleiermacher, 앞의 책, 148쪽.
51) 강돈구, 앞의 책, 170쪽.
52) 소기천, 『훅스 & 에벨링 - 해석학의 역사와 새로운 해석학』, 살림, 2006, 53-54쪽.
53) F. Schleiermacher, 앞의 책, 140쪽.

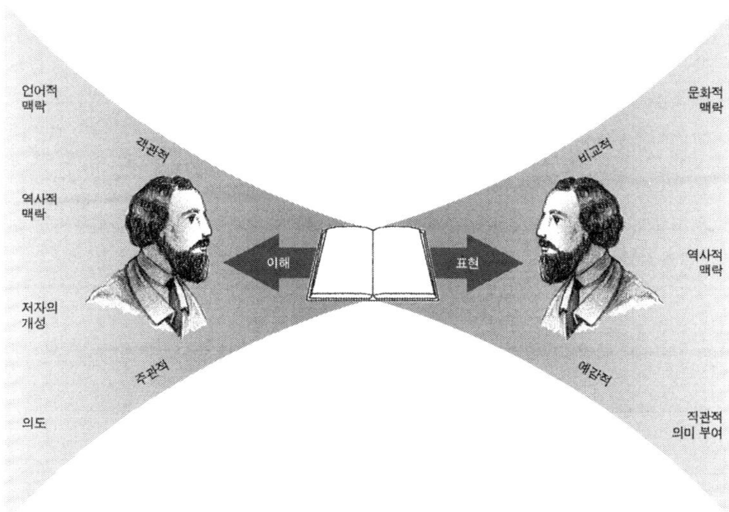

의 기술에 대해 다음과 같이 표현한다.

첫째, 객관적 · 예감적이란, 해당되는 담화가 기존의 언어 전체 안에서 담화 안에 포섭되어 있는지, 그리고 언어의 산물로서 어떠한 사정이 있는지를 통찰하는 일이다. 즉 해당 담화 자체가 어떻게 하여 언어의 발전단계로써 나아갈 수 있는가를 예견하는 일이다. 이 양자를 결합하면 질적 및 양적 오해를 쉽게 피해갈 수가 없다.

둘째, 주관적 · 예감적이란, 말하는 사람의 심정적 사실로서 해당 담화가 어떻게 해서 생겨났는지를 밝혀내는 일이다. 즉 담화 안에 포함되어 있는 사상이 지금부터, 앞으로, 어떻게 하여, 그리고 그 안에서, 어떻게 적용해 나아갈 것인지를 예견하는 일이다. 마찬가지로 양자를 전적으로 결합한다면 담화는 오해의 소지가 있을 수 있다.[54] 여기서 중요한 것은 예감적이란 단어의 의미이다. 예감이란 저자가 말하고자 하는 의도에 대한 추정을 뜻한다. 해석자는 저자의 관찰방식에 의해 작품을 이해하고자 한다. 해석자는 저자의 다른 작품들과 비교함으로써 해석을 한다. 슐라이어마허는 처음에 이 용어를 예언적(pofetisch)이라 했다가 나중에 예감적(divinatorisch)이라 불렀다. 슐라이어마허는 문법적 해석에 대해 "천재적 작가가 하나의 어법을 언어의 배열 속에서 무엇보다 분명하게 드러내는 경우"[55]라 말한다. 즉 예감적 해석은 "자기 자신을 타자로 변화시키면서 개성적인 것을 직접적으로 파악하는 방법"[56]이다.

하지만 이러한 경우는 더 이상 비교적 방법으로 도움을 줄 수 없는 어려운 상황이 발생할 수 있다. 그는 이러한 경우에 해석의 대상을 작가의 내면으로부터 파악하는 것이 중요하다고 본다. 그러기 위해서 그는 작가의 순수한 창작적 · 내적인 힘을 설명하는 것뿐 아니라 어떤 상황마다 새로운 해석의 대상에 의해서 일깨워지는 것이라 본다. 슐라이어마허는 작가의 이러한 내면을 이해하는 근원적 힘을 "예감적"이라 규정하였다.[57] 그래서 천재적 창작에는 예감적 이해가 먼저 이에 상응한다. 그러나 이러한 예감적 이해는 비교적 이해의 "이중적 순환"[58]을 전적으로 배제하지 않는다.

---

54) F. Schleiermacher, 앞의 책, 87쪽.

55) F. Schleiermacher, 앞의 책, 138쪽.

56) F. Schleiermacher, 앞의 책, 322쪽.

57) 슐라이어마허는 인간적 "정신"은 "전적으로 본래적으로 예감하는 존재"라 말한다(F. Schleiermacher, 앞의 책, 140쪽).

58) 큄멜에 의하면, "슐라이어마허가 주장하는 예감적 이해의 선이해의 필요성은 해석학적 순환으로부터 벗어날 가능성이 없다는 것에서 생겨난다"(F. Kümmel, *Verständnis und Vorverständnis. Subjektive Voraussetzungen und objecktiver Anspruch des Verstehens*, Essen, 1965, 68쪽)고 본다. "해석학은 순환 속에서 새로운 이해를 예감적 기대에 의해 가능하게 되고 그것에 의해 완수된다"고 파악한다. 여기서 새로운 이

예감적 이해는 전적으로 정신을 상대로 하여 해석가능하다. 또한 예감적 이해는 생생한 감정이입에 의해 자발적으로 감지한다. 하지만 비교적 이해는 다양한 사태적 · 문법적 · 역사적 지식에 의거하여 발언의 연관성이나 비교를 통해 의미를 체득한다.[59] 다시 말해 저자의 생활환경 속에서 삶 속으로 파고들어 가는 것은 예감적 이해이다. 여기서 이해는 논리적이고 논증적인 확실성을 밝혀내는 것이 아니라 오직 예감적인 확실성만이 존재한다.[60] 그러나 이해는 어떤 임의적이지 않는 보편적 요소가 함께 작용하는 비교의 방법을 필요로 한다.

따라서 슐라이어마허에게 있어서 새로운 이해는 항상 전체를 파악하는 예감적 행위와 함께 시작된다. 그런데 전체를 파악하기 위하여 예감에 의해서 얻어진 일차적인 앎은 그것의 본질에 따라 고정되지 않는다. 이러한 일차적인 앎은 예감적인 것으로서 보다 더 상세한 규정을 위하여 개별적인 것과 함께 필연적인 순환과정에 자신을 내맡겨야만 한다. 개별적인 것의 항구적인 교호규정 안에서 이 일차적인 앎은 개별적인 것에 의해서 비교를 통해서만 보다 가깝게 규정된다. 이와 마찬가지로 개별적인 것은 이러한 교호규정에 의해서 일차적인 앎으로부터 보다 분명하게 한다. 예감적 행위 없이 이해된 세계의 지평으로부터 빠져나온 것은 사실상 순환

해는 실제로 예감적으로 먼저 가짐(Vorhave)에 의해 시작될 수 있으며 순환하는 데 있어서 필연적으로 자신을 드러내 보여야 한다. 이러한 순환은 이해의 제한이 아니라 오히려 이해가 자신과 반대되는 운동을 통해서 얻게 되며, 교호적 해명 속에서 자신을 전개하는 생산적 절차를 특징짓는다(F. Kümmel, 앞의 책, 39쪽).

59) 에머리히 코레트, 『철학적 해석학』, 신귀현 옮김, 종로서적, 1985, 24쪽.

60) 알뷘 디이머, 『철학적 해석학』, 백승균 옮김, 경문사, 1985, 57쪽.

의 개방을 의미한다. 그리고 이것이 새로운 이해로서 몰입(沒入)해 들어간다는 것은 불가능하다.[61] 슐라이어마허는 이러한 "외관상"의 난제의 해결을 위해 예감적 행위에서 찾는다.

그러나 예감적 행위는 비교적인 것에서 이해가능하다. 즉, "비교적 해석은 이해되어야 하는 것을 먼저 보편자로 정립한 다음에, 이것을 동일한 보편자 가운데 파악되는 다른 존재와 비교함으로써 독특한 존재를 발견한다."[62] 비교적 해석은 문법적인 이해로서 사실에 대한 문법적 · 역사적인 지식에 의거하여 진술의 연관성이나 비교에서 의미를 파악한다. 비교적 해석은 다양한 개별 자료를 통해 매개된 이해이다. 예감적 해석이 "직접적 직관의 길"이라면, 비교적 해석은 "다른 저자와의 비교의 길"[63]이다. 그래서 이들 양자는 서로 부정하는 만큼 분리되지도 않는다.

따라서 슐라이어마허는 양자의 방법, 즉 예감적 방법과 비교적 방법의 순환을 어떻게 교호적으로 보완하면서 해석학적 작업에 구체적으로 적용되는가를 규명하고자 하였다. 이런 점에서 개별적 학문의 인식은 이중적 순환에 대해 개방적이고 생산적인 것으로 입증하고자 한다.

지금까지 고찰하였듯이, 슐라이어마허에게 있어서 심리적 해석의 일차적 동기는 말이나 언어 작품을 통해서 보편적으로 표현되어 있는 사상의 내적 기원에 대한 발생의 근원을 파악하고자 하였

61) F. Kümmel, *Verstännis und Vorverständnis. Subjektive Voraussetzungen und objecktiver Anspruch des Verstehens*. Essen, 1965, 68쪽.

62) F. Schleiermacher, 앞의 책, 141쪽.

63) F. Schleiermacher, 앞의 책, 140쪽. Vgl. 최신한, 『지평확대의 철학 - 슐라이어마허, 점진적 자기발견의 정신탐구』, 한길사, 2009, 30-31쪽.

다. 즉 작가의 사상에 대한 발생의 근원을 이해하는 것은 오직 이해하는 자가 "자신의 내면으로부터 작가"[64]와의 직접적인 예감을 통해서만 가능하다. 이러한 이해는 비교적 방법과의 교호작용을 통해 보다 더 완성도를 확대해 나간다. 따라서 슐라이어마허는 다음과 결론을 이끌어낸다. 즉, "내면적인 (작품) 생성 과정은 예감적 방법 및 비교적 방법을 통해 명백히 드러난다. 이를테면 분명하게 직관된 내용은 이미 하나의 (주관적) 사고였지만, 그것은 (객관적인) 말의 존재 없이 생각할 수 없다. 그러므로 직관된 것은 사고의 산출과 완성이 언어와 형성하는 총체적인 관계와 완벽하게 공존했으며 그 반대의 경우도 마찬가지이다.[65]

요컨대 슐라이어마허는 언어와 사고는 서로 뗄 수 없는 불가분의 관계이며, 여기서 사상이 발생하고 형성되며 일정한 형식을 문학적 장르로써 형태화한다고 보았다.

5) 독백에서 대화의 해석학으로

슐라이어마허는 사람들 사이의 대화를 인간의 삶 속에서 가장 보편적이면서 중요한 교제수단으로 간주하였다. 또한 그는 해석학의 원칙들을 문자로 고정된 것과 구두적(口頭的)인 언어를 사용하는 데 어떠한 본질적인 차이도 염두에 두지 않았다. 하지만 그는 구두적인 언어사용에 대해 이해의 어려움을 종종 고백한다. 왜냐하면 구두의 언어사용은 대화의 담론으로 수행함에 있어서 순환적인 해

64) 이선관, 「슐라이어마허에 있어서의 번역과 해석」, 『범한철학』, 제30집, 범한철학회, 2003, 가을, 198쪽.

65) F. Schleiermacher, 앞의 책, 326쪽.

석학의 규칙들을 적용하기 위해서는 그 이전에 이미 언급된 것을 언제나 기억하고 있어야만 하기 때문이다. 그는 일차적인 것의 보다 정확한 이해는 항상 결과에 의해 나타나거나 혹은 전체적인 이해에 의해서 기대되는 것이라 파악한다. 이러한 이유로 인해 그는 일상적인 기억의 양을 초과하는 각 개인의 복잡한 말들을 반드시 문서화해야 한다고 강조한다. 대화에서 해석은 "이미 형성된 삶의 본질적인 일부로 간주된다."[66] 따라서 슐라이어마허는 타자의 사상에 대한 내적 연관을 고립된 문자에서 이해하기보다 직접적인 교류의 대화를 통해서 정확히 이해해야 한다고 본다. 이는 다음과 같은 타자의 심리적 이해방식과 밀접한 관계를 맺는다.

> "말하는 사람이 직접 현재에 있으며 그의 정신적 본질 전체가 참여하고 있다는 것을 알려 주는 살아 있는 표현, 사상이 대화에서 공통의 삶으로부터 전개되는 방식, 이 모든 것은 완전히 고립된 문자의 단독적인 관찰보다 더 많은 자극을 이해하는 사람에게 알려 주어 일련의 사상을 동시에 삶의 계기로서 이해하게 한다. 이 삶의 계기는 다른 종류의 많은 행위들과 함께 연관된 하나의 행위로서 돌출하는 것이다."[67]

위 인용문에서 삶의 계기들은 인간적 삶의 다른 기능을 상호 교호하는 대화 안에서 발견하고자 한다. 일반적으로 대화의 상대자는 다른 대상을 직접 알리고자 하는 목적의식을 갖고 있기 때문에 자신의 전체사상에 의해 보다 정확하게 표현한다. 이런 점에서 인

---

66) 강돈구, 앞의 책, 53쪽.
67) F. Schleiermacher, 앞의 책, 131쪽.

간의 모든 공통성은 대화에 의해 소통되었을 경우에 보다 폭넓은 의미로 확대된다. 여기서 사용하는 언어는 가장 일반적인 사유의 생산적 매개물이며 보다 높은 수준의 대화를 수행해 나가는 도구로서 작용한다. 그렇게 하여 대화는 공통적 삶의 교호작용에 의해 인간의 창조적 기능을 삶의 근원적 형식 속에서 자유로운 대화를 진행시킨다.

무엇보다 대화는 상호전달과 상호관계의 만족감을 중요하게 여긴다. 왜냐하면 자유로운 대화에는 "어떠한 일정한 객관적인 의견에 근거하지 않고 단지 교호적으로 서로 자극하는 사상의 교환만이 기반이 되기 때문이다."[68] 따라서 슐라이어마허에 있어서 변증법은 개별적인 인간행위를 지속적으로 비교하거나 동일한 지식을 망라하여 올바른 대화를 수행하는 데 있다. 올바른 대화의 수행이란 "본래적인 대화"[69]를 통해 가능하다. 본래적인 대화는 주관성과 상호주관성의 요소가 함께 아울러 진행된다. 자기와의 대화에서 출발하여 다른 사람과의 대화로 확대되면 본래적인 대화의 준비가 이루어진다. 언제나 대화의 상대자는 서로의 의견 차이로 인해 논쟁을 하게 되며 이러한 논쟁을 통해서 상대편의 의견에 대한 차이점을 좁혀 가는 과정에 적극적으로 참여한다. 특히 슐라이어마허는 『변증법』의 도입부에서 상이한 견해를 지닌 대화 상대자들 사이의 의견의 일치를 가능하게 할 일종의 대화술로 이해한다. 즉, 변증법적 사유의 전제인 이성적 대화에 있어서 '의견 대립'은 사유

68) Schleiermacher, *Friedrich Schleiermacher's Sämtliche Werke*, Bd. VII, Berlin, 1838, 189쪽.

69) R. Odebrecht(Hg.), *Friedrich Schleiermachers Dialektik*. Darmstadt, 1976, 9쪽.

대상의 동일성을 전제로 한다: "의견 차이는 전적으로 의견 차이의 원인이 되는 사유의 대상이 동일함을 전제하는 것이다. 따라서 사유가 존재에 연관되어 있음 또한 전적으로 전제한다."[70] 다시 말해 변증법적 사유 내지 대화의 전제인 의견 차이는 대화 상대자들이 동일한 대상에 관해 사유한다는 것을 전제로 하며, 따라서 의견차이의 해소에 그 목적이 있는 변증법은 궁극적으로 사유와 대상의 일치를 지향할 수밖에 없다.[71]

무엇보다 대화는 합의에 이르려고 하는 것이다. 자기와의 대화는 이미 어떤 대상을 매개한다. 그 이유는 어떠한 대상과 관련된 사유는 사유 자체와 관련된 사유이기 때문이다.[72] 결국 슐라이어마허가 강조하는 대화는 먼저 자기 대화로부터 한 걸음씩 나아가 본래적인 대화에 이르고자 하는 것이다. 이를 통해서 슐라이어마허는 본래적인 대화에서 서로의 합의를 통해 어떤 사안에 대해 실제적이고 구체적인 방법으로 전개해 나가고자 한다.

70) F. Schleiermacher, *Dialektik* (Im Auftrage der Preußischen Akademie der Wissenschaften auf Grund bisher unveröffentlichten Materials), Berlin 1942(hrsg. von Odebrecht, R.), 19쪽.

71) 한상연, 「사유와 존재-헤르더와 슐라이어마허의 존재론」, 『해석학 연구』, 한국해석학회, 2008, 15-16쪽.

72) 최신한, 『독백의 철학에서 대화의 철학으로 - 슐라이어마허의 해석학적 - 변증법적 사유탐구』, 문예출판사, 2011, 28-29쪽.

3. 영향과 의의

슐라이어마허의 보편적 해석학의 기획은 지속적으로 독일의 정신적 삶뿐만 아니라 전 세계적으로 강력한 영향을 끼쳤다. 우리는 어떤 과장함이 없이 지난 세기부터 현재에 이르기까지 많은 부분에 걸쳐 이해의 본질에 대한 문제를 규명해 내려고 노력해 왔다. 즉 "종교개혁에서부터 슐라이어마허에 이르기까지 해석학사의 다양한 시기는 이해의 수행형식의 유형을 해석학 이론의 다양성에서 조건화되어 왔다. 이러한 유형은 어디에서나 결코 순수한 현상에서 만날 수 없는 이해의 기본형식이다."[73] 그것은 기본적인 역사적 자료의 일반화와 비교의 사건에서 드러난다.

우리는 앞에서 이러한 슐라이어마허 해석학의 다양한 연관성으로부터 근본적인 현상을 파악하였다. 딜타이는 『슐라이어마허의 전기』를 통해 정신과학의 이론적 근거를 마련하여 해석학의 당면한 과제를 밝혀내고자 하였다. 여기서 딜타이는 슐라이어마허의 관점으로 되돌아갔다.[74] 먼저 딜타이는 정신적 삶의 기본적인 기능을 이해에서 찾았다: "이해와 의미는 정신과학을 충족시키는 방법이며 모든 기능은 이해와 연관된다. 즉, 이해는 모든 정신과학의 진리를 포함한다. 이러한 측면에서 이해는 세계를 활짝 열어 놓는다."[75] 어떻게 딜타이가 슐라이어마허의 해석학을 스스로 이해했

73) Heinz Kimmerle, "Typologie der Grundformen des Verstehens von der Reformation bis zu Schleiermacher", in: *Zeitschrift für Theologie und Kirche*, Bd. 67, 1970, 162쪽.

74) 슐라이어마허와 딜타이 사이의 인식론적 논리관계를 자세히 다룬 논문은 다음을 참조: Gunter Scholtz, "Schleiermachers Dialektik und Diltheys erkenntnistheoretische Logik", in: *Dilthey-Jahrbuch*. 1984, 169-189쪽.

는가? 하는 물음은 지금도 여전히 중요한 관건이다. 딜타이는 「해석학의 기원」(1900)이라는 논문에서 슐라이어마허의 명제(Sätze)의 정의(正義)에 대해 "이해의 학"에 의해 생성되었다고 보고, 그 속에서 의문점들을 다시 끄집어낸다. 여기서 이해는 일반적으로 타당한 설명의 가능성에 대한 물음으로 나아간다. 이러한 가능성은 이해의 본성에서 그 근거를 찾는다. 즉, "이해는 해석자와 저자의 개성에서 나오며 일반적인 인간본성의 근거를 형성한다."[76] 지속적으로 딜타이는 슐라이어마허의 개성의 의미를 그의 이론에 반영하였다.[77]

슐라이어마허의 해석학은 많은 비판적 논의를 일으켰지만, 현대 해석학의 전통에서 여전히 지금까지 부동의 자리를 차지하고 있다. 주지하듯이, 그의 보편적 해석학의 기획(1809~1810)은 학적인 규칙을 마련하였다. 궁극적으로 슐라이어마허의 보편적 해석학의 시도는 원만한 대화를 이루기 위해 여러 조건들을 검토하면서 출발하였지만, 법칙과 체계적인 타성에 지나치게 집착함으로써 대화의 본성이 갖는 창조적인 함축성들을 제대로 읽어내지 못했다. 그럼에도 불구하고 그의 해석학은 나와 타자의 삶에 대한 관계를 직접 이해한다. 따라서 슐라이어마허의 해석학은 나에 대한 역사의 불명료성을 이해하는 것이 아니라 타자의 불명료성에 대해 보다 명확한 이해를 하는 데 있었다.

75) Wilhelm Dilthey, *Gesammelt Schriften*, VII, Stuttgart, 1959, 205쪽.

76) Wilhelm Dilthey, *Gesammelte Schriften*, V, Stuttgart, 1957, 329쪽.

77) Werner Schultz, "Die Grundlagen der Hermeneutik Schleiermachers, ihre Auswirkungen und ihre Grenzen", in: *Zeitschrift für Theologie und Kirche*, Bd. 50, 1953, 169쪽.

제 3 강

딜타이

'정신과학'의 방법론으로서 삶의 해석학

1. 생애 및 사상개요
2. 정신과학의 방법론으로서 삶의 해석학
3. 해석학적 순환: 체험 · 표현 · 이해
4. 삶의 객관화
5. 예술의 체험표현
6. 영향과 의의

제3강

딜타이

'정신과학'의 방법론으로서 삶의 해석학

1. 생애 및 사상개요

빌헬름 딜타이

딜타이(Wilhelm Dilthey, 1833~1911)는 라인강가의 비브리히(Biebrich am Rein)에서 목사의 아들로 태어났다. 그의 가계에는 법관이나 성직자 그리고 예술가가 많았다. 그의 아버지는 나사우의 궁정목사였고 그의 어머니는 피아니스트였다. 딜타이의 조부(祖父)는 "마탄의 사수"로 우리에게 잘 알려진 작곡가 마리아 폰 베버(Maria von Weber)와 같은 훌륭한 음악가를 배출하였다. 이렇듯 딜타이는 유년기에 그의 가계의 예술적 소양을 많이 받고 자라났다.

딜타이는 1830년 7월 혁명과 1948년 혁명 사이의 시기에 청년기를 보냈다. 유럽의 정치적 상황은 빈 회의 이후에 프랑스 혁명의 이념에 대항하여 연합하였던 보수세력에 의해 장악되었다. 진보세력 역시 보수세력에 대항하여 확고한 기반을 얻지 못하는 상황에 있었다. 1852년 여름학기에 딜타이가 하이델베르크에서 신학공부를 할 무렵은 보수세력이 주도권을 장악하고 있던 시기였다. 딜타이에게 철학을 가르쳤던 피셔(Kuno Fischer) 교수도 보수세력에 의해 1853년 교수자격을 박탈당하였다. 1853년 가을에 딜타이는 하이델베르크에서 그 당시 프러시아의 권력의 중심지였던 베를린으로 이주하였다. 베를린에서 신학자인 니치(K. I. Nitsche), 트베스텐(A. Twesten), 문헌학자인 뵈크(Böckh), 역사학자인 랑케(Ranke), 철학자인 트렌델렌부르크(Trendelenburg) 등이 딜타이를 가르쳤다.

1859년 비스바덴에서 신학전공자격시험과 교사자격시험에 합격하고 베를린의 요하임슈탈고등학교에서 학생들을 가르쳤으며 1857년 말 철학연구를 위해 교사직을 포기하였다.

딜타이는 1860년 「슐라이어마허의 해석학 체계: 전기 프로테스탄트 해석학과의 대결」라는 논문을 제출하여 슐라이어마허 재단에서 수여한 우수상을 받는다. 딜타이는 이 현상논문을 「해석학의 기원」(1900)이라는 제목으로 자신의 사상을 발전시켰다. 그러나 그가 제출했던 현상논문은 그의 생존 시에 출판되지 않았으며 1906년에 비로소 딜타이 전집에 실려 출판되었다. 1864년 딜타이는 트렌델렌부르크의 지도 아래 「슐라이어마허의 윤리학」으로 박사학위를 취득하였고, 같은 해에 「도덕의식의 분석에 대한 시도」라는 논문으로 교수자격을 취득하였다. 그는 1867년 여름 바젤대학에서, 1868년 가을 브레슬라우로 교수초빙을 받았다. 이 시기에 『슐라이어마허의 생애 I, II』의 중요한 저술을 출간한다. 딜타이가 생전에 출간한 저작은 위에서 언급한 『슐라이마허의 생애』, 『정신과학입문』

(1883), 『체험과 시학』(1905) 세 권뿐이었다. 딜타이 사후 1914년 유고를 포함한 전집이 간행되기 시작하여 모두 23권으로 출간했다.

1833년 그는 저명한 교수였던 로체(Hermann Lotze)의 후임으로 1908년까지 학생들을 가르쳤다. 1911년 1월 남부 티롤 지방의 자이스 암 슐레른(Seis am Schern)에서 사망하였다.

슐라이어마허에게서 정신이 중요하게 작용하였다면, 딜타이는 삶(das Leben)을 중요하게 간주한다. 딜타이는 삶의 철학을 기초로 하여 정신과학의 철학적 근거를 정립하였다. 딜타이의 철학적 출발점은 "인간을 어떻게 이해하고 있느냐?" 하는 물음에서 시작한다. 인간은 영구불변한 실체를 갖고 있는 주체가 아니라 구체적인 역사적 · 사회적 상황 속에서 생동적으로 살아가고 있는 개체이다. 딜타이는 인간이 가진 인식의 능력을 역사성으로 규정하고 있기 때문에 어떤 보편타당하고, 체계적이고, 완결된 지식에 도달할 수 없다"[1]고 말한다. 무엇보다 딜타이의 해석학의 목표는 삶의 복합성에 대해 인식론을 다시 회복하는 데 있었다. 이런 의미에서 그는 칸트의 경험개념이 너무 협소하다고 비판한다. 즉 딜타이의 인식론적 해석은 먼저 칸트의 『순수이성비판(*Kritik der reinen Vernunft*)』(1781)을 비판하는 것에서부터 시작한다. 딜타이는 다음과 같이 말한다: "칸트의 비판은 인간 인식의 심층부까지 충분히 파고 들어가지 않았다. 초월과 내재의 대립은 가능한 인식의 한계선을 특징짓지 못한다. 사실 그 자체는 결코 논리적으로 밝혀지지 않았으며 단

1) W. Dilthey, *Gesammelte Schrift*, VII, Stuttgart, 1957, (이하 *G.S*라 생략하여 표기함) 56-82쪽.

지 이해될 뿐이다.(G.S, I, 178)" 인식론을 구성하는 데 있어서 칸트가 제시한 선험적 형식들은 인간의 경험을 진정으로 개체적인 경험이 되게끔 만들지 못했다.[2)]

딜타이는 칸트의 저서 『순수이성비판』을 통해 자신의 정신과학을 정립했다. 즉, 딜타이의 칸트비판은 그 종류와 방법에 있어서 인식의 타당성에 대한 물음을 설정한다. 여기서 딜타이가 제시했던 새로운 인식론과 "역사적-사회적 세계"에 대한 강조는 칸트의 인식론을 비판하는 계기로 작용한다. 그래서 딜타이는 칸트의 『순수이성비판』에 대한 1867년의 강연에서 다음과 같이 기술한다.: 즉, 철학은 과학, 예술, 사회와 함께 합법칙적인 연관관계에 있다. 이러한 연관관계는 철학의 과제이다. 철학은 우리에게 합법칙적인 것을 분명하게 제시해야 한다. "칸트의 비판적 길을 추적하는 것"도 인간 정신을 위한 경험과학의 연구에 기반을 제공하려는 데 있다. 인간의 경험과학은 사회적, 지성적, 도덕적 현상에 근거하여 인식하는 법칙이다. 물론 딜타이의 이러한 「역사이성비판」의 기획은 칸트의 『순수이성비판』을 단순하게 비판하는 것에 그치지 않고 그의 이론을 근본적으로 재검토하여 이해하는 데 있다. 따라서 딜타이는 칸트가 주장했던 경험에 대한 모든 인식을 근본적으로 재구성한다.[3)] 이런 측면에서 딜타이는 자신의 정신과학 인식론(Erkenntnistheorie der Geisteswissenschaft)을 역사이성비판이라 불렀는데, 따라서 딜타이는 직관의 형식으로서 감성에까지 침투해 있는

2) 박순영, 「현대해석학의 위상」, 『현대철학특강』, 철학과현실사, 1999, 125-126쪽.
3) Hans-Helmut Gadner, *Positivismus als Metaphysik*, Freiburg/München, 1985, 151쪽.

칸트의 보편타당성에 대한 요청은 다양하고 구체적인 경험을 제약하는 자연과학적인 방법모델에 근거하고 있다고 비판하고 사회적-역사적 사실에 바탕을 둔 '역사이성비판(*Kritik der historischen Vernunft*)'을 전개해 나간다.[4] 따라서 딜타이는 역사주의적 방법론적 도전들을 사유의 출발점으로 삼는다. 그가 초기부터 말년의 메모를 쓴 것을 보면, 자신의 일생의 과업으로 역사이성비판이라는 선도적 동기를 계획했다.

2. 정신과학의 방법론으로서 삶의 해석학

딜타이는 「해석학의 기원」(1900)이라는 논문에서 그의 이해개념에 대해 동기를 제시한다. 여기서 딜타이에게 있어서 「해석학의 기원」은 문헌해석에서가 아니라 삶(Leben)의 해석에서 찾는다. 딜타이의 해석학은 "지속적으로 고정되어 있는 삶의 표현에 대한 기술적인 이해(G.S, V, 319)"를 그 목적으로 삼고자 했으며, 이러한 이해는 "외부로부터 감각적으로 주어져 있는 기호에서 내적인 것을 인식하는 과정(G.S, V, 318)"으로 규정하였다. 딜타이는 삶의 해석을 통해 정신과학을 자리매김하는 것이었다.

그의 정신과학의 근거는 인식론적이고 논리적인 이해의 방법론적인 분석을 주요 과제로 삼았다. 다시 말해 그는 내적인 것과 정신적인 것, 즉 정신의 삶을 주제화하여 이를 보편타당하고 합법적

4) 딜타이와 칸트의 인식론에 대한 자세한 내용은 다음을 참조: 양해림, 「딜타이의 칸트 인식론비판」, 『딜타이와 해석학적 사회체계』, 집문당, 2022, 55-78쪽.

인 틀 속에서 파악하고자 하였기 때문에 삶을 이해하는 해석학은 곧 정신과학의 방법론이다. 여기서 그는 보편적 의미의 정신과학을 해석학이라 일컬었다. 하지만 그의 「정신과학의 입문」(1883)에서는 해석학의 역할과 이해의 문제를 상세하게 규정하고 있지 않다. 이미 딜타이의 해석학은 해석학사에서 정신과학을 정초한 최고의 가치를 부여받았다. 왜냐하면 그가 언급하는 모든 정신과학의 원리는 인간의 자기이해와 함께 역사와 심리학, 삶에서 경험한 인간의 문화적 능력과 그 부산물로 드러난 것들을 총체적으로 다루고 있기 때문이다. 따라서 달타이는 그 당시 크게 부각되지 않았던 해석학을 정신과학의 토대를 구축한 인물이었다. 일반적으로 정신과학은 인문학이나 사회과학을 포함하여 인간의 내면적 삶의 표현들을 해석하는 제반 분야를 말한다. 즉 해석학은 내면적 삶의 표현들에 의한 객관적으로 타당한 해석을 하기 위한 방법들의 발전사이다. 이러한 해석학을 딜타이는 실증주의자였던 콩트(Auguste Comte, 1798~1857)의 영향을 받고 역사학자 랑케(Leopold von Ranke, 1795~1886)에게서 사사받았다. 무엇보다 그의 정신과학의 출발점은 사변적 이론이 아니라 구체적인 경험이다.

딜타이의 해석학 연구는 두 단계로 나누어진다. 첫째 단계는 이해를 하나의 정신적 사실 내지 과정으로서 수용한 단계이며, 둘째 단계는 정신의 이해가 심리적 인식이 아니라고 주장하는 단계이다.

여기서 정신적 이해란 독립적인 구조와 합법칙성을 근거로 하여 정신의 심상(心想)에로 되돌아감을 말한다. 즉 정신의 이해는 의미의 세계로 돌아가는 정신적 연관성을 실현하는 것이며 이러한 연관성을 의미의 세계로 되돌아가게 한다. 딜타이에게 있어서 "정신의 객관화에 대한 논증"[5]은 체험 · 표현 · 이해라는 삼위일체의 관계로서 성립한다. 여기서 정신과학은 삶 · 표현 · 이해의 상호 연관성의 관점에서 진행된다. 삶의 객관적 타당성은 어디에서나 내적인 것에 대해 외적인 관계를 함께 포함한다. 그러한 삶의 객관적 보편타당성은 그 무엇인가에 대한 독립적인 내용들을 삶의 단일성에서 파악한다. 그리고 객관적 타당성은 모든 다른 사람들에게 설명을 필요로 하는 체험과 관계한다.[6]

그래서 딜타이는 심리학과 역사를 아주 밀접한 관계로 생각한다. 심리학은 정신과학뿐만 아니라 자연과학의 원리에서도 이미 잘 드러나 있듯이, 그는 정신과학의 근거를 기술적 심리학에서 찾았다. 여기서 정신의 통일체는 개인의 내 · 외적인 상호작용 및 삶의 역사적 고찰을 통해 생성된다. 이러한 심리학의 인식 근거는 체험과 이해에서 나온다. 그렇게 하여 심리학은 정신과학을 설정하고 심적인 대상과 연결시킨다. 따라서 이해는 모든 정신과학의 삶에 대해 복합적으로 진행된다. 이렇듯 딜타이의 입장에서 모든 심리학은 우리의 정신적 구조연관인 삶의 전체성과 체험의 전체성에서 출발한다.[7] 궁극적으로 딜타이는 심리학을 심리적인 삶의 진행과정의 학문으로 간주하였고, 동시에 삶의 진행과정으로 편입시켰다.[8] 결국 그는 심리학적인 구조연관의 개념을 삶의 진행과정으로

5) 딜타이의 삶의 객관화에 대한 논증의 자세한 내용은 다음을 참조: 양해림, 「딜타이는 삶의 객관화를 극복하였는가?」, 『해석학연구』, 제16집, 한국해석학회, 2005.

6) 알빈 디이머, 『철학적 해석학』, 백승균 옮김, 경문사, 1985, 71-72쪽.

7) Dagmar Weber, *Zum Problem des ästhetischen Erkennens bei Wilhelm Dilthey*, Köln, 1983, 27쪽.

8) Heinz Lorenz, *Geschichte und Glaube bei Wilhelm Dilthey*, Leipzig, 1959, 47쪽.

이해하였고, 정신적인 삶의 현상과 연관시켜 규명하고자 하였다.

3. 해석학적 순환: 체험 · 표현 · 이해

딜타이는 부분과 전체의 관계를 부분은 전체의 의미로 나타나고 다시 전체는 부분의 의미로 순환한다고 하였다. 즉 개체는 전체로서, 그리고 전체는 개체로 다시 진행된다. 이러한 해석은 목적론적으로 현실화된 제도의 구조연관 속에서 진행된다. 따라서 이해는 전체와 개체의 순환에 의해 전개된다. 그러므로 이해는 순환하는 구조로서 전체와 부분의 상호 의존하는 관계이다.[9] 이런 관점에서 딜타이 정신과학의 근본테제는 전체와 부분의 관계가 "삶을 삶 자체로 이해하기를 원한다"라는 표현으로 집약한다.

딜타이는 「정신과학에 있어서 역사적 세계의 구성」(1910)이라는 논문에서 "우리는 외부에서 주어지거나, 내부에서 인식한 부호 속에 있는 과정을 이해라 부른다"고 보았다. 딜타이의 입장에서 이해의 개념은 사회과학의 맥락에 따라 일반적으로 문화 대상, 객관적 정신, 삶의 객관성, 역사적-사회적 현실을 해명하는 것을 가리켰다. 이른바 딜타이에게 있어서 "이해란 너 안에서 나를 재발견하는 것이다. 정신은 점점 높은 단계들의 연관 속에서 자신을 다시 발견한다. 나 안에서, 너 안에서, 한 공동체의 모든 주관 안에서, 문화의

9) John C. Maraldo, *Der hermeneutische Zirkel*, Freiburg/München, 1974, 73쪽. 해석학적 순환은 정신과학의 인식론을 위한 중요한 문제이다. 잘 알려져 있다시피 딜타이는 해석학적 순환을 체험 · 표현 · 이해의 관계로 제시하였다.

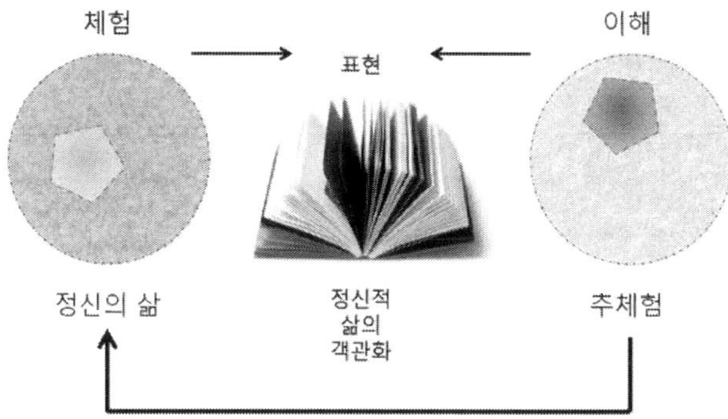

모든 체계 안에서, 종국적으로는 정신의 총체성과 보편사 안에서 정신과학의 다양한 기능들의 협력을 가능하게 해준다"[10](G.S, VII, 191) 따라서 딜타이에게 있어서 이해의 개념은 「해석학의 기원」이라는 논문에서 다음과 같이 분명하게 나타난다.

> "이해는 인식이라는 보편개념에 속한다. 이 경우 인식이란 아주 광범위한 의미에서 보편타당한 지식을 추구하는 과학이다. 우리는 심적인 삶(Seelenleben)의 외부에서 감성적으로 주어진 삶의 표현에서부터 인식에 이르는 과정을 이해라 말한다. 따라서 감성적으로 파악할 수 있는 정신적 삶의 표현이 아무리 다양하다 해도 이해는 이러한 인식으로 기술된 조건을 통해 주어진 동일하거나 공통적인 특징을 갖고 있어야 한다."(G.S, V, 332, 319)

여기서 이해는 외부의 감성적으로 주어진 삶의 표현에서부터 보편타당한 인식의 개념을 추구하는 과정을 가리킨다. 딜타이는 심적(Seelenleben) 현상의 연관구조를 내적인 생동성의 입장을 취하고 있

10) Wilhelm Dilthey, *Gesammelte Schriften*, VII, Göttingen, 1959.

기 때문에, 그 출발점은 체험(Erlebnis)이다. 체험은 외적 지각(äußere Wahrnehmung)과는 다소 다르게 내적인 지각(innere Wahrnehmung)에서 직접 주어진다. 이러한 체험은 전체적인 연관을 통해 조명하지만, 심적인 삶 속에서 밝혀낸다. 즉 체험은 전체적인 심적인 연관 과정에서 함께 작동한다. 우리는 어떤 특별한 사건이 일어났을 때, 심적인 삶의 연관은 체험에서 유래한다고 말한다. 이러한 연관이 이미 우리 자신과 타인에 대한 이해의 성격을 결정하게 된다. 여기에서 딜타이는 이해를 폭넓은 의미에서 세 가지의 관점으로 나눈다.

① 이해는 직접 체험에 근거하고 체험에서 유래한다. 체험은 그 자체에서 내적인 반복을 수행하게 되며, 거기서 이해가능하게 된다. 내적인 연관을 맺고 있는 체험은 개인적 생애의 한 부분에서 시작된다. 개별적인 체험들은 모두 자기 자신과 관계를 맺고 있으며, 바로 자기의 한 부분을 체험한다. 그래서 체험은 다른 부분들과의 구조연관에 의해 나타난다. 따라서 우리는 심적인 측면의 연관구조를 보게 된다. 물론 딜타이의 체험은 칸트처럼, 선험적인 주관이 아니다. 때문에 그는 의식의 내면성에서 정신과학의 고유한 인식의 가능성을 찾아내고자 했다. 이렇게 정신과학은 내적 체험에서 부여받은 체험 그 자체의 현상인 것이다. 여기서 우리는 체험된 대상만을 생각하게 된다. 따라서 체험은 우리에게 실재하는 원초적인 방식이다. 그래서 체험은 역사인식의 궁극적인 전제조건이 된다. 즉 체험은 역사적 세계의 원세포(Urzell der geschichtlichen Welt)이며, 정신과학의 기본적인 경험자료인 것이다. 그러므로 정신과학을 경험과학이 되게끔 보증하는 것은 이러한 체험에서 나타난다.

반면에 자연과학은 우리와 독립된 물질적 세계의 현상에 관여한다.

② 이해는 삶의 표현으로서 표현의 이해이다. 즉 "나는 삶의 표현이 단지 무엇인가에 대해 생각하는 것이거나 의도하는 것만이 아니고, 우리에게 이해할 수 있는 정신의 표현이며 어떤 의도가 없는 것도 분명히 표현하고자 한다." 이런 점에서 정신과학의 대상으로서 이해는 인간의 상황을 체험하고, 그 삶을 표현하여 이해하고자 한다.

③ 이해는 개별적인 것의 이해이다. 이것은 타자와의 낯선 삶의 표현의 가능성과 서로 불균등하게 나타날 수 있는 다른 삶과의 연관성 사이의 이해이다. 삶은 체험에 의해 주어진다. 여기서 체험은 현실 속에서 우리에게 나타나는 개별적인 특수한 방식이다. 즉, "체험은 실재가 나에게 나타나는 특수한 방식이다. 체험의 내용은 지각의 내용이나 표상처럼, 나에게 대립하여 드러나지 않는다. 체험은 외부로부터 우리에게 주어지는 것이 아니라 내면을 지각함으로써 나타나며, 우리의 사유에 의해 비로소 대상화된다."(G.S, VII, 313) 이러한 폭넓은 이해의 구분에 따라 딜타이는 이해와 체험을 다음과 같이 정리하고 있다.

> "이해는 체험의 전제조건이 된다. 비로소 체험은 삶의 경험에서 이해로 가까이 접근되어 가고, 체험의 주체는 전체와 일반적인 영역 속으로 진행되어 간다. 체험은 지속적으로 체계적인 지식을 수행하기 위해 개별적인 개인의 이해를 요구한다. 체계적인 지식은 개별적인 삶의 통일체 속에서 생동적으로 파악한다."(G.S, VII, 143)

위의 인용문에서, 딜타이는 이해와 체험을 삶의 개별적인 관계가 아니라 긴밀한 상호관계라는 것을 강조한다. 여기서 딜타이는, 체험과 이해의 근본적인 관계가 상호작용하는 것으로 보았다. 즉 그는 체험과 이해를 역사적으로 상호작용하는 것으로 규정하였다. 이는 체험과 이해에서 제시된 이중적 관계이다. 그래서 딜타이는 체험과 이해를 변증법적 관계에 있다고 말한다. 따라서 딜타이는 정신과학의 정초를 위해 체험과 이해는 밀접히 상호작용하는 관계로 보았다.[11)]

딜타이가 주장하는 정신과학은 이해를 인식하는 개념이며, 설명의 개념은 자연과학을 인식하는 근본개념이다. 딜타이가 제시한 것처럼, 자연과학과 정신과학 사이에서 대립하는 개념은 과학의 유형을 방법론으로 구분하여 설명하는 것이었고 그것을 이해시키는 데 있었다. 따라서 딜타이는 정신과학의 이해대상을 이해 심리학의 결과에서 찾았다. 정신과학의 대상은 물리적인 것에서부터 정신적인 세계를 차례로 다룬다. 즉 딜타이의 해석학은 심리학적 분석을 다음과 같이 중요하게 취급한다: "심적인 삶은 지상에서 최고의 단계로 분류된다. 삶이 출현할 수 있게 해주는 조건들은 자연과학을 보다 발전시킨다. 왜냐하면 자연과학은 물리적 현상들 안에서 법칙에 따르는 질서를 찾아내기 때문이다."(*G.S*, VII, 196) 그렇다고 하여 딜타이의 심리학적인 요소가 특별한 부류로 취급되어 자연과학의 문제설정에 의존하는 것은 아니다. 오히려 그는 심적인 요소, 즉 심적인 의지 · 이해 · 감정의 철학적 - 인간학적 이론을

11) 딜타이 정신과학의 방법론에 관한 자세한 내용은 다음을 참조: 양해림, 『현상학과의 대화』, 서광사, 2003. 69-77쪽.

서로 연관시킨다. 자연과 정신의 대립관계는 삶의 연관에 기반을 둔 체험이다. "인간은 자연으로 되돌아가서 자기 자신의 삶을 살아야 한다. 인간은 체험에 의해 자연 안에서 존재하게 된다. 따라서 인간의 체험은 의미 · 가치 · 목적 등을 설정함으로써 학문적 작업을 수행해야 한다. 이런 관점에서 딜타이는 종종 "자연은 설명하고 정신은 이해한다. 마찬가지로 우리는 사회적 - 역사적 삶을 이해해야 한다"고 표현한다. 그는 정신과학과 자연과학을 다음과 같이 언급한다.

> "먼저 정신과학은 자연과학으로부터 구분된다. 자연과학이 대상의 외부로부터 또는 현상으로서 의식 속에 개별적으로 주어져 나타나는 사실을 갖고 있는 반면에, 정신과학은 내부의 의식 속에 살아있는 관계로서 독창적으로 나타난다. 여기서 자연과학은 자연의 관계에 주어진 가설의 결합을 매개로 하여 보충적인 추론을 통해서만 나타난다. 반대로 정신과학은 원초적으로 주어지는 것으로 어디에서나 내부에 있는 심적인 삶(Seelenleben)의 연관에 토대를 두고 나타난다. 왜냐하면 내부의 경험에서 정신의 개별적인 부분이 전체적인 것으로 그 기능을 결합하거나 성취하려고 하기 때문이다."[12](G.S, V, 143-144)

여기서 자연과학에 대한 딜타이의 입장은 먼저 자연과학과 정신과학의 대립을 통해 밝혀내고자 한다. 딜타이는 잘 알려진 논문인 「기술적 · 분석적 심리학의 이념」(G.S, V, 139-240)에서 자연과학과 정신과학 사이의 구분을 이해와 설명의 대립으로 전개시킨다. 하

12) Karl Otto Apel, "Das Verstehen(Eine Problemgeschichte als Begriffsgeschichte)", in: *Archiv für Begriffgeschichte*, I, 143, 173쪽.

지만 이해와 설명의 구분은 그렇게 간단히 형식화되는 것은 아니다: "왜냐하면 정신과학과 자연과학은 그것을 구성하는 두 개의 사실영역으로써 논리적으로 정확히 구분할 수 없기 때문이다. 생리학도 인간의 한 측면을 다루고 있고 그것은 자연과학이다. 사실상태에서 두 분류근거를 정확히 설정할 수 없다."(G.S, VII, 82) 여기서 이해는 현실에서 적용되는 일정한 방법론의 형식이며, 이에 반해 설명은 보충적인 다른 형식이다.

이렇게 이해와 설명의 대립은 그 배후에서 내적인 지각 및 외적인 지각(Wahrnehmung)을 구분하여 전개한다. 특히 딜타이가 대립의 쌍으로 선보이는 자연과학과 정신과학과의 관계는 역사적 출발점에 서 있다. 종종 자연과 정신의 관계는 근원적으로 존재한 것이 아니라 역사적으로 생성된 이원론이라 말한다. 딜타이는 여러 차례 "정신과학은 자연과학적 지식의 체계화를 모방한 논리적 구성에 의해서 전체의 체계를 세울 수 없으며, 정신과학의 각 분야들은 서로 다르게 전개되어 왔기 때문에 역사적 차원에서 접근해야만 올바르게 이해할 수 있다"(G.S, V. 24)고 언급한다. 따라서 딜타이의 자연과학과 정신과학은 다음과 같은 방법론으로 전개된다.

> "동일한 사유형식과 그것에 부차적인 사유행위의 등급은 자연과학과 정신과학 안에서 과학적 관계를 가능하게 한다. 이해와 설명의 구분은 대상을 두 개의 등급으로 근거짓는 것은 아니다. 자연대상과 정신대상이 따로 존재하는 것이 아니다. 대상의 개념은 그 차이로부터 감각인상의 관계에 의해 그리고 이러한 인상이 전체적으로 결합하여 조건화된다. 따라서 자체적으로 서로 맞대어 독립적으로 놓여 있다."(G.S, V, 248)

자연과학은 하나의 가설적인 개념을 설정한다. 자연과학은 어떤 개념을 타당한 것으로 수용할 경우에 그것은 인과성의 원리에 의해 규정된다. 하지만 정신과학에서 인과성은 체험 가능한 범주이다(G.S, VII, 202). 일반적으로 자연은 우리에게 무한한 힘으로 나타나며 정신은 우리의 존재 전체를 경험한다. 그러나 실재적으로 정신과학은 자연과학과 결코 동일하지 않다. 자연과학에 적용되는 대상이 정신과학에서도 타당하다고 볼 수 없다. 이 때문에 자연과학에서 추상적으로 표현되었던 과정들이 그대로 정신과학에 옮겨질 경우 자연과학적으로 사유하는 데 있어서 월권행위로 나타날 수 있다(G.S, VII, 197). 자연과학은 어떤 실체나 사건을 일으키는 작용인으로서의 개념들을 새롭게 전개한다. 이와 같은 자연과학적 인식의 개념들은 정신과학과 별개로 독립적으로 만들어진다. 하지만 정신과학은 개인의 생애에서부터 모든 인류에 이르기까지 역사적 세계방식에 관한 연관들을 묘사한다(G.S, VII, 198).

잘 알려져 있듯이, 정신과학의 방법론적인 근본개념은 이해이다. 딜타이에게 있어서 이해는 삶의 의미성(Bedeutsamkeit)을 직접 파악하여 삶의 연관 속에서 드러내 보이도록 한다. 딜타이의 해석학은 "이해의 일반적 이론과 이해의 방법론"으로서 구별한다. 특히 이해의 일반이론은 먼저 방법론적인 이해의 구조를 분석하여 이해의 타당성요구를 밝혀내고자 한다. 딜타이는 「정신과학의 역사적 세계구성」(1910)의 논문에서 체험과 이해를 행위의 단계로 확충하고 역사적 세계의 객관적 지식을 통해서 삶의 이념적인 연관을 규명하고자 하였다. 또한 그는 「해석학의 기원」에서 "이해의 순환"[13]

이라 부르는 체험(Erlebnis) · 표현(Ausdruck) · 이해(Verstehen)[14]의 3박자를 구체적으로 분석해나간다. 해석학적 순환은 정신과학의 인식론을 밝혀내기 위한 중요한 과제이다. 이것을 딜타이는 순환하는 과정으로서 체험 · 표현 · 이해의 모델을 제시하였다. 즉 정신과학은 체험 · 표현 · 이해의 관계에 의해 보다 분명하게 각인되며 이러한 관계는 정신과학의 대상을 외부에서 추가하여 이끌어내는 것이 아니라, 그 내부의 심적 체험에 의해 밝혀낸다. 따라서 딜타이는 체험 · 표현 · 이해의 상호관계에 의해 정신과학이 정립된다고 본다.

이러한 관점에서 정신과학의 대상은 체험 · 표현 · 이해의 관계에 의해 구성되며 동시에 이러한 연관성 속에서 그 기능을 수행해 나간다. 그렇기 때문에 체험 · 표현 · 이해의 관계는 정신과학의 방법론과 정신과학의 해석학으로 전개된다. 이와 같은 과정은 상호소통하면서 정신의 모든 객관화에 대한 이해를 확대해 나가기 때문에 정신과학의 이해는 낯선 삶의 체험을 통해 자신의 체험을 충족시키며, 전이(轉移)에 의해 체험과 이해를 재현하게 된다.

딜타이가 전이로써 고찰하고자 한 것은 우리의 감정을 단순하게 타자에게 이행하려는 의도만 있는 것은 아니다. 딜타이는 체험 · 표

13) 딜타이는 이해의 순환을 드로이젠 저서인 『역사학 강요』에서 인용하여 "개별적인 것은 전체적인 것 속에서 이해되고, 전체적인 것은 개별적인 것으로 이해된다"고 언급하는 데서 출발하고 있다. 내가 전체를 이해하려는 것은 전체는 개별적인 표현으로, 개별적인 표현은 전체적인 것으로 보충하는 것이다(Johann Gustav Droysen, *Historik, Volesungen über Enzyklopädie und Methodologie der Geschichte*, von R. Hübner(Hg.). Darmstadt, 1967).

14) 체험 · 표현 · 이해의 보다 자세한 내용은 다음을 참조: 딜타이, 『체험 · 표현 · 이해』, 이한우 옮김, 책세상, 2002. 무사이 마사아끼, 『라캉 대 라캉』, 임창석 · 이지영 옮김, 새물결, 2017, 451-581쪽 참조.

현 · 이해 중에서도 특히 체험을 중요한 부분으로 간주한다. 체험은 인식론에서 잘 알려진 대로 "내면화함(Innewerden)"의 의미와 연관된다. 체험에서 내적인 것과 내가 지각하는 것은 하나이다. 즉 내면화와 내적인 것에서와 마찬가지로 체험하는 자와 체험된 것 사이는 대립적인 관계가 아니다. 다시 말해 체험은 결코 의문의 여지가 없는 독립적인 확실성을 지닌다. 이런 점에서 체험은 개별적인 사람들이 지니는 사적인 사건이다. 개별적인 인간은 체험의 당사자이며, 결코 어느 누구와도 대체할 수 없다. 하지만 체험을 대신한 전이의 사유는 언제든지 가능하다. 이러한 체험의 전이를 가능하게 하는 내적인 관계는 모든 해석학적 규칙의 전제조건이 된다. 이미 지나간 과거를 체험한 이해는 이러한 전이의 도움을 받고 나타난다. 지나가 버린 체험의 표현이라는 것은 완전하게 사라져 버린 것이 아니라 현재에 때때로 다시 나타날 수 있다.

하지만 딜타이의 이해이론은 불명료성에 의해 항상 위협을 받는다. 왜냐하면 그의 이해이론은 우리의 표현들을 원초적으로 체험하는 것이 아니라 단지 심리적 사실에 대한 표현으로 이해하고 있기 때문이다. 즉 이러한 이해이론은 주관적인 심리학적 체험에 근거하며 궁극적으로 사회적-역사적 세계(gesellschaftlich-geschichtliche Wirklichkeit)[15]에 기반을 두고 있다. 이러한 사회적-역사적 세계의 현실들은 개별적인 개체의 체험 가능한 심리적 연관성을 넘어서 있다.

15) 사회 · 역사 · 개인과의 관계를 자세히 다룬 논문은 다음을 참조: 양해림, 「딜타이에 있어서 개인, 사회 그리고 상호작용의 변증법」, 『철학연구』, 제44집, 철학연구회, 1999.

4. 삶의 객관화

딜타이의 관점에서 삶의 객관화의 개념은 인간적 삶의 표현을 전체적인 의미로 설명하는 것이다. 삶의 객관화는 외면화이자 개인의 사회적 삶을 명백하게 표현하려는 것이다. 딜타이는 이러한 삶의 객관화를 객관적 정신의 개념으로 제시했다. 딜타이는 객관적 정신을 다음과 같이 특성화시킨다.

> "나는 객관적 정신의 의미를 정신과학적 인식의 가능성을 설정한다. 나는 감각계에서 현재의 공동체를 각 인간의 다양한 형식 속에서 이해한다. 이러한 객관화된 정신에서 과거는 우리에게 지속적으로 현존하는 현재이다. 객관화된 영역은 삶의 양식 · 교제의 형식 · 인륜 · 법 · 국가 · 종교 · 예술 · 과학 그리고 철학과 같은 사회에서 형성된 목적연관에 다다른다"(*G.S*, Ⅶ, 208. Vgl. *G.S*, Ⅶ, 86, 146, 147, 151, 152, 153, 346, *G.S*, Ⅶ, 208, 233).

위의 인용문에서 보듯이, 딜타이가 정의(定義)한 객관적 정신이란 "개인들 사이에 성립하는 공통성이 감각세계 안의 여러 목적연관, 즉 도덕 · 언어 · 종교 · 예술 · 학문 · 교육 · 가족 · 시민사회 · 국가 등과 같은 문화체계 및 사회의 외부기관을 지칭한다"(*G.S*, Ⅷ, 208). 딜타이는 이러한 학문을 자발적으로 구성된 인간의 정신과학이라는 체계에서 파악해 내야 한다고 본다. 따라서 딜타이에게서 객관적 정신의 개념은 그의 후기 이론을 이해하는 데 중요한 단서가 된다. 그가 주장하는 삶의 표현이나 삶의 객관화는 역사적, 사회적 의미를 광범위하게 포괄한다. 후기에 와서 그는 삶이라는 명칭 대신에 정신이란 말을 종종 사용한다(*G.S*, Ⅷ, 148). 그러나 그가 굳이 삶을 객관적 정신과 구별해야 한다(G.S, Ⅷ, 150)고 언급하고 있지만, 오히려 관념적인 전통으로 돌아가는 인상을 주기도 한다. 그가 언급하는 인간적 삶의 표현의 전체성이란, 표정, 이미 내뱉은 단어나 몸짓 그리고 유사성 등을 말한다(G.S, Ⅶ, 146). 모든 개인적인 삶의 객관화는 객관적 정신의 영역에서 공통적인 것을 드러낸다. 모든 단어 · 모든 문장 · 모든 거동 · 예절 형식 · 모든 예술작품 · 모든 역사적인 사실들은, 어떤 공통성 안에서 이해된 것을 이해하는 자와 관련된다.

각각의 개인은 언제나 공통성의 영역 안에서 체험하고, 생각하고, 행동하여 거기서 인식의 객관성을 구성한다. 딜타이가 언급하는 객관성이란 이해의 실천적 삶의 관계를 추체험(追體驗)한 대상을 일컫는다. 즉 삶은 역사 및 사회의 모든 곳에서 전체와 부분 사이의 역동적 관계를 가리키는 것이다. 과거는 우리의 현재를 운반하는 근거로서 객관적 정신을 표명한다. 우리가 무엇을 체험하고 이해하는가는 과거의 의식에서 고양된다. 따라서 딜타이는 삶의 객관화를 통해 객관적 정신을 획득해야 한다고 말한다. 모든 정신과학은 우리의 경험을 통해 어떠한 대상에 몰두하게 된다. 그리고 모든 인간은 심리학에서 인간을 체험하고 이해한다(G.S, Ⅶ, 278). 이러한 딜타이의 정신과학은 인간의 특별한 행태를 다음과 같이 서술한다:

> 인간은 지각하고 인식하며 물리적 사실과 자연과학적 인식을 통해 이해된다. 정신과학의 대상은 인간의 상태를 체험하고, 삶의 표현과 그 표현을 이해하는 것 속에서 드러난다(G.S, Ⅶ, 86).

그래서 인간은 현실적인 정신을 통해 창조적이게 되고, 어떤 가치를 소유하게 되며, 행위하거나, 스스로를 표현한다. 이것은 모든 체험된 결과에서 나타난다. 딜타이의 정신과학은 삶의 객관화를 다음과 같이 광범위하게 부여한다.

> 우리에게 삶의 객관화는 외부에서 내부의 관계를 포괄하는 이해의 문제이다. 정신과학의 범위는 이해에서 마찬가지로 폭넓게 퍼져 있고 이해는 삶의 객관화에서 통일적인 대상이다. 그래서 현상의 영역에 따라 정신과학의 개념은 삶의 객관화로써 점차 가까이 접근해 간다. 그래서 이해는 삶의 객관화 속에서 통일적인 대상을 구성한다. 따라서 이해현상의 범위에 의해 정신과학의 개념은 외적인 세계를 통해 삶의 객관화를 형성한다(G.S, Ⅶ, 147-148).

이런 관점에서 딜타이는 정신과학의 영역에서 정신이 객관화되었다고 말한다. 딜타이는 정신과학의 대상을 삶의 객관화로서 지속적으로 인식하는 것으로 파악한다. 우리는 이해의 모든 이행을 총체성으로 파악하였을 경우, 삶의 객관화를 체험의 주체성으로 보게 된다(G.S, Ⅶ, 48). 왜냐하면 딜타이가 헤겔의 객관적 정신의 개념을 통해 논쟁을 시도한 것은 이러한 객관화를 주체의 개념으로 파악했기 때문이다(G.S, Ⅶ, 48). 특히 딜타이에게서 이해는 객관화된 체험의 내면성을 동일화시키는 것을 의미한다. 우리는 일반적으로 이해하기 이전부터 먼저 객관화를 고찰하게 된다. 왜냐하면 우리는 객관화에 대한 어떠한 자료와 근거를 풍부하게 갖고 있기 때문이다. 딜타이는 삶의 객관화를 객관적 정신으로 지칭했고 개인 사이의 다양한 형식으로 이해한다. 그래서 이해는 타자의 체험에서 주어진 것을 체득해 나아간다. 그러는 동안에 우리는 체험과 표현에서 본래의 능력과 내적인 지각을 외부에로 관심을 되돌려서 다시 표현한다(G.S, Ⅶ, 191). 이러한 방법으로 현대 철학자 하버마스는 딜타이의 이해에 대한 전제조건을 다음과 같이 제시한다.

> 객관적 정신의 세계는 어린 시절부터 우리의 자아에서부터 자양분을 지각하게 해준다. 또한 다른 개인의 이해와 개인의 삶의 표현을 수행하는 매체가 된다. 왜냐하면 모든 것은 정신을 객관화시키기 때문에 나와 너에게서 공통성을 갖게 한다. 딜타이는 공통성의 개념을 특수한 의미로서 말한다. 즉, 공통성이란 주관적 집단들이 동일하게 어떤 상징적인 상호주관적인 연관성을 맺는 것을 일컫는다. 이를테면 공통성은 공통되는 특징의 각기 다른 요소들의 일치를 뜻하는 것이 아니며, 상이한 요소들의 동일한 계층에 논리적인 것을 의미하지도 않는다. 단지 주관성은 동일한 언어로서 상호교제를 하는 것에 불과하다.[16]

삶의 객관화는 자아의 모든 규정을 필연적인 외부의 대상에 의존한다. 단지 이러한 주체성은 타자를 객관성으로 나타내게 된다. 또한 주체성은 정신을 분명하게 해 준다. 그렇게 하여 주체성은 실존으로 나타난다. 정신의 객관성이 타당하다는 의미는 이미 파악한 주체성을 타자 및 외적인 대상을 통해 드러내는 것이다.[17] 이것이 딜타이적인 삶의 객관화의 개념이다. 정신적 세계의 구성은 체험과 이해의 근거에서 발생하고 체험과 이해의 끊임없는 상호작용에서 낯선 삶의 표현에 대한 이해를 수행하는 것이다(G.S, Ⅶ, 152, 205). 말하자면 이해는 타자를 이해하는 것이다.

---

16) Jürgen Habermas, *Erkenntnis und Interesse*, Frankfurt, a. M., 1968, 196쪽.

17) Michael Heinen, *Die Konstitution der Ästhetik in Wilhelm Diltheys Philosophie*, Bonn, 1974, 63쪽.

> 내가 너를 다시 찾는 것이다. 정신은 항상 연관의 최고의 단계에서 발견한다. 정신자체는 나에게서, 너에게서, 공동체의 각 주체에서, 그리고 문화체계에서 찾아 나가는 것이다(G.S, Ⅶ, 191).

딜타이에게서 이해는 삶의 객관화의 통일적인 대상에서 파악한다. 그리고 이러한 삶의 객관화는 딜타이가 첫 번째로 적용했던 주관적 개념에서 이해할 수 있다.

5. 예술의 체험표현

딜타이는 이해의 종류를 다양한 삶의 표현으로 나누었다. 삶의 표현에 대한 등급은 넓은 의미에서 ① 명제(개념, 판단, 위대한 사유 형성), ② 행위, ③ 체험표현이다. 그는 이해의 종류를 삶의 표현(Lebensäußerung)에 대한 등급으로 나누었고, 그 안에서 다양한 행위 이론을 전개시켰다.

첫 번째 부류의 요소는 개념, 판단, 위대한 사유형식이다(G.S, VII, 205; G.S, I, 26). 이러한 요소들은 학문의 요소로서 일반적인 지식을 구성한다. 그리고 논리적 규범을 측정하는 데 있어서 타자에 대한 삶의 표현형식과 구분된다. 이 요소의 근본적인 특징은 명제(Aussage)에 대한 참과 거짓을 측정하는 데 있다. 그리고 이 부류는 체험으로 반드시 회귀하지 않고도 자체적으로 파악한다. 즉 이 부류는 반드시 체험과 연관시켜 이해하지 않는다. 따라서 명제의 특징은 학문적인 특성으로 규정되며(G.S, VII, 205), 그러한 사유 내용은 다양한 분야와 관련을 맺는다.

삶의 표현의 두 번째 등급은 체험표현의 첫 번째 분류와 분명히 구별되며 이를 통해 행위를 수행한다(G.S, V, 320). 여기서 행위의 본질은 목적달성의 수단으로 파악한다. 우리는 어떤 사람이 공구를 사용하는 것을 볼 때 단순히 지각하는 것과는 다른 어떤 목적이나 의도가 있음을 읽어낸다. 행위는 내면적인 것이 실현됨으로써 가시적(可視的)인 세계로 나아간다. 즉 우리는 보이는 것에서 보이지 않는 내면적인 세계를 추구해 간다. 왜냐하면 우리가 행위를 이해 가능한 것으로 만드는 것은 행위 속에 내재해 있는 목표나 목적이 있기 때문이다. 물론 행위는 전달의 의도에 의해서만 수행되는 것이 아니라 목적을 이루고자 하는 연관관계에 따라 전개된다. 행위는 행위하는 사람의 총체성과 관계하고 있으며, 그러한 목적은 일정한 조건 안에서 성립한다(G.S, VII, 321). 즉 행위는 행위자가 일정한 방향을 향한 규범을 필요로 한다. 우리가 행위를 어떻게 이해할 수 있는가 하는 문제는 그것의 목적 여부에 달려 있다. 일차적인 행위는 우리에게 확실한 목적이 현존하고 있음을 알려 준다. 그리고 이러한 목적은 우리에게 행위가 무엇인가 이해할 수 있다는 것을 암시해 준다. 딜타이는, 우리가 이러한 행위 가능성의 한계를 어떻게 그것의 상태나 목적/수단 그리고 삶의 연관에 관련되었는지를 해명해야 한다고 본다. 따라서 행위에서 발생하는 내부의 그 어떤 종류의 규정은 그렇게 쉽게 받아들일 수 있는 것은 아니다(G.S, VII, 206, 321).

삶의 표현의 세 번째 부류는 체험표현에서 구체화된다. 체험표현은 삶의 표현에 대한 그 밖의 다른 형식이다. 즉 체험표현은 인간의 내적인 관점에서 가능하다. 여기서 인간의 전체성은 내적으로,

그리고 전체성 안에서 읽어 낸다. 이러한 맥락에 따라 인간의 행위는 전적으로 다른 외부에서부터 내부로 옮겨 간다(G.S, VII, 321).[18] 퀸젤(H. Künzel)에 의하면, 딜타이의 체험표현을 세 가지로 나누어 설명한다. ① 표현은 우리가 직접적으로 표현하는 어떠한 상황 안에서 찾는다. ② 미학적인 표현은 타자의 체험, 즉 그 밖의 다른 방법으로서 체험을 한다. ③ 체험의 내적인 연관성과 체험 및 표현 사이에서 체득한 것은 체험표현이라 부른다.[19]

딜타이는 체험표현 안에서 인간 육체의 반응을 심리학적인 표현현상(흉내 · 심리적인 흉내 · 몸짓)으로 말한다. 즉 체험표현은 내적인 정신적 삶의 직접적인 표명이다. 여기서 표현은 정신적인 연관으로서 내성으로 보증되어야 한다. 그리고 이러한 표현은 의식에서 밝혀지지 않은 심연이다(G.S, VII, 206). 따라서 체험표현은 고유한 판단이나 명제와 같은 의견이 아니며, 일반적인 이해에 근거를 둔다. 또한 체험표현은 참과 거짓에 의해 판단 기준을 설정하는 것이 아니라 진실성과 비진실성에 그 척도를 둔다(G.S, VII, 206).[20] 여기서 표현은 진실성과 비진실성에 대한 기준을 주제화한다. 진실성의 표현은 예술작품을 인정하거나 그에 대한 이해를 통해 비판적으로 평가한다. 따라서 진실성은 그 스스로 미학적 판단으로서 개념화된다. 이러한 진실성은 사회적 - 역사적 세계를 근거로 규명된다. 예를 들어 문헌자료, 예술작품, 행위나 말과 같은 모든 부류의 대

18) O. F. Bollonow, Dilthey, *Eine Einfürung in seine Philosophie*, Leipzig, 1936, 186쪽.
19) Heinrich Künzel, “Über Wilhelm Diltheys Begriff der Struktur und der Erlebnisausdrucks”, in: *Deutsche Vierjahrschrift für Literaturwissenschaft und Geistesgeschichte*, 47, 1973, 10쪽.
20) Vgl. Jürgen Habermas, *Erkenntnis und Interesse*, Frankfurt a. M., 1968, 211쪽.

상들은 사회적 - 역사적 세계에 의해 구성된다. 이런 부류의 표출들은 우리 모두에게 우리들의 생각 · 희망 · 두려움 등을 알려 준다. 딜타이는 이러한 표출들을 표현(Ausdruck)이라 부른다. 결국 표현은 언제나 정신적 삶의 표현이다. 이러한 표현은 인간의 신체와 결합된 표현방식인 몸짓이나 손짓과 함께 인간의 행동으로 이해한다. 때문에 체험표현은 예술작품에서 가장 완전한 형식에 도달하게 된다.

6. 영향과 의의

딜타이는 현대의 철학적 논쟁에서 해석학과 심리학 그리고 역사학에 의한 정신과학의 철학적 근거를 마련하였다. 딜타이는 20세기 정신사에서 많은 우리 시대의 정신적 사유를 선취하였고 그 유산을 또한 남겨 주었다. 딜타이의 정신적 유산은 한편으로 자신의 새로운 역사의식을 근거로 하여 모든 정신적 수행의 역사적 상관성을 철학의 영향 속에서 완성하였다. 다른 한편으로 자연과학의 성과에 직면하여 언제나 보편타당한 과학적 성과를 추구하고자 하였다.[21)]

딜타이의 궁극적인 계획은 역사적 삶의 보편적 철학을 실현시키는 것이었다. 즉 "오늘날 해석학은 역사적 세계와 연관에 대한 지식의 가능성을 입증하고 그러한 가능성을 실현하기 위한 수단을 발견하기 위해 보편적인 인식론적 과제를 설정해야 한다."(G.S, VII,

21) 베르너 슈나이더스, 『20세기 독일철학』, 박종목 옮김, 동문선, 2005, 80쪽.

217) 딜타이의 이러한 계획은 그의 계승자들에게 문제점들을 제공하면서 역사성의 보편성을 통해 정신과학의 새로운 방향으로 나아갔다. 이러한 딜타이의 해석학은 우리의 체험과 우리 자신과 우리 이웃 사람들에 대한 이해가 정신과학적 인식의 출발점임을 발견하였다. 그는 개체 사이의 상호 이해하는 공동성을 삶의 객관화라는 측면에서 찾았으며, 이 삶의 객관화는 도덕, 법률, 국가, 종교, 예술, 학문, 철학 등에서 잘 드러나고 있다고 보았다. 그가 이해하고자 했던 것은 단지 개개의 인간이 아니라 인간을 둘러싸고 있는 삶과의 세계였다(*G.S*, VII. 211).

20세기 정신사에서 딜타이의 해석학을 계승하고 발전시킨 하이데거와 미쉬(G. Misch), 볼노브(O. F. Bollnow), 가다머(H.-G. Gadamer), 하버마스(J. Habermas), 리쾨르(P. Ricouer)와 같은 해석학의 철학자들도 기본적으로 정신과학의 방법론적인 계획을 설정하여 역사성의 보편성을 부각시켰다. 딜타이 이후의 해석학은 하이데거와 가다머를 거치면서 정신과학의 방법론만으로 제한되지 않는 존재의 이론으로 발전하였다. 또한 하버마스와 아펠(K.-O. Apel)을 통해서 사회과학과 실천철학의 방법론으로 전개하였다. 리쾨르와 푸코(M. Foucault)에게서 현상학과 정신분석학, 구조주의 등 다양한 계기와 접합하면서 초기의 해석학과는 다소 다른 모습으로 성장해 갔다.

제 4 강

하이데거

실존론적 해석학

1. 생애 및 사상개요
2. 현상학적 해석학
3. 실존론적 해석학: 이해의 선구조
4. 세계-내-존재
5. 예술작품의 이해
6. 영향과 의의

제4강

하이데거

실존론적 해석학

1. 생애 및 사상개요

마틴 하이데거

하이데거(Martin Heidegger, 1889~1976)는 괴강엔 출신의 농부 가정에서 자라난 어머니와 독일 슈바르츠발트에 위치한 조그마한 마을인 메르키르히(Meßkirch)에서 술 창고를 지키면서 그 마을의 성 마르틴 교회에서 성당의 관리인으로 허드렛일을 맡아보던 아버지 프리드리히 하이데거(Friedrich Heidegger) 사이에서 태어났다. 그의 아버지는 1924년에 사망하면서 아들이 가톨릭교와 인연을 끊는 것은 지켜볼 수 없었지만, 아들이 철학적으로 획기적인 작업을 할 것이란 것은 알지 못한 채 죽는다. 어머니는 1927년에 사망한다.[1)] 하이데거 가족은 풍족한 편은 아니었지만, 그렇다고 가

1) 뤼디거 지프란스키, 『하이데거-독일의 철학 거장과 그의 시대』, 박민수 옮김, 북캠퍼

난하지도 않았다. 1903년 당시 기본자산은 2,000마르크였고 소득세 견적은 960마르크였던 것으로 보아 중산층 중 하위에 속했다. 그 정도면 한 식구가 먹고 살기에는 충분했지만, 자식들을 자비로 상급학교에 보낼 만큼 넉넉하지는 않았다.[2)]

하이데거는 김나지움 시절에 콘스탄츠(Konstanz)에서 유년을 보내기도 하였으나, 이후에는 프라이부르크로 이사하여 그곳에서 대부분의 학창시절(1903~1909)을 보냈다. 고등학교의 졸업시험(Abitur)을 마친 후에 10일간의 짤막한 수도생활을 예수교 교단의 수도원에서 하였다. 그 후로 프라이부르크대학의 신학부에 입학하여 신부가 되기 위한 학업과정을 수학하였다. 그는 예수교 교단의 교구의 사제가 되려고 시도하지만, 심장질환으로 인해 부적격 판정을 받는다. 제1차 세계대전 동안에 하이데거는 이와 같은 이유로 병역에서 면제되었다. 프라이부르크대학에서의 첫 두 해 동안은 사제가 되기 위해 신학을 공부했고 건강상의 이유로 신학공부를 포기하고 철학공부에 전념한다. 그가 프라이부르크대학에 입학했을 때, 지방의 신문에 기사가 날 정도로 그는 김나지움(우리나라의 중·고등학교)에서 현저하게 두각을 나타냈다. 그는 이미 1907년 이후부터 브렌타노(Fr. v. Brentano)의 「아리스토텔레스에 있어서 존재자의 다양한 의미에 관하여」라는 글을 접하고 철학에 매료된다. 프라이부르크대학의 신학부에서 주로 교의학을 강의하면서도 『존재에 관하여』라는 철학저술을 집필한다. 그는 리케르트를 중심으로 하는 신칸

스, 2017, 23쪽.

2) 뤼디거 지프란스키, 위의 책, 33쪽.

트학파와의 만남을 통해서 그리고 후설의 『논리연구』(1901)에도 상당한 영향을 끼쳤다. 하이데거는 1913년 신칸트학파의 대표자 중의 한 사람이었던 하인리히 리케르트(Heinvich Rickert, 1863~1936)를 지도교수로 하여 「심리주의에서의 판단이론」(1913)이라는 논문으로 박사학위를 얻었고, 2년 뒤에는 다시 리케르트의 지도 아래 「둔스 스코투스의 범주론과 의미론」(1916)이라는 논문으로 교수자격을 취득하였다.3) 그 연구는 프라이부르크 가톨릭교회의 연구비 지원을 받으며 수행했다.4) 하이데거의 박사논문과 교수자격 논문은 모두 의미와 논리, 지향성과 같은 문제들을 현상학적 방법들을 사용하여 연구했다.

1923년 겨울학기부터 하이데거는 퇴임한 나토르프(Paul Natorp, 1854~1924)의 후임으로 마르부르크대학의 조교수직에 취임하게 된다. 이때부터 동료인 하르트만과 깊은 교류를 시작한다. 첫 학기의 강의는 현상학적 연구 입문이었다. 하이델베르크대학과 함께 신칸트주의의 아성이었던 마르부르크대학에서 하이데거는 현존재의 현상학을 전파하였다.

그는 1915년부터 사강사로서 강의를 시작하였으며 학생들에게 커다란 호응을 얻었다. 그의 제자였던 한나 아렌트(Hana Arendt)에 의하면, 프라이부르크의 젊은 명강사에 대한 소문은 이미 1920년대 초반 독일 전역의 학생들 사이에 널리 퍼졌고, 하이데거는 독일

3) 하이데거의 교수자격 논문 영어본은 Supplements: From the Earliest Essays to “Being and Time” and Beyond ed. John von Buren(Albany: SUNY Press, 2002)에 수록되어 있다.

4) 오트프리트 회페, 『철학의 거장들 4』, 이진우 외, 옮김, 한길사, 2001, 328쪽.

사상계의 제왕으로 인정받게 되었다고 전한다. 그러나 프라이부르크대학의 1년여의 짧은 총장 재임(1933) 시 나치에 부역한 혐의를 받아 비난을 받았다. 즉 그는 나치의 획일화(Gleichschaltung) 혹은 재편성 프로그램 몇 가지를 시행했다. 극단적 우파사상과의 불장난은 몇 년 동안 지속됐다. 실제로 탈나치위원회는 하이데거에게 대학에서 가르칠 자격을 박탈당했으나, 몇 년 뒤에 명예교수의 직함으로 가르칠 자격을 되찾았다.[5] 그는 2차 세계대전이 끝난 후 프라이부르크대학에 명예를 회복했지만, 1951년 완전히 교수직에서 물러난다. 1976년 5월 26일 하이데거는 프라이부르크의 자택에서 부인이 아침상을 준비하는 동안에 심장마비로 세상을 떠났다. 그의 시신은 자신의 고향 메스키르히의 묘지에 안장되었다. 그가 죽은 날 〈프랑크푸르트신문〉은 다음과 같은 기사로 하이데거의 업적을 칭송한다.

> "20세기의 가장 위대한 철학자로 간주되는 하이데거의 저술 속에 2,500년 서양 철학의 사유가 들어 있다."

또한 제자 가다머는 하이데거 강의가 안긴 추억을 이렇게 남겼다.

> "한 세기의 붕괴로 산산이 부서진 세대는 완전히 새롭게 시작하기를 원했다. 그 세대는 이전에 타당하다고 주장해온 그 어떤 것도 계속 유지하려 하지 않았다. 정말이지 그 세대의 개념들에서 엿보였던 독일어의 격렬함 속에서 하이데거의 사유는 이전 철학이 의미했던 것과의 그 어떤 비교도 거부하는 듯이 보였다."[6]

5) W. 블라트너, 『하이데거의 존재와 시간 입문』, 한상연 옮김, 서광사, 2015, 24쪽.

2. 현상학적 해석학

하이데거는 가다머의 철학적 해석학에 많은 영향을 미쳤다. 전기(前期) 하이데거는 자신의 사유를 현사실성(Faktizität)의 해석학, 실존론적 해석학, 존재론적 해석학, 현존재의 해석학으로 파악한다. 그에 따르면 "철학은 현존재의 해석학에서 출발하는 보편적인 현상학적 존재이다."[7]

하이데거의 실존론적 해석학에서 현상학(Phänomenologie)은 근본적인 성격을 가장 특징적으로 보여 준다. 현상학은 탐구의 한 방식이다. 탐구의 한 방식으로서 현상학은 대상들에 대해 직관을 통해 현전화(Vergegenwartigen)하는 것, 다시 말해 눈앞에 생생하게 그려 보이는 것을 뜻한다. 직관을 통해 눈앞에 나타나는 것을 나타난 그대로 기술하는 것이 현상학이다.[8]

그는 자신의 『존재와 시간』(1927)에서 철학적 방법을 현상학으로 규정한다. 그리고 후기의 주요 저작인 『사유의 사태에로』(1969)에서도 자신의 입장을 여전히 현상학적이라고 밝힌다.[9] 특히 하이데거는 『존재와 시간』에서 해석학적 사유를 현상학(Phänomenologie)에서 발견한다. 그는 현상학을 "자기 자신을 스스로 내보이는 것", "스스로 현시(現示)하는 것", "노현(露現)하는 것(Offenbare)"으로서의 현상(Phänomen)[10], 제시한다. 또한 현상학은 "보이게 해 줌", "말하

6) 고명섭, 『하이데거 극장 1』, 한길사, 2022, 25쪽.

7) M. Heidegger, *Sein und Zeit*(이하 M. Heidegger, *SZ*이라 축약하여 표기함), Tübingen, 1993. 38쪽(한국어 번역본: 이기상 옮김, 『존재와 시간』, 까치, 2003).

8) 고명섭, 『하이데거 극장1』, 한길사, 2022, 257쪽.

9) 박찬국 · 이수정, 『하이데거 - 그의 생애와 사상』, 서울대학교출판부, 2004, 66쪽.

다", "해석하다"로서의 로고스(Logos)[11]라는 구성요소로 결합함으로써 이해된다. 먼저 현상이란 희랍어 *Φαινόμενον*에서 유래한 것으로서 자기를 나타내는 것, 자기를 현시하는 것, 드러나 있는 것이라 설명할 수 있다. 따라서 현상은 "은폐성(Verdecktheit)"[12]과 대립되며 가상, 나타남과 구별된다. 이러한 현상이라는 개념을 하이데거는 다음과 같이 세 가지의 관점으로 구별한다.

첫째, 어떠한 존재자가 현상으로 간주되는지에 대해 규정하지 않은 경우이다. 또한 자신을 나타내는 것이 그때마다 존재자인지 아니면 존재자의 성격인지가 애당초 해결되지 않았을 경우의 형식적인 현상개념이다. 둘째, 자신을 나타내는 것이 칸트적인 의미에서 경험적 직관을 통해 접근할 수 있는 존재자를 말하는 경우, 그것은 통속적인 현상개념이다. 셋째, 자신을 나타내는 것이 존재자의 존재일 때, 그것이 명백한 의미에서의 현상이며 형이상학적 현상 개념이다.[13] 따라서 하이데거에게 있어서 현상학은 "자기 자신을 내보이고 있는 그것 자체에서부터 자기 자신을 내보이고 있는 그대로 보이게 해줌"[14]이다. "사실 자체로"라는 현상학의 탐구원칙 역시도 그 근본에 있어서 다른 것이 아니라 이러한 현상학의 이름을 반영하고 있을 뿐이다. 하이데거에 있어서 현상학이라는 표현은 신학 · 생물학 · 사회학 등과 같은 다른 학문들의 명칭과는 다소 구별된다. 그 이유는, 현상학은 논의대상의 사실 내용에 대해서 아

10) M. Heidegger, *SZ*, 32쪽.
11) M. Heidegger, *SZ*, 37쪽.
12) 은폐에는 은닉(Verborgenheit), 매몰(Verschüttung), 위장(Verstellung)이 있다.
13) 박찬국 · 이수정, 앞의 책, 76쪽.
14) M. Heidegger, *SZ*, 34쪽.

무것도 말하지 않고, 오직 그 대상을 탐구함에 있어서 어떤 것이 어떻게 주제화되고 있으며, 또한 그렇게 되어야 하는가의 방식만 언급하고 있기 때문이다.[15] 요컨대 하이데거의 현상학은 세 가지 성립요소의 결합에서 그 의미를 찾을 수 있다. ① 말해질 내용으로서의 현상, ② 말함 그 자체로서의 학 - 로고스, ③ 말로써 내용을 전달받을 자로서의 타인이다.[16]

하이데거는 현사실성의 해석학이 현상학의 길을 걷지 않으면 안 된다는 사실에 대해 그다지 의심을 보이지 않는다. 다시 말해 하이데거는 현상학의 탐구방법에 대해 "후설은 수학적 엄밀함의 편견에 의해서 지배되고 있으며, 거기서 대상의 형태로부터 이 대상의 엄밀함의 의미를 전개하는 일이 필요할 뿐"이라고 말한다. 현상학은 "사상(事象) 자체로" 돌아가자는 요구, 즉 여러 현상을 형이상학적인 전제들과 아무런 상관없이 표현하자는 요구를 뒤따른다. 후설의 현상학은 명증적인 인식을 획득하기 위해 모든 실재적인 것을 괄호 속에 묶어 놓고 그것을 의식 속으로 환원하여 그 의식을 분석해 나간다. 따라서 현상학의 대상 및 여러 현상들은 "스스로에게서 나타난 바대로" 받아들인다. 하이데거는 환원의 방법에 도움을 받고 있는 후설의 초월적 현상학의 방법을 전적으로 따르는 것은 아니다. 그의 현사실성의 해석학은 현사실적인 삶을 기술하며, 후설처럼 단순히 형상적 의식분석으로 전개하지 않는다. 즉 현존재 자체에서 나타나는 것만을 단순히 포착하는 것은 여전히 하이

15) 이기상, 『하이데거의 존재와 현상』, 문예출판사, 1993, 130쪽.
16) 박찬국 · 이수정, 앞의 책, 79쪽.

데거를 만족시키지 못한다. 그 이유는 그렇게 나타나는 것은 사실 자체일 필요가 없으며, 순전히 우연적인 그 무엇일 수 있기 때문이다. 하이데거 사유에서 현사실성의 해석학에 대한 다양한 문제들은 『존재와 시간』에서 기초존재론으로서 전개되고 있는 현존재 분석의 제1단계로서 등장한다. 이것은 하이데거 해석학을 이해하는데 근본적으로 분석하는 계기가 된다.[17] 따라서 하이데거는 이것을 "사상자체로"라는 구호 아래 방법론적으로 받아들였다. 궁극적으로 하이데거는 『존재와 시간』에서 자신의 현상학을 해석학이라 부른다. 이런 관점에서 헤르만(F. W. von Hermann)은 후설의 초월론적 현상학과 하이데거의 해석학을 "각자 나름의 고유한 진리를 간직하고 있는 현상학의 두 가지 길"[18]이라 이해한다.

그러나 후기(後期) 하이데거는 존재사유에 대한 명칭에서 해석학이나 현상학이란 용어를 포기하고, 무명으로 남겨 두고자 했다. 그 이유는 양자 모두에서 주체 형이상학의 그림자가 깃들어 있기 때문이다.[19]

---

17) 한스 인아이헨, 『철학적 해석학』, 문성화 옮김, 문예출판사, 1998, 171-173쪽.

18) F. W. von Hermann, *Hermeneutik und Reflextion. Der Begriff der Phänomenologie bei Heidegger und Husserl*, Frankfurt. a. M., 2000, 121쪽.

19) M. Heidegger, *Unterwegs zur Sprache*, Pfullingen, 1979, 121쪽. 138쪽. 강학순, 『하이데거의 숙고적 사유』, 아카넷, 2021, 235쪽.

3. 실존론적 해석학: 이해의 선구조(先構造)

하이데거에게 있어서 인간의 이해는 선이해(先理解)의 구조를 가지고 있다고 보았다. 하이데거는 이해란 주관의 인식이 아니라 인간의 현존재의 양식이라 간주한다. 이를테면 하이데거는 철학 그 자체를 현존재의 해석학으로 이해하였다. 그래서 그는 이해를 현존재의 실존 속으로 끌어들여 논의하였다.[20]

하이데거는 현존재를 통상적으로 인간이라 부르는 존재자를 지칭한다. 하이데거가 인간이라는 일반적인 명칭을 사용하지 않는 이유는 아직까지 "무엇"으로 규정되지 않았다는 것을 함축한다. 따라서 우리는 그것에 대해 다만 여기(Da)에 있음(Sein)이라는 추상적인 규정을 하고자 한다. 현존재라는 용어는 좁은 의미로 Da를 "현(現)"으로, Sein을 "존재"로 옮긴 것이다. 지금 "여기에 나타나 있음"이라는 의미에서 Dasein의 본래 의미를 적합하게 함축하고 있다. 현존재란 인간 각자를 가리키는 술어이며 그러한 현존재는 존재이해를 갖고 있다. 이 존재이해 때문에 존재가 현존재에로 열려지게 되며, 이것을 현존재의 개시성이라 부른다.[21] 하이데거는 해석학이라는 명칭을 단지 딜타이처럼 역사적인 정신과학의 방법론을 의미하는 것이 아니라 현존재의 역사성에 대한 이해와 해석을 의미하였다. 해석학은 모든 존재론적인 탐구의 가능조건을 마무리 짓는 작업이다. 무엇보다 그는 해석학을 현존재의 해석을 통해 존재의 본래적 의미를 밝혀내는 것이었다. 인간은 현(Da) 그 자체이다.

20) M. Heidegger, *SZ*, 142-148쪽.
21) 소광희, 『하이데거의 존재와 시간강의』, 문예출판사, 2003. 46쪽.

바로 여기서 존재자는 그 존재로서 비로소 시작된다. 이러한 현존재는 세계-내-존재이다. 세계란 존재자들의 총체를 의미하는 것이 아니고 우리가 존재자를 만나는 방식을 의미한다. 이런 측면에서 하이데거는 해석학을 삶의 다의적인 개념인 실존으로서 현존재의 개념으로 대체시켰다.[22)]

하이데거는 1923년 여름학기에 개설된 "존재론: 현사실성의 해석(Ontologie: Hermeneutik der Faktizität)"이라는 강의에서 의미론으로부터 존재론으로 방향을 전환한다. 그리고 후설의 현상학은 해석학적 현상학이라 부르는 현사실성의 해석학으로 명칭을 바꾸어 사용한다. 즉 하이데거는 현존재로 나아가는 통로를 열어 주는 학문으로서의 존재론에 대해 "존재론이라는 용어를 쓰는 대신에 현사실성의 해석학이라는 명칭을 즐겨 사용한다."[23)] 여기서 현사실성이라는 용어는 우리의 현존재가 "그때그때의 순간마다 각각 특유한 모습으로 존재한다"[24)]는 사실을 지칭한다. 다시 말해 현존재가 막연히 평균적인 존재이해를 본질적으로 가지고 있는 것을 하이데거는 현존재적 사실성, 이를테면 현사실성이라 부른다. 현사실성(Faktum)이란 객관적 현실에서는 사실이라고 해야 할 사태를 현존재의 경우에 사용한 표현이다.[25)] 따라서 하이데거는 해석학을 존재론적으로 정향된 현사실성의 해석학으로 규정한다. 그것은 존재의미가 드러나는 현재의 사실과 현상을 해명하는 데 있다.[26)]

22) 오토 푀겔러 엮음, 『해석학의 철학』, 박순영 옮김, 서광사, 1993, 29쪽.
23) M. Heidegger, *Ontologie-Hermeneutik der Faktizität*, Frankfurt. a. M., 1988, 3쪽.
24) M. Heidegger, *Ontologie-Hermeneutik der Faktizität*, 5쪽.
25) 소광희, 앞의 책, 33쪽.
26) 신승환, 『해석학 - 새로운 사유를 위한 이해의 철학』, 아카넷, 2016, 102쪽.

주지하듯이, 하이데거 철학의 방법론을 이해하는 중심된 축은 해석학이다. 하이데거는 해석학이라는 명칭을 다음과 같이 정의를 내린다.

> "해석학이라는 이 명칭을 나는 신학을 연구한 이래로 숙지하고 있었다. … 후에 나는 해석학이라는 명칭을 빌헬름 딜타이의 역사적 정신과학의 이론 속에서 발견했다. 다만 딜타이도 해석학을 같은 원천에서 숙지하고 있었다. 즉 그의 신학연구, 특히 슐라이어마허의 연구에서였다."[27]

이렇게 하이데거는 "해석학"이란 개념을 딜타이와 슐라이어마허로부터 알게 되었으며, 학창시절에 신학 연구를 하면서 친숙해져 있었다고 말한다. 하이데거는 해석학을 현사실성의 자기 해석이라 규정한다. 이는 곧 인간이 인간을 해석한다는 뜻이다. 이것은 그가 이미 해석학을 근대적 의미에서 해석에 관한 이론으로 단순히 생각하지 않고 근원적 의미와 결부시켜 생각하고 있음을 알려 준다. 그에게 있어서 해석학은 전달이라는 수행의 어떤 특정한 통일성의 만남, 즉 먼저 보고, 먼저 파악하고, 먼저 개념파악을 성취시키는 현사실성의 해석 자체를 의미하는 것이었다.[28]

하이데거는 자신의 현상학을 낱말의 근원적 의미에서 해석학이라 규정한다. 그래서 그는 해석학을 모든 철학의 출발점이자 귀착점이라고 말한다. 즉 "철학은 현존재의 해석학에서 출발하는 보편

---

27) M. Heidegger, "Unterwegs zur Sprache", in: *Gesammtausgabe*, Vittorio Klostermann, Frankfurt. a. M., 1975, 96쪽.

28) 박찬국 · 이수정, 앞의 책, 96쪽.

적인 현상학적 존재론"[29]이다. 여기서 현존재의 해석학은 실존론적 분석론으로서 모든 철학적 물음의 실마리이다. 거기서 실존론적 물음이 발단하고 되돌아가는 그곳에다 붙잡아 맨다. 이렇듯 하이데거가 염두에 두었던 해석학은 어디까지나 "현존재의 해석", "실존의 실존성의 분석론"이라는 근본적인 성격을 지녔다. 이런 점에서 하이데거의 해석학은 철저하게 현존재에 관계하는 현존재의 해석학이며, 현상학에 내재된 해석학의 고유성이 깃들어 있다.

하이데거의 실존론적 존재론은 근본적으로 해석학적이며 이러한 해석학은 현상학과 대립하는 것이 아니라 오히려 현상학으로서의 해석학, 현상학적으로 사유하는 데 필요한 종착점으로서의 해석학인 것이다. 따라서 그의 실존론적 존재론은 현존재의 해석학으로부터 출발하는 보편현상학적 존재론으로 규정한다.[30] 다시 말해 하이데거는 현상학과 해석학, 그리고 실존론적 존재론으로서 상호 일치된다는 입장이다. 이러한 하이데거의 근본성격은 딜타이의 "정신과학의 방법론"으로서의 해석학을 제1차적인 의미에서 해석학에 편입시키는 것이었다.[31] 딜타이 삶의 해석학이 하이데거의 관심을 끌게 된 주된 이유는, 딜타이가 자연과학과 인문과학을 인식하는 방법론 사이에서 구별하는 대상을 찾았기 때문이다. 딜타이에 의하면, 자연과학의 방법은 설명하는 것이고, 인문과학의 방법은 이해하는 것이라 말한다. 그 이유는 이러한 방법으로 인해 양자(兩者)의 의미연관들을 다루고 있기 때문이다. 구체적으로 해석학

29) M. Heidegger, *SZ*, 38쪽.
30) M. Heidegger, *SZ*, 436쪽.
31) 박찬국·이수정, 앞의 책, 92쪽.

이라는 표현은 현사실성을 제기하는 것, 시도하는 것, 접근하는 것, 묻는 것, 설명하는 것의 통일적인 방식 등을 가리킨다. 여기서 하이데거는 해석학을 모든 존재론적인 연구의 가능성에 대한 조건을 개진하는 것으로 보았다. 그는 현존재의 분석에서 존재하는 것은 각각 우리 자신인데 결코 대상적으로 다른 존재적인 것과 동일하게 간주할 수 없다는 관점이다. 하이데거는 현존재를 자연적인 존재와 구별한다. 그리고 현존재의 이해가 존재론적으로 근거해 있다는 의미에서 이해를 인간존재의 본래적인 수행양식이라 하였다.

하이데거는 주관 - 객관의 대립을 떠나 존재를 문제의 중심에 두었다. 존재에 대한 일반적 이론은 존재자와 존재를 구별한다. 이것에 의하면, 존재하는 모든 것은 존재자이다. 예를 들어 사물들, 인간들, 세계 그리고 최고의 존재자로서의 신 등은 모두 존재자이다. 이에 반해 "존재는 사물, 인간, 세계 그리고 신이 그것으로 존재하고 있는 것으로 만들고 있는 바로 그것이다."[32] 존재자는 거기(Da)라고 말하는 것에서부터 존재를 가지며, 현존재(Dasein)의 존재자이다. 하이데거는 존재자를 넓게 두 부류로 나눈다. 하나는 인간이라는 존재자이고, 다른 하나는 인간 이외의 존재자이다. 전자를 그는 현존재의 존재라 부른다. 그리고 우리는 이러한 존재자를 묻고 존재가능성을 가지고 있는 존재자를 현존재로서 술어화한다.[33] 이 존재자가 존재이해의 양식 속에서 존재하고 있음을 말한다. 따라서 하이데거에 있어서 이해는 인식의 양식이 아니라 존재 양식이

32) 이기상, 『존재와 시간 - 인간은 죽음을 향한 존재』, 살림 2006, 68-69쪽,
33) M. Heidegger, *SZ*, 7쪽.

다. 그의 존재론은 인간이 언제나 관계 속에서 맺고 있으며, 함께 어울려 있고 또한 역사적으로 의존해 있음을 특징으로 한다. 이런 의미에서 그는 인간의 근본구조를 어떤 "상황에 처해 있음(Befindlichkeit)", "내던져져 있음(Geworfenheit)"[34]이라 한다. 인간은 주관과 객관이 분열하기 이전의 원상태에서 현상들을 체험한다. 그러므로 인간은 세상을 살아가는 데 있어서 적극적이라기보다 오히려 수동적인 측면이 많다. 인간이 일정한 상황 속에 던져져 있다는 것은 바로 숙명적임을 뜻한다. 이런 의미에서 세계 안에 있음은 바로 이러한 존재 구조를 의미한다.

인간의 가장 근본적인 "상황에 처해 있음의 특성"은 불안(Angst)이란 감정이다. 인간은 불안의 기분을 통해서 그 실존을 체험한다. 불안 속에서 우리는 위협적으로 작용할 수 있을 어떤 것을 만나지 않는다. 불안의 대상이 세계내부적인 존재자가 아니라는 점에서 불안은 위협적인 것이 가까이 다가오는 특정한 방향을 보지 못한다. 위협적인 것이 아무 곳에도 없다는 것이 불안의 대상을 특징짓는다. 불안은 자신이 불안해하는 그것이 무엇인지를 잘 알지 못한다.[35] 불안의 기분 속에서 현존재의 일상적 친숙함은 무너져 내리

---

34) 내던져져 있음(Geworfenheit)이란 현존재가 자신이 어디에서 와서 어디로 가는지를 알지 못하더라도 자신이 존재해야 한다는 사실을 떠맡고 있다는 것을 나타내는 표현이다.(이기상·구연상, 『존재와 시간 용어 해설』, 까치, 1998, 56쪽, M. Heidegger, *SZ*, 135쪽.

35) 현존재는 불안의 무규정성을 통해 다가온다. 현존재는 불안 속에서 섬뜩함(unheimlich)을 느낀다. 그 섬뜩함은 마음이 편하지 않다는 것을 뜻한다. 섬뜩함이라는 뜻의 독일어 'unheimlich'는 편안함을 의미하는 'heimlich'에 반대되는 의미이며 편안하고 안심할 수 있는 마음 상태를 빼앗기는 상태를 나타낸다.(이은주, 「하이데거에게서 불안과 죽음의 의미」, 『존재론연구』, 제15집, 한국하이데거학회, 2007, 175쪽.) 현존재가 이러한 섬뜩한 세계 앞에서 불안해하는 것은 지금껏 이해하던 일상적인 가치들

고 현존재의 실존은 편치 않음(Un-zuhause)이라는 양태로 오게 된다.[36] 그러나 여기에서 '아무 곳에도 없다'는 표현이 진정 아무것도 아닌 것을 의미하는 것은 아니다. '아무 곳에도 없다'는 것에는 세계 일반의 열어 밝혀져 있음이 놓여 있다. 아무것도 아니고 아무 곳에도 없다는 것에서 세계 내부의 모든 존재자들이 그 의미를 잃어버린다. 이렇게 모든 존재자들이 아무래도 상관없을 것들로 전락해버리고 나면, 그곳에서 드러나는 것은 그 존재자들이 존재하고 있던 세계이다.

불안 속에서 현존재를 압박해오는 것은 어떤 특정 존재자가 아니고, 모든 존재자의 총합도 아니다. 그것은 손안의 일반적인 가능성, 즉 세계 자체이다. 손안에 있는 것 가운데 어느 것도 아님은 가장 근원적인 세계에 근거하고 있다.[37] 불안의 대상이 세계 그 자체라는 것은 이러한 의미이다. 그렇기 때문에 위협하고 있는 것은 특정 방향에서 접근하여 다가올 수 없다. 그것은 이미 '거기에' 와 있지만, 동시에 어떤 곳에도 없다.[38] 불안은 무엇인가에 빠져 있음과의 연관 속에서 생각해볼 수 있다. 세계 내부에 있는 어떤 것도 불안의 대상으로서 작용하지 않는다. 유의미성으로서의 세계성은 이

이 무너짐과 동시에 본래적 실존 가능성을 열어 밝혀지는 경험을 섬뜩한 세계에 의해 위협받는 것으로서 경험하기 때문이다.(박찬국, 「초기 하이데거의 불안 개념에 대한 비판적 고찰-하이데거의 불안 분석은 얼마나 사태 자체를 드러내는가」, 『가톨릭신학과사상』, 제62호, 신학과 사상학회, 2008, 156쪽.) 하이데거에 따르면 현존재는 이러한 불안 속에서 '떠다니고, 표류하고, 동요하고 있다(schweben)'. 불안의 무의미성을 통해 존재자 전체를 빠져 나가게 만들기 때문에 불안은 현존재를 표류하게 한다.(M. Heidegger, 『이정표 1』, 이선일 옮김, 한길사, 2013 160쪽.)

36) *SZ*, SS. 188-189.

37) *SZ*, S. 187.

38) *SZ*, S. 186.

제 아무런 의미가 없으며 무너져 내린다. 세계는 전적으로 무의미성의 특징을 갖게 된다.[39] 현존재는 친숙한 세계내부의 존재자들에게 공포를 느낄 수는 있어도 그것들에 대해 불안해할 수는 없다. 오히려 현존재가 불안해하는 것은 현존재에게 친숙한 것들이 더 이상 어떤 중요성이나 의미도 갖지 못한다는 사실이다.[40]

인간은 처해 있는 상황 속에서 불안을 이해하고 이러한 이해는 상황 속에서 채색되어 버린다. 이것을 하이데거는 인간 현존재의 근본양식이라 한다. 인간이 일정한 공간을 무심코 차지하고 있다고 생각할지 모르지만, 단지 이해 없이 존재한다는 것은 어떤 인간의 의미를 구성하지 못하는 것과 같다.

따라서 인간이 존재한다는 것은 바로 이해한다는 의미이다. 존재의 세계는 결코 객관적인 이해평가를 본래부터 갖고 있는 것이 아니다. "상황에 처해 있음" 속에 있는 실존이 비로소 해석을 부여하는 이해작용에서 비롯된다. 결국 해석은 해석자의 의도와 의견과 태도에 의해서 구성된다. 이것을 하이데거는 앞서 가짐, 앞서 봄, 앞선 개념(선파악)이라 간주하면서 다음과 같이 기술한다.

> "모든 해석은 그의 앞서 가짐(Vorhabe), 앞서 봄(Vorsicht), 앞선 개념(Vorgriff)을 지닌다. 해석이 이론적인 해석이라는 형태를 띠면서 연구라고 하는 명료한 과제로 바뀌면, 우리가 해석학적 상황이라 부르는 이러한 전제들의 총체는 해석되어야 할 대상에 대한 경험 속에서, 경험을 토대로 선행적으로 해명되고 확보되어야 한다. 해석학적 존재론은 … 일차적인 현상적 성격을 고찰하면서 주제적인 존재자를 앞서 가짐 속으로 끌어들여야 한다."[41]

39) *SZ*, S. 186.
40) 이기상 · 구연상, 『존재와 시간 용어 해설』, 까치, 1998, 96쪽.

위의 인용문의 개념들에서 보듯이, 하이데거의 해석이론은 선이해 혹은 선구조라 부르며 동시에 순환성을 지닌다. 이해의 순환은 인간존재의 실존적 구조의 표현이다. 현존재는 스스로를 기획하는 존재양식 속에서 자신을 고유한 가능성에로 향하게 하며 자신의 존재를 기획한다. 하이데거는 이런 기획하는 구조의 특징을 해석학적 개념으로서 이해와 해석이라 규정한다. 자신을 무엇으로 이해함, 무엇을 무엇으로 이해함, 무엇으로 이해하고 해석함은 현존재의 기획에 뿌리를 내린다. 즉 현존재의 기본적인 운동은 현존재의 던져져 있음에 의해 결정된다. 이로써 해석학은 단순한 의미이해의 해석학이 아니다. 이는 현존재의 자기 이해이며 동시에 자기 해석이다. 그렇기 때문에 하이데거의 실존론적 해석학은 바로 현사실성의 해석학과 정신과학을 작동시키는 이해와 해석에 근거를 둔다.[42] 또한 이해는 개시(열어 밝힘, Erschließen) 또는 개시성으로서 현존재가 그것 때문에 존재하는 궁극적인 목적과 거기에 근거를 두는 유의미성의 개시성인 것이다. 그리고 해석학은 세계-내-존재에 대해 동근원적(同根原的)임을 파악한다. 이는 곧 현존재가 세계-내-존재 자체에 관여하는 그런 존재자라는 뜻이다.[43]

궁극적으로 하이데거 실존론적 해석학의 근본주제는 존재이다. 그의 근본주제를 해명해 가는 해석학적 작업이 "존재에 관한 이론"으로서의 존재론인 것이다. 그는 전통적이고 일반적인 의미에서 존재론이라는 명칭과 분명하게 구별되어 사용할 것을 요구한다.

41) M. Heidegger, *SZ*, 232쪽.
42) 박순영, 「해석학의 현대적 위상」, 『현대철학특강』, 철학과현실사, 1999, 127-128쪽.
43) 박찬국 · 이수정, 앞의 책, 99-100쪽.

이 용어들은 존재 그 자체에 대한 물음과 규정들을 의미하고 있지만, 이 용어들에서 어떤 존재를 어떻게 묻고 규정해야 할 것인지는 전혀 규정되지 않고 남아 있다."[44] 그렇기 때문에 그는 1920년 당시의 일반적인 용어에서 언급하는 존재론은 "존재에 대한 이론"으로 적합하지 않다고 본다. 그 이전에 자연의 존재론, 문화의 존재론, 질료적 존재론과 같이 대상적으로 존재하는 존재자들을 문제삼는 이론은 엄밀한 의미에서 존재에 관한 이론이 아니라고 단언한다.[45] 따라서 하이데거가 추구하고자 하는 해석학은 대상적 존재자가 아니라 대상으로서 간주될 수 없는 "존재 그 자체"를 문제삼고자 한다.

하이데거는 『존재와 시간』의 제1부와 제2부에서 실존론적 해석학의 구조를 다룬다. 제1부는 「현존재에 대한 예비적인 기초적 분석」이라는 제목으로서, 제2부는 「근원적인 실존론적 해석(ursprüngliche existenziale interpretation)」[46]이라는 제목으로 전개된다. 특히 하이데거의 『존재와 시간』(1927) 제1편 제1부에서 인간존재의 실존론적 존재구성 틀은 "마음 씀(Sorge)"으로써 밝혀졌다. 즉 현존재의 기본구조는 "마음 씀"이다. 여기서 밝혀진 "마음 씀"의 존재론적 존재의미에 대한 물음은 『존재와 시간』의 제2부에서 다시 전개된다. 실존론적인 존재구성 틀로서 "마음 씀"의 존재의미에 대한 논의는 곧 하이데거에게는 시간의 실존론적 시간성에 대한 해명으로 전개된다.

---

44) M. Heidegger, *Ontologie-Hermeneutik der Faktizität*, Frankfurt. a. M., 1988, 1쪽.
45) M. Heidegger, 위의 책, 2쪽.
46) M. Heidegger, *SZ*, 231쪽.

그는 실존성의 현사실성 곁에-있음이라는 구조계기로서 구성된 “마음 씀”의 구조 전체성을 근원적으로 통일하고자 한다. 즉 하이데거는 존재일반의 의미를 열어 밝혀지는 개시성의 차원 속에서 시간의 근원을 규명하고자 한다. 이러한 과정에서 밝혀진 시간을 하이데거는 근원적 시간이라 부른다.[47] 근원적 시간은 마음 씀의 수행과정에서 열어-밝혀진 존재 자체의 개시성에 의해 시간적으로 규정된다. 즉 현존재의 실존론적 분석을 하는 데 있어서 개시성은 핵심적인 역할을 한다.[48] 왜냐하면 하이데거는 개시성의 개념을 통해 근대 형이상학적 사유로부터 단절을 시도하고 있기 때문이다. 개시성은 현존재의 본질적인 특징이며 세계로부터 닫혀진 존재가 아니라 활짝 열려 있는 존재자로 파악한다. 다시 말해 개시성은 현존재가 주관 안에 갇혀 있는 것이 아니라 주관과 객관의 사이에 있는 상태를 말한다.

현존재는 이러한 사이의 존재인 것이다.[49] 따라서 시간의 근원에 대한 하이데거의 물음은 그 자체가 존재 일반의 의미에 대한 그의 물음과 긴밀하게 연관된다. 하이데거는 실존의 개념을 다음과 같이 정의한다.

47) 하이데거는 시간의 본질에 대한 후설의 물음에 많은 영향을 받는다. 시간의식에 대한 후설의 현상학적 분석은 내재적 혹은 주관적인 시간의식에 대한 분석을 출발점을 삼는다(Edmund Husserl, *Zur Phänomenologie des innen Zeitbewußtseins*, Husserliana, Bd. X. Haag, 1996, 4쪽). 주체와 객체를 모두 포괄하는 객관적 시간 안에서 우리들의 의식체험은 어떤 객관적인 시간적 길이(지속)와 시간적 위치(시점)를 갖는다. 그러나 이러한 객관적 시간이 현상학적인 시간분석의 주제로 부각되지는 않는다. 왜냐하면 세계시간은 인식하는 주체의 근원적인 시간의식 속에서 우선적으로 구성되면서 비로소 객관적인 시간으로서 정립되기 때문이다(신상희, 『시간과 존재의 빛-하이데거의 시간이해와 생기사유』, 한길사, 2001, 64쪽).

48) E. Tugendhat, *Selbstbewußtsein und Selbstbestimmung*, Frankfurt. a. M., 1979, 171쪽.

49) M. Heidegger, *SZ*, 184쪽.

실존은 현존재가 다른 존재자들과 관계를 맺을 수 있고 또 언제나 어떻게든 관계를 맺고 있는 그 존재 자체이다.[50]

하이데거는 『존재와 시간』에서 이렇게 현존재가 다른 존재자 사이에 열려진 가능성을 실존(Existenz)이라 부른다. 현존재는 이 세상에서 이렇게 저렇게 존재이유를 묻지 않고 살아간다. 현존재는 이 세상에 살고 있으면서 자기의 삶에 관심을 기울인다. 이것을 실존이라 한다. 지금까지 실존(實存)이라는 개념은 실제적 존재나 사실적 존재를 뜻하는 것으로서 현실 속에서 변화하는 구체적인 존재를 지칭하는 개념으로 이해되어 왔다.

그러나 'Existenz'라는 말은 완전자로서의 '신(神)' '밖에(Ex-)' '섬(sistere)'을 뜻한다. 하이데거의 Existenz는 신으로부터 떨어져 나와 자신의 존재를 스스로 가꾸어갈 수 있는 현존재의 존재양식을 뜻한다. Existenz는 한번 정해지면 더는 변할 수 없는 사물의 존재양식이 아닌 자신의 존재를 스스로 이루어갈 수 있는 '존재가능'이다.[51] 따라서 현존재에 대한 물음은 "내가 무엇이냐, 나의 무엇을 묻는 것"이 아니라 내가 "어떻게 살고 있으며, 향후 어떻게 살 수 있는가?"를 질문해야 한다. 언제나 "실존의 문제는 현존재의 존재적 관심사인 것이다."[52] 이렇게 현존재는 자신의 실존 속에서 존재의 곁에 머물고 있다. 이런 점에서 존재와 현존재는 서로 분리하여 이해할 수 없다. 현존재의 존재이해는 존재론적 존재이해라 불린

50) M. Heidegger, *SZ*, 13쪽. 하이데거 실존에 대한 보다 더 자세한 내용은 다음을 참조: 김종두, 『하이데거의 존재와 현존재』, 새물결플러스, 2014, 48-53쪽.

51) 이기상 · 구연상, 앞의 책, 163-164쪽.

52) M. Heidegger, *SZ*, 12쪽.

다. 현존재의 존재이해는 현존재의 분석을 주제로 하는 기초존재론의 출발점이 된다. 왜냐하면 현존재의 이해 없이 전기 하이데거에서 기초존재론은 이해할 수 없기 때문이다. 이러한 현존재의 존재이해는 다른 존재자들을 이해하게 되며 나아가 세계를 이해하는 능력이 된다. 하이데거의 이러한 존재자들과의 관계는 다른 존재의 관계와 다소 다르게 실존범주로서 이해한다.

하이데거에 따르면 존재들과의 관계는 존재와의 관계와는 다르게 실존범주적인(existenziell) 관계로서 이해해야 한다.[53] 하이데거는 현존재의 존재성격을 실존범주(Existenzialen)로 지칭한다. 그리고 그는 실존범주를 현존재적이지 않은 존재자의 존재규정인 범주(Kategorie)와는 첨예하게 구분해야 한다고 말한다.[54] 현존재의 현사실적 삶은 가능존재(Möglichsein)의 방식으로 있다. 현존재의 이러한 현사실성으로부터 개념적으로 해석된 것들이 곧 실존범주이다.[55]

이에 반해 현존재와 존재의 관계는 실존론적인(existenzial) 범주에서 가능하게 된다.[56] 하이데거의 실존범주는 인간을 인간으로서 기술하는 인간의 근본규정을 염두에 두고 있다. 하이데거가 독창적으로 창안해낸 실존범주란 현존재가 취하는 모든 행동의 존재론적 성격을 가리킨다. 현존재는 도구처럼 수중에 있는 것이 아니라

53) 이서규, 앞의 책, 266쪽.

54) *SZ*, S. 44.

55) M. Heidegger, *Ontologie. Hermeneutik der Faktizität*, Vittorio Klostermann, GmbH, Frankfurt am Main, 1988, 『존재론: 현사실성의 해석학』, 이기상·김재철 옮김, 서광사, 2002, 97쪽.

56) 이서규, 『삶과 실존철학』, 서광사, 2002, 266쪽.

그냥 실존하고 있을 뿐이다. 다시 말해 현존재의 모든 언어와 행동의 표명을 포함한 존재방식 내지 존재양식은 실존범주에 속한다.

우리는 매일 일상생활 속에서 살아간다. 이에 대해 사람들은 단순히 우매하게 말하는 것이 아니라 명료하게 말할 수 있을 것이며, 살아가고 있다는 말은 언제나 특정한 정서 또는 기분의 상태에 있다는 것을 의미한다. 여기서 기분(Stimmung)은 원래 해명하는 기능을 가진다. 우선 기분은 현존재가 현존재로서 존재하는 근본방식이다. 기분이란 그 기분 안에서 각각의 현존재가 그 자신으로서 존재하고 있는 근원적인 방식, 즉 '어떻게'라는 관점을 드러낸다.[57] 이 때문에 기분은 곧 현존재에게 근본에서부터 존립 가능성을 열어 준다.[58] 하이데거는 기분이란 결코 어떤 것에 딸려 있는 딸림현상들(Begleiterscheinungen)이 아니고 현존재의 서로 함께 있음을 애초부터 규정하고 있는 것이라 말한다.[59] 따라서 기분은 현존재의 존재로서의 존재가 거기에 있는 방식이라고 할 수 있을 만큼 존재는 인식에 의해서가 아니라 기분에 의해서 해명된다.

존재가 거기에 있는 다른 방식은 이해이다. 하이데거는 이해를 달타이처럼, 설명과 분리되는 어떤 인식방식 또는 방법으로 생각하는 것이 아니라 인간의 존재론적 규정으로 생각한다. 이것은 인간의 존재가 그 안에 있는 것을 일컫는다. 인간으로서 살아가고 있

57) 누군가 어떠한 기분으로 '있다'고 할 때 그런 기분 상태는 현존재를 존재자 전체의 한가운데에 처해 있도록 만든다. 이러한 기분의 처해 있음은 자기 나름대로 존재자 전체를 드러낸다. 뿐만 아니라 이러한 드러냄은 동시에 현존재에게 일어나는 근본사건이다.(M. Heidegger, 『이정표1』, 신상희 옮김, 한길사, 2013, 158쪽.)

58) M. Heidegger, *Die Grundbegriffe der Metaphysik: Welt-Endlichkeit-Einsamkeit*, Vittorio Klostermann: Frankfurt am Main, 1983, 101쪽.

59) M. Heidegger, 위의 책, 100쪽.

다는 말은 다른 사람들과 사물들과의 연관성 속에서 자기 자신을 이해함을 바꾸어 표현할 수 있다.

하이데거는 『존재와 시간』에서 존재의 의미에 대한 새로운 물음을 제기하고 이와 함께 기초존재론을 규명해나가는 것이다. 즉 그의 근본물음은 존재물음(Seinsfrage)이다. 그에게 있어서 존재물음은 초창기부터 후기에 이르기까지 가장 핵심적이고 기본적인 물음이다. 하지만, "있다(Sein, 존재)"라는 개념은 너무 보편적이고 불분명하게 사용하고 있기 때문에 명확한 규명을 필요로 한다. 즉 존재는 "존재하는", 또는 "존재하는 것"과 같은 표현으로 종종 나타난다. 이 경우에 이것은 우리의 일상용어인 "있는", "있는 것"과 같은 의미로 사용된다. 존재는 "존재함", "있음"이 실사화(實辭化)된 경우이다.[60] 따라서 어떤 형태로든지 "존재하는 것", 즉 "있는" 것을 포괄적으로 "존재"하는 것이라는 개념 속으로 합류한다.[61] 존재물음이란 존재의 의미에 대한 물음이다. 현존재는 존재물음을 던지는 존재자이다. 즉 존재물음을 던지는 존재자는 현존재일 뿐이며, 이러한 현존재는 다른 존재자들에 대해 우월성을 가진다.[62] 그의 존재물음의 근본관심은 현대인이 상실하였던 고향의 재건이라는 사실에 역점을 두었다. 존재의 의미에 대한 물음이란 지극히 추상적으로 들릴 수 있다. 이에 반해 고향의 재건이라는 과제는 아주 구체적이다. 존재물음은 "물음의 대상(das Gefragte)", "묻는 자(das Befragte)", "물음의 목적(das Erfragte)"으로 구별된다. 존재물음에서

60) 이기상, 『하이데거의 존재사건학』, 서광사, 2003, 103쪽.
61) 이기상, 『존재와 시간 - 인간은 죽음을 향한 존재』, 살림, 2006, 103쪽.
62) 이기상, 『존재와 시간 - 인간은 죽음을 향한 존재』, 151쪽.

물어지고 있는 물음의 대상은 '존재'이다. 이 존재란 존재자를 존재자로서 규정하고 있는 그것이자 존재자가 이미 그렇게 이해되어 있는 그것이다. 그리고 물음을 물어야 하는 곳, 즉 그 물음의 대상은 존재자 그 자체이다. 왜냐하면 물음의 대상으로서의 존재는 언제나 '존재하고 있는 것'에서의 존재, 다시 말해 존재자의 존재를 뜻하기 때문이다. 물음이 궁극적으로 물음의 목적을 밝혀내고자 하는 것은 '존재'의 의미이다.[63]

우리는 일상생활에서 많은 질문을 제기한다. 이러한 질문에는 질문하는 대상이 있으며, 질문의 목적이 있으며, 항상 질문하는 사람이 있다는 것을 알 수 있다. 여기서 하이데거는 묻는 자의 존재자를 현존재(Dasein)라 부른다. 현존재는 "현존재 분석론"을 전개해 가는 중심적인 용어이며 기초존재로의 중심주제로 등장한다.[64]

하이데거에 의하면, 모든 역사적 시대는 존재의 의미에 대해 특정한 이해를 전제하고 있다고 본다. 예를 들어 중세시대에서 '존재자가 존재한다'는 것은 '신의 피조물로서 존재한다'는 것을 의미하였고, 현대의 과학기술시대에서 존재자가 존재한다는 것은 인간이 그것의 작용법칙을 냉철히 파악하여 지배할 수 있는 에너지들의 집합체로서 존재한다는 것을 의미한다.[65] 이렇듯 존재에 대한 물음은 하이데거 사유의 첫 번째이자 궁극적인 관심사이다. 이런 맥락에서 하이데거는 아리스토텔레스의 존재에 대해 언급한다.

63) *SZ*, 6쪽.
64) 이서규, 앞의 책, 258쪽.
65) 박찬국 · 이수정, 앞의 책, 53-54쪽.

"예로부터 지금까지 또한 미래에도 지속적으로 추구되고 있는 것, 그리고 거기에서 물음이 언제나 거듭해서 좌초하고 있는 것은 바로 존재란 무엇인가라는 문제이다."[66]

이러한 아리스토텔레스의 존재 전체에 대한 물음은 다음의 세 차원으로 구분된다. 첫째, 존재자 전체의 발생사건의 존재적 차원이다. 인간은 이러한 전체의 발생 전개 사건의 한 부분일 뿐이다. 둘째, 인간은 그러한 존재 발생 사건에 둘러싸여 그 지배 아래 놓여 있으면서 전체로서의 존재사건과 관계를 맺는다. 셋째, 인간의 존재자 전체인 자연의 한가운데서 자연과 말하면서 관계를 맺고 있는 로고스(언어)적 차원에서 이다.[67] 여기서 출발점은 개념적으로 현존재로 파악된 인간이다. 그 이유는 현존재의 존재는 존재와 관계 맺으면서 존재이해에 의해 특징짓기 때문이다.

앞에서 언급하였듯이, 현존재가 이렇게 혹은 저렇게 처신할 수 있고 항상 어떤 방식으로든지 처신하는 그러한 존재 자체를 우리는 실존이라 부른다. 현존재는 자신의 가장 고유한 가능성을 선택할 때마다 자신이 실존을 결단한다. 그렇게 하여 실존은 자신을 얻고자 하기 때문에 동시에 상실할 수 있다. 실존은 스스로를 실현시켜 본래성의 존재양태로 있거나 아니면 자신의 선택을 남에게 맡겨 비본래성의 양태에 머무른다. 현존재가 자신의 존재가능성을 스스로 떠맡기거나 선택하는 것을 본래성이라 부른다. 본래성이란 현존재의 "존재가능(Seinkönnen)"[68] 가운데 일부이다. 본래적 존재

66) M. Heidegger, *Die Grundprobleme der Pänomenologie*, Frankfurt. a. M., 1975, 19쪽.
67) 이기상, 『하이데거의 존재사건학』, 99-100쪽.
68) 하이데거는 존재가능(Seinkönnen)에 대해서 특별하게 설명을 하지는 않는다. 이는

는 곧 현존재의 고유한 참모습으로 일상성과 비본래성으로부터 벗어난 현존재의 특별한 존재방식을 말한다.69)

하지만 "자신의 가능성을 스스로 선택하지 않고 일상적으로 사람들이 살아가듯이, 그렇게 휩쓸려 사는 것을 비본래성이라 한다. 즉, 비본래성이란 우선 대개(Zunächst und Zumeist)의 평균적인 일상성(Alltäglichkeit) 속에서 세계 내부의 존재자에 몰두하여 분주하게 사는 동안 자기 자신을 잃어버리는 삶의 방식을 뜻한다.70) 이를테면 본래성은 현존재가 그의 존재에서 자기자신을 선택하여 획득하는 것을 의미하며 비본래성은 자기 자신을 상실하는 것을 뜻한다."71)이런 점에서 비본래성은 인간의 현재 모습을 조명한 현실성이며, 비본래성은 향후 자각적 계기를 통하여 찾아야 하는 가능성으로 이해할 수 있다.72)

현존재는 그때마다 현존재인 가능성으로부터 규정되기 때문에 현존재의 이해는 그의 실존에서 출발한다. 현존재의 근본구조는 "~와 친밀하다, ~에 익숙해 있다, ~를 다룬다는 의미"에서 세계-내-존재이다. 하이데거는 염려라는 실존범주를 통해서 현존재의 존재 성격을 밝혀낸다. 하이데거가 도구라고 부르는 존재자와의 관계 양식은 세계와 친숙해져 있는 양태를 특징짓는다. 여기서 도

하이데거가 '~이 존재한다'라는 말 대신 '~으로서 존재한다', '~의 방식으로 존재한다'라는 말을 표현하기 위해 사용하는 말이다. 예를 들면 '인간이 존재한다'를 '인간은 현존재로서 존재한다', '인간의 유일한 존재가능의 방식은 현존재이다'라는 식으로 표현할 때 사용한다.

69) 이수정 · 박찬국, 『하이데거 그의 생애와 사상』, 서울대학교 출판문화원, 1999, 188쪽.

70) 소광희, 앞의 책, 48쪽.

71) 이기상, 『존재와 시간 - 인간은 죽음을 향한 존재』, 125쪽.

72) 김진, 『퓌지스와 존재사유 - 자연철학과 존재론의 문제들』, 문예출판사, 2003, 480쪽.

구는 그것이 사용되는 성질에 의해 규정된다. 다시 말해 도구는 공구처럼 사용되기 위해 존재한다. 이때 각각의 도구는 세계를 함께 구성하고 있는 지시 관계와 연관되어 있으며, 이 연관은 도구와 접촉하는 과정에서 개시되고 세계가 나타나는 방식을 활짝 열어 놓는다. 더 나아가 현존재는 공동 현존재를 만날 수 있는 가능성의 조건으로서 공동존재이다. 타자와의 접촉은 사회 윤리학적으로 이해해서는 안 되는 배려(Fürsorge)로서 파악된다. 현존재는 대부분 자기존재의 본래성의 양태에 있지 않고 대중으로 타락된 상태에 있다. 현존재는 대중이 행하는 바에 따라 자신을 이해하면서 평균성과 일상성 속에서 살아감으로써 그러한 타락 속에서 타인이 그러한 존재를 떠맡게 내버려 둔다. 세계와 공동 현존재 그리고 실존이 현존재에게 근원적으로 나타나는 방식은 정황성(Befindlichkeit)이다. 이러한 정황성은 누군가가 어떤 분위기에 있는지를 알리는 기분(기쁨, 슬픔, 지루함, 공포)에서 표현된다. 또한 이러한 정황성에서 현존재가 세계 속에 던져져 있음이 자신의 사실성으로서 자신에게 드러난다. 그리고 그러한 사실성은 그가 어디서부터라는 더 깊은 근거를 알지 못한 채 자신의 현존재를 받아들일 수밖에 없음을 현존재에게 보여 준다.

현존재에 대한 실존의 기본양태는 이해이다. 이해는 그 자체가 기투(企投)의 성격을 갖기 때문에 가능성과 관계한다. 이해에서 세계의 의미연관뿐만 아니라 현존재의 고유한 존재가능성이 현존재에게 개시된다. 말(Rede)이란 세계-내-존재가 지니고 있는 기분에서 나오는 이해가 의미에 따라 분절되는 것이다. 현존재가 말을 한다는 것은 단순한 음성적 발음이 아니라 세계의 유의미한 구조를 전체성 안에서 본다는 것이며, 존재론적 의미지평 속에서 들음(Hören)과 침묵(Schweigen)을 동시에 할 수 있다는 것이다. 말은 어떤 것의 이해가능성이 그 속에 간직되어 있는 의미를 분절하여 어떤 것이 어떤 것으로 이해될 수 있는 기투의 성격을 갖게 된다.[73]

존재일반의 의미에 대한 물음은 존재자의 다양한 존재, 즉 도구적 존재, 사물적 존재, 자연적 존재, 인간적 존재, 이념적 존재를 통일적으로 구성하는 존재의 근원적 단일성에 대한 물음이다. 여기서 이러한 존재가 열려진 근원적 지평을 하이데거는 시간의 본질적 근원으로서 파악한다.[74] 이런 점에서 『존재와 시간』에 대해 물음을 제기한다는 것은 "존재의 근원적 본질을 시간의 근원적 본질로부터 사유한다. 이와 동시에 시간의 근원적 본질은 존재의 근원적 본질로부터 사유한다는 것"[75]을 의미한다.

4. 세계-내-존재

인간의 실존적 현재는 존재의 의미가 드러나는 터전이다. 먼저 우리는 존재의미를 규명하기 위해 이러한 현재를 해명해야 한다. 존재의 의미에 대한 고찰은 전통 존재론에서처럼 존재 그 자체에 대한 탐구에서 출발하는 것이 아니라 현존재 분석에서 시작한다.

---

73) 박유정, 「하이데거에 있어서 언어와 신비」, 『범한철학』, 제30집, 범한철학회, 2003, 111쪽.

74) 신상희, 앞의 책, 92-93쪽.

75) F. W. von Herrmann, *Subjekt und Dasein*, Frankfurt. a. M., 1971, 77쪽.

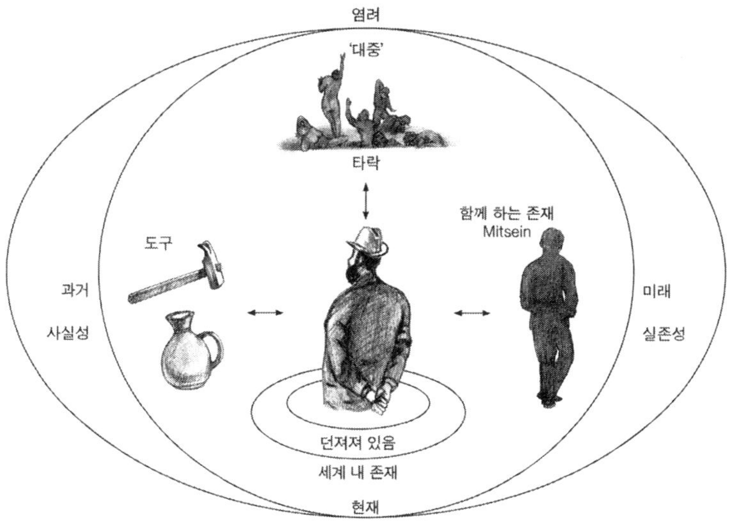

그 이유는 오직 현존재만이 존재의 이해를 통해 존재와 관계하기 때문이다. 하이데거는 『존재와 시간』에서 이 존재론을 위한 기초 작업을 기초존재론(Fundantal-ontology)이라 불렀다. 즉, 그는 존재의 의미를 이해하기 위해 존재의 물음과 이해를 가능하게 하는 현존재의 본질이 무엇인지를 파악해야 한다고 보았다.[76] 이와 같이 하이데거는 존재의 의미를 현존재의 분석을 통해 해명하는 존재론을 기초존재론이라 지칭했다.

> "거기에서부터 다른 모든 존재론이 비로소 발원할 수 있는 기초존재론은 현존재의 실존론적 분석에서 찾아야 한다."[77]

이에 따라 인간을 이해하고 해명하는 작업이 실존론적 분석인

76) 하피터, 『하이데거의 사회존재론』, 그린비, 2022, 379쪽.
77) M. Heidegger, *SZ*, 30쪽.

것이다.[78] 이러한 기초존재론의 대상은 세계 안에 던져져 살아가는 인간이라는 존재의 현재이다. 하이데거는 이러한 실존론적 상황을 세계-내-존재(In-der Welt-Sein)라는 용어로 표현한다.[79] 현존재가 세계-내-존재라고 할 경우, 이 '내-존재(안에-있음)'는 일상적인 이해에서 '~안에 있음'과는 다르다. 예를 들어 현존재가 세계 안에 있다는 것은 물이 잔 '안에' 있다거나 옷이 옷장 '안에' 있는 것처럼 어떤 것이 다른 것 '안에' 있는 존재자의 존재양식을 지칭하는 것이 아니다. 물과 잔, 옷과 옷장은 '안에' 있음이 이렇게 특정 공간 '안에' 있는 존재관계로 규정될 수 있는 존재자들이다. 하이데거는 이러한 존재자들의 존재양식을 현존재와 구분지어 '눈앞에 있음'이라 규정한다. 눈앞의 있음은 특정한 장소연관의 의미이다. 이는 현존재가 아닌 존재양식의 존재자에 속하는 범주적인 존재론적 성격을 띠고 있다.[80]

하이데거가 강조하는 인간은 세계 속에 내던져진 현사실성과 거기서 유래하는 퇴락(頹落, Die Verfallenheit, 세계에 마주치는 타자에 몰입됨)의 내적 모순으로 인해 실존가능성을 동시에 갖는 현존재였다. 여기서 하이데거는 그 가능성을 회복하기 위해 비본래성과 본래성이 뒤섞인 현존재의 다양한 현상을 하나로 묶어내는 세계-내-존재의 총체적 모습을 눈앞에 제시했다. 무엇보다 하이데거에게 있어서 세계-내-존재란 현존재의 근원적 구조를 전체적으로 가리킬 때의 명칭이다. 이 용어는 '내가 이 세상에 살아가고 있음'을 뜻한다. 하

78) 신승환, 『해석학-새로운 사유를 위한 이해의 철학-』, 아카넷, 2016, 103쪽.
79) 위의 책, 103쪽.
80) *SZ*, S.54.

이데거는 세계-내-존재를 구성하는 세 요소, 즉 세계의 개념, 세계-내-존재는 누구인가? 그리고 그는 내존재를 각각 분리하여 분석한다. 첫째, 세계의 개념은 사용하고 있는 자(Zuhandenes)의 적재 적소성 및 유의미성 등을 중심으로 개념을 규명하는 것이며, 둘째, 세계-내-존재는 누구인가? 라는 물음은 공동의 현존재에 대한 타자에 대한 분석이며, 셋째, 내존재의 분석은 현존재의 존재이해와 그것에 의한 열려진 존재에 관한 것이다.[81] 이것은 현존재가 세계-내-존재라는 근본적인 존재 구성틀의 구조를 갖게 된 것을 의미한다. 현존재의 존재 구성틀의 구조는 실존범주를 의미한다. 염려의 3중주 구조로 구성된 세계-내-존재라는 구체적인 실존범주, 즉 이해, 말, 정황성, 불안, 개시, 죽음에의 존재, 결단성 등에서 나타난다. 이것은 현존재의 존재방식이자 현존재의 본질인 실존이다. 이렇듯 실존은 현존재의 독특한 존재 구성틀을 이루고 있다. 이러한 존재 구성틀의 구조를 탐구하는 작업은 실존의 존재론적 분석이며, 동시에 실존론적 · 존재론적 분석이다. 따라서 이러한 실존의 구조들은 실존범주라 부른다. "그는 이 실존의 범주를 현존재가 아닌 그런 존재자의 존재규정에 의해서만 사용될 수 있는 범주와 뚜렷하게 구별된다."[82]

그는 이렇게 총체적인 구조를 갖는 현존재의 단일성을 염려라는 실존범주로 표현한다. 여기서 염려는 실존성, 퇴락, 현사실성(Die Faktizität, 세계 내에 이미 존재함)이라는 현존재의 근본적인 존재 구성틀의 구조를 이루는 구성요소들을 포괄한다.[83] 이것은 배려의 존재

81) 소광희, 앞의 책, 문예출판사, 2003, 26쪽.
82) 이기상, 『하이데거의 실존과 언어』, 문예출판사, 1991, 62쪽.

인 현존재의 존재방식을 고려하여 염려라는 근본구조로 환원된다는 것을 의미한다. 이런 점에서 염려는 현존재가 그의 일상적인 환경세계 내에서 만나는 현존재의 근본구조이다.[84] 따라서 세계-내-존재라는 사실은 다음과 같은 특성을 지닌다.

첫째, 현존재의 존재방식은 곧 실존으로서 본질적으로 세계-내-존재로서 규정된다. "현존재에는 한 세계 내에 존재한다고 하는 것이 본질적으로 속해 있다."[85] 하이데거는 세계-내-존재를 통해 "현사실적 현존재의 모든 존재유형에 있어서 존재를 규정하면서 관통하는" 하나의 선험적 · 필연적 구성틀을 그 본질적인 구조들에 있어 끄집어내고 있다.

둘째, 인간적 현존재의 존재유형으로서의 실존을 본질적으로 규정하고 가능하게 하는 것은 존재이다.

셋째, 그렇기 때문에 현존재의 존재구성을 세계-내-존재라고 하는 임시특성을 짓는 데서 형식적으로 두드러지게 현존재의 현사실성 안에서의 존재이해라는 형이상학적 원초적 사실이다. 이러한 존재이해의 근거위에서 존재자 전체로의 침투가 일어나며 실존이 비로소 가능해진다.[86]

하이데거는 인간을 이렇게도 저렇게도 살아갈 수 있는 생물로서 파악한다. 그는 인간을 가능존재로서 파악한다. 그런데 이해가 실존범주라면, 이것은 이렇게도 저렇게도 존재할 가능성이 이해 안에서 해명된다는 것을 말한다. 이해는 "해명이며 세계-내-존재의

83) F. Zammermann, *Einführung in die Existenzphilosophie*, Darmstadt, 1997, 98쪽.
84) 송석랑, 『언어와 합리성의 새 차원』, 충남대학교출판부, 2003, 50-51쪽.
85) M. Heidegger, *SZ*, 13쪽.
86) 이기상, 『하이데거의 존재와 현상』, 문예출판사, 1993, 191쪽.

근본상태"[87]에 관계한다. 세계에 대한 이해는 동시에 실존에 대한 이해이다. 하이데거는 총괄적으로 다음과 같이 말한다.

> "정황성과 이해는 실존범주로서 세계-내-존재의 근원적 개시성이다. 기분(Gestimmtheit)의 방식 안에서 현존재는 자신이 유래하는 가능성을 본다. 이와 같은 가능성을 기투하는 해명에 있어서 현존재는 언제나 느낌을 갖는다. 가장 참된 존재능력의 기투는 현재의 피기투성의 사실에 이양되어 있다."[88]

하이데거는 실존범주로서의 이해를 분석하는 과정에 대해 언급한다. 해석은 이해 속에 포함되어 있는 가능성을 완성하는 것이다. 해석은 명시적인 이해이며, "~로서(als)"라는 이해이다. 사람은 무엇인가를 책상으로서, 자동차로서 본다. 또한 소박한 봄 또한 해석하는 것이다. 이것은 하나의 연관성에서 이해된다. 때문에 해석은 주어진 것에 대한 문제 안에서 단순하게 포착하지는 않는다. 해석은 이해의 방법을 제약하는 선견(Vormeinung)에서 비롯된다. 그래서 하이데거는 진술자체가 해석에서 출발한다고 강조한다. 예를 들어 건설현장에서 일하는 목수는 망치를 하나의 객관적 관찰대상으로 생각하기 이전에 못을 박기 위한 도구(Vorhandenes)로서 사용할 뿐이다. 목수에게 망치는 항상 그것의 사용과 관련해서만 어떤 의미를 지닌다. 그런데 목수는 무엇을 위해서 못을 박겠다는 아직 실현되지 않은 하나의 가능성과 관련하여 망치를 사용한다. 이런 점에서 목수에게 망치는 항상 그 가능성과 관련되었을 때 유의미한 것

87) M. Heidegger, *SZ*, 144쪽.
88) M. Heidegger, *SZ*, 148쪽.

으로 나타난다.[89] 특정한 목적 연관성에 따라 실제적인 상황을 망치로서 포착한다는 것은 진술에 있어서 실제적인 연관성과 분리되어 파악된다. 망치와 같은 도구는 진술에 의해 단순히 어떤 사물존재자로 된다.

정황성과 이해 이외에 실존범주는 말(Rede)이다. 말은 이해되는 것을 명료하게 분류한다. 말을 통해서 세계와 현존재의 이해성이 정리된다. 해석학의 존재론적 전환은 하이데거가 현존재의 기초분석에서 정상성과 이해 그리고 말을 실존범주로서 제시한다. 이것들은 현존재를 근본적으로 규정한다. 이러한 주제는 "존재자로서의 존재자"를 특별히 기술한 것에 대한 물음과 관련하여 전개된다.[90] 따라서 하이데거의 존재의미에 대한 물음은 바로 해석학의 주제가 된다.

> "실존범주에 있어서 할 수 있게 되는 것은 무엇을 할 수 있게 된다는 것이 아니라 실존함으로서 존재할 수 있게 되는 것이다. 실존론적으로 말해서 이해에는 존재할 수 있음으로서의 현존재의 존재방식이 놓여 있다."[91]

현존재는 세계-내-존재에 대해 전체적으로 존재가능성을 열어 밝힌다. 그리고 현존재의 자기이해 자체를 기투(企投, Entwurf)라는 실존론적 구조를 갖는다. 여기서 기투라는 의미는 "지금의 상태로부터 벗어나도록 던져 버리는 것"이다. 즉 하이데거는 미래로 향

89) 오용득, 「하이데거: 존재론적인 이해개념과 자기쇄신」, 『자기쇄신의 학으로서의 철학적 해석학』, 책펴냄열린시, 2005, 79-80쪽.

90) 한스 인아이헨, 앞의 책, 175-177쪽.

91) M. Heidegger, *SZ*, 143쪽.

해 있는 인간의 실존양식을 기투라고 부른다. 하지만 가능성의 영역에서 기반하여 기투는 이루어지기에 세계와 무관심한 채로 허공 속에서 전개되지 않는다. 인간의 기투는 본질적으로 세계 혹은 어떤 상황에 깃들어져 있다.[92] 이를테면 인간만이 어떻게 살 것인지, 어떻게 죽을 것인지를 생각한다. 하이데거는 이것을 기투라 불렀다. 기투란 어떻게 살 것인지를 기획하여 그 기획을 앞으로 던진다는 것이다. 다시 말해 인간은 '나는 무엇인가' 하고 그 본질을 묻기 전에 '어떻게 살 것인가, 어떻게 존재할 것인가?' 하고 그 존재를 묻는다. 그렇게 물으면서 살아가는 것이 실존인 것이다.[93]

그러나 그 기투는 의식적으로 숙련된 계획에 따라 "어떤 태도를 취하는 것이 아니라 전(前)의식적이고 전(前) 반성적인 태도로 나아간다."[94] 그러면 현존재의 존재는 어떻게 규정되는가? 그것은 현재로서 다만 자신의 죽음으로부터 파악될 수 있다. 죽음은 현존재의 한계를 규정한다. 염려로서의 현존재는 죽음에 앞서 나아감으로써 한계에 이르는 스스로를 앞서가는 존재로서 규정된다.

"염려구조의 근원적 통일성은 시간성에 있다. 스스로를 앞서감은 미래에 근거를 둔다. 이미 존재하고 있음은 … 자신의 존재해 옴을 알려 준다. 함께-존재함은 … 현재적인 것에서 가능하다."[95]

존재능력으로서의 이해는 미래의 차원을 분명하게 계획하며, 정

92) 피터하, 「하이데거 전기: 역사의 '현존재' 개현의 현상학」, 한국현상학회 기획, 『현상학, 현대철학을 열다』, 세창출판사, 2021, 180쪽.

93) 고명섭, 『하이데거 극장1』, 318쪽.

94) M. Heidegger, *SZ*, 145쪽.

95) M. Heidegger, *SZ*, 327쪽.

황성에 의해 과거가 분명해진다. 현재는 과거로부터 되가져옴으로써 명백해진다. 그래서 현존재는 자신의 존재 안에 스스로 시간적이다. 그런데 역사성은 다만 일종의 보다 더 구체적인 시간성의 형태일 뿐이기 때문에 현존재는 역사적 현존재로서 해석될 수 있다.[96] 역사적 현존재로서의 현존재는 시간적 차원으로 확장된다. "오직 존재자만이 본질상 자신의 존재 내에서 미래적이기 때문에 존재자는 자기 자신에 접해 있는 죽음을 분쇄하고 자유롭게 자신의 사실적인 현존재로 자신을 던질 수 있다. 다시 말해 미래에도 동일근원적으로 이미 존재하는 존재만이 상속된 가능성을 스스로에게 위탁하면서 자신의 피투성을 넘겨받을 수 있고 자신의 시간을 위하여 순간적으로 존재할 수 있다."[97] 하이데거의 실존적 이해는 현존재의 가장 극단적인 존재가능성으로서의 죽음을 향한 "선구적 결의(vorlaufende Entschlossenheit)"를 의미한다. 여기서 본래적 가능성인 실존을 회복하게 된다. 하이데거는 다음과 같이 현존재의 선구적 결의에 대해 말한다.

> "선구가 현존재를 단적으로 개별화하며, 이러한 개별화 속에서 현존재를 자신의 존재 가능의 전체에 대해 확신하도록 하기 때문에, 그 근원에서 볼 때 현존재의 이러한 자기애 속에는 불안이라는 근본정황이 속한다. 죽음에로의 존재는 본질적으로 불안하다."[98]

현존재는 자신의 고유한 가능성을 향해 자신의 존재가능성을 열

96) M. Heidegger, *SZ*, 382쪽.
97) M. Heidegger, *SZ*, 385쪽.
98) M. Heidegger, SZ, 266쪽.

어 밝히는 현존재의 자기이해를 기투함으로써 실존한다. 그때 현존재는 이미 자신의 가능성의 틀을 사실상 한정하는 세계 안에 언제나 던져져 있음을 안다. 여기서 대중이 평균성으로 타락하는 양태가 지배적이며, 현존재는 이 양태로부터 빠져나와 본래성으로 나아가고자 한다. 하이데거는 불안의 기본정조에서 현존재가 자기 자신과 자신의 가장 고유한 가능성과 만난다고 생각한다. 불안의 대상은 공포에서처럼 세계 내부에서 규정되는 어떤 것이 아니라 세계-내-존재 그 자체이다. 여기서 불안은 이런 저런 존재자 앞에서 느끼는 공포가 아니라 세계-내-존재의 본래적인 불안이다. 불안은 종국에는 죽음의 불안이다. 현사실적 실존은 죽음을 향한 존재의 극단에서, 즉 본래적 불안에서 양심의 결정적 부름을 들을 수 있다.[99] 불안 속에서 현존재는 자신이 죽음을 향한 존재임을 경험함으로써 자신의 유한성과 무 또한 자신에게 개시됨을 안다. 현존재의 가능성들 중에서 이와 같은 극단적인 가능성으로 열려 감은 현존재가 대중 속에서 상실되어 있음을 드러낸다. 왜냐하면 죽음 앞에서는 더 이상 타자에게 어떠한 의존도 할 수 없기 때문이다. 죽음을 앞질러 감은 현존재가 자신이 된다. 자신의 전체성에서 죽음을 향한 존재는 이 전체성 속에서 자신을 파악한다. 따라서 현존재는 죽음에의 존재이기 때문에 유한한 존재이다. 이러한 유한성이 역사성의 본래적 근거이다.

궁극적으로 하이데거에게서 현존재는 죽음에 이르는 존재이다.

99) M. Heidegger, *SZ*, 272쪽. 오토 푀겔러, 『하이데거 사유의 길』, 이기상·이말숙 옮김, 문예출판사, 1993, 48쪽. 고명섭, 『하이데거, 극장 1』, 202쪽.

현존재는 본래적 존재가 될 수 있음을 양심의 부름에 의해 안다. 양심은 특정한 어떤 것을 부르는 것이 아니라 현존재가 양심 속에서 자기 자신을 그의 존재가능성 앞으로 불러 오는 것이다. 현존재를 통일할 수 있는 것이 무엇인가? 하는 물음의 대답에서 현존재의 구조 전체에 대한 파악이 완결된다. 하이데거에게 있어서 현존재에 대한 구조 전체의 대답은 시간성이다. 현존재는 앞선 결단을 통해 자신의 가능성을 향해 자신을 내던진다. 그러한 선행하는 결단은 현존재가 자신에게로 다가갈 수 있게 하는 미래의 현상을 통해서만 가능해진다. 그러나 현존재는 이미 있었던 바대로 과거에 이미 지나가 버린 자신을 받아들임으로써, 자신에게 되돌아오도록 미래에로 가까이 다가갈 수 있게 한다. 단지 현존재의 있음으로서만 인간은 주위의 세계와 만나고 그 주위의 세계를 행위하면서 파악한다. 지나가면서 현재적인 미래로서의 시간성은 전체존재일 수 있음을 가능하게 되고, 이 시간성은 염려가 뜻하는 의미이다. 즉 본래성의 양태에서 현존재의 시간화는 앞질러 감(미래), 순간(현재), 반복(과거)이다.[100)]

궁극적으로 하이데거가 『존재와 시간』에서 존재의 의미에 대한 물음을 현존재의 자기이해로부터 해명하려고 시도했다면, 이제 존재 자체가 스스로를 드러내는 방식으로 존재를 이해하게 되는 것이다.

---

100) 페터 쿤츠만, 홍기수 외 옮김, 『그림으로 읽는 철학사』, 예경, 2003, 207-208쪽.

5. 예술작품의 이해

하이데거는 「예술작품의 근원(Der Ursprung des Kunstwerkes)」 101)(1952)에서 현대 예술에 대한 부정적 평가에도 불구하고 예술의 종말을 거부한다. 하이데거는 그리스의 신전을 모델로 삼아 새로운 예술의 가능성을 모색한다. 그리스의 예술에 접근하는 태도에서 하이데거는 헤겔과 비교하여 설명한다. 헤겔은 예술의 영역에서도 변증법적 발전법칙을 적용한다.

예술의 발전단계는 상징예술, 고전예술, 낭만예술로 규정된다. 상징예술을 대표하는 것은 건축물이다. 여기에서 물질이 정신을 압도한다. 조각으로 대표되는 고전예술에서는 정신과 물질의 완전한 조화가 실현된다. 낭만예술은 정신이 물질을 넘어서는 예술로서 변증법적 발전의 법칙에 따라 다시 회화, 음악, 시로 전개된다. 그리고 마침내 정신이 물질을 압도하게 되었을 때, 예술은 종교에게 자리를 내어 준다. 그런데 하이데거는 헤겔과는 다른 시각에서 그리스 예술에 접근한다. 첫째, 그가 주목하는 것은 조각이 아니라 오히려 건축물이다. 둘째, 그리스 신전의 위대함은 정신과 물질의 완전한 조화에서가 아니라 그리스 민족의 세계를 새롭게 건립한다는 점에서 규명된다. 하지만 하이데거의 예술의 아름다움을 정신

101) 하이데거의 예술작품의 근원은 세 차례의 강연을 통해 만들어졌다. 먼저 1935년 11월 3일 프라이부르크 예술학회에서 "예술작품의 근원에 관하여" 라는 제목으로 강연록이 작성되었다. 두 번째로 1936년 1월 취리히에서 대학생들의 초대로 강연한 것과 같은 해 11월 7일과 24일, 그리고 12월 4일에 프랑크푸르트에서 강연한 내용에 많은 수정과 첨삭이 가해진 후에 『예술작품의 근원』이란 표제어로 발표했다. 그리고 1956년에 『숲길』이란 책으로 편찬된다.(김동규, 『하이데거의 사이-예술론』, 그린비, 2019, 312쪽.)

과 물질의 조화에서 찾았던 헤겔의 전통적 미학의 울타리를 크게 벗어나지 못했다.102)

하이데거에게서 예술작품과 예술가의 근원은 예술이다. 근원이란 그 안에서 일종의 존재자의 존재가 현성(Wesen)하는 그런 본질의 유래이다. 우리는 예술의 본질을 현실적 작품 속에서 찾는다. 작품의 현실성은 작품 속에서 작용하고 있는[am Werk sein, 작품화되고 있는] 바의 그것으로부터, 즉 진리의 일어남으로부터 규정된다.103) 작품 속에서 진리의 일어남이 작용한다. 즉 그것은 작품 속에 존재한다. 따라서 여기에서 이미 현실적인 작품이 이러한 진리의 일어남의 담지자[Träger, 진리의 일어남을 지탱해주는 사물적 기반]로서 전제되고 있다. 이렇게 전제될 경우에는 즉시 눈앞에 현존하는 작품의 사물적 성격에 대한 물음이 다시 제기된다.104) 즉 하이데거에게 있어서 예술의 근원은 진리이다. 따라서 예술의 본질은 진리의 작품화에 있다. 예술이 진리의 작품화라는 것은 두 가지의 의미를 지닌다. 첫째, 예술은 진리를 형태화하여 확정하는 것이다. 둘째, 예술은 진리를 보존하는 것에 있다.105)

하이데거의 예술론에서는 바로 이러한 진리의 일어남이 결정적인 의미를 갖는다. 왜냐하면 예술이란 바로 이 진리의 자기정립의 장이기 때문이다. 자기정립이란 일어남으로 표현된다. 진리가 일어남이란 '어떤 것이 올바르게 묘사되고 재현된다'는 것이 아니라 "전

102) 이선일, 「다시 써보는 예술작품의 근원」, 한국하이데거 편, 『하이데거의 예술철학』, 철학과현실사, 2002, 149-150쪽.

103) M. 하이데거, 「예술작품의 근원」, 『숲길』, 나남, 2008, 71-72쪽.

104) M. 하이데거, 위의 책, 71-72쪽.

105) 서동은, 『하이데거와 가다머의 예술이해』, 누멘, 2010, 104쪽.

체에서의 존재자가 비은닉성의 가운데로 보존된다"는 것을 말한다. 보존한다(halten)는 것은 보호한다(hüten)는 것이다. 그러나 하나의 작품이 보존하는 자를 찾지 못한다면, 즉 작품 속에서 일어나는 진리에 응답하는 그런 보존자를 직접 찾지 못한다면, 곧 '작품이 보존하는 자가 없어도 작품으로 존재한다'는 뜻은 결코 아니다. 작품이 진정 하나의 작품으로 존재하는 한, 그 작품은 언제나 보존하는 자와 관련된 채 머무르기 마련이다. 이런 맥락에서 '작품을 보존함'은 작품 속에서 일어나는 존재자의 열려 있음 안에 서-있음(Innestehen in der Offenheit des Seinden)을 뜻한다.

그러나 이러한 보존으로서의 '안에-서-있음'[Inständigkeit, 내존함]은 일종의 앎[Wissen, 존재자의 존재에 대한 참다운 앎]이다. 존재자를 참답게 하는 자는 존재자의 한가운데에서 그가 원하는 것[존재의 비은폐성 가운데 탈자적으로 서 있는다. 또한 그때그때마다 자신의 삶의 참다운 거주지를 마련하고 터다지며 살아가는 것]이 무엇인지를 알고 있다.106) 요컨대 예술작품 속에서 진리가 일어난다는 것은 "탈은폐로 이르게 된다"는 것이다. 즉 예술작품에서 이러한 진리의 일어남이 있다. '알레테이아(비은닉성)'로서의 '진리'에는 상반되는 두 개의 측면이 함께 한다. '진리'란, 레테가 알레테이아로 되는 것, 간직함(Bergen)이 드러남(Entbergen)으로 되는 것, 감춤(Verborgenheit)이 감추지 않음(Un-verborgenheit)으로 되는 것, 또한 스스로를 감추는(Sichverbergen) 것, 이러한 존재자신의 모습인 것이다. 하이데거의 존재론은, 진리가 존재 - 현상 - 사태 - 로고스 - 피시스 - 자연 - 세계 - 발현 등의

106) M. 하이데거, 「예술작품의 근원」, 『숲길』, 85-87쪽.

철학적 주제들과 근원적으로 얽혀 하나의 문제 영역을 이루고 있다.[107)]

일반적으로 예술을 구성하는 계기는 다음의 세 가지를 말한다. 첫째 한 민족에게 자신을 던져 오는 존재의 진리이며, 둘째, 그러한 존재의 진리를 향한 역사적 현존재의 대응 투사이며, 셋째, 존재의 진리를 대지 안에 감싸 간직함으로써 민족의 거주 지반을 정초한다. 이러한 세 가지 계기가 맞물림으로써 한 민족의 시원이 열리게 된다. 즉 한 민족의 명운을 개척하는 가장 고유한 세계가 열리는 것이다. 여기서 예술은 후기 하이데거의 핵심적 주제인 존재사건(Ereignis)에 해당한다. 존재사건이란 인간과 존재가 서로 공존함으로써 서로의 고유함을 회복하는 사건이다. 따라서 이제 예술을 존재사건으로서의 예술(Kunst als Ereignis)이라 부른다.[108)]

예술에는 창작과 감상의 두 활동영역이 있다. 창작은 사물과 삶의 진리를 작품 속에 집어넣는 활동이며, 감상은 작품 속의 진리를 펼쳐 내는 활동이다. 투입과 전개를 구성이라 부른다면, 예술은 진리의 구성이다. 진리구성이 창작에서는 진리의 응축이며, 감상에서는 진리의 용해다. 이러한 의미에서 하이데거의 예술론은 진리구성설이라 부를 수 있다. 하이데거에 있어서 예술작품 속에서 예술의 본질은 "존재자의 진리가 스스로를 작품 안에 정립하고 있다(das Sich-ins-Werk-Setzen-der Wahrheit des Seienden).[109)] 작품 속에서

107) 이수정, 「하이데거의 예술론」, 한국하이데거 편, 『하이데거의 예술철학』, 철학과현실사, 2002, 앞의 책, 224-225쪽.

108) 이선일, 앞의 책, 153쪽.

109) M. Heidegger, 앞의 책, 39쪽.

는 그때그때 눈앞에 현존하는 개별적 존재자를 재현하는 것이 중요한 게 아니라 사물의 보편적 본질을 재현하는 것이 중요하다. 작품으로부터 예술에 이르는 길을 직접 걸음으로써 하이데거는 예술의 본질을 보여 준다. 하이데거는 예술가나 그 재능 대신에 존재자나 그 진리가 중심을 차지한다. 하이데거가 예술에 주목하고자 하는 이유는 예술작품 속에 존재자의 진리가 자신을 정립하기 때문이다. 하이데거의 존재자의 진리 내지 존재자의 존재는 철학의 근본 주제였다. 하이데거 철학의 존립기반인 존재 내지 진리가 예술작품에서 자신을 드러낸다.110)

예술에는 여러 가지 종류가 있다. 다양한 예술은 종류에 따라 나름의 방식으로 진리를 구성한다. 예술의 본질은 동일하지만 매체에 따라 서로 다른 방식으로 삶의 진실을 표출하는 것이다. 예술은 매체의 성격에 따라 사유 언어(thought language)의 예술과 비사유언어의 예술로 나눌 수 있다.111)

하이데거는 예술의 본질을 작품 속에서 세계와 대지를 세우는 것이라고 말한다.112) 세계와 대지의 건설은 창작과 감상, 두 영역에서 모두 일어난다. 작가가 작품의 줄거리나 형상, 동작을 통하여

---

110) 이수정, 앞의 책, 122쪽.

111) 배학수, 「동작 속의 진리 - 하이데거와 무용」, 한국하이데거 편, 『하이데거의 예술철학』, 89쪽.

112) "세계의 설립(Aufstellen einer Welt)과 대지의 설립(Herstellen der Erde)은 진정한 예술작품의 두 가지 본질적 특징이다"(M. Heidegger, *Ursprung des Kunstwerkes*, Holzwege, GA, 5. 1977, 34쪽). '대지'는 『존재와 시간』에는 등장하지 않았다. 이것은 「예술작품의 근원」에서 처음으로 등장하였고, 1950년대 강의에서 중요한 개념으로 작용된다(Singh, R. Raj, Heidegger and the world in an Artwort", in: *The journal of Aesthetics and Art criticism*, 48: 3 Summer, 1990, 219쪽).

세계와 대지를 표출하면 창작의 측면에서 그것을 건설하는 것이고, 감상자가 작품 속에서 세계와 대지를 알아차리면 감상의 측면에서 그것을 건설하는 것이다.[113] 예술작품에서 세계의 건립은 작품의 사물 속에서 세계를 응축하는 것이다. 예술창작은 단순히 사물을 모방하는 것이 아니라 세계가 드러날 수 있도록 사물을 표현하는 것이다. 농부의 신발을 그린 고흐(Gogh)의 작품에서는 농민의 세계가 드러난다. 즉 그의 작품은 농부의 노동과 휴식, 대지와의 대화와 만남, 그의 실존론적 평화와 안락을 보여 준다. 이것은 구두에 대한 학문적 진리가 아니라 그 존재론적 진리를 드러낸다. 예술작품에서 구두는 구두라는 존재자의 학문적 성격이나 이성적 사실에 대해 어떠한 것도 알려주지 않는다. 따라서 고흐의 구두 그림에는 신발 두 개뿐 아무런 배경도 없다. 그림에는 신발만 묘사되어 있지 농민의 세계 자체는 없는 것이다. 세계는 사물처럼 묘사될 수 있는 것은 아니다. 농민의 세계는 신발이라는 사물 속에 응축되어 있는 것이다. 반 고흐의 그림은 도구, 즉 한 켤레의 농촌 아낙네의 신발이 진실로 무엇으로 존재하는지(was ist)를 밝혀주고 있다. "고흐의 그림은 농부의 신발 두 짝이 진정으로 무엇인가를 밝혀 준다. 이 존재자는 존재의 비은폐성 가운데로 나타난 것이다. 그리스 사람들은 이러한 존재자의 비은폐성(Unverborgenheit, 환히 드러나 있음)을 진리(aletheia: 알레테이아)라 불렀다. 신발이라는 존재자가 자신의 존재의 비은폐성 가운데로 나타난(heraustreten, 출현한) 것이다.[114]

113) 배학수, 「동작 속의 진리 - 하이데거와 무용」, 한국하이데거 편, 『하이데거의 예술철학』, 철학과현실사, 2002, 81쪽.

114) Holzwege, 21쪽.

이렇게 예술작품은 세계를 드러낸다. 세계는 사물처럼 직접 묘사될 수 있는 것이 아니다. 세계는 작품 속의 사물을 통하여 간접적으로 표출될 수 있다. 사물이 세계를 표출할 수 있으려면 사물을 세계와의 관계 속에서 묘사해야 한다. 하이데거는 이것을 사물이 세계의 보호 속에 있다고 말한다. 작품이 사물과 세계의 관계를 놓치지 않을 때 사물의 진정한 모습, 사물의 진리는 드러난다. 사물을 존재하게 하는 근거는 세계다. 집 나간 아이처럼 세계의 보호를 받지 못하는 외톨이 사물은 사물의 진정한 모습이 아닌 것이다. 인간은 언제나 사물과 접촉하며 살아간다. 사물은 인간을 위한 사물인 것이다. 사물의 진정한 모습이 밝혀지면 삶의 진실도 함께 드러난다. 예술작품은 사물의 진리를 드러냄으로써 사물과 교섭하는 삶의 진실을 표출하는 것이다.[115]

하이데거에 의하면, 예술은 지각하는 주체의 영혼의 표현도 아니며 사물에 대한 모방도 아니다. 하이데거는 예술이 예술적 천재에 의해 창조된다는 생각을 거부한다. 또한 예술에 의해 어떤 사물을 그대로 모방한다는 낭만주의의 견해도 거부한다. 그리고 예술이 추구하는 것은 단지 기술적, 기교적인 것도 아니고 또한 심미적인 아름다움에 그칠 뿐이라는 견해도 거부한다. 오히려 예술은 아직 은폐되어 있는 것을 드러내 보이는 탈은폐의 사건으로서 파악되어야 한다는 것이다.[116] 따라서 그의 예술론은 "예술은 보이는 것을 재생하는 것이 아니라 보이게 하는 것"[117]이라 말한다. 하지

---

115) 배학수, 앞의 책, 89쪽.

116) M. Heidegger, *Die Frage nach der Technik*, GA, 38쪽.

117) M. E. Zimmerman, *Heidegger's Confrintation with Modernity, Thchnology, politics,*

만 보이게 하는 주체는 인간이 아니며, 또한 보이게 하는 것이 단순한 모방이나 재현을 뜻하지도 않는다. 오히려 예술작품 자체가 작품을 통해 존재자를 존재자 자체로 인간에게 현현하게 하는 것이다. 그러나 하이데거에 의하면, 이러한 현현이 가능하기 위해서는 아직 은폐되어 있는 것을 열어젖히는 폭력이 전제되어 있으며, 이러한 탈은폐의 사건은 인간에게 경이로운 기분을 들게 한다. 즉 예술작품과 예술가, 그리고 예술작품과 감상자 사이에는 필연적으로 경이의 기분이 매개되어야 하며, 이때 예술작품은 경이의 기분과 더불어 감상자에게 일차적으로 드러나는 것이다.118)

가다머는 하이데거의 「예술작품의 근원」에서 예술작품이 지니고 있는 독특한 존재방식을 이렇게 묘사하고 있다: "작품은 그것이 고유하게 그 자리에 있는 것 그 자체가 곧 일종의 존재 사건이다. 모든 기존의 것과 통상적인 것들을 넘어뜨리는 하나의 충격, 즉 결코 그 자리에 존재하지 않았던 세계가 그 속에서 자기를 열어 놓는 하나의 충격이다."119) 하이데거의 관점에서 예술작품은 "그것이 존재하고 오히려 존재하지 않는 것이 아니라는 충격"120)을 우리에게 안겨 준다고 말한다. 작품이 있다는 사실의 충격이 우리를 일상적인 것에서 끄집어내어 섬뜩한 것과 맞닥뜨리게 하며 지금까지의 포근했던 일상성의 친근한 분위기를 와해시킨다. 단적으로 우리는

---

and Art, Indianna University Press, 1986, 107쪽.

118) 최상욱, 「하이데거에게서의 예술의 본질」, 한국하이데거 편, 『하이데거의 예술철학』, 철학과현실사, 2002, 256쪽.

119) Hans-Georg Gadamer, "Zur Einführung", in: M. Heidegger, *Der Ursprung des Kunstwerkes*, Stuttgart 1978, 117쪽.

120) M. Heidegger, *Der Ursprung des Kunstwerkes*, Stuttgart 1978, 74쪽.

예술작품 안에서 존재의 진리가 발생하는 근원을 경험하게 된다. 그것은 존재사건 자체에 대한 그의 사유와 불가분의 연관관계에 있다. 하이데거는 「예술작품의 근원」, 「철학에의 기여」, 「형이상학과 예술작품의 근원」이라는 작품 등에서 다음과 같은 세 가지의 의미를 지적한다.

첫째, 예술작품의 근원에 대한 물음은 존재 역사적 물음의 지평 안에서 "미학의 극복"[121]이라는 과제와 밀접하게 연관된다. 즉 존재자를 대상적으로 표상가능한 것으로 보는 특정한 존재자의 파악에 대한 극복이라는 과제와 가장 밀접한 연관관계에 있다." 미학의 극복은 "형이상학과의 역사적 대결"[122]에서부터 귀결된다. 이러한 형이상학에서 예술의 본질은 주객연관의 지평으로부터 미학을 규정한다.

둘째, 예술작품의 근원에 대한 사유는 "역사적 전환기적 결단"[123]을 준비하고자 한다. 하지만 이는 역사를 근거짓는 전환을 위한 결단이다. 예술은 다른 시원으로의 역사를 근거지어 전환이 일어날 수 있게끔 하여 탁월한 생각을 하게 한다.

셋째, 존재의 진리가 결단으로 전개한다. 여기서 예술창작이 실패한 시기는 동시에 "예술의 부재"[124] 시기이다. 여기서 "예술의 부재"는 확대된 예술산업에 의해 은닉되어 역사를 준비하는 힘과 존재에 부여된 힘에 의해 경험한다. 이런 의미에서 "예술의 부재"

121) M. Heidegger, GA Bd. 65, *Beiträge zur Philosophie*, Frankfurt. a. M., 1989, 503쪽.
122) M. Heidegger, GA Bd. 65, *Beiträge zur Philosophie*, 503쪽.
123) M. Heidegger, GA Bd. 65, *Beiträge zur Philosophie*, 504쪽.
124) M. Heidegger, GA Bd. 65, *Beiträge zur Philosophie*, 505쪽.

는 역사적이다.

6. 영향과 의의

하이데거는 20세기의 가장 영향력 있는 사람 중의 한 사람이다. 그의 실존론적 해석학의 영향력은 철학의 분야를 넘어 신학, 심리학, 문학에 이르기까지 폭넓게 확산되어 가고 있다. 또한 그의 독특한 특징은 새로운 어휘적 의미를 사용하는 그 자신의 고유한 언어사용에서 많은 논쟁거리를 제공하였다.

하르트만이 하이데거의 강의를 일컬어 자신의 스승이었던 코헨의 강의 이래로 처음으로 신선한 충격을 받았다고 할 정도로 청중을 사로잡는 매력이 있었다. 이러한 강의의 인기로 인해 그의 대표작인 『존재와 시간』이 출간되었으며, 하이데거는 이 한 권의 철학책으로 일약 세계적인 스타로 부각되었다. 하이데거의 실존론적 해석학은 철저한 비판정신을 생명으로 한다. 즉 현대가 처한 위기를 극복함을 목표로 한다. 하지만 하버마스는 하이데거의 후기 해석학에 대해 의미를 개시하는 세계의 기투는 "모든 비판적 심급을 결여"[125]하고 있다고 비판한다. 계속해서 하버마스에 의하면, "하이데거는 현존재를 민족의 현존재와 본래적인 존재의 능력을 권력의 장악과 동일시하였으며, 자유를 지도자의 의지와 동일시하였다"고 비판한다. 또한 "노동의 봉사와 병력의 봉사, 학문의 봉사를

125) Jürgen Habermas, *Der philosophische Diskurs der Moderne*, Frankfurt. a. M., 1988, 183쪽.

포함한 민족사회주의적 혁명을 모두 존재의 물음으로 끌어들여 독해하였기 때문에 그의 철학과 시대사적 사건들 사이에는 더 이상 숨길 수 없는 내면적 관계가 만들어졌다"126)는 것이다. 프랑스의 사회학자이자 철학자인 브루디외(Pierre Bourdie, 1930-2002)는 『하이데거의 정치적 존재론』(1988)에서 하이데거의 니치즘적인 행적을 비판적으로 보고 있지만, 하이데거는 끊임없이 다른 사상가들과의 관계 속에서 사유했고 동시에 그런 관계에서 자기 자신을 사유했다고 파악한다. 역설적으로 보일지라도 하이데거의 자율성과 독창성이 명확해질수록 더욱 그러했다.127)

하이데거의 실존론적 해석학은 "무비판적 철학으로 전락할 위험에 빠지지 않고 철저한 비판정신을 생명으로 하는 철학이 될 수 있기 위해서 후기 해석학이 반성적 자기의식을 지닌 근원적인 기능을 충분히 인정"128)할 수 있다. 그의 사상 및 실존론적 해석학의 흔적은 무엇보다 일군의 프랑스 철학자들에게서 찾을 수 있다. 장 보프레, 앙리 비로, 미셸 푸코, 자크 데리다 등은 간접적으로 그의 영향을 받았고, 비판이론가인 하버마스도 그의 영향을 "여러 저서"129)에서 받았음을 발견할 수 있다.130) 이러함에도 불구하고 하이데거의 실존론적 사상의 수용과 비판은 그다지 쉽지 않은 작업

126) 하버마스, 『현대성의 철학적 담론』, 이진우, 옮김, 문예출판사, 1994, 195쪽.

127) 피에르 부르디외, 『하이데거의 정치적 존재론』, 김문수 옮김, 그린비, 2022, 77쪽.

128) 이남인, 『현상학과 해석학 - 후썰의 초월론적 현상학과 하이데거의 해석학적 현상학』, 서울대학교출판부, 2004, 579쪽.

129) Jürgen Habermas, *Heidegger-Werk und Weltanschauung*, victor Farias(Hg.), Heidegger und der Nationalsozialismus, S. Fischer, 1989, 11-45쪽; J. Habermas, *Der philosophische Diskurs der Moderne*, Frankfurt. a. M., 1988(『현대성의 철학적 담론』, 이진우, 옮김, 문예출판사, 1994, 163-195쪽).

130) 하버마스, 앞의 책, 193쪽.

에 속한다. 그 이유는 하이데거가 실존론적 해석학에서 언어로 표현하고자 했던 것, 즉 존재로서의 존재가 본질적으로 어떠한 언어적인 고착(固着)상태에서도 벗어나고자 하였기 때문이다.

제5강

가다머

철학적 해석학

1. 생애 및 사상개요
2. 이해와 방법의 문제
3. 예술의 경험
4. 이해의 역사성
5. 영향사적 의식
6. 해석학적 경험의 매체
7. 영향과 의의

제5강

가다머

철학적 해석학

1. 생애 및 사상개요

가다머

가다머(Hans-Georg Gadamer, 1900~2002)는 마르부르크의 아름다운 소도시에서 자연과학자(화학과)의 아들로 태어났다. 그의 부친은 약학계의 저명한 인물로서 한동안 마르부르크대학 총장을 지내기도 했다. 그는 두 살 되던 해에 아버지를 따라 지금은 폴란드인 브레슬라우(Breslau)에서 유년기와 청소년기를 보냈다. 어린 시절을 브레슬라우에서 보낸 가다머는 "수다만 떨 뿐인" 교수들의 학문이라는 아버지의 생각을 따르지 않고 브레슬라우에서 철학을 시작하였다.

그의 회고에 따르면, 1918년 브레슬라우대학에 입학해서야 비로소 철학책을 처음 보았다. 그가 처음 접한 철학책은 칸트의 『순수이성비판』이었는데 잘 이해하지 못했다고 회고한다. 그 대신에 그는 문학 · 역사 · 음악 · 심리학 등 정신과학의 여러 분야에 걸쳐 관심이 많았다. 그 이후에 그는 그 당시 신칸트학파의 본고장이라 불리는 마르부르크대학으로 옮겨 1919년에서 1922년까지 파울 나토르프(Paul Natorp)와 하르트만(Nicolai Hartmann)의 지도 아래 철학을 공부하였다. 또한 마부르크학파라고 불리기도 하는 실존신학자 불트만(Rudolf Bultmann, 1884~1976)과의 오랜 교우는 그의 철학적 사유에 커다란 영향을 끼쳤다.

1921년에 가다머는 한 세미나에서 하이데거의 이름을 듣게 되었다. 1923년에 나토르프의 지도하에 「플라톤 대화에 있어서 기쁨의 본질(Das Wesen derLust in den platinischen Dialog)」이란 논문으로 박사학위를 취득하고 하이데거의 강의를 듣기 위해 프라이부르크대학으로 적을 옮겼다. 가다머는 독창적인 하이데거의 사상에 많은 열등감을 느꼈다. 하이데거의 우월함에 눌려 질식할 것만 같아 일종의 도피처로 플라톤과 같은 그리스철학의 고전들에 더욱 몰두하였다. 그러나 고전학에 대한 연구는 우리의 생각보다는 텍스트의 진실성과 의미에 더 비중을 둔다는 점에서 하이데거와 일치했다. 1929년 29살의 가다머는 하이데거에게 5년간 지도를 받으며 「플라톤의 변증법적 윤리학: 필레보스에 대한 현상학적 해석(Phänomenologisce Interpretationen zum Philebos)」이라는 제목의 교수자격논문을 제출한다. 그 당시 그는 자기 생각에 깊이 빠진 채 청중을 잘 쳐다보지 않고 강의를 하였다고 한다. 철학은 설익을수록 어렵고 고집이 센 경향이 있을 수 있다. 명쾌한 스타일로 유명했던 그도 풋내기 시절에 독일 철학자 특유의 난해함에서 크게 벗어나지 못했다. 그는 1937년 라이프치히(Leipzig) 대학에서 철학 교수를 하다가 1946년에는 그 대학의 총장을 지냈다. 그는 1949년에 실존주의 철학자 야스퍼스의 후임으로 하이델베르크(Heidelberg) 대학으로 적을 옮긴다. 1968년 은퇴할 때까지 하이델베르크대학에 머물러 강의를 하였다. 20세기 사상사에 결정적인 영향을 미쳤던 그의 처녀작이자 대표작인 『진리와 방법』(1960)도 이 시기에 나왔다. 이 책은 철학적 해석학의 기반을 닦은 중요한 저작으로 평가받는다.[1)]

가다머는 68세의 나이로 은퇴한 이후에도 학자로서 활발한 활동을 하였다. 가다머는 아도르노와의 실재성 논쟁, 하버마스와의 해석학적 적용의 문제와 관련된 논쟁, 81세의 나이에 데리다와 유명한 논쟁을 벌이기도 하였고, 100살을 넘긴 나이에도 예비 대학생들을 위한 교양교육 프로그램을 만드는 데 많은 노력을 하였다. 그는 2002년 102세의 나이로 숨을 거두었다. 생전에 자신의 전집 출간을 보는 행운을 누리는 학자는 많지 않지만, 가다머는 자신이 직접 교정볼 수 있는 영광까지 누렸다.

2. 이해와 방법의 문제

이해의 새로운 의미를 규명하려는 가다머의 해석학적 사유는 "모든 이해에는 항상 사건이 일어나고 있다"[2)]는 전제를 출발점으

1) 가다머 사상의 소개는 다음을 참조: Tietz, U., *Hans Georg Gadamer zur Einführung*, Hamburg, 2000.

2) H.-G. Gadamer, *Wahrheit und Methode, Grundzüge eine philosophischen Hermeneutik*, Tübingen: J. C. Mohl, 1972, Einleitung, XXIX쪽(이하 H.-G. Gadamer, *WM*.이라 생

로 한다. 이것은 이해가 과학적 방법을 통한 진리경험과는 다른 방식의 진리경험을 가능하게 함을 의미한다.

가다머는 『진리와 방법』(1960)을 발표한 계기를 자연과학에 직면한 정신과학의 올바른 자기 이해라는 문제였다고 밝힌다. 이 저서에서 그는, 정신과학이 학문의 위상을 향유하는 것이 허용되기 위해서는 자신의 고유한 방법을 완성해야 한다는 역사주의와 실증주의에 의해 옹호된 이념에 반대해야 했다. 그는 먼저 딜타이, 드로이젠, 신칸트주의의 방법론에 회의를 품고 보편타당성을 보장해주는 방법에 대한 요구가 실제로 정신과학에 적합한지 여부를 묻는다. 그래서 가다머는 1862년 자연과학자 헬름홀츠(Helmholtz)가 하이델베르크에서 행했던 자연과학과 정신과학의 관계에 대한 강연에서 올바른 방향을 찾고자 했다. 자연과학은 수집된 경험적 자료들로부터 규칙과 법칙을 도출해내는 논리적 귀납의 방법을 사용한다. 하지만 정신과학은 이와 다르게 심리적인 감지력(Taktgefühl)을 통해서 인식에 당도한다. 가다머는 『진리와 방법』의 첫 부분에서 다음과 같이 적고 있다.

> 정신과학의 고유한 방법이란 없다. 그러나 헬름홀츠와 함께 우리는 이 경우에 방법이 얼마나 중요성을 갖는지, 어쩌면 정신과학의 다른 조건들이 그것의 작업에서 귀납법적인 논리보다 훨씬 더 중요한 것은 아닌지 물을 수 있다. 헬름홀츠가 정신과학을 적절하게 평가하기 위해 기억과 권위를 강조하고, 의식적인 추론을 대신하는 심리적 감지력(Takt)에 관해 언급하고 있을 때, 그는 이러한 점을 올바르게 지적하고 있다. 이러한 감지력은 어디서 나오는가? 그것은 어떻게 획

략하여 표기함. 한국어 번역본: 이일우 외 옮김, 『진리와 방법 I』, 문학동네, 2000).

득되는가? 정신과학의 학문성은 궁극적으로 방법보다는 감지력에 달린 것인가?[3]

위 인용문에서 보듯이, 가다머는 헬름홀츠가 제시한 정신과학에 대한 의견을 자신의 견해로서 받아들인다. 정신과학의 유일한 방법이란 없다. 가다머에 의하면, "헬름홀츠가 정신과학을 정당화하기 위해 기억과 권위를 내세우고 의식적인 추론 대신에 심리적인 감지력에 대해 말하고자 했다면 올바르게 본 것이다."[4]

가다머는 『진리와 방법』(1960)에서 정신과학의 궁극적인 과제를 "과학적 방법론의 통제영역을 넘어서는 진리의 경험이 어떻게 정당화될 수 있는지를 해명하는 것"[5]이라 말한다. 그러나 이러한 과제는 그렇게 새로운 관점을 제시한 것은 아니다. 19세기 중반 밀(J. S. Mill, 1806~1873)이 그의 저서 『논리학의 체계(*A System of Logic*)』(1806)에서 물리학의 방법을 심리학 · 사회학 · 역사학과 같은 인간현상을 다루는 도덕과학에서도 그대로 사용하자는 방법론적 일원론을 주창한다. 그 이후 많은 반실증주의자들이 자연과학적 방법론의 통제영역을 넘어서는 진리의 경험이 가능하다는 것을 정당화하고자 하였다. 가다머가 이와 같은 다소 낡은 문제를 다시 제기한 이유는 실증주의의 방법론적 일원론에 대항하였던 딜타이 정신과학의 방법론적 기초를 다시 수립하려는 학문의 목표가 있었기 때문이다. 딜타이는 "자연을 설명하고 정신의 삶을 이해한다"는 유명한 방법론적 이원론을 통해 자연과학과 정신과학을 구별했다. 그렇지만

3) H.-G. Gadamer, *WM.*, 5쪽.
4) H.-G. Gadamer, *WM.*, 5쪽.
5) H.-G. Gadamer, *WM.*, XXVII쪽.

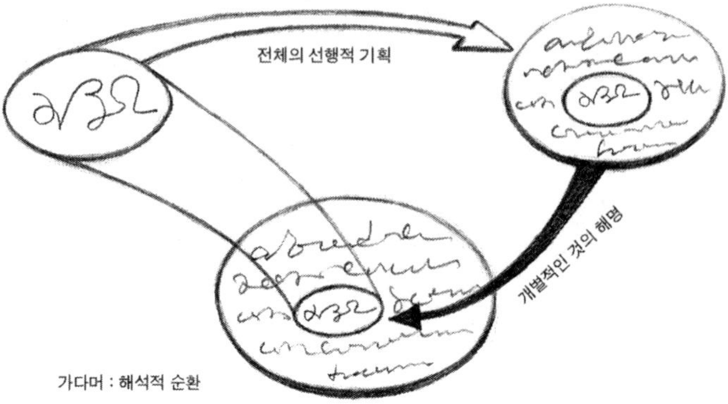

가다머 : 해석적 순환

가다머는 딜타이가 제시하였던 정신과학의 방법론을 독립적으로 정당화하려고 했음에도 불구하고 자연과학의 모델에 깊은 관심을 보였다.[6] 딜타이가 주장하는 이해의 방법은 보다 확실하게 설명이라는 자연과학적 방법과 구별된다. 이러한 딜타이 방식의 이해방법은 "삶의 객관화"[7]에 집중되어 있기 때문에 자연과학의 방법과 똑같이 객관주의의 이상(理想)에 사로잡혀 있었다. 가다머의 입장에서 보았을 때, 딜타이의 방식대로 객관적으로 타당한 인식을 가능하게 하기 위해서는 반드시 그 무엇을 대상화해야 한다는 것이다.

딜타이에 따르면, 정신적 계기가 되는 체험, 지각, 표상 등은 객관적으로 타당한 인식이 불가능하기 때문에 불가피하게 삶의 객관화를 주장하였다. 가다머는 이러한 딜타이의 주장을 비판하고자

6) H.-G. Gadamer, *WM.*, 4쪽.

7) 삶의 객관화의 자세한 내용은 다음을 참조: 이 책의 제3강. 딜타이: '정신과학'의 방법론으로서 삶의 해석학, 4. 삶의 객관화, 양해림, 「딜타이는 삶의 객관화를 극복하였는가?」, 『해석학연구』, 제16집, 한국해석학회, 2005, 43-59쪽. 양해림, 『딜타이와 해석학적 사회체계』, 집문당, 2022, 79-105쪽.

했다. 가다머의 관점에서 딜타이의 삶의 객관화의 시도는 "객관화되지 않은 대상은 이해할 수 없다"는 전통적 이해개념의 한계를 극복하지 못했다고 진단한다. 가다머의 해석학적 전략은 해석학 이외의 다른 방법을 찾아내는 것이 아니라 오히려 이해의 현상 속에 깊숙이 파고 들어가는 것이다.[8] 가다머의 이러한 방향설정은 딜타이의 입장에서 전통적인 이해의 개념에 대해 다른 의미가 포함되어 있다는 사실을 전제로 한다. 따라서 가다머는 새로운 이해의 개념이 어떤 것인지를 해명함으로써 외적인 진리경험이 어떻게 정당화될 수 있는가를 근본물음으로 해명하고자 한다.[9]

가다머는 딜타이의 실증주의에 대한 반응을 다르게 이해한다. 딜타이처럼 자연과학이 정신과학의 차별성을 견지했기 때문이 아니라 이러한 차별성이 각자 적합한 객관성의 기준에 관철된다는 사실을 깨닫지 못했다는 이유로 딜타이를 비판한다. 의미를 다루는 정신과학이 자연과학적 객관성을 어떻게 이룰 수 있는가라는 질문은 제기해서는 안 된다는 것이다. 그 이유는 이러한 객관성의 기준이라는 것이 일정한 목적을 위해 전통 안에서 형성되는 것이지 보편적인 것처럼 절대화할 수 없기 때문이다. 따라서 가다머가 주장하는 해석학은 딜타이처럼 객관적 이해를 위한 방법들에 대한 논의에 초점을 두지 않는다. 즉 해석학은 해석의 규칙들을 세우려는 분과가 아니다.

이런 점에서 가다머는 자신의 분석을 철학적 해석학이라 지칭한

8) H.-G. Gadamer, *WM.*, Einleitung, XXVIII쪽.
9) 오용득, 『자기쇄신의 학으로서의 철학적 해석학』, 책펴냄열린시, 2005, 95쪽.

다. 그는 "이해일반의 가능조건인 방법"[10]과 객관성의 관념을 그 근저에서 규정하고 있는 조건을 해명하는 방향으로 나아간다. 자연현상이나 인문현상에 대한 방법론적 접근은 모두 역사에 뿌리를 두고 있으며, 그 연구대상과 방법에 대해 일정한 역사적 가정들을 먼저 받아들인다. 따라서 이해는 선입견에 근거를 두고 있으며, 우리의 이해방식은 철저하게 과거, 즉 영향사(Wirkungsgeschichte)에 의해 제약된다. 이러한 영향은 예술적 이해, 사회적 · 심리적 자기 이해, 나아가 모든 형태의 과학적 이해에 이르기까지 확장된다. 이런 점에서 과학적 지식의 객관성은 결정적으로 전통에 의존해 있으며, 방법은 이러한 의존성을 어떤 방식이든지 간에 넘어설 수 없다.[11] 가다머는 실증주의에 반대하여 과학적 방법을 통해 획득된 객관성이란 그 방법이 전제로 삼고 있는 선입견들과 마찬가지로 부적절한 것이라 주장한다.[12] 하지만 우리의 선입견들은 우리를 제약하는 한계임과 동시에 풍부한 단서들도 제공해 주기 때문에 우리의 지식이 점차 증대될 수 있는 기반으로서 새로운 전망을 형성해야 한다.

10) 가다머의 이해일반에 대한 자세한 내용은 다음을 참조: 이정복, 「Gadamer에 있어서 해석학적 방법과 이해의 문제」, 『철학연구』, 제15집, 철학연구회, 1980, 3-14쪽.
11) 조지아 윈키, 『가다머 - 해석학, 전통 그리고 이성』, 이한우 옮김, 민음사, 1999, 18-19쪽.
12) 조지아 윈키, 이한우 옮김, 앞의 책, 20쪽.

3. 예술의 경험

앞장에서 이해의 새로운 의미를 규명하려는 가다머의 해석학적 사유는 "모든 이해에는 항상 사건이 일어나고 있다"는 전제가 작용한다는 점을 밝혔다. 이것은 이해가 과학적 방법을 통한 진리경험과는 다른 방식의 진리경험을 가능하게 함을 의미한다. 예술경험에서 드러나는 진리는 예술작품을 완료된 사건으로서가 아니라 그 속에서 지금도 어떤 사건이 일어나고 있다는 일종의 해석학적 현상이라는 사실과 관련된다. 가다머는 놀이개념을 통해 근대의 이분법을 넘어서고자 한다. 즉 가다머는 주관과 객관의 이분법을 넘어 놀이로서 매개시킨다. 근대는 이성과 경험이라는 이분화된 전제로부터 세계를 주관과 객관으로 분리시켰다. 그러나 가다머는 이분화된 극복을 위해 놀이를 예술개념에 적용한다. 그래서 그는 놀이에 대해 현상학적으로 서술한다. 즉 "놀이는 놀이자의 그의 놀이 속에서 자신을 잃어버릴 경우에만 목적을 충족한다."[13] 그리고 "놀이자들은 놀이의 주체가 아니다. 대신에 놀이가 단지 놀이자들을 통해 현시될 뿐이다."[14] 예술의 진리경험은 근대미학이 시도하였던 것처럼, 작품 속에 완료되어 있는 아름다움 그 자체이거나 어떤 메시지를 대상으로 인식하는 것이 아니라 그 작품 속에서 지금도 일어나고 있는 사건에 참여함으로써 일어난다. 가다머는 이러한 예술경험이 어떻게 가능한지를 해명하기 위해 예술작품의 존재

13) H.-G. Gadamer, *WM.*, 97쪽. 가다머의 놀이개념에 대한 자세한 내용은 다음을 참조: 정낙림, 「가다머의 놀이철학-해석학과 놀이」, 『놀이하는 인간의 철학』, 책세상, 2017.239-276쪽

14) H.-G. Gadamer, *WM.*, 98쪽.

방식을 중요하게 여긴다. 여기서 가다머는 예술을 근본적으로 해석학적으로 단언한다.

> 확실히 해석학은 예술의 전 영역과 그 문제제기를 다함께 포함할 만큼 포괄적인 것으로 이해하지 않으면 안 된다. (...) 미학은 해석학에서 출발하지 않으면 안 된다. 이 말은 단지 문제의 범위에 관련되어 엄밀할 뿐만 아니라, 내용적으로도 타당하다. 거꾸로 말하면 해석학은 전체적으로 예술의 경험을 올바르게 다룰 수 있도록 규정되어 있음이 틀림없다.15)

가다머는 예술작품 그 자체의 존재방식은 다음과 같이 놀이(Spiel)의 수행방식과 동일하다고 본다.

> "만약 우리가 예술을 경험과 관련지어 놀이에 대해 말한다면, 놀이는 창작자나 향유자의 태도나 심적 상태가 아니며, 일반적으로 놀이 속에서 확인되는 주관성의 자유도 아니다. 그것은 오히려 예술작품의 존재방식이다."16)

앞의 인용문에서 놀이는 그것을 수행하는 사람의 태도나 심적인 상태에 의해 이루어지는 것이 아닌 것으로 파악한다. 그런데 놀이가 놀이하는 사람에 의해 이루어지는 것이 아니라면 어떻게 이루어지는 것인가? 가다머에 따르면, 놀이란 인간 삶의 가장 원초적인 기능이다.

그는 지속적으로 반복되는 왕복 운동이 놀이의 기본적인 요소라 본다. 가다머는 놀이라는 독일어의 개념을 빛의 놀이(Spiel der

15) H.-G. Gadamer, *WM.*, 170쪽.
16) H.-G. Gadamer, *WM.*, 97쪽.

Lichter), 파도놀이(das Spiel der Wellen), 베어링 상자 속에서 기계부품들이 이리저리 왕복 운동하는 모양, 인체의 사지를 함께 움직이려는 몸놀림, 여러 힘들의 작용, 모기들이 이리저리 날아다니는 모양, 말장난 등과 같은 관용어로 지칭하였다. 이 모든 경우에 있어서 놀이라는 용어는 일정한 지향점이나 목표점 없이 이리저리(hin und her) 움직이는 모양을 묘사하고 있다. 여기서 중요한 사실은 이러한 움직임이 아무런 목표점 없이 임의적으로 나타나지만, 끊임없는 반복을 통해 그러한 움직임이 계속 수정되면서 점점 새로워진다는 것이다.

놀이의 본질적 규정이 '이리 저리로의 움직임'이 핵심적인 것이라면, 누가, 무엇이, 이러한 놀이를 수행하는가? 라는 물음은 그렇게 중요한 사안이 아닐 수 있다. 놀이의 본래적 의미는 모든 주체적 활동으로서 중립적이다. 놀이는 놀이하는 사람의 의식으로부터 독립적으로 그 자체의 본질을 갖는다. 놀이는 놀이를 하는 사람과 놀이를 보는 사람 사이의 간격을 허락하지 않는 대화적 행위의 성격을 갖고 있다. 가다머는 관객과 연기자의 간격을 허물려고 했던 브레히트(Bertold Brecht)의 시도를 한 예로 든다. 예컨대 우리가 한 번도 들어보지 못한 즉흥곡을 들을 때에도 나름대로 독특한 해석이라 칭찬한다든가 혹은 별로 의미 없는 해석이라 평가할 수 있듯이, 우리는 어떤 방식으로든지 놀이에 참여하고 있다.17)

따라서 놀이의 주체가 누구냐가 중요한 것이 아니라 놀이 그 자체가 이루어지고 있다는 사실이 중요하다. 이와 같이 놀이가 중립

17) 서동은, 『하이데거와 가다머의 예술이해』, 누멘, 2010, 171쪽.

적으로 이루어지는 것이라면, 놀이의 존재방식은 자연의 운동형식과 아주 유사하다. 자연의 운동도 아무런 목적이나 의도 없이 끊임없이 스스로 수정하면서 새롭게 만들어가는 그러한 형식을 갖는다. 가다머는 이러한 자연의 운동형식을 놀이와 예술작품의 존재방식에서 동일성을 다음과 같이 발견한다.

> "무엇보다도 놀이의 이러한 중립적 의미로부터 비로소 예술작품의 존재에 대한 관계가 나타난다. 자연은 어떠한 목적이나 의도 없이 어떠한 긴장함도 없이 지속적으로 수정되고 새로워지는 놀이이다. 이러한 한에서 자연은 예술의 전형(Vorbild)으로서 간주된다."[18]

놀이수행이 책읽기나 예술작품의 체험 일반과 유사하다는 가다머의 표현은 대체로 단정적이기보다는 암시적이다.[19] 그는 먼저 놀이수행과 예술적 체험의 유사성들을 면밀하게 살피면서 우리가 일상적 존재에서 벗어나 책을 읽거나 그림을 보거나 놀이를 하는데 있어서 누락된 상태를 세심하게 고찰한다. 놀이와 예술작품은 양자 모두 그 놀이를 하거나 작품을 감상하는 개인들에 비해 근본적으로 우위를 지닌다. 놀이를 시작하였을 때, 놀이자들은 전혀 다른 상황에 들어간다. 실제로 놀이를 위해서는 체육관이나 운동장 등 새로운 공간이 필요하다. 이런 공간에 들어감으로써 놀이자는 자신들의 관심사나 욕망을 제쳐 두고 놀이 자체의 목적에 자신을 맡긴다. 놀이자는 놀이의 목표와 요구사항들에게 행위와 전략을

18) H.-G. Gadamer, *WM.*, 100쪽.

19) Jean Grondin, *Hermeneutische Wahrheit? Zum Wahrheitsbegriff Hans-Georg Gadamers*(Königstein/Ts,: forum Academicum), 1982, 103쪽.

취하도록 강요받는다. 따라서 놀이에 있어 행위의 주체는 사실상 그 놀이를 하는 사람이 아니다. 그 사람의 행위와 포부는 오히려 놀이 자체가 부과하는 과제들에 대한 대응이며 그것은 놀이의 행위일 뿐이다. 이를 가리켜 가다머는 놀이를 그 내부의 운동이라고 불렀다. 이런 운동은 어떤 놀이에서든지 결정적인 요인이 된다. 가다머는 놀이를 다음과 같이 말한다.

> "놀이가 지니는 장점은, 그것이 놀이자를 주재(主宰)하게 된다는 사실에 있다. 우리가 스스로 설정한 과제들을 달성하려는 놀이의 경우에서조차 중요한 문제는 놀이가 작동하고 성공하고 다시 성공하는가 하는 문제이다. 놀이의 실제 주연은 놀이자가 아니라 놀이 자체이다."[20]

이러한 놀이의 성격분석은 텍스트와 예술작품을 독자나 관람객을 포함시켜 이해하였을 때, 명백하게 텍스트나 예술작품에 적용된다. 우리가 책을 읽거나 혹은 연극을 보거나 그림을 감상한다는 것은, 놀이를 할 때와 마찬가지로 새로운 영역으로 들어가는 것과 동일한 성격을 갖는다. 각각의 경우에 놀이자, 관람자, 독자들은 그들 자신의 삶의 영역에서 벗어나 나름대로의 관심사와 목표를 가진 전혀 다른 세계로 들어간다. 예술경험에 대한 이와 같은 가다머의 설명은 다른 사람들의 설명과 쉽게 구별짓지 못한다. 예를 들어 칸트 이후의 미학에 있어서 예술은 아름다운 환상이라는 생각, 즉 그 관람자에 파고들어 가서 그를 넘어서는 꿈이다. 그리고 구경꾼은 놀이자들과 동일한 방식으로 독립된 영역에 들어가게 된다. 다시

20) H.-G. Gadamer, *WM.*, 102쪽.

그들은 자신의 관심사를 뒤로 밀쳐 두고 예술작품에 몰두한다.[21)]

가다머의 관점에서 예술은 진리를 재현하는 시도이다. 예술의 의미를 원저자의 의도에 따라 환원하고자 하는 것은 예술의 자율성을 인식하지 못한 결과일 뿐만 아니라, 정당치 못하게 예술이 담고 있는 지식을 제한하는 것이다. 이런 점에서 가다머의 제안들은 먼저 예술적 의미의 가능성을 청중에게 의존하고 있으며, 이런 청중들이 경험한 것은 진리에 대한 요구라 주장한다. 의미에 대한 체험은 원저자나 창작자의 의도된 의미를 체험하거나 추체험하는 데에 한정되지 않는다. 왜냐하면 그것은 일차적으로 작품 자체의 진리내용에 대한 이해이기 때문이다. 따라서 예술적 체험은 창작자의 의도나 동기에 대한 체험 이상의 것이어야 한다.

그러나 이러한 본질적인 차이는, 놀이의 규범적 권위를 강조하는 입장에서 드러난다. 놀이를 한다는 것은 전혀 다른 현실에 들어갈 뿐만 아니라, 놀이가 요구하는 사항과 규범에 복종한다는 뜻이다. 놀이는 참여자들이 규칙을 지켜야 하고 적어도 부분적으로나마 참여자들의 목표와 마음상태를 규정하는 일련의 규칙과 원칙들로 구성된다. 그래서 놀이는 놀이자들보다 더 많은 권위를 가진다. 그리고 놀이는 적절한 태도와 반응의 범위를 정해 주기까지 한다. 따라서 예술은 유사한 규범적 권위를 갖는다. 독자와 관람자는 단순히 새로운 영역으로 들어가는 것이 아니다. 그들이 읽는 책, 보는 연극이나 보는 그림들은 그것들을 넘어서는 권위를 가진다. 계속해서 가다머는 예술이 관람자에게 구속되어 있다는 것을 강조한

21) 조지아 원키, 앞의 책, 95-96쪽.

다. 예술은 무엇인가 일상적 존재의 세속성에서 벗어나는 것이 아니라, 일상적 존재에 대해 도전하는 무엇이다.[22]

예술작품이 규범적 권위를 갖는 것은, 예술작품이 원저자의 의도를 찾도록 관객들을 강요하기 때문이 아니라, 진리에 대한 요구를 제시해야 하기 때문이다. 여기서 가다머는 놀이수행의 특징을 끌어들인다. 왜냐하면 놀이수행은 가다머가 주장하는 방향을 제시해 주기 때문이다. 놀이는 놀이를 수행하는 사람들에 대해 우위를 차지하고 있음에도 불구하고, 놀이수행은 놀이를 하는 데 있어 그 자체가 본질적인 것으로 남아 있다. 이런 이유 때문에 가다머는 놀이를 자기표현이라고 부른다.[23] 한편으로 놀이를 수행하는 놀이자는 그들의 행위와 반응에 대해 놀이의 원리들을 반영하고 있다. 다른 한편으로 놀이는 놀이자의 행위와 관심사에 의해 표현되어야 한다. 따라서 놀이의 특수성은, 한편으로 놀이가 진행되는 동안에 그 놀이가 참여자들의 목표와 마음상태를 지배하고 있다는 점에서 참여자들을 능가하는 권위를 가지는 동시에 다른 한편으로 놀이자의 참여에 의해서 구체적인 의미로서 존재한다.[24] 즉 놀이는 놀이자의 행위를 결정하며, 또한 이런 행위 자체이다.

이와 같은 놀이의 자기표현은, 놀이의 수행자들이 어떤 의미에서 놀이의 창조자이다. 놀이의 규칙은 수행자에 의해 창조되지 않는다. 그래서 놀이의 어떤 특정한 상태를 구성하는 행위들의 결합

22) 조지아 원키, 앞의 책, 96쪽.
23) H.-G. Gadamer, *WM.*, 103쪽.
24) 놀이수행의 중요한 측면들에 관한 유사한 언급에 대해서는, Roy J. Howard, *Three faces of Hermeneutics*(Berkeley: University of Califonia Press, 1982), 143쪽.

이 놀이의 구조를 만들지는 못한다. 그러나 놀이는 특정한 상태 이외에 구체적인 모양이나 존재를 갖지 못한다. 그래서 한편으로 수행자의 입장에서 적절한 행위와 태도의 범위를 결정한다. 반면 그것은 사실상 특정한 행동과 태도 속에서만 존재한다. 이런 현상은 놀이자들이 놀이를 수행하고 있기 때문에 놀이가 수행되는 동안에만 놀이일 수 있다는 의미이다. 그래서 놀이자들은 놀이가 존재하지 않는다면, 놀이를 창조하거나 수행할 수 없다. 하지만 놀이의 특정한 상태를 창조한다. 가다머는 축제의 찬양을 다음과 같은 관계를 갖고 있는 함축성 있는 설명을 한다.

> "축제는 그것이 찬양되는 곳에서만 오로지 존재한다. 그러나 이는 결코 축제가 주관적 성격을 갖는다거나 그것을 찬양하는 주관성에서만 존재한다는 뜻은 아니다. 오히려 우리는 축제가 이미 존재하기 때문에 그것을 찬양하는 것이다."[25)]

위의 인용문에서 예술작품과 놀이가 자기표현이라는 성격을 갖는다는 점에서 비슷하다면, 이런 유사성은 예술작품을 관람하거나 이해하는 경우에 구체적인 존재를 가질 수 있다. 그렇게 되었을 때 예술작품이 비록 관람자나 독자에 대해 놀이가 놀이자에 대해 동일한 규범적 권위를 갖고 있다 할지라도, 관람자와 독자는 예술작품에 대해 본질적이다. 예술작품은 놀이의 참여와 예술적 체험 사이의 유사성을 밝혀내기보다는 오히려 혼동을 가중시킬 수 있다. 왜냐하면 연극은 독자에게 선보이며 믿을 만한 놀이로 생각될 수

25) H.-G. Gadamer, *WM.*, 118쪽.

있기 때문이다. 그러나 놀이에서 연극으로 옮겨가는 과정에서 가다머는 관객보다 배우에 초점을 맞춘다. 배우는 놀이자가 놀이에 대해 갖는 것과 동일한 관계를 갖는다. 첫째, 연극은 놀이가 놀이자들에 대해 우위를 갖는 것과 마찬가지로 배우들에 대해 우위를 갖는다. 왜냐하면 배우들이 취하는 반응과 행동의 범위는 배우가 아니라 연극 자체에 의해 지배받고 있기 때문이다. 연극은 배우들에 의해 힘을 행사할 수 있으며, 배우들에게 그들의 개인적 목적이나 개성을 그 연극에 참여하고 있는 동안에는 포기하도록 요구한다. 그러나 둘째, 연극은 대본 속의 단어들에 대한 계열이 아니라 오히려 그것을 공연하는 배우들에 의해 표현됨으로써 구체적인 존재감을 느낀다. 그래서 배우들은 창조자이다. 이는 놀이자가 놀이의 창조자일 수 있는 것과 마찬가지로, 배우가 단지 연극을 만드는 것만은 아니다. 하지만 연극은 구체적인 개인들의 행위에 의해 제시된다.[26]

이와 같은 자율성과 의존성 사이의 관계는 적어도 모든 공연예술에서는 그렇게 적용될 수 있다. 물론 경우에 따라서 음악이나 춤을 공연하거나 공연을 하지 않더라도 여전히 타당하다. 단지 그것은 공연되는 장소에서만 구체적으로 타당하다. 이에 대해 가다머는 "연극은 그것이 공연될 때에만 존재하며, 음악도 마찬가지"[27]라고 말한다. 그리고 그는 예술 일반의 체험, 텍스트의 이해나 회화, 공연이 필요치 않은 다른 형태의 예술이해와 관련된 것들도 밝힌

26) 조지아 윈키, 앞의 책, 98-99쪽.

27) H.-G. Gadamer, *WM.*, 111쪽.

다. 그리고 이런 경우에 작품 자체 이외의 어떤 것, 혹은 원저자나 예술가 그 밖의 다른 창작자가 왜 작품이 구체적 존재를 갖추는 데 필요한 것인지에 대해 말해야 한다. 그래서 가다머는 『진리와 방법』에서 다양한 예술작품의 공연이나 그 작품들의 서로 다른 측면들에 대해 많은 관심을 기울인다. 연극이나 춤, 공연, 그리고 음악 연주회는 매번 서로 다르다. 실제로 단순 반복이라고 하는 표준생산의 이념은 공연예술 일반의 본성에 부합되지 않을 뿐만 아니라, 오히려 대립된다. 왜냐하면 매번의 공연은 서로 다른 행동, 강조점, 뉘앙스 등을 갖고 있기 때문에 상이한 결과를 낳게 된다.

가다머는 연극공연의 결과에 대해 언급하기를, 놀이가 이제 명확하게 분별될 수 있으며 또한 확인 가능한 내용을 밝혀낼 수 있다. 일반적으로 놀이는 관객 앞에서 시연(試演)되며 그 놀이의 시연자들이 일시적이나마 관객처럼 놀이를 지켜볼 수 있다. 그러나 놀이가 관객에게 제기된다는 것이 그 놀이의 존재이유이고 이런 관객이 유일한 관객일 경우, 그 놀이는 연행(演行)으로 바뀐다. 놀이는 관객에게 자족적인 전체로 나타난다.[28] 이때 관객은 예술작품 전체가 그 자체에 폐쇄된 어떤 것, 일상생활과는 분리가능한 어떤 것으로 드러난다.

예술은 진리를 재현하는 시도이다. 예술의 의미를 원저자의 의도에 환원하는 것은 예술의 자율성을 인식하지 못한 결과일 뿐만 아니라, 정당치 못하게 예술이 담고 있는 지식을 제한시키는 것이다. 그래서 가다머의 제안들은 다음과 같은 결과들을 초래한다. 먼

28) H.-G. Gadamer, *WM.*, 105쪽.

저 예술적 의미의 가능성은 청중의 존재에 의존하며, 그런 청중이 경험하는 것은 진리에 대한 요구이다. 의미에 대한 체험은 원저자나 창작자의 의도된 의미를 체험하거나 추체험하는 것에 한정되지 않는다. 왜냐하면 그것은 일차적으로 작품 자체의 진리내용에 대한 이해이기 때문이다. 따라서 예술적 체험은 창작자의 의도나 동기에 대한 체험 이상의 것이어야 한다. 결국 가다머는 이를 해명하기 위해서 그리스 철학자 아리스토텔레스의 미메시스(모방) 이론에서 그 원형을 찾고자 하였다.

4. 이해의 역사성

딜타이는 이해를 가장 핵심적인 용어로 사용한다. 여기서 그는 이해의 방법을 정식화하려고 시도하였다. 그에게 있어서 이해는 "삶을 삶 그 자체로 이해하는 것"으로서 일상적인 삶의 체험 속에서 찾았다. 그 속에서 딜타이는 나 자신과 다른 사람과의 관계에 의해 이해가 가능하다고 파악하였다. 즉 그는 일상적인 삶의 이해에서 삶의 역사성을 찾을 때 이해가 가능하다고 보았다. 하이데거는 딜타이의 맥락에서 딜타이가 소홀히 다루었던 현존재에 대한 이해의 문제를 존재론적인 차원으로 해명하려고 하였다. 그는 이해란 인간 현존재에 놓여 있는 보편적 현상이라 파악한다. 현존재에 대한 이해는 '거기(Da)'라는 질문을 하는 데서부터 시작한다. '거기'는 상황을 지시하는데, 이것은 무엇을 향해(wohin) 질문하는 것을 뜻하며, 이러한 질문은 이미 존재이해를 갖고 있다는 것을 의미한다. 즉 이해는 현존재의 상황을 다른 존재와의 관계 속에서 활짝 열려져 있을 때 가능하게 된다. 그리고 이것은 현존재의 역사성을 다룬다. 이런 맥락에 따라 가다머는 하이데거의 존재론적 해석학을 근거로 하여 역사성과 언어성을 구체화시킨다. 가다머에게 있어서 인간의 현존재는 역사적이고 언어적인 이해의 지평을 갖고 있는 역사적인 존재라는 사실을 강조한다.

가다머는 이해를 하이데거의 선구조에서 먼저 파악(Vorgriff)한 개념을 통해 착안하고 있다. 하이데거의 이해가 존재이해이고 현존재의 자기이해라고 규정된다면, 인간에게서 불가피한 선입견(Vorurteil)을 어떻게 해결할 것인가 하는 문제가 생긴다. 가다머는 선입견을 이해작용으로 관련짓기 때문에 역사를 이해하는 방해요소가 아니라 오히려 긍정적 의미로 받아들인다. 그는 선입견의 개념에 대해 역사를 이해하는 긍정적인 개념으로 받아들이고, 이해에 작용하는 선입견으로서의 역사를 영향사(Wirkungsgeschichte)라 부른다. 이런 점에서 이해는 그 본질에 있어서 영향사적 과정이다.

가다머는 하이데거와 마찬가지로 이해를 "존재 자체"의 텍스트와 해석자 사이의 상호관계 및 상호규정의 관계를 의미하였다. 즉 텍스트와 해석자 간의 매개의 종합을 통해 인간실존의 구조로서 역사 자체가 활짝 열려진다는 것이다. 따라서 영향사적 과정은 이해의 일반적 구조가 세워질 때 근원적 현상으로서 이해를 해명할 수 있는 계기를 마련하게 된다. 가다머는 해석학을 이해의 역사성으로 파악하였기 때문에 어떻게 존재론적 제동(Ontologische Hemmung)으로부터 해방되어 이해의 역사성에 부응할 수 있는가를 문제 삼는다. 그래서 그는 이해의 역사성을 두 가지 의미로서 파악하고,

역사를 이해하고자 한다. 하나는 역사적 과거의 사실과 전승된 텍스트의 의미연관(Sinnzusammenhang)을 이해하는 것이며, 다른 하나는 우리의 이해 자체가 하나의 역사적 사건으로 일어나는 것을 파악하는 것이다.[29]

가다머는 앞에서 살펴보았듯이, 이해의 역사성에 대해 하이데거가 현상학적 존재론으로 해석한 "이해의 선구조(Vorstruktur des Verstehens)"에 대한 해명을 시도한다. 즉 가다머의 이해의 역사성은 딜타이, 하이데거 그리고 불트만의 이해의 개념을 새롭게 수용하였고, 계몽주의 시대 이후로 그다지 누리지 못한 선입견의 개념을 복권시켰다. 여기서 선입견은 역사이해의 중요한 요소로 작용한다. 특히 가다머는 그 이전 철학자들의 해석학적 순환구조(Hermeneutischer Zirkel)와 관련시켜 받아들였고, 불트만의 "전이해(Vorverstandnis)"[30] 개념을 강조하여 해석학적 원리로 고양시킨다. 그리고 가다머는 하이데거가 『존재와 시간』(1927)에서 밝혔던 이해의 선구조를 구체화시키고 불트만(Roudolf Bultmann)의 실존론적 해석을 가능하게 한 전이해의 질문(Fraglichkeit)을 통해 선입견(Vorurteil)이라는 개념을 확장시킨다.

이런 개념으로부터 가다머는 '선입견 및 편견의 근대 철학적 뿌

29) H.-G. Gadamer, *WM.*, 250쪽.

30) 불트만에게 있어서 전이해의 개념은 해석학에 자주 등장하는 중요한 개념이다. 전이해라는 개념은 의식되지 않은 지식(nichtwissendes)으로 표현된다. 전이해의 근거로서, 문제설정과 해석 자체의 가능성을 이해할 수 있다. "텍스트에 대한 모든 이해는 물음의 방향(Woraufhin)에 의해 인도된다. 이것은 질문되어진 내용에 대한 전이해를 전제로 한다. 이해는 저자와 해석자가 질문되어진 대상에 대해 삶의 관계를 가질 때 가능하다"(Rudolf Bultman, "Das Problem der Hermeneutik", in: *Glaube und Verstehen*, Ⅱ, Tübingen, 1967, 211-235쪽).

리'를[31] 근대 주체철학에서 찾는다. 가다머의 해석학적 기획이 목표하는 바는 계몽주의의 선입견에 대한 극단적 비판을 수정할 뿐만 아니라, 자신의 고유한 선입견이론을 정당화하고자 한 것이다. 그의 이론은 "모든 이해에 전제되어 있듯이, 선입견의 생산적 의미"[32]를 정당화하고자 하는 것이다. 일상적 의미로 선입견은 언제나 참다운 이해를 하는 데 있어서 장애물로 작용한다. 가다머가 이러한 선입견의 개념을 사용하게 된 배경은 18세기 계몽주의 전통과 밀접한 관계를 맺고 있다. 가다머는 계몽주의적 선입견 비판을 "선입견 일반에 대한 선입견"으로 규정한다. 가다머의 관점에서 계몽주의적 선입견비판이 이성의 인식을 방해하는 부당한 선입견만을 문제 삼은 것이 아니라, '선입견 일반'을 비판과 제거의 대상으로 여김으로써 적법한 선입견으로 평가받아야 하는 전승과 권위까지도 무력화시켰기 때문이다.

가다머는 계몽주의적 전통 속에서 종종 나타난 이성과 선입견(Vorurteil),[33] 자유와 권위 개념 등을 고찰하여 모든 이해는 선입견에 의한 것이라 본다. 계몽주의에 있어서 권위는 이성과는 대립적

31) 계몽주의 철학 이상의 "편견 일반의 편견"에 대한 비판은 애덤 샌델, 『편견이란 무엇인가』, 이재석 옮김, 서울: 와이즈베리, 2015, 47-110쪽 참조; 이희용, 「편견에 대한 해석학적 성찰」, 『현대유럽철학연구』, 제52집, 한국유럽철학회, 2019, 161-171쪽 참조.

32) Hans-Georg, Gadamer, *Wahrheit und Method*, Ergänzungen Register, Tübingen, 1986, p.434.

33) 영어번역 prejudice은 배타적이고 경멸적인 의미를 지닌 부정적인 것이 강하게 내포하고 있으나 독일어 Vorurteil은 긍정적이고 적극적인 의미를 부여하였다. 영어의 Prejudece나 우리말 선입견은 모두 부정적인 의미를 내포하고 있다. 선입견은 역사적 인식을 방해하는 우연적이거나 주관적이라는 부정적 의미로 간주하지 않고, 역사적 이해의 과정을 인도할 수 있는 적극적 가치로 복권되어야 한다(H.-G. Gadamer, *WM.*, 225쪽).

인 것으로서 부정적으로 인식되었다. 이러한 권위의 개념은 이성이나 자유와는 정반대되는 개념으로서 맹목적인 복종을 의미하였다. 가다머의 입장에서 계몽주의는 권위에 대한 이해의 부정적 개념을 명예 회복시키고자 하였다.[34]

그에게 있어서 권위는 억압이나 복종을 의미하지 않고, 오히려 이것을 인정하면서 이성이나 인식과 같은 종류의 가치를 일컬었다. 다시 말해 전통과 이성은 서로 대립적인 것이 아니며 자유나 역사의 계기를 정립하는 근거가 된다.[35] 따라서 가다머는 계몽주의에서 거부한 전통과 권위, 선입견 등을 역사적 이해의 조건으로 복권시키고자 하였다.[36] 그가 이러한 요소를 복권시키고자 하는 의도는 역사적 이해를 어떻게 적용할 것인가의 문제와 밀접히 관련된다. 이런 관점에서 그는 이해의 역사성을 선입견의 개념으로서 분석하였다.

가다머의 선입견에 대한 이러한 논의는 각 개인에 따라 다양하게 나타난다. 그 이유는 가다머의 선입견 주장에서 보여주고 있는 열린 태도, 개방적 자세로 텍스트와 마주하기를 요청하기 때문이다. 그에 따르면 인간은 누구나 선입견을 갖고 있으며 인식의 한계와 존재의 역사성이 그 원인이다. 신념화된 특정한 이념을 추종하는 사람이나 소유자들이 반대의 신념을 이론화한 텍스트를 읽을 경우, 선입견은 '이해'를 하는 데 있어서 불가능하게까지 한다. 예컨대 진보주의자가 확증된 편향을 갖고 있으면서 막스 베버의 사

34) H.-G. Gadamer, *WM.*, 261-269쪽.

35) H.-G. Gadamer, *WM.*, 263쪽.

36) H.-G. Gadamer, *WM.*, 266쪽.

회학을 읽는다거나, 현대 민주주의자가 플라톤의 국가론이나 아리스토텔레스의 정치학을 현재의 의식과 눈으로 읽는다면, 그것 역시 역사성을 이해하는 데 방해되는 "편파성에 의한 선입견"37)으로 지속해서 작용한다. 마찬가지로 무조건적으로 새로운 것을 선호하

37) H.-G. Gadamer, *WM*, 283쪽.

는 "경솔함에서 오는 선입견"[38] 역시도 이해를 방해한다.

가다머는 "이해의 모든 과정이 본질상 선입견을 수반할 수밖에"[39] 없지만, "올바른 이해로 인도하는 진정한 선입견과 잘못된 이해를 유발하는 그릇된 선입견을 구별"[40]한다. 선입견의 문제로 인한 이해의 난점을 해결하기 위해서 가다머는 '텍스트가 말하게 하라'고 한다. "텍스트를 이해하려는 사람은 텍스트 스스로가 어떤 것을 말하도록 놔두어야 한다"[41]는 것이다. 같은 차원에서 그는 "이해의 첫걸음이 그 무엇인가가 우리에게 말을 걸어오는 데서 시작"[42]된다고 말한다. 결국 그의 주장은 선입견의 유보나 배제하는 열린 태도가 이해의 첫걸음이라는 것이다. 그런데 가다머는 온전한 이해를 위해 그릇된 선입견만이 아니라 근거 없는 공상, 협소한 사고방식의 제거를 제안한다.[43] 이것이 그가 말하는 이해의 전제조건이며 텍스트를 제대로 이해하기 위해 '사태 자체'에 초점을 맞추는 행위이다.

따라서 가다머는 선입견을 다음과 같이 두 종류로 나누었다. 하나는 이해를 가능하게 하는 선입견이며, 다른 하나는 이해를 방해하며 오해를 유발하는 선입견이다.[44] 여기서 이해의 역사성은 참

38) H.-G. Gadamer, *WM*, 282쪽.

39) H.-G. Gadamer, *WM*, 274쪽.

40) H.-G. Gadamer, *WM*, 304쪽. 가다머에게 선입견 자체가 부정적인 것은 아니다. 선입견 이해를 위한 부정적 의미를 수반하기도 함을 그는 역설 했으며 그런 의미에서 그의 철학적 해석학의 주요과제 중에 하나는 계몽주의적 전통에서 폄하된 선입견과 권위 개념을 복권시키는 것이었다.

41) H.-G. Gadamer, *WM*,, 273쪽.

42) H.-G. Gadamer, *WM*,, 304쪽.

43) H.-G. Gadamer, *WM*,, 302쪽.

44) H.-G. Gadamer, *WM*., 279쪽.

된 선입견과 그릇된 선입견을 구분하는 문제점이 제기되는데, 이런 문제해명의 실마리를 쥐고 있는 해석학적 조건은 시간간격(Zeitenabstand)의 개념이다. 시간간격은 다음과 같이 이해의 역사성을 밝혀내는 것을 목적으로 한다.

> "시간의 간격을 이해의 긍정적이고 생산적인 가능성으로서 인식하는 것이 중요하다. 그것은 벌어져 있는 심연(Abgrund)이 아니라 오히려 우리에게 기원과 전통의 연속성(Kontinuität des Herkommen und Traditiom)에 의해서 채워지고, 연속성의 빛 속에서 모든 전승을 우리에게 전해 준다."[45]

위의 인용문에서 가다머가 주장하는 이해의 역사성은 시간간격을 과거와 현재로 분리된 극복되어야 할 심연(深淵)으로 간주하지 않고 서로 연속적인 매개로 이해하였다. 즉 시간간격은 역사적 이해 속에서 역사적 지평을 열어 주며, 전통의 흐름 속에서 과거와 현재를 변증법적으로 결합하는 역사적 계기로서 참여한다. 여기서 역사적 이해의 개념은 과거와 현재가 끊임없이 매개되어 가고 있는 전통 속에서 정립된다.[46]

가다머가 강조하고자 하는 점은 해석학적으로 훈련된 의식을 통해서 텍스트를 이해하여 역사를 올바르게 이해하는 것이다. 거기서 그는 참된 선입견과 그릇된 선입견을 구분한다. 그래서 가다머는 이해에 작용하는 선입견으로서의 역사를 영향사(Wirkungsgeschichte)로 표현한다. 이러한 영향사의 분석을 통해서 영향사의 구조적 성

45) H.-G. Gadamer, *WM.*, 281쪽.
46) H.-G. Gadamer, *WM.*, 274-275쪽.

격을 밝혀낸다. 즉 그는 해석학적 상황에 대한 인식과 그 특징을 이루는 지평, 해석자와 텍스트와의 대화관계, 물음과 대답의 변증법, 전통의 개방성 등을 규명하였다. 그리고 가다머는 이해의 역사성에 대해 영향사적 원리를 "적용(Anwendung)의 개념"[47]으로 연결시켜서 설명한다. 가다머는 이해는 언제나 이미 적용이며 적용은 또 해석이다. 그렇기 때문에 이해는 언제나 적용이자 해석이라 말할 수 있다. 적용은 모든 이해를 종합하는 계기이다. 적용과 해석은 분리할 수 없는 하나의 일이다. 우리가 무엇을 이해한다는 것은 단지 지식적 차원에서 머리로 아는 것이 아니라 나의 전체가 그것을 내 안에 적용시키면서 있는 것이다. 다시 말해 사람은 모든 것을 그렇게 이성적으로 의지를 발하여 행위하며 있는 것이 아니라 나보다 앞서 있는 전통이나 관습까지도 의식하든, 의식하지 못하든 간에 하나로 이해하면서 적용하며 해석하는 것이다.[48] 따라서 이해와 적용과 해석은 앎에 관여하는 것이 아니라 존재를 생성해 나오는 삶의 일이다. 적용, 바로 이것이 가다머 해석학의 커다란 특징이다.[49] 여기서 적용의 개념은 텍스트의 의미를 현재와 관련하여 해석하는 기능을 의미한다. 먼저 적용의 원리는 신학해석학과 법률해석학의 실례(實例)에서 나타난다.

하지만 이러한 해석학의 경우에서 일반적인 방식으로 텍스트를

47) 가다머는 "우리가 무엇을 알고 난 이후에 선별적으로 적용할 수 있다는 입장"에서 적용을 Applikation이라 표기한다. 자신이 말하려는 적용, 즉 모든 것이 하나로 있다는 의미에서의 적용은 Anwendung으로 구별해서 사용한다.

48) H.-G. Gadamer, *WM.*, 291쪽.

49) 박남희, 「실현의 진리를 찾아 나선 한스 게오르그 가다머」, 철학아카데미, 『처음 읽는 독일 현대철학』, 동녘, 2014, 296-297쪽.

이해하고 설명하는 방식은 충분하다고 말할 수는 없으나, 어떤 방식으로든지 텍스트가 현재의 조건과 관계하고 있는가를 명확하게 밝혀야 한다고 팔머(Richard E. Palmer)는 말한다.[50] 즉 팔머는 법률해석학과 신학해석학은 해석의 과제를 낯선 세계로 들어가려는 것을 텍스트와 현재 상황 간의 거리를 통해 극복하려는 노력으로 본다. 이러한 해석학은 텍스트가 지닌 과거의 지평을 현재의 지평과 연결시켜 의미하는 바가 무엇인지 설명해야 한다.[51] 바꾸어 말하면 텍스트를 이해한다는 것은 항상 텍스트를 적용하는 것을 의미한다.[52] 적용의 의미는 모든 이해의 형식 속에 있으며, 그것은 향후에 적용하는 것이 아니라 주어진 텍스트를 우리와 함께하여 일반적인 현실적 이해에 적용되어지는 것을 말한다. 그렇게 될 때 이해는 현실의 방식으로서 증명되고 그러한 영향으로 나타난다.[53] 여기서 가다머는 영향사적 의식을 이해의 역사성의 관점으로 분석하였고 영향사의 맥락에서 해석자는 자신이 고유한 상황에 처해 있음을 알게 된다고 하였다. 이렇게 가다머의 해석학은 자기상황에서 영향사로부터 이끌어 낸 선입견을 통해 전통을 이해한다.

그렇게 볼 때 전통은 이성에서 작용할 수 있는 기반과 역사적 이해를 제공해 준다. 이런 점에서 권위와 전통은 계몽주의 시대 이후로 누리지 못한 지위를 되찾게 된다는 점에서 중요한 역할을 한다.

---

50) Richard E. Palmer, *Hermeneutics, Interpretation Theory in Schleiermacr, Dilthey, Heidegger, Gadamer*, Northwestern University, 1969, 186-187쪽.

51) Richard E. Palmer, 앞의 책, 188쪽.

52) H.-G. Gadamer, *WM.*, 291쪽.

53) H.-G. Gadamer, *WM.*, 323쪽.

5. 영향사적 의식

이해의 역사성에 대한 가다머의 실례(實例)는 영향사적 의식이라는 개념이다. 작품의 작자나 독자는 똑같이 그 시대의 역사적 제약 속에 놓여 있다. 즉 가다머의 관점에서 모두가 영향사라는 작용에 의존해 있다는 것이다. 예를 들어 우리가 어떤 특정한 시대의 작품을 이해하고자 한다면, 작품의 저자나 이해자가 모두 어떤 역사적인 영향에서 글을 쓰고 글을 이해하기 때문에, 지금 우리가 가진 역사적인 지평을 포기하지 않은 상태에서 작품의 역사적 지평과 우리의 지평이 어우러져서 작품을 이해한다. 따라서 우리가 작품을 순수하게 이해할 수 없을 뿐만 아니라 그렇게 하는 것이 우리에게 아무런 의미가 없다는 것이다. 괴테의 파우스트가 가진 역사적 지평과 지금 우리가 그것을 읽고 이해하는 역사적 지평과는 사뭇 다르다. 괴테를 이해한다는 것은 그의 지평과 나의 지평이 만나는 것이다.

그리고 이러한 역사적인 작용을 가다머는 영향사라 부른다. 우리는 영향사에 대한 의식을 역사의식과 다르게 규정한다. 우리가 역사의식을 소유할 수는 있지만, 그것은 영향사적 역사의 과정 속에서 작용하고 있으며, 역사를 통해서 규정되고 있는 의식이다.[54] 하지만 이해란 역사적인 작용자의 정신 속으로 자신을 몰입해 들어가거나 전통의 연관 속으로 빠져 들어가는 것만은 아니다. 왜냐하면 해석학은 타자의 역사적 대상 속에서 자기 자신을 인식하는

54) 박순영, 「해석학의 현대적 위상」, 엄정식 외, 『현대철학 특강』, 철학과현실사, 1998, 120-121쪽.

이해이론이기 때문이다. 과거의 증거가 역사적인 현존재에 대해 단지 의미를 가질 경우에 자신의 고유한 존재가능성의 의미지평을 기획하는 것이다.[55]

가다머는 희랍의 플라톤과 아리스토텔레스의 변증법에서 그의 철학적 해석학의 모형을 찾았다. 특히 가다머는 플라톤의 변증법에서 이해하고 있는 담화(Dialog-Gespräch)를 텍스트와 해석자의 관계로 연결시킨다. 그리고 헤겔을 희랍적 사고(思考)의 재현으로 파악하고 헤겔의 변증법을 자신의 철학에서 없어서는 안 되는 요소로 간주하였다.[56] 가다머의 변증법은 소크라테스-플라톤적 변증법이며 "질문과 진리추구의 기술(Kunst des Fragens und des Suchens der Wahrheit)"에 대한 변증법이다.[57] 대화를 이끄는 기술로서의 변증법은 어떤 양식의 통일성이라는 관점에서 사물을 보는 기술이다. 즉 그것은 공통된 의견을 추출해 내는 형식의 기술이다. 이것은 대화의 형식 속에서 문답의 과정을 통해 의미의 소통이 수행된다. 가다머는 이러한 변증법의 형식을 문헌적 전승과 관련시켜 의사소통의 기술적인 작업이라 본다. 이 형식을 그는 해석학의 과제로 파악한다.[58] 무엇보다 이러한 과제는 "텍스트와의 대화에서 나온다(In-das-Gespräch-kommen mit dem Text). 그래서 문헌적 전승은 그것이 처해 있는 대상과 대화라는 살아 있는 현재로 불려오게 된다."[59]

55) H.-G. Gadamer, *WM.*, 288-289쪽.

56) H.-G. Gadamer, *WM.*, 436쪽. 가다머는 헤겔이 의식적으로 희랍의 변증법의 모델을 수용하였고, 누구든 희랍사상을 배우려는 자는 먼저 헤겔에게서부터 먼저 배워야 한다고 말한다. 또한 헤겔뿐만 아니라 파르메니데스(Parmenides)의 존재의 진리를 중요한 것으로 간주하였다(H.-G. Gadamer, *WM.*, 436쪽).

57) H.-G. Gadamer, *WM.*, 349쪽.

58) H.-G. Gadamer, *WM.*, 350쪽.

이런 관점에서 가다머의 영향사적 해석학이 제시하는 원초적인 관심은 문헌학적인 이해의 작업에서 시작되었고, 문헌학적인 보조도구에 지나지 않았던 이론은 보편적인 철학적 과제로 전개해 가게 된다.[60] 문헌학적인 이해에서 시작된 해석학은 과거와 현재에도 활발히 작용하는 역사로 진행하게 되며, 거기서 영향사적 의식을 만나게 된다.

가다머에 있어서 영향사적 의식이란 인간의 의식이 반성적 사유를 통하여 전통과 선입견을 넘어설 수 있는 자유로운 의식이 아니라, 역사적 전통의 영향 아래서 사유하는 구체적인 의식을 뜻한다. 그것은 영향사와 자신의 역사성까지 의식하는 의식의 영향사 속에서 형성되고 활동하며 이미 그 안에 속해 있는 의식을 말한다.[61] 즉 이해에서 자신의 고유한 역사성을 함께 성찰하는 의식을 가다머는 영향사적 의식이라 부른다. 따라서 영향사적 의식은 그 내용이 항상 두 계기가 된다. 그 하나는 역사적 연결점이고, 다른 하나는 개인적 상황이다. 영향사적 의식은 역사로부터 자극을 받는 동시에 이 자극에 대한 의식이다. 그는 영향사적 의식을 다음과 같이 말한다.

> "우리는 항상 역사 한가운데에 있다. 우리 자신은 계속해서 굴러가는 사슬의 한 부분에 지나지 않는다. 우리는 매 순간 이렇게 과거로부터 우리에게 오는 것, 즉 전수되는 것과 더불어 우리를 이해할 수 있는 가능성 속에 존재한다. 나는 그것을 영향사적 의식이라 부른다."[62]

59) H.-G. Gadamer, *WM.*, 350쪽.
60) H.-G. Gadamer, *WM.*, 284쪽.
61) H.-G. Gadamer, *WM.*, 183쪽.

위 인용문에서 보듯이, 영향사적 의식은 역사의 진행과정에서 작용하고 있으며, 역사를 통해서 규정되고 있는 의식이다. 그리고 영향사적 의식은 인간이 소유하고 있는 의식이 아니라 그 작용을 우리가 느끼고 그것을 인정할 수밖에 없는 의식이다. 따라서 해석학은 타자의 역사적 대상 속에서 자기자신을 인식하는 이론으로 이해된다. 이런 점에서 가다머는 작가가 그 자신을 이해하는 것보다 이해하는 사람이 작가를 결코 더 잘 이해할 수 없다는 것이 아니라 작가가 각기 다르게 이해될 수 있다는 데에 있다. 따라서 가다머가 주장하는 해석학적 의식은 인간 의식의 유한성을 의미한다.[63] 이러한 영향사적 의식은 영향사라는 개념과 연관된다. 영향사란 이해에 작용하는 선입견으로의 역사를 일컫는다. 이 개념은 이해의 정확한 의미를 함축하고 있으며, 그러한 이해는 그 본질에 있어 영향사의 과정 속에 있다. 이러한 영향사는 "역사주의"[64]라는 전통개념에 대한 해석학적 반성에서 유래하며, 역사주의의 한계는 무반성(無反省)에서 찾는다.[65]

그러므로 영향사적 의식은 역사를 연구하고 인식하려는 우리의 의식이 과거의 역사적 전통으로부터 초월하여 존재하는 것이 아니라 지속적으로 작용을 하거나 그 영향 아래에서 존재한다.

62) H.-G. Gadamer, *WM.*, 183쪽.

63) H.-G. Gadamer, *WM.*, 275-276쪽.

64) 역사주의는 과거의 문화적 전통을 역사적 특수성에 따라서 객관적으로 인식하려는 태도이다. 특히 가다머는 역사를 현재의 매개와 관련하여 드로이젠(Droysen)의 역사이론과 해석학의 관계를 언급하고 있다. 드로이젠은 랑케(Ranke), 칸트(Kant), 훔볼트(Wilhelm von Humboldt)의 전통을 이어받은 해석학적 역사이론가이며 가다머의 지평융합과 일치하는 관점을 갖고 있다(H.-G. Gadamer, *WM.*, 199-205쪽).

65) Richard E. Palmer, 앞의 책, 191-193쪽.

가다머는 영향사적 의식을 해석학적 상황에 대한 의식이라 말한다. 여기서 해석학적 상황은 이해해야 할 전승의 상황이다. 그런데 상황이란 대상화될 수 있는 것이 아니라, 우리가 그곳에 처해 있는 입장이기 때문에 어떤 구체적 인식의 대상은 아니다. 다시 말하면 해석학적 상황은 우리가 이해하려는 전통에 대한 우리 자신이 처해 있는 상황을 이해하는 것이다. 모든 반성과 마찬가지로 영향사적 의식도 인간의 구조이기 때문에, 역사적 전승도 현재의 삶과 긴밀히 매개되어야 한다.[66] 이러한 가다머의 영향사적 의식구조는 헤겔적인 반성의 변증법(die Dialektik der Reflexion) 안에서 이성의 자기매체(Selbstvermittlung)라는 부분에 의해 형성된다. 헤겔의 정신철학은 역사와 현재로부터 전적인 매개로 수행될 것을 요구한다.[67] 헤겔의 매개(Vermittelung) 개념은 가다머의 영향사이론에 결정적인 출발점이 된다.

그러나 근본적으로 "매개"[68]에 대한 헤겔과 가다머의 이해는 서로 다르게 나타난다. 헤겔에게 있어서 매개는 반성의 영역 안에서 수행되는 절대이성의 자기매개현상을 일컫는다.[69] 그러나 가다머 입장에서 매개는 역사적인 매개이며 과거와 현재의 지평융합(Horizontverschmelzung)을 형성하는 것이다.[70] 즉 가다머는 매개를

66) H.-G. Gadamer, *WM.*, 323쪽.

67) H.-G. Gadamer, *WM.*, 328쪽.

68) 가다머의 영향사이론에서 매개는 두 가지로 나타난다. 하나는 원초적으로 텍스트가 속한 영향사이며, 다른 하나는 해석자의 현재적 관심에 속하는 영향사이다(박순영, 「Gadamer의 해석학과 정신과학의 방법론」, 『철학』, 제24집, 한국학회, 1987. 9쪽).

69) H.-G. Gadamer, *WM.*, 328쪽.

70) H.-G. Gadamer, *WM.*, 289, 356쪽.

통한 영향사적 의식의 분석을 이해와 역사의 관계로 해명하면서, 과거와 현재의 지평융합이라는 이해과정을 헤겔의 변증법적 반성 철학에서 그 모델을 찾는다.[71] 여기서 가다머는 이해의 구조와 전통의 연관성을 설명하기 위해 지평이라는 개념을 적용한다. 지평은 활짝 열려질 수 있으며, 우리와 함께 움직이는 그 무엇이다. 그에게 있어서 지평은 하나의 관점이며, 정확히 정의할 수 있는 개념은 아니다.

역사적 의식이 과거의 것을 대상으로 삼는다면, 이 역사의식은 전승된 것과 거리를 두게 된다. 즉 과거의 지평과 내가 속한 지평은 간격을 가질 수 있다. 두 지평은 지속하는 전통 속에서 동일한 것이라 할 수 있지만, 서로 분리된 지평이 만날 수 있어야 한다. 이 두 지평은 영향사적 의식 속에서 지평융합을 이룬다.[72] 따라서 가다머의 지평융합은 두 지평의 혼합이 아니라 영향사 의식에 의하여 자신이 역사적으로 제약되어 있다는 의식이다.

6. 해석학적 경험의 매체

가다머에게 있어서 영향사적 의식의 역사이해는 언어를 통해 잘 나타난다. 여기서 언어는 해석학적 경험의 매체가 되며, 이해의 문제를 불러일으킨다. 따라서 언어의 문제는 가다머 해석학의 중심 논제로 등장한다. 그는 언어에 대한 관심을 초기의 하이데거의 실

71) H.-G. Gadamer, *WM*., 327쪽.
72) H.-G. Gadamer, *WM*., 448쪽.

존론적 해석학의 극복을 위해 언어의 보편성에 대한 이론을 전개한다. 즉 그는 『진리와 방법』의 제3부에서 언어를 근거로 하여 해석학의 존재론을 다루었다.[73] 가다머는 언어와 존재의 관계를 해석학적 단서로 파악한다. 즉 언어의 문제는 하이데거가 주장하는 "언어는 존재의 집"[74]이라는 문장과 가다머 자신이 "존재는 진리의 집이다"[75]라고 언급한 명제에서 잘 나타난다. 가다머의 언어 이론의 가장 근본적인 특성은 언어의 본질에 대해 "기호이론(Zeichentheorie)"[76]을 거부하는 데 있다. 즉 그는 언어의 형식과 도구적 기능에 기초하고 있는 기호이론에 반대한다. 기호이론은 언어가 사유를 전달하는 데 필요한 인간의 도구로 여기고, 명확히 사유되거나 정의된 것을 표시하기 위한 도구로 본다. 가다머는 언어는 도구가 아니라 살아 있는 로고스이며 우리들이 거기에 참여하는 것이라고 말한다.[77]

가다머에 있어서 언어는 비도구적 성격이며, 이해와 더불어 포괄적인 현상이다. 즉 그는 언어를 도구가 아니라 하나의 매개로 파악한다.[78] 따라서 가다머는 언어의 본질을 사유와 언어, 그리고 이

73) H.-G. Gadamer, *WM.*, 361-465쪽.

74) M. Heidegger. *Über den Humanismus*, Frankfurt. a. M., 1947, 5쪽.

75) M. Heidegger, 앞의 책, 9쪽.

76) 기호이론은 구조주의에서 언어학적으로 많은 연구가 있었고 데리다를 비롯한 해체주의에서 활발한 논의가 진행되어 왔다. 소쉬르는 그의 주저 『일반언어학강의』에서 기호의 구조주의라는 말을 처음으로 사용하였고 기호를 Signfiant(기표)와 Signifie(기의)의 결합이라 보았다(J. Bleicher, *Contemporary Hermeneutics, hermeneutics as method, philosophy and Critics*, London, 1980, 222-227쪽).

77) H.-G. Gadamer, *WM.*, 410쪽.

78) H.-G. Gadamer, "Mensch und Sprache", in: *Kleine Schriften*, I, Tübingen, 1967, 95-96쪽.

해의 통일 속에서 찾는다. 즉 "모든 이해는 해석이며, 해석은 그 대상이 단어에서 나오며, 언어의 매체에서 전개된다."[79] 따라서 언어는 대화를 통해 다음과 같이 전개된다.

> "대화 속에서 언어는 모든 것을 이해하고, 사유의 과정 속에서 진행된다. 언어는 해석을 통해 나타날 수 있기 때문에 우리가 언어를 내용적으로 전승하는 것을 외면하고 형식적으로 사유한다면 언어의 의미가 아주 빈약하게 되어 버릴 수 있다. 언어는 진정으로 언어가 존재하려는 방식의 길로 나아가야 한다."[80]

이렇듯 가다머는 언어를 해석학의 중요한 요소로서 간주한다. 언어는 단지 도구가 아니라 세계와의 관계에서 파악한다. 하지만 언어는 세계와 매개하는 단순한 수단은 아니다. 다시 말해 언어는 단순히 도구가 아니며, 우리 자신과 세계에 대한 지식을 얻고자 하는 데 있다.[81] 그러므로 가다머는 언어를 세계[82]와의 관계 속에서 파악한다. 언어는 인간존재의 중심이며 그 언어 속에서 "나"와 "세계"가 함께 한다.[83] 따라서 언어를 이해하는 것은 그 언어가 속한 상황이나 세계에 관계하는 것이며, 이것은 세계와 언어를 동시에 갖는 것이다.

---

79) H.-G. Gadamer, *WM.*, 366쪽.

80) H.-G. Gadamer, *Mensch und Sprache*, 95쪽.

81) 가다머에 있어서 세계는 환경(Umwelt)과 같은 것이 아니다. 환경은 동물도 갖고 있으나 세계는 인간만이 갖고 있다. 동물이 세계를 갖지 못하는 것은 언어를 갖고 있지 않기 때문이다. 동물이 언어를 갖고 있다고 주장하는 것은 언어를 부호로 보는 도구주의적 견해이다. 그래서 인간만이 언어를 갖고 있고 언어를 통해서 세계를 갖고 있는 것이다(H.-G. Gadamer, *WM.*, 419-421쪽 참조).

82) H.-G. Gadamer, *WM.*, 419쪽.

83) H.-G. Gadamer, *WM.*, 419쪽.

"세계는 언어로 이해할 때 세계를 이해할 수 있으며, 언어를 통해서 세계를 형성한다. 따라서 언어는 동시에 세계-내-존재(In-der Welt-Sein)를 의미한다."[84]

"언어를 통해서 나올 수 없는 것은 본질상 이해할 수 없으며, 언어로 듣는 매개에 접근할 수 없는 것은 존재하지 않는다."[85]

이러한 세계와 언어사이의 관계는 현존재의 이해에 근거하기 때문에 개시성(開示性)에 의해 언어를 이해한다. 이런 점에서 가다머는 "이해될 수 있는 존재는 언어이다(das Sein, das Verstanden werden kann, ist die Sprache)"[86]라 말한다. 이는 언어존재론을 해석학적 존재론의 특성으로 드러내고자 하는 것이다. 여기서 가다머는 언어 특유의 객관성을 찾아내며, 언어가 속한 세계에서 상호주관적인 세계를 나타내고자 했다.[87] 무엇보다 가다머에 있어서 언어는 세계와의 관련 속에서 존재를 드러내는 힘이다.[88] 즉 언어는 시간과 공간을 초월한 상호주관적인 언어세계로서 나타난다. 다시 말해 언어와 세계 사이의 관계는 해석학적 경험이론과 전승과의 관계에서 드러난다. 해석학적 경험이론은 전승(Übderlieferung)에 관계된 경험이며, 언어에서 전승된 언어는 해석학적 경험이론과 분리되어 생각할 수 없다.[89] 요컨대 전승 속에서 설명된 세계는 언어로 파악된 세계이다.[90]

84) H.-G. Gadamer, *WM.*, 419쪽.
85) H.-G. Gadamer, *WM.*, 438쪽.
86) H.-G. Gadamer, *WM.*, 450쪽.
87) H.-G. Gadamer, *WM.*, 423쪽.
88) H.-G. Gadamer, *WM.*, 419쪽.
89) H.-G. Gadamer, *WM.*, 417쪽.

가다머에 의하면, 전승은 우리가 경험을 통해 인식하는 것이 아니고 나와 너의 대화를 모델로 삼아야 한다고 말한다. 대화 속에서 너는 대상(Gegenstand)이 아니며, 우리 자신과 관계한다. 너라는 경험대상은 서로 타자에 대한 경험을 갖고 있기에 언어를 매체로 한 해석학적 경험의 특징을 갖는다.91) 우리 자신이나 전승된 텍스트가 언어에 속해 있을 때 공통적인 지평이 가능해진다. 이러한 점에서 인간은 언어에 대한 귀속성(Zugehörigkeit)을 갖고 있으며, 언어는 해석학적 경험의 중요한 의미를 지닌다.92) 그러므로 언어의 귀속성은 해석학적 경험의 실재근거가 되며, "언어를 통해서 듣는 것(das Hören Mittels der Sprache)"을 의미한다. 가다머는 '보는 것'보다 '듣는 것'을 더 강조하면서 언어를 통해서 들리지 않는 것은 어떤 것도 없다고 주장한다. 왜냐하면 '들음'으로써 우리가 속한 세계인 로고스(Logos)에 접근할 수 있기 때문이다.93)

가다머는, 해석학적 경험이 언어의 수행방식으로 이루어졌다는 점에서 해석자 사이에 대화가 일어나고 있음을 강조한다. 가다머에게 있어서 언어는 단지 실제적인 대화 및 담화(Dialog), 즉 묻고 답하는 것, 그리고 가장 내면적인 진리에 대한 답변을 포괄한다.94) 이러한 이유로 인해 그는 언어의 본질을 대화에서 찾는다. 대화는 상호이해(Verständigung)의 과정이고, 우리가 다른 사람 안에 들어가

90) H.-G. Gadamer, *WM.*, 423쪽.
91) H.-G. Gadamer, *WM.*, 343쪽.
92) H.-G. Gadamer, *WM.*, 436-438쪽.
93) H.-G. Gadamer, *WM.*, 438쪽.
94) Damir Barbarić, "Zur Sprachauffassung H.-G. Gadamers", in: *Internationale Zeitschrift für Philosophie*, Heft. 2, 1996, 230쪽.

상대편의 관점을 타당하게 여길 때 진정한 대화가 성립하게 된다. 대화가 서로 성립하기 위해서는 타인을 개별적인 존재(Individualität)로 이해하지 않고, 상대방이 말한 것을 이해하며 그가 생각한 것을 파악한 이후에 그 의미가 무엇인가를 찾아내어 합의를 이루어야 한다.[95] 그렇게 될 때 언어는 대화 상대자 사이에 합의가 이루어지는 중심역할을 하게 된다.[96]

하지만 대화는 무한정 진행될 수 있기 때문에 언어를 통해서 진리를 파악하는 것이 그렇게 간단하지 않다. 여기서 가다머는 언어의 고유한 사변적 구조(spekulative Struktur)에 대해 언급한다. 언어는 그 자체가 사변적 구조를 갖고 있으며, 그 구조 속에서 언어의 특성이 나타난다. 이러한 언어의 사변적 구조는 언어의 유한성을 사실 자체로 표현하는 무한한 과정에서 진행된다.[97] 가다머에 의하면, 진정한 대화는 단지 상대방의 "말한 것"에 의해서가 아니라 "이야기(die Rede)"를 통해서 서로를 이해시킬 때 일치감을 형성한다고 본다. 특히 이러한 현상은 시적(詩的) 진술에서 두드러지게 나타난다. 그는 다음과 같이 "시어(dichterische Wort)"[98]들을 일상생활 속에서 파악한다.

> "일상적 생활에서의 대화와 마찬가지로 (시적) 단어들은 사변적이다. 말하는 자는 말 속에서 존재와의 관계를 언어로 표현한다."[99]

---

95) H.-G. Gadamer, *WM.*, 363쪽.
96) H.-G. Gadamer, *WM.*, 361쪽.
97) H.-G. Gadamer, *WM.*, 444쪽.
98) H.-G. Gadamer, *WM.*, 445쪽.
99) H.-G. Gadamer, *WM.*, 445쪽.

"다른 말로 표현한다면, 시적인 단어는 어떤 대상과의 고유한 관계에서 진행될 때 사변적으로 나타난다."[100]

위 인용문에서 시적인 언어는 사변성의 구조로서 해석학적 경험을 할 수 있는 공통적인 특징이며, 이는 "보편적 - 존재론적인 구조"[101]를 갖는다. 여기서 해석학적 존재론의 명제가 성립되며 해석학적 경험이론을 완성시키는 결정적인 단서가 된다. 결국 가다머가 해석학의 보편성을 주장할 수 있었던 것은 인간과 세계의 근본관계를 언어의 이해로 파악하였기 때문이다.[102] 그것은 언어가 이해와 연관되어 있다는 것이며, 이러한 연관 속에서 이해는 언어 속에서 의사소통되고 있는 의미 파악을 가능하게 한다. 가다머의 해석학적 존재론은 언어의 사변적 존재론의 구조 아래에 정초된 언어존재론이다. 따라서 이해는 우리의 시선을 활짝 열어 준다는 점에서 제1철학(prima philoslphia)이라 부른다.[103]

위에서 살펴본 바와 같이, 가다머의 해석학적 경험의 매체로 작용하는 언어개념을 다음과 같이 정리할 수 있다. 첫째, 언어는 단순히 도구적 기능에 기초하고 있는 기호이론이 아니다. 즉 언어는 도구가 아니다. 둘째, 언어는 세계와의 관계 속에서 존재를 드러낸다. 언어를 통해서 인간들은 세계를 지닌다. 셋째, 언어는 전승된 텍스트 속에서 진정한 대화가 이루어진다. 넷째, 언어는 사변적 구

100) H.-G. Gadamer, *WM.*, 445쪽.

101) H.-G. Gadamer, *WM.*, 450쪽.

102) H.-G. Gadamer, "Rhetorik. Hermeneutik und Ideologiekritik", in: *Kleine Schriften*, I, Tübingen, 1967, 118쪽 참조.

103) R. Bubner, *Modern German Philosophy*. Translated by Eric Matthews 1981, 57쪽.

조를 가진다.

7. 영향과 의의

20세기 현대해석학의 핵심은 하이데거를 비롯하여 가다머가 그 업적을 계승한 이후로 다양한 관점의 변화를 겪어 왔다.

첫째, 계몽주의 이래의 전통과는 대조적으로 이제 더 이상 해석학은 고정적으로 텍스트에 쓰인 문서나 언어의 이해 및 텍스트의 해석에 있어서 배타적으로 기울이지 않는다는 사실이다.

둘째, 슐라이어마허로부터 딜타이에 이르기까지의 낭만주의 해석학과는 다르게 가다머의 해석학은 이해의 목표가 다른 사람과의 의사소통이나 타인의 심리학에 한정하여 초점을 맞추어 전개하지 않았다.

셋째, 가다머의 해석학은 딜타이 자연과학과 정신과학을 분리하기 이전에 놓여 있던 그것보다 더 근본적인 정신과학의 영역을 탐구하려고 시도하였다.

넷째, 가다머는 이제까지의 정신과학의 방법론에 한갓 머물러 있던 해석학을 철학적 사고의 보편적 측면으로 확장하였다.

우리는 앞서 살펴본 가다머의 해석학의 이해에서 중심역할을 하였던 영향사적 의식에 대한 의미를 다음과 같이 부여할 수 있을 것이다.

첫째, 영향사적 의식은 역사적 간격(historical distance)의 개념이다. 여기서 간격은 방법론적 입장을 뜻하며, 역사적 간격의 조건에서 이루어진다. 즉 그것은 먼 곳의 가까움으로 표현된다. 현재의 관점에서 과거의 역사는 먼 곳의 역사이다. 하지만 과거의 역사를 통해 현재가 진행된다고 보았을 때, 과거의 역사는 현재를 이해하는 원동력으로 작용한다.

둘째, 영향사적 의식의 개념은 유한성과 헤겔적인 절대적 지식을 포함한다. 여기서 유한성은 존재론에 속하며, 이것은 하이데거의 현존재의 존재론적 해석학에 영향을 받았다. 이러한 영향사적 의식의 개념은 역사적 존재에서 나타나지만, 헤겔이 주장하듯이 절대지식에 도달하지는 못하는 존재이다. 헤겔은 역사적 존재를 지식이라는 개념보다 실체적 개념에 더 가깝다고 말한다. 이러한 실체적 개념에 대해 가다머는 대화의 변증법을 통해 그의 보편적 해석학으로 진행시켰다.104)

셋째, 영향사적 의식은 이해의 역사성이라는 관점에서 선명하게 나타난다. 역사적 이해는 우리를 단지 제약하는 상황만은 아니다. 이러한 상황은 수축하기도 하고 팽창하기도 하는 상황이다. 우리가 목격하는 풍경이 가까이에서, 멀리, 또 아주 넓게 확장될 수 있듯이, 역사적 이해도 이와 동일하다. 이때에 지평의 개념은 타자의 관점에서 자신의 방법론적 역할과 일치될 때 설명될 수 있다. 즉 지평은 타자와의 지평에서 이루어진다.

넷째, 영향사적 의식에 의하여 과거와 현재는 두 지평융합을 만난다. 하지만 두 지평융합은 역사적으로 제약되어 있는 의식이지

---

104) Paul Ricoeur, *Hermeneutics & the human sciences*, Edited & translated by John B Thompson(Cambridge University press, 1981), 74-75쪽.

만, 타자와 자아 사이의 긴장된 관계를 변증법과정 속에서 회복시키는 매개역할을 한다. 이러한 지평융합은 "과거와 현재의 연속적인 이해 속에서 형성된다."[105] 이렇게 가다머의 지평융합의 개념은 현재와 과거를 이해하는 역사적 관점의 영역과 밀접한 관련을 맺었다. 그것은 이제껏 모든 역사의 진행과정을 포괄하는 거시적인 관점이었다.

---

105) Jan Edward Garrett, "Hans-Georg Gadamer, Hans-Georg Gadamer on fusion of horizons", in: *Man and World*, Vol. 17, 1978, 393쪽.

제6강

리쾨르

상징의 해석학

1. 생애 및 사상개요
2. 상징의 해석학
3. 텍스트의 해석학
4. 행위의 해석학
5. 영향과 의의

제6강

리쾨르

상징의 해석학

1. 생애 및 사상개요

폴 리쾨르

폴 리쾨르(Paul Ricoeur, 1913~2005)는 프랑스 발랑스에서 태어났다. 그는 유신론적 실존주의 철학자로 알려진 가브리엘 마르셀로부터 철학과 신학을 배웠다. 그는 후설 연구가로도 잘 알려져 있다. 이는 제2차 세계대전 도중에 독일에서 포로생활을 하면서 후설의 저서를 탐독한 것이 계기가 되었지만, 하이데거, 야스퍼스, 마르셀의 저서들도 가까이 하였다. 1950년에 후설의 『현상학의 이념들 1』을 불어로 번역하여 프랑스에 소개하였다. 그는 현상학을 소개하는 데 그치지 않고, 현상학을 통해 인간존재와 인간의 실존적 유한성을 초월적인 신으로 해명하고자 하였다. 따라서 그가 말하고자 하는 현상학은 후설의 초월론적 현상학이 아니라 해석학과 결합된 현상학이라 할 수 있다. 박사학위를 받은 후에 그는 스트라스부르크에서 역사철학 교수(1948~1956)로 지내다가 1956년 소르본대학의 교수가 되었다. 리쾨르는 1949년 『의지적인 것과 비의지적인 것』에서 의지에 관한 현상학적 기술을, 1960년 『유한성과 죄악 가능성 I, II』에서 종교적인 상징에 대한 해석학을, 1965년 『해석에 관하여』에서 정신분석학적 상징에 대한 해석학을 분석하였다. 1966년 파리를 떠나 프랑스 낭트대학으로 갔다. 왜냐하면 1968년 5월 사태가 일어나기 직전의 분위기로 보아 그곳의 좌파 지식인들이 자기주장을 마음놓고 펼칠 수 있는 곳으로 생각했기 때문이다. 그는 자신을 가리켜 '기독교 좌파 지식인'이라 생각하였다. 이러한 그의 생각은 기독교 좌파 지식인들의 잡지인 에스프리를 창간한 엠마누엘 무니에가 주도하였던 모임에 참여한 이후까지 계속되었다.

그러나 1970년 3월에 그곳에서 해임되었다. 1969년 그가 교구직에 오르면서 1968년 5월 학생운동이 좌절되었음에도 불구하고 혁명이 성공하리라 확신했던 급진적인 학생들과 지식인들로부터 외면당했기 때문이다. 또한 파리의 현상학과 해석학 본부의 소장직을 역임하면서 레비나스, 데리다와 친교를 맺는다. 그 이후 그는 시카고대학과 파리대학을 중심으로 활동하면서 강의와 저술을 병행하였다. 그의 철학적 주제도 변화를 겪으면서 상징이 아닌 텍스트를 해석학의 주된 논의로 삼는다. 상징언어에 대한 해석이 너무 좁다고 파악하고 텍스트에 대한 논의를 통해 인간의 존재이해에 이르고자 하였다. 1975년 『살아 있는 메타포』, 『시간과 이야기』(1983, 1984, 1985)를 출간한다. 1990년에는 『타자로서의 자기 자신』

과 1992에 논문집 모음인 『논문 I, I, III』을 집필한다. 그가 현상학에 대한 주석가로서도 영향력이 있었지만, 철학자로서 명성을 얻게 된 계기는 하이데거와 가다머와 함께 맡게 된 해석학적 전회에 대한 독창적인 노력에 힘입은 바 크다.[1] 그는 50대 이후부터 기호, 꿈, 상상, 텍스트, 설화, 이데올로기 등을 통해 나타난 다양한 의미를 해석하는 데에 열중했다. 리쾨르는 니체와 함께 의미를 무의식적 충동으로 환원하는 프로이트, 의미를 계급이해와 다시 연결시킨 마르크스를 의심의 해석학(Hermeneutik des Verdachts)의 대표자로 불렀다.

2. 상징의 해석학

리쾨르의 초 · 중기 철학에서 가장 많이 등장하는 개념은 상징이다. 『악의 상징』(1960)에서부터 『해석에 관하여: 프로이트의 시론』(1965)을 거쳐 『해석의 갈등』(1969)에 이르기까지 "상징과의 대화"라고 말해도 과언이 아니다. 리쾨르는 상징을 이미지적 상징이나 사물적 상징으로 확장하지 않고 신화나 종교적 고백이나 시, 그리고 정신분석의 대상이 되는 꿈의 언어들에 등장하는 언어적 상징으로 제한한다. 1980년대에 리쾨르는 상징해석학을 인간의 행위나 역사라고 보고, 광범위한 텍스트해석학으로 확장시킨다.

리쾨르의 철학적 주제의 핵심은 주체의 문제이다. 그는 『의지적인 것과 비의지적인 것』(1950), 『악의 상징』(1960), 『해석에 관하여:

1) 리처드 커니, 『현대유럽철학의 흐름』, 임헌규 외 옮김, 동녘, 2000, 121쪽.

프로이트에 관한 시론』(1965), 『해석의 갈등』(1969), 『텍스트에서 행위로』(1986), 『한 타자로서의 자기 자신』(1990) 등에서 주체의 물음과 씨름하였다. 즉 그는 주체의 신체적 차원, 주체의 언어적 차원, 주체의 상호 인격적 및 제도적 차원 등에 관심을 보였다. 리쾨르는 하이데거의 『존재와 시간』에서 "나는 생각한다"고 말하는 주체의 행위인 데카르트적 사유를 비판한다. 그리고 그는 현존재의 실존 개념을 포함하는 "나는 있다(je suis)"의 해석학을 전개한다. 리쾨르는 "나는 있다"의 해석학만이 비판적 반성철학의 도움으로 관념론적, 유아론적 사유를 극복할 수 있다고 파악한다.[2)]

> "상징은 코기토가 존재 안에 있는 것이지, 그 반대가 아니라는 생각을 불러일으킨다."[3)]

리쾨르는 자신의 철학적 해석학의 전통을 다음과 같이 큰 줄기로서 세 가지를 들어 말한다.

> "나는 내가 준거하고 있는 철학적 전통을 다음 세 줄기로 특징짓고자 한다.; 그 전통은 반성철학의 가계(家系) 속에서 존재한다.; 그 전통은 후설 현상학의 운동적 흐름 속에 머물러 있다.; 그 전통은 이 현상학의 해석학적 한 변형이 되기를 원한다."[4)]

인용문에서 보듯이, 리쾨르의 철학은 반성철학, 현상학, 해석학이라는 세 가지의 철학적 전통을 따르고 있다. 그는 이러한 철학의

2) 김종걸, 『리꾀르의 해석학적 철학』, 한들출판사, 2003, 58쪽.
3) 폴 리쾨르, 『악의 상징』, 양명수 옮김, 문학과지성사, 1994, 329쪽.
4) Paul Ricoeur, *Du texte à l'action*(『텍스트에서 행위로』), Paris: Seuil, 1986, 25쪽.

독립적인 문제들을 반성철학에서 제기되고 있는 현상학과 해석학을 통해서 자기이해의 문제를 철학의 중심주제로 다루었다.

> "기호들, 상징들 그리고 텍스트들에 의해 매개되지 않은 자기 이해란 없다. 자기이해란 매개체들에 의해 가해진 해석과 함께 일어난다."[5]

그는 후설의 현상학에서 새로운 방향으로 전향하고자 하였다. 즉 그는 현상학으로부터 철학적 해석학의 길을 추구한다. 리쾨르는 인간 의지현상에 대한 후설의 기술현상학에 대한 한계를 극복하고자 한다. 그는 후설이 현상학적 방법으로부터 의식의 지향성의 개념과 현상학적 환원을 수용한다. 하지만 후설이 시도한 것처럼 현상학을 존재론으로 전개하는 것은 현상학 본래의 목적에 부적절하다고 거부한다.[6] 그는 개별과학을 단순히 뛰어넘는 것이 아니라, 존재론으로부터 개별과학을 추구하고자 한다.[7] 하이데거는 현존재의 직접적인 존재이해로부터 현존재를 밝혀냈다. 이와 달리 리쾨르 입장에서 인간의 존재를 직접 이해하는 것은 불가능한 것으로 파악하고, 객관적으로 표현된 언어를 통해 인간존재를 보고자 했다. 하이데거의 이해는 현존재의 존재방식이다. 즉 현존재 자신이 존재가능하도록 이해하는 것이다. 자신의 존재가능성에 대한 기투가 곧 자기존재의 의미를 이해가능하게 한다. 이런 점에서 이

---

5) Paul Ricoeur, 앞의 책, 29쪽.

6) David E. Klemm, *The Hermeneutical Theory of Paul Ricoeur*, Toronto: Associated University press, 1974, 223쪽.

7) 한스 인아이헨, 앞의 책, 244-245쪽.

해로부터 존재론적 해석이 가능하게 된다.

그렇지만 리쾨르는 이러한 하이데거의 시도를 지나친 비약이라고 본다. 리쾨르가 수용하려는 하이데거의 해석학은 의식을 더 이상 기원으로 보는 것이 아니라 과제로 설정한다. 즉 현상학이 추구하는 명료한 의식은 사실상 명료한 것이 아니라 욕망의 투사일 뿐이며 거짓일 뿐이다. 명료한 의식이 가져온 거룩한 것에 대한 이해는 더 이상 의식에 의존해 있지 않고 해석을 통해 의미를 얻는 것이다.[8] 리쾨르는 하이데거와 가다머의 해석학적 방향을 추구하면서 형상적 · 실존주의적 현상학을 뛰어넘는 해석학적 현상학으로 나아갔다. 특히 그는 기호가 지니고 있는 선재성을 강조하였다. 이러한 강조를 통해 현상학이 한계에 부딪힌 곳, 즉 본질 직관에 이별을 고(告)하고 기호의 해석이 시작되는 곳에서 일반해석학을 전개시켰다. 그래서 리쾨르의 해석학은 가다머와 다르게 현상학으로부터 철학적 해석학의 길을 수행하였다. 그는 프로이트의 저술과 구조주의를 철학적으로 해석하고 딜타이의 삶의 개념을 통찰하고, 미쉬와 립스의 언어분석적 테마들을 해명하고자 하였다.

따라서 리쾨르는 해석학을 통해서 현상학적 의식의 한계와 장애를 날카롭고 예리하게 파헤쳤다. 현상학은 무의식과 초의식의 세계에 대한 반성이다. 리쾨르는 숨겨졌고 억압된 기호적 의미화를 통해 해석학적 우회가 직관적 의식의 직접성을 향해 나아간다고 보았다. 그런데 이것을 넘어서는 것은 선택이 아니라 필연적인 문제라고 주장한다. 그의 저작들은 상징을 생각해 내기 위한 공통된

8) 정기철, 『해석학과 학문과의 대화』, 문예출판사, 2004, 219쪽.

계획을 갖고 있다. 이러한 일반 해석학의 근저에는 "상징은 생각을 불러일으킨다"9)라는 리쾨르의 유명한 주장이 놓여 있다.

> "상징은 생각을 불러일으킨다. 나의 흥미를 끄는 이 경구는 두 가지 사항을 말한다. 상징을 부여한다. 내가 의미를 부여하는 것이 아니라 상징이 의미를 부여한다. 그러나 상징이 부여하는 것은 생각할 그 무엇이다. 먼저 의미를 부여하고 그런 다음에 판단한다. 그러므로 이 구절은 이미 수수께끼의 형태로 모든 것이 말해졌고 생각의 차원에서 다시 시작되어야 한다는 사실을 제안한다. 내가 이해하고자 하는 것은 바로 기호와 사고의 영역에서 이러한 사상을 명료하게 하는 것이다."10)

여기서 보여 주듯이, 상징해석의 첫 번째 과제는 상징이 의미를 부여해 줌으로써 우리가 의식적으로 창조하지 않더라도 부여되는 의미에 생각이 떠오르도록 기다리라는 것이다.

그러면 리쾨르가 주장하는 상징이란 무엇인가? 상징은 일종의 언어적 기호이다. 그는 상징이란 일차적 의미가 그 자체를 넘어서 직접적으로 주어지지 않는 다른 이차적 의미를 지시하는 이중적 의미의 표현이다. 이러한 상징은 기본적으로 일차적이고 문자적이며, 명백한 의미로서 일차적 의미를 가진 언어이다. 다시 말해 상징은 일차적 의미에 거주하는 이차적 의미의 언어기호이다. 이러한 일차적 의미를 통해 이차적 의미가 관련되는 언어기호를 리쾨르는 상징개념이라고 정의한다.11) 우리는 하나의 유일한 의

9) 리처드 커니, 앞의 책, 128쪽.

10) Paul Ricoeur, ed. by D. Ihde, *The Conflict of Interpretations-Essays in Hermeneutics*, I, Evanston: Northwestern Univ. Press, 1974, 288쪽.

미의 세계에서 살고 있는 것이 아니라 다의적 의미의 세계에서 살아가고 있다. 이런 점에서 일차적 경험의 삶의 세계는 직접 체험의 현실세계에서 이차적 경험의 상징세계, 곧 초시간적이고 초공간적 세계에로 나아가야 한다. 즉 상징언어는 다의적이고 불투명하며, 신화적이고, 원초적인 언어이다. 다시 말해 상징은 실존적이고 구체적이고 애매해서 일의성을 상실하고 있다는 사실 때문에 해석학적으로 반성되어야 한다. 따라서 리쾨르는 상징언어의 해석을 해석학이라고 정의한다.[12)]

상징언어들에 대한 해석의 중간단계를 거쳐야만 비로소 존재론적 이해가 가능하다. 역사와 문화에서 주어지는 기호에 대한 해석과 기호의 의미에 대한 사유로부터 자기존재를 인식하게 된다. 상징언어를 통해 자기존재를 드러내는 것, 특히 신 앞에선 인간존재의 유한성을 나타내려는 것이 리쾨르의 구도이다. 그는 초월로서의 신 앞에 선 인간의 존재를 단적으로 드러내는 것이 악에 대한 상징으로서의 언어라 파악한다. 그리고 그 상징언어에 대한 분석에서 인간존재를 드러낸다. 악이란 바로 올바른 의지의 사용이 아닌 본래적이지 않은 의지의 사용에서 유래한다. 이러한 본래적이지 않은 의지의 사용, 또한 본래적인 의지의 필연적인 좌절은 온전한 의지에 대한 갈망을 함축해서 드러낸다. 리쾨르의 『악의 상징』에 대한 해석은 내용 자체가 해석학을 요구한다. 본래적이지 않은 것을 보여 주는 것이 해석학적인 것이며, 온전한 의지가 신에게만

11) Paul Ricoeur, *De l'interprétation essai sur Freud*, Paris, Seuil, 39쪽; 윤성우, 『해석의 갈등』, 살림, 2005, 95쪽 재인용.

12) 김종걸, 앞의 책, 81쪽.

가능하다고 보게 되면 신학적인 것이 된다. 그는 신학적인 철학을 추구했다. 언어해석의 주요 문제는 ① 왜 해석학이 필요하며, ② 어떻게 해석이 가능한지, ③ 해석이 가능하다면 그 해석이 올바른 것인지에 대한 것이다. 하이데거는 해석학을 존재론으로 ①, ②를 다루었다. ③은 존재론으로 유용한 해석을 선별하기만 하면 된다. 그러나 리쾨르는 가능한 해석학 방법들 사이에서 어떤 해석학이 올바른 것인지에 대해 심사숙고한다. 여기서 해석학 가능성들은 통일되어 있어야 하며, 그 통일은 신비에 싸여 있다고 말한다. 알 수 없고 불명확한 신비로운 통일은 인간존재의 유한성에 부합하는 증거이다.

지금까지의 해석학은 존재론적 적용을 제외한 텍스트의 이해와 해석 또는 일반적인 의미형성체의 이해와 해석론으로 파악해 왔다. 리쾨르는 위에서 언급하였듯이, 언어의 다의적인 의미의 구조물을 상징이라 불렀다. 이에 부응하여 해석은 상징과 관련된다: "해석한다"는 것은 직접적인 의미 속에 숨겨져 있는 의미를 드러내는 데 기인한다. 상징개념의 이와 같은 규정에는 리쾨르의 특수한 관심이 암시되고 있다. 시작(Dichtung)과 시학(Poetik) 그리고 수사학에서 알려져 있는 은유와 비유의 형태들은 꿈의 이야기와 전설 그리고 신화에 대한 상징이기도 하다.[13] 리쾨르는 해석학적 반성을 시도하면서 그 해석의 대상들은 상징적이고 신비적인 언어 속에서 표현된다고 보았다. 예컨대 죄와 증오, 어두움 등이 그것이다. 그리

13) 인아이헨, 문성화 옮김, 앞의 책, 244-245쪽. 리쾨르는 상징적 표현에 대한 발전과정을 구분지었다. 상징의 세 가지 차원, 즉 우주적 차원, 정신적 차원, 시적인 차원은 모두 상징 안에 들어 있다고 보았다.

고 리쾨르는 세 가지의 일차적인 상징, 곧 얼룩(stain), 죄(sin), 죄과(guilt)를 말하고, 거대한 출현지역을 세 가지로 분석한다. 첫째 지역은 우주적 차원(하늘, 태양, 물, 지구 등)이다. 둘째 지역은 정신적 차원(꿈, 두려움, 불안 등)이다. 셋째 지역은 시적 상상(시)이다.[14] 리쾨르는 무의식이 정신분석학자에 의해 어떻게 읽히는지를 탐구하고, 증후의 읽기가 무엇인지 이해하려고 애쓴다. 이 세 가지 영감의 원천은 "자신이 되기 위한 안내자"로서 평가한다. 이때의 상징은 종교적 현상학에서 수용될 수 있는 우주적 기능과 연결된다. 해석학적 순환은 발견의 수단으로 정의된다: "나는 나 자신의 신성성을 세계의 신성성으로 해석하면서 찾는다." 여기서 상징의 의미는 두 가지를 내포한다. 하나는 의미가 상징의 영역에 접근하는 사람에게 주어진다는 것이고, 다른 하나는 주어진 것은 생각하는 것이다. "모든 것이 수수께끼로 말해졌다. 하지만 생각하는 영역에서 모든 것을 언제나 시작한다는 것을 의미한다."

리쾨르는 상징해석학에서 이중적 표현으로 주어진 상징의 모호함을 해석하는 것이 해석학의 소명이라 정의한다. 기호와는 다소 다르게 상징은 이중의 지향성을 가진다. 상징은 글자 그대로의 첫 번째 의미를 지향하고, 두 번째 지향성과 연결된다. 그 밖의 의미는 그 이전의 의미들을 보존하고자 하기 때문에 시간을 통한 의미의 분절이 나타난다. 즉 악의 상징과 관련하여 타락에서 죄로, 그리고 죄로부터 죄의식의 전이(轉移)가 그러한 경우이다. 그렇지만 이러한 "상징적 기호는 불투명하다. 왜냐하면 첫 번째 글자 그대로

14) P. Ricoeuer, *The Symbolism of Will*, Boston, Press, 1967, 356쪽.

의 명백한 의미가 유추하여 두 번째 의미를 지향하기 때문이다. 그렇게 하여 상징의 깊이와 신비가 드러난다. 따라서 리쾨르는 상징의 중요성을 위한 수단으로서 현대성에 대응하는 것으로 사용한다. 언어에 내재하는 모순은 상징이 우리에게 주는 언어의 충만함에서 언어의 창조성을 재충전한다.[15]

리쾨르에게 있어서 상징에 의한 우회는 즉각적인 해석을 가능하게 하는 투명한 의미의 회귀가 아니다. 그가 부딪히는 문제는 바로 우회적으로 설명하는 그 이전의 해석을 피하는 것이다. "나는 창조적 해석의 또 다른 길을 찾고자 한다." 리쾨르는 상징이 갖는 새로운 의미를 세 단계로 나눈다.

첫 번째 단계는 이미 익숙한 방법이다. 먼저 상징을 동일한 것의 전체 속에 포함시킨다. 인식의 주체가 자리 잡지 않으면, 상징적 의미를 제대로 처리할 수 없다.

두 번째 단계는 해석학적 순환의 방향으로 넘어간다. 리쾨르에게 있어서 해석학적 순환이란, "믿기 위해서는 이해해야 하고, 이해하기 위해서는 믿어야 한다." 여기서 리쾨르가 제2의 소박성이라 부르는 불트만의 탈신화화(Demthologization)의 기획이 다음과 같이 나타난다: "상징은 사유가 존재 안에 있는 것이지 그 반대가 아니라는 생각을 불러일으킨다. 제2의 소박성이란 제2의 코페르니쿠스적 혁명이 될 것이다. 사유를 통해 존재가 제기되며 상징에서도 존재가 사유를 부르는 것이다. 죄의 상징들(돌아감, 방향, 포로 됨), 신화들(혼돈신화, 눈멂의 신화, 혼합신화, 타락신화)은 모두 세계 안에 있는 존재의

15) 프랑스아 도스, 『폴 리쾨르-삶의 의미들』, 이봉지 외 옮김, 동문선, 2005, 348-349쪽.

상황을 말한다."[16]

세 번째 단계는 미토스 과정 이후의 상징으로부터 로고스로 변형되어 다시 돌아온다. 상징은 자아의식의 자아도취적 단계에서 위험한 마법으로 풀 수 있고, 혼자만의 위치에서 코기토를 깨뜨릴 수 있다. 상징은 인간을 전체 속에 다시 위치시킨다. "상징은 코기토가 존재의 내면에 있는 것이지 그 반대가 아니다." 상징은 인간에게 의미 있는 가치로서 평가받게 된다. 상징의 이러한 재평가는 상징의 또 다른 형태인 신화연구에 대한 각별한 관심을 갖게 됨으로써 가능하다. 신화는 상징과 유사한 의미를 포함하고 있지만, 상징이 갖는 극단성과 자발성을 공유하지 못한다. 신화는 이야기와 시간성의 매개를 전제한다. 성경에서 등장하는 인간의 천국으로부터의 추방은 인간소외의 원초적 상징이다.

반면에 천국에서 아담과 이브의 추방이야기는 신화적 이야기이다. 신화적 구조가 부차적인 데 비해 상징의 기능은 더욱 근본적이다. 따라서 신화보다는 상징에 더 많은 의미를 부여할 수 있다. 그러므로 상징은 인간조건의 수수께끼, 악의 수수께끼, 세계의 시작에 대한 수수께끼를 연상시킨다. 악의 근원이 선과 악, 신들 사이의 갈등에 원인이 있는 것이 아니라 인간의 자유 속에 위치한다는 의미에서 그러하다.[17]

왜 리쾨르는 성서에 없는 원죄론에 대한 논쟁점을 다루면서 원죄의 의미를 설명하였는가? 왜냐하면 그것은 교회가 원죄라는 교리를 통해서 얻고자 했던 뜻을 찾고 싶었기 때문이다. 그에 따르

---

16) Paul Ricoeur, *The Symbplism of Interpretation*, Boston, 1969. 356쪽.
17) 프랑스아 도스, 이봉지 외 옮김, 앞의 책, 349-350쪽.

면, 원죄란 죄의 고백 속에 들어 있는 무엇을 드러내는 합리적인 상징이다. 그는 상징을 신화적 상징(타락, 길 잃음)과 합리적 상징(신플라톤주의, 영지주의, 교부)으로 나눈다. 리쾨르는 원죄의 개념을 의지의 산물이라 본다. 이것은 인간의 책임과 생물학적 유전을 말해야 한다고 보았다. 다시 말해 그는 죄의 근원을 의지로 보기 때문에 인간의 의지를 넘어선 원죄를 말할 수도 있고 동시에 인간의 책임을 말할 수 있다.

리쾨르는 원죄설을 다음의 세 가지로서 말한다. 첫째, 원죄설은 죄의 고백을 가능하게 하였던 신화론에 근거해서 설명해야 한다. 둘째, 원죄설은 우리에게서 시작되었기 때문에 인간의 죄에 대한 책임을 말한다. 셋째, 원죄설은 『로마서』 제5장 제20절에서 보듯이, 구원론과 분리되어 논의될 수 없다.[18] 리쾨르는 원죄를 상징 기능과 관련해서 기술한다. 그는 신화를 문자 그대로 받아들이지 않고 상징으로 이해한다. 또한 그는 신화를 합리적으로 설명하려고 시도하지 않는다. 따라서 그는 신화를 역사적 사실로 받아들이는 근본주의와 신화에서 도덕을 찾으려는 합리주의 사이에서 상징 해석학을 추구한다. 이런 점에서 그의 상징해석학은 신화를 중요시한다. 그 이유는 신화는 어떤 경험, 곧 신화가 아니었으면 그 경험이 생기자마자 사라져 버렸을 어떤 것에 대해 신화를 통해 표현되는 어떤 경험을 드러내고 있다고 보기 때문이다.[19] 그는 『악의 상징』에서 의지현상을 더 이상 비의지적인 측면의 상호성 속에서

18) 정기철, 『해석학과 학문과의 대화』, 문예출판사, 2004, 215쪽.
19) 정기철, 앞의 책, 218-219쪽.

다루는 것을 포기한다. 그리고 그는 악에 물든 인간의지의 표현물들, 즉 성경의 고백언어들, 구약의 아담신화, 그리스 비극신화에 대한 해석학적 작업을 본격적으로 다룬다. 이런 언어적 표현들을 그는 상징이라 부르고, 그 상징의 의미를 해석하는 방법과 규칙을 다루는 분과를 해석학이라 규정한다. 이런 상징해석학은 "상징은 사유를 불러일으킨다"라는 경구로써 단적으로 표현한다. 이 말은 세계 - 언어 - 의미 - 주체 사이의 관계에 대한 결정적인 입장을 담고 있다는 의미이다.[20] 상징은 도대체 무엇을 사유하게 하느냐?고 묻는 것 속에서 해석을 밝혀내야 한다. 즉 상징은 상징 속에 얽혀 있는 의미의 실타래를 풀고 그 안에 내재하고 있는 의미의 주름을 펴는 작업의 해석이다.[21] 리쾨르의 1950년부터 1960년까지의 해석학적 중요 시점들은 상징 → 담화(은유) → 텍스트(이야기)의 순서로 진행시켰다.

3. 텍스트의 해석학

리쾨르는 상징해석학이 너무 협소하다고 보고, 1970년대 이후부터 텍스트해석학으로 관심을 돌린다. 텍스트해석학은 상징해석학을 일반화시켰다. 상징은 그것이 속한 맥락에 의해서 다의성을 제대로 파악할 수 있다. 반면에 텍스트해석학은 다소 포괄적이다. 리쾨르는 텍스트해석학이 인식론적(딜타이)이면서 존재론적(하이데

20) 윤성우, 『폴 리쾨르의 철학』, 철학과현실사, 2004, 49쪽.
21) 윤성우, 앞의 책, 50쪽.

거)이라고 본다. 리쾨르는 해석학적 텍스트의 모델을 확립하면서 원래의 해석학 자체를 수정할 것을 요구한다.

리쾨르는 슐라이어마허의 보편적 해석학, 딜타이의 정신과학과 자연과학의 구분, 하이데거의 실존론적 존재론을 따르면서 이제까지의 해석학이 성서주석이라는 특수한 분과학문에 제한되지 않는다고 주장한다. 즉 여러 의미의 현상은 신학뿐만 아니라 모든 언어의 기본적인 특징이라는 것이다. 텍스트해석학의 선구자는 딜타이로부터 거슬러 올라간다. 딜타이는 삶을 문자로 표현한 것을 해석해야 한다고 본다. 즉 문자로 표현한 것을 텍스트로 정의한다면, 텍스트해석학의 선봉자는 딜타이이다. 한편에서는 딜타이보다 슐라이어마허의 문헌해석학을 기원으로 보기도 한다.

그러나 리쾨르는 구조주의를 해석학에 수용한 이후에 텍스트해석학에 집중했다.[22] 즉 리쾨르는 "해석학은 텍스트의 해석과 관련된 이해작용"[23]이라 말한다. 이는 자연은 설명하고 정신은 이해한다(G.S, V, 144)는 딜타이의 이분법적 해석학을 극복하고, "더 잘 설명하는 것이 더 잘 이해하는 것[24]이라는 변증법적 해석학을 추구한다.

리쾨르에 따르면, 딜타이는 파악한 텍스트 이해를 텍스트에서 표현되는 타자의 이해의 법칙 아래 위치시키는 해석학의 아포리아를 잘 나타내고 있다. 만일 딜타이가 기획한 근본이 심리학적이라면, 이는 기획이 해석하려는 궁극적인 대상이 텍스트가 말하는 것이 아니라 텍스트에서 표현되는 사람이기 때문이다. 이때 해석학

22) 정기철, 『리쾨르의 철학』, 시와 진실, 2016, 33쪽.
23) 정기철, 위의 책, 234쪽.
24) 정기철, 위의 책, 234쪽.

의 대상은 텍스트, 텍스트의 의미, 텍스트의 지시에서 벗어나서 텍스트에서 표현되는 체험으로 끊임없이 이동된다.[25] 텍스트에는 의미와 지시가 있다. 텍스트가 지시하는 세계는 텍스트 앞의 세계다. 따라서 해석학은 우리가 언어를 사용할 때 마치 문자 그대로 하나의 명백한 의미를 가지고 있는 것처럼 해석하는 것이 아니라, 비유 · 표정 · 은유 · 신화 · 유비에 의해서 구상적으로 이미 세계를 해석하고 있다는 것을 인정하는 보편적 철학의 수준으로 끌어올리고자 한다. 이러한 방식으로 철학적 해석학은 텍스트 해석이라는 기술의 문제를 언어 일반이라는 일반적 문제와 결부된다.[26] 따라서 리쾨르는 딜타이에게서 세 가지 텍스트의 내적 구조에 대해 특별한 관심을 갖는다. 그에게서 텍스트는 언어학의 전환기에 이루어진 연구와 반향을 독자로부터 독립된 실체이다. 딜타이는 세 가지 차원의 시간성에 각인된 삶의 의미라는 개념을 일반화한다. 세 가지 차원의 시간성은 과거의 흔적으로부터 퇴적된 의미의 차원, 현재의 가치차원, 그리고 목표, 미래의 차원이 그것이다. 보편적 역사와 밀접하게 연결된 이해는 타자의 우회를 통해서만 의미를 갖는다. "나를 이해하는 것, 그것은 모든 인간들에게 기표가 된 것을 담고 있는 커다란 기억력을 통한 우회, 가장 커다란 우회를 하는 것이다."[27]

그러면 텍스트란 도대체 무엇을 말하는가? 리쾨르에게 있어서 텍스트는 무엇보다 구조화된 작품이다. 리쾨르는 "텍스트란 글쓰

25) 폴 리쾨르, 『텍스트에서 행동으로』, 박병수 · 남기영 편역, 아카넷, 2004, 95쪽.
26) 리처드 커니, 앞의 책, 135쪽.
27) 폴 리쾨르, 『텍스트에서 행동으로』, 161쪽.

기에 의해 고정된 담론(Text is discourse fixed by writing)"[28]이라고 정의한다. 여기서 담론이란 말해진 언어와 쓰인 언어 모두를 포함한다. 텍스트는 문자로 고정된 것이고, 그 고정된 것의 통일은 문장들로 형성된다. 텍스트는 글쓰기에 의해 고정된 모든 종류의 담화이다. 즉 글쓰기에 의해 고정되는 것이 텍스트의 한 구성요소가 된다.[29] 언어적 통일로서의 텍스트는 체험된 시간성과 이야기행위 사이의 고유한 매개자이다. 이러한 이야기행위를 통해서 우리 자신을 이해하게 된다. 그리고 우리 자신은 상상의 세계를 통해 이해하게 된다.[30] 텍스트의 세계와 독자의 세계는 가다머의 지평융합의 개념에 가깝게 다가간다. 앞장에서 고찰했듯이, 가다머의 지평융합이란 "현재와 전승과의 역사적 자기매개의 과제"이다. 현재의 지평은 과거 없이는 형성될 수 없다. 현재와 과거의 실제적 융합은 텍스트와 해석자를 매개하는 해석지평 속에서 일어난다. 지평융합은 작품수용의 역사와 변증법적으로 연결되어 있는 영향사에 의해 수행된다. 가다머는 영향사적 의식의 과제를 지평융합을 통제하는 것으로 보았다. 이에 대해 리쾨르는 "영향사는 우리가 없이도 일어나는 것이지만, 지평융합은 우리가 도달하려고 추구하는 것이다"[31]라고 말한다.

리쾨르의 텍스트 해석은 어떤 의미에서 포괄적이며 인식론적이고 존재론적인지를 소격화(疏隔化, Verfremdung)와 친숙화 및 전유(專

28) P. Ricoeuer, *The Symbolism of Will*, Boston, Press, 1967, 356쪽.

29) 폴 리쾨르, 『텍스트에서 행동으로』, 박병수·남기영 편역, 아카넷, 2004, 160쪽.

30) 정기철, 앞의 책, 304쪽.

31) Paul Ricoeur, *Temp et Recit*, III, 120쪽.

有, Appropriation)라는 개념에서 살펴볼 수 있다. 소격화는 첫째, 텍스트를 통해서 표현된 것 사이의 괴리감, 둘째, 저자와 텍스트 사이의 분리, 셋째, 저자와 독자 사이의 간격을 메울 수 없다는 것을 말한다. 리쾨르는 소격화의 문제를 다루기 위해 말과 글을 포함시켜 더 근원적 개념의 담론을 제시한다. 담론은 현재이다. 기호로서의 언어는 의사소통의 전제조건이지만, 담론은 의사소통이 실제로 이루어지는 영역이다. 사건으로서의 담론이 의미부여에 의해 작품으로 될 때, 소격화가 일어난다. 여기서 저자/텍스트/독자의 관계가 문제시된다. 첫째, 이제까지 개별적인 작품을 해석하면서 저자를 더 잘 알기 위해 저자가 쓴 다른 작품들을 이해하고자 하였다. 리쾨르에게 있어서 저자의 작품은 다분히 개별적이라는 데 있다. 따라서 작품의 문체 속에서 그 작품과 저자의 개별성을 이해하고자 하는 시도가 필요하다. 둘째, 말하는 주체인 저자와 말함에 의해 생겨난 텍스트도 서로 독립적이라는 의미에서 소격화이다. 저자가 어떤 의미를 텍스트에 부여했는지보다는 독자가 어떻게 해석했는지가 중요해진다. 셋째, 저자와 독자 사이에도 소격화가 일어난다. 구어담론에서 말하는 자와 듣는 자에게 대화의 상황이 공통적이지만, 쓰고 읽는 관계의 작품에서는 그 상황이 다르다. 더 이상 저자와 독자 사이에 진정한 의미에 있어서의 공통된 상황은 없다. 명시적 특징이 있는 기준이 폐기됨으로써 텍스트의 고유한 세계가 구성된다. 이러한 소격화에 의해 일차적인 지시연관이 파괴되고, 이차적인 지시연관이 산출된다. 즉 일상적인 문자의 세계가 파괴되고 하이데거가 말하는 세계-내-존재의 영역이 드러난다. 따라서 텍스트에 대한 해석은 곧 내가 살고 있는 세계가 된다. 이에 반해 텍스트를 읽으면서 자기존재를 이해하는 것을 친숙화라 부른다.

> "친숙화라는 개념은 반성을 진행시키는 원초적 상황이 망각이라는 사실을 나타낸다. 나는 세계 안의 대상들 가운데서 길을 잃고, 내가 모든 다른 사람들로부터 분리되어 있듯이, 나 자신의 현존의 중심으로부터 분리되어 있다. 이러한 분리, 분산의 비밀이 무엇이든지 간에 그 모든 것은 본래 내가 나의 그것을 소유하고 있지 않다는 사실을 나타낸다. … 반성은 나의 구체적 경험들을 "나는 존재한다"는 확신과 동일시하는 과제이다. … 자아의 정립은 주어져 있는 것이 아니다. 그것은 하나의 과제이다. 즉 그것은 주어져 있지 않고 과제로 부과되어 있다."[32]

친숙화란 텍스트에 의한 소격화와 변증법적으로 결합되어 있다. 친숙화는 동화, 동질성을 의미하지 않는다. 친숙화는 저자의 의도를 추체험하거나 가다머가 언급한 영향사적 의식의 선입견에 방해받지 않고 오히려 소격화에 의한 이해나 소격화 자체의 이해를 의미한다. 존재론을 인식론적으로 소격화하고자 노력한 것으로 보인다.

해석학의 영역은 모호하거나 여러 의미를 가지고 있는 표현을 해독하는 것이라 말할 수 있다. 해석은 상징의 상상적 관계로서 숨겨진 의미를 해독하는 것과 문자적 의미에서 암시된 의미를 밝혀내는 데에 있다. 상징적 표현에서 숨겨진 의미는 다양한 방법으로 해석될 수 있다. 예를 들어 니체는 힘에의 의지를 강하게 하거나

32) Paul Ricoeur, ed. by D. Ihde, *The Conflict of Interpretations-Essays in Hermeneutics*, I, Evanston: Northwestern Univ. Press, 1974, 328-329쪽.

약하게 하는 것으로, 프로이트는 억압된 무의식적인 원초적 욕망을 변환시키는 것으로, 마르크스주의자들은 계급지배를 은폐하는 이데올로기적 허위로 보았다. 이러한 모든 해석학적 양식에서 공통되는 특징은 그 기능이 감추면서도 보여 주고 있는 여러 의미로 구성된 어떤 것이 있다는 것이다. 여기서 결론이 모순된다고 할지라도, 은유 · 환유 · 직유 등의 언어적 표현을 통해서 어떤 단계에서 다른 단계로 상징적 의미를 치환할 수 있음을 리쾨르는 보여 주었다.[33)]

해석학의 과제는 텍스트의 사물을 알아내는 것이지(가다머), 저자의 심리를 알아내는 것이 아니다. 명제에서 지시가 의미하는 것과 마찬가지로, 텍스트의 사물은 텍스트의 구조에 있다(프레게). 명제에서는 우리가 명제의 주장이나 명제의 진리치를 질문하는 것과 마찬가지로 텍스트에서 우리는 내적인 구조, 즉 텍스트가 활용한 코드들의 교차에서 생겨난 의존관계들의 내적 체계에 머물러 있지 않는다.[34)] 리쾨르는 자신의 해석학을 딜타이처럼, 이해 아니면 설명의 양자택일이 아니라는 것이다. 딜타이의 해석학적 의도는 단지 텍스트를 설명하는 수준에서 역사적 이해의 수준으로 넘어간다. 딜타이는 정신과학에 인식론적 위상을 부여하고자 했다. 사실상 역사적 이해는 정신과학에서 가장 첨예한 주제이다. 그리고 그는 자연과학의 범위에 속하는 설명을 정신과학에 속하는 이해와 대립시킨다. "정신과학은 체험, 표현, 그리고 이해의 관계를 바탕으로 한다."[35)] 딜타이는 자연과학에 비해 특수한 정신과학의 인식론

33) 리처드 커니, 앞의 책, 138쪽.
34) 폴 리쾨르, 박영수 · 남기영 편역, 『텍스트에서 행동으로』, 아카넷, 2004, 52쪽.
35) 빌헬름 딜타이, 정신과학 내에서의 역사적 세계의 건립, 1988, 86쪽. 프랑스아 도스,

적 구성 계획을 다시 취했다.[36] 언어학적 모델은 구조주의시기에 인문과학의 중심에 자리 잡고, 설명을 근간으로 하는 자연과학과 원동력을 이해의 영역에서 찾는 인문과학 사이에 딜타이에 의해 세워진 구분을 다시 문제 삼는다. 딜타이는 개별과학을 단순히 뛰어넘는 것이 아니라, 존재론으로부터 개별과학을 추구하고자 한다.[37] 리쾨르는 해석학에서 설명을 배제하는 방식은 잘못된 방향이라고 간주한다. 오히려 그는 "더 많이 설명할수록 더 잘 이해한다"고 말한다. "설명이해"라는 부제에서 텍스트에 설명의 단계를 거쳐야만 확보된 텍스트의 의미론적 자율성이 더욱 온전하게 저자의 주관성으로 지켜진다. 따라서 그의 텍스트의 해석은 "설명이냐 아니면 이해냐"의 문제가 아니라 "설명이면서 동시에 이해"의 대상이 되어야 한다는 것이다.[38]

요컨대 텍스트의 해석에서 거쳐야 할 단계인 설명은 언어학적 인식모델에 근거한 "구조적 설명"이며 텍스트의 구조를 통해 설명해야 하는 것이다.

4. 행위의 해석학

리쾨르는 딜타이, 베버 그리고 넓은 의미의 사회학의 장점은 객관주의적 환원주의, 사회학적인 것의 사물화, 사회적인 것의 대상

『폴 리쾨르』, 김지혜 옮김, 동문선, 2005, 440쪽.

36) 빌헬름 딜타이, 위의 책, 86쪽. 프랑스아 도스, 『폴 리쾨르』, 382쪽.

37) 한스 인아이헨, 앞의 책, 244-245쪽.

38) 윤성우, 『폴 리꾀르의 철학』, 철학과현실사, 2004, 105-106쪽.

화를 멀리하는 데 있다고 하였다. 리쾨르는 이해의 장(場)을 통해 베버의 『이해사회학』에서처럼 설명을 다시 도입한다. 그는 이해와 설명의 두 가지 접근방식이 대립적이고 전혀 다른 성질의 인식론이라 생각하지 않는다. 그는 정반대로 이 두 가지 필요성 사이에는 보완성을 갖고 있다는 것이다.[39] 즉, 리쾨르는 이야기를 인간세계를 열어 주는 하나의 행위로 간주한다. 이때의 행위는 물리적 움직임이나 심리, 신체적 행동을 지칭하지 않는다. 행위는 결코 움직임의 종합이 아니며, 행위들은 목적을 함축하며 동기들을 지시한다. 여기서 리쾨르는 사회학자 베버(Max Weber, 1864~1920)가 『이해사회학』에서 언급한 "행위개념"[40]을 주시한다.

> "개인에게 의미 있을 뿐만 아니라 타자를 향하는 모든 행위는 이해사회학의 관할에 속한다. 타자를 향하는 행위는 대화의 관계와는 다를 수 있다. 중요한 사실은 개인의 행위가 어떤 방식으로든지 다른 행위자의 행동을 참조한다는 것이다. 그래서 개인의 행위는 복합적인 행동양식이 된다. 타자를 향하는 방향은 사회적인 역할들 사이의 모든 종류의 조정, 관례, 신망, 협력과 경쟁, 투쟁과 폭력을 포함한다. 타자를 향하는 관계는 이와 같은 차별화된 방식으로 구성된다."[41]

위 인용문에서 보듯이, 나와 개인의 모든 행위는 이해사회학에 속한다. 막스 베버는 이해사회학을 경험사회학으로 불렀으며, 이해사회학은 "사회적 행위를 분명히 해석하고 이해하면서 사회적 행

39) 폴 리쾨르, 『폴 리쾨르』, 동문선, 2005, 384쪽.

40) 딜타이와 막스 베버의 행위개념에 자세한 내용은 다음을 참조: 양해림, 「이해와 설명의 방법-딜타이와 베버의 수단/목적 행위 이론 고찰」, 한국해석학회 엮음, 『낭만주의 해석학』, 철학과현실사, 2003, 156-197쪽.

41) 폴 리쾨르, 박영수 · 남기영 편역, 『텍스트에서 행동으로』, 292-293쪽.

위의 과정과 결과를 인과적으로 설명하는 학문"[42]이라 일컬었다. 사회적 행위는 우리에게 항상 객관적 상황에 처해 있는 행위라는 사실을 일깨워 준다. 즉 막스 베버에게 있어서 이해사회학은 인간의 행위를 역사적 상황에 처해 있는 인간의 주체와 관련지어 파악한다. 하지만 우리가 행위를 이야기한다고 하여 행위의 이야기를 쉽게 이해하는 것은 아니다. 행위와 이야기 사이에는 인식론적 틈이 있다. 인식론적 틈이란 행위와 이야기 사이의 불연속성을 의미한다. 따라서 인간의 행위는 각각 사회구조나 역사, 언어의 틀 안에서 다양한 방식으로 표출된다.

> "행위가 가능하다고 하는 사실은 행위가 이미 기호들이나 규칙들, 그리고 규범들 속에서 표출된다는 사실에 근거하고 있다. 즉 행위는 언제나 상징적으로 매개한다."[43]

리쾨르의 표현대로 인간의 행위가 상징적으로 매개되어야 한다면, 상징적 인식의 틀 속에 은폐된 의미들이 상징 속에서 밝혀져야 한다. 상징은 직접 인식을 부정하는 이중의 성격을 지닌 기호이다. 즉 행위의 의미는 상징론과 의미론을 통해 설명된다. 그에게 있어서 상징의 의미를 밝혀내는 작업이 해석학이었다.[44] 따라서 상징언어에 대한 창조적 의미해석이 필요하다. 왜냐하면 상징언어 그 자체는 근원적으로 투명하지 않고 불투명하기 때문이다.[45] 리쾨르

42) Max Weber, *Wirschaft und Gesellschaft*, Tübingen, 1947, 1쪽.
43) Paul Ricoeur, *Temp et Récit*, I, Paris, 1983, 91쪽.
44) 정기철, 앞의 책, 172쪽.
45) 정기철, 앞의 책, 270-271쪽.

는 의미해석을 통해서 언어의 불투명성의 특징을 극복하고자 한다. 행위가 상징적 매개물이라는 사고는 문화인류학과 해석학의 상호연관성을 끄집어낸다. 이러한 상호작용에 기초하여 리쾨르는 텍스트의 의미가 텍스트의 구조를 탐구함으로써 발견되는 것이 아니라, 오히려 텍스트와 독자의 세계가 서로 만나고 텍스트의 세계와 행위세계 사이에서 접촉점에 있다고 간주한다. 이는 아리스토텔레스의 사유방식에 근거하여 행위해석학을 발전시킨 것이다.

> "텍스트의 개념은 사람의 행위를 위한 좋은 범례이고, 행위는 텍스트의 전체 범주를 위한 좋은 지시이다."[46]

아리스토텔레스가 언급했던 행위를 모방하려면 인간의 행위를 텍스트처럼 열려 있는 작품, 즉 "유사 - 텍스트"이어야 하고, 읽을 수 있는 모든 사람들에게 접근가능하게 열려 있어야 한다. 리쾨르는 해석자에 의해 이해된 상징의 특정한 행위를 해석할 수 있는 의미규칙을 제시하는 한에서 행위를 "유사 - 텍스트"[47]라 부른다. 이러한 행위의 상징학은 행위를 텍스트처럼 읽을 수 있게 특성을 제공해야 한다.[48]

인간행위는 언제나 사회적 규범에 의해 규정되는 사회적 · 문화적 차원을 구성한다. 행위가 윤리적으로 옳은지 또는 나쁜지를 판단할 수 있는 것은 "상징을 위한 규범 또는 기준"을 갖고 있지 않기

46) Paul Ricoeur, "Life: A Story in Search of a Narrator", *Facts and Values*, ed., by M. C. Doeser & J. N. Kraaj, Dordrecht, 1986, 175쪽.
47) Paul Ricoeur, *Temps et récit*, I, Paris, 1983, 93쪽.
48) 정기철, 앞의 책, 259쪽.

때문에 모든 문화나 사회, 그리고 역사에서 행위의 이질적 단편들을 매개하고 규정해야 한다. 따라서 상징적으로 매개된 행위의 규범이 도대체 무엇인지를 아울러 물어야 한다.[49] 왜냐하면 우리는 행위가 윤리적으로 옳은지 또는 그른지를 판단할 수 있는 상징을 위한 규범 및 기준을 갖고 있지 않기 때문에 모든 사회 · 문화 · 역사 속에서 행위의 이질적인 단편들을 규정할 수 있는 상징적으로 매개된 행위의 규범에 대해 도대체 무엇인지를 진지하게 물어야 한다.

5. 영향과 의의

리쾨르는 하이데거의 현존재의 실존문제에 대한 해석학적 착상과 가다머의 영향사적 해석학을 수용하면서 이것을 텍스트의 해석이론으로 발전시킨다. 그는 이러한 텍스트의 해석이론을 통해 존재론적 성격이 강한 하이데거와 가다머의 해석학에 대한 인식론적 측면을 보완하였고, 인식론적 사고와 존재론적 사고가 해석학을 매개로서 연관시키고자 하였다. 리쾨르는 언어적 실존을 해명하기 위해 상징 및 텍스트의 해석학을 등장시켰다. 물론 인간실존의 해명이 언어를 통해서 종결되는 것은 아니다. 하지만 언어가 긍정적이건 부정적인 방식으로 작용하건 간에 인간실존의 해명을 위해 중요한 매개역할을 한다. 바로 이러한 작업이 리쾨르의 해석학의 성

49) 정기철, 앞의 책, 272-273쪽.

과와 현재의 해석학의 작업 사이에 존재하는 메워야 할 공백이다.

특히 리쾨르의 『악의 상징』은 현상학에서 해석학으로 전환되는 과정을 보여 주었다. 리쾨르의 인간에 대한 진정한 이해는 관념론적인 해석이 아니라 인간의 사고와 본성에 대한 표현이 나타난 신화나 상징의 해석을 통해서 가능하다고 보았다. 그는 인간의 의식을 후설처럼 지향적 분석에 초점을 두지 않았고 의식초월적인 체험의 영역을 기술의 대상으로 삼았다. 그의 상징은 "구제적인 죄의 현실태와 악의 체험을 표현하였고, 유대교 - 기독교적 전통"[50]에 근거하여 인간실존의 죄에 대한 근원적 속성을 규명하고자 하였다. 그는 인간의 의식을 후설처럼 지향적 분석에 초점을 두지 않았고 의식초월적인 체험의 영역을 기술의 대상으로 삼았다. 그의 상징은 "구제적인 죄의 현실태와 악의 체험을 표현하였고, 유대교-기독교적 전통"[51]에 근거하여 인간실존의 죄에 대한 근원적 속성을 규명했다.

리쾨르의 해석이론은 첫째, 불트만의 탈신화화에 의해 대표되는 입장으로서 상징에 숨겨진 의미를 재발견하였다. 둘째, 거짓된 현실에 대한 표상으로서의 상징을 파괴하려고 시도하였다(탈신비화). 궁극적으로 리쾨르의 반성철학은 회의의 합리적 성격과 회상적 해석의 신앙적 성격을 포괄하고 있다. 그의 사상은 근대를 넘어서는 새로운 대안으로 각광받고 있으며, 철학과 신학 · 문학 · 그리고 정치학과 역사학에 이르기까지 다양한 분야에서 폭넓은 영향을 끼

50) 김종걸, 앞의 책, 198쪽.
51) 김종걸, 앞의 책, 198쪽.

치고 있다. 셋째, 리쾨르의 해석이론은 딜타이의 해석이론을 통해 텍스트 이론을 상징적 해석학, 정신분석 해석학, 기억의 해석학 등 새로운 해석학의 방향을 제공해 주었다. 리쾨르에 따르면 딜타이 해석학 이론이 심리학에 근거한 대가는 해석학 이론의 궁극적인 정당화가 여전히 심리학이라는 점이다. 텍스트 해석의 자율성은 일시적이고 표면적인 현상일 수 있을 뿐이다. 딜타이는 해석학적 문제를 타자의 문제의 인식이라는 고유의 문제에 종속시켜 버렸기 때문에 모든 객관화의 근원을 해석 영역 밖에서 찾을 수밖에 없었다.[52] 딜타이의 객관화는 아주 일찍이 자아 해석부터 시작한다. 네가 나를 대하는 것은 나 자신의 삶의 객관화를 통해서만 도달될 수 있다. 나 자신에 대한 해석도 이미 해석이며 이 해석은 타자에 대한 해석보다 더 어려울 수 있다. 왜냐하면 나는 나 자신을 이해하기 때문에 타자들이 나에게 보내주는 기호들에 따라 나를 해석할 수 있기 때문이다. "모든 자아 인식은 기호와 작품을 통해서 매개된다. 딜타이는 이것을 시인했고, 이것을 통해 삶의 철학(Lebensphilosophie)과 결합했다"[53]고 리쾨르는 강조한다. 따라서 리쾨르는 삶이 본질적으로 창조적 역동성이라는 확신을 딜타이 생철학과 공유하고 있다.

52) 폴 리쾨르, 『텍스트에서 행동으로』, 박병수 외 옮김, 아카넷, 2004, 93쪽.
53) 폴 리쾨르, 위의 책, 94쪽.

제 7 강

하버마스

의사소통행위의 해석학

1. 생애 및 사상개요
2. 심층적 해석학
3. 의사소통행위의 해석학
4. 합의이론
5. 영향과 의의

제7강

하버마스

의사소통행위의 해석학

1. 생애 및 사상개요

위르겐 하버마스

하버마스(Jürgen Habermas, 1929~)는 독일의 뒤셀도르프(Düssldorf)에서 태어났다. 어린 시절에는 쾰른(Köln)에 가까운 도시 굼머스바흐(Gummersbach)에서 자랐다. 아버지 에른스트 하버마스(Ernst Habermas)는 이곳에서 시(市) 상공국장으로 일했으며, 할아버지는 그곳의 목사였다. 하버마스는 이곳에서 고등학교까지를 마쳤다. 하버마스는 대체로 보수적인 정치적 분위기 속에서 성장했다. 이는 그의 아버지가 소극적이나마 나치즘(Nazism)을 지지했다는 점에서 단적으로 드러난다. 1949년 괴팅겐(Göttingen)대학에서 철학공부를 시작했다. 스위스의 쥬리히(Zürich)대학, 독일의 본(Bonn)대학에서 철학, 역사학, 심리학, 경제학, 독문학 등 인문학과 사회과학 전반을 공부했다. 하버마스는 1953년 7월 독일의 일간지 『프랑크푸르트 알게마이네 차이퉁(Frankfurter Allgemeine Zeitung)』에 「하이데거와 함께 하이데거를 비판적으로 성찰하기(Mit Heidegger gegen Heidegger denken)」라는 기고문을 실으면서 하이데거의 정치의식을 공격했다. 이를 계기로 하버마스는 전통철학의 유산을 계승한 대표적 인물이었던 하이데거, 슈미트(Carl Schmitt, 1888~1985), 윙거(Ernst Junger, 1895~ 1998), 겔렌(Arnold Gehlen, 1904~1976) 등을 비판적으로 사고하기 시작했다. 이러한 시도를 시작으로 보수주의적 청년 하버마스는 새롭게 태어나기 시작했다.

그는 1954년 본(Bonn)대학에서 로타커(Erich Rothacker, 1888~1965) 교수와 베커(Oskar Becker) 교수의 지도 아래 「절대자와 역사: 셸링 사유에서 불화를 중심으로(Das Absolte und die Geschichte; Von der Zwiespältigkelt in Schellings Denken)」(1954)라는 논문으로 박사학위를 받았다. 박사학위를 마치고 그는 마르크스와 루카치 등의 사상에 관심을 갖기 시작한다. 1954년 2월 그는 신문사의 기자로 취직하여 2년간 여러 신문사를 돌아다니며 일했다. 이때 그는 아도르노와 호르크하이머의 공저인 『계몽의 변증법』(1947)을 읽고 큰 감명을 받는다. 그에게 감명을 준 이유는 이 책이 마르크스의 사상을 그대로 받아들이지 않으면서도 나름대로 활용하고 있다는 점이다. 1920년대 말 독일 프랑크푸르트대학에서 형성된 프랑크푸르트학파의 비판이론운동은 호르크하이머, 아도르노, 그리고 마르쿠제가 주축을 이루었다. 그리고 이들이 1930년 초에 나치를 피해 미국으로 망명하여 그곳에서 활약을 하다가 1950년대에 다시 본고장으로 돌아온 후로 하버마스가 이 학파에 참여하여 전후세대의 계승자로 인정받는다. 하버마스의 사회철학이 본격적으로 형성된 시기는 비판이론의 본고장인 "프랑크푸르트 사회연구소"의 연구조교 자리에 있으면서부터이다. 여기서 호르크하이머와 아도르노의 비판이론을 본격적으로 접하면서 루카치와 마르크스의 사회 · 정치 · 이데올로기 문제를 광범위하게 연구하게 된다. 1959년에 독일 연구협회(Deutsche Forschungsgemeinschaft)에서 장학금을 받아 마르부르크(Marburg)대학에서 「공공성의 구조변환: 부르주아 사회의 한 범주에 관한 연구(Strukturwandel der Öffentlichkeit: Untersuchungen zu einer Kategorie der bürgerlichen Gesellschaft)」라는 논문으로 교수자격 논문(Habilitaritionsschrift)을 제출하지만, 아도르노의 반대에 부딪혀 거부당하는 좌절을 겪는다. 하버마스는 그가 공부했던 프랑크푸르트대학에서 교수자격논문을 통과시켜야 했는데 그가 사상적으로 좋아하는 아도르노의 거부로 인해 그 당시 마르부르크 대학 정치학 교수였던 아벤트로프(Wolfgang Abendtoth) 교수의 인정을 받아 교수자격논문을 통과한다. 1961년 하이델베르크대학의 철학 및 사회학 교수로 취임하였고, 1948년부터는 이 대학의 철학교수로 재직하고 있던 가다머(H.-G. Gadamer)와 개인적 친분을 갖는다. 1964년 35세에 프랑크푸르트대학의 철학과 사회학의 정교수로 초빙 받으면서, 프랑크푸르트학파의 비판이론의 후계자가 되는 명예와 명성을 얻는다.

1971년에 그는 바이체커(C. F. v. Weizäcker)와 공동으로 슈타른베르거에 막스 플랑크 연구소를 설립하여 공동책임자로 활동한다. 1983년 그는 프랑크푸르트대학에 다시 교수로 초빙 받아 아도르노의 자리를 물려받는다. 정년으로 은퇴할 때까지 이곳에서 철학과 사회학을 가르쳤다. 하버마스의 사상은 루카치의 『역사와 계급의식』(1923)과 아도르노와 호르크하이머의 『계몽의 변증법』에서 많은 영향을 받았다. 하버마스는 이들의 이론을 통해서 전통사회에서 현대사회로의 이행과정 중에서 각 개별적인 사회계층을 이해하는 문제가 철학의 중요한 과제이다. 하버마스의 해석학적 개념구상은 아펠의 철학적 관심과 공통된 부분이 많다. 그와 다른 점이 있다면 언어능력(Sprachkompentenz)이라고 하는 촘스키(Chomsky)의 언어학적 개념을 의사소통 상호능력(Lommunikative Kompetenz)이라는 개념으로 바꾸어 놓았다는 것이다.1) 의사소통 상호능력이란 말하는 자와 듣는 자의 상호작용을 말한다. 하버마스는 촘스키의 언어의 심층구조와 표면구조의 이념을 분석하였다. 이것을 토대로 정신분석학의 심층해석학이 나타나게 되었다. 로렌저(Lorenzer)는 그러한 심층해석학을 언어로 된 개념구상과 장면적 이해라는 모델을 전개하였다. 해석학적 의식과 해석학 일반에 대한 핵심적인 것은 반성이다.

2. 심층적 해석학

하버마스의 해석학은 두 가지 유형으로 살펴볼 수 있다. 하나는 "일상적인 의사소통으로서의 해석학"이다. 이는 사회과학과 행동과학의 연결점을 형성하여 언어에서 이루어지는 사회현실을 해석

1) 하버마스 사상의 삶과 형성과정을 보다 자세히 다룬 문헌은 다음을 참조: 김재현, 「하버마스 사상의 형성과 발전」, 장춘익 외, 『하버마스의 사상』, 나남출판, 1996, 19-62쪽.

하는 것이다. 다른 하나는 "심층해석학(Tiefenharmeneutik)"이다. 이는 개인과 사회집단의 의사소통에 있어서 왜곡된 의미의 현실을 비판적으로 들추어내고 성찰하는 해석학이다.[2]

하버마스의 심층적 해석학에서 심층적 의미를 이해하려면, 발화에 대한 존재론적 · 도덕적 · 실천적 전제들을 먼저 이해해야 한다. 그러한 이해는 이미 전제한 조건들의 타당성에 대한 입장을 분명하게 취했을 때보다 더 완전하게 이해할 수 있다. 하버마스는 심층적 해석학에 대해 다음과 같이 설명한다.

> "해석자가 관찰하는 것은 상징적 표현이 어떤 조건하에서 타당한 것으로 수용되거나 거부되는지 하는 점이다. 해석자가 주목하는 것은 언제 참여자의 행위계획이 합의구성을 통해 조정되는지, 그리고 언제 여러 행위자들의 행위 연관성에 대한 합의부족으로 산산조각나는지 하는 점이다. 그러므로 참여자가 예, 아니오 또는 기권 등으로 반응하는 행위맥락을 벗어날 경우 어떤 표현의 의미론적 내용은 해석자에게 불분명해질 수밖에 없다. 그리고 참여자로 하여금 파악할 수 없다면, 해석자는 이 예/아니오를 이해하지 못한다. (…) 이유들을 축으로 삼아 이해의 과정은 진행된다. 그러나 만일 해석자가 어떤 표현을 위해 화자가 그 표현의 타당성을 옹호하는 이유를 해석자가 생각해 내야 한다면, 해석자는 타당성 주장을 평가하는 과정으로 끌려 들어가게 된다. 왜냐하면 이유의 성격 자체가 제3자의 태도, 즉 긍정, 부정, 회피 등의 반응 없이는 기술될 수 없기 때문이다."[3]

하버마스는 해방적 "인식관심"[4]으로부터 비판적 사회이론을 정

2) 김영한, 『쉴라이에르마허에서 리꾀르까지 - 현대해석학의 흐름』, 숭실대학교 출판부, 2011, 38쪽.

3) Jürgen Habermas, *Theorie des kommunikativen Handelns*. Bd. 1, Frankfurt. a. M., 1985, 『의사소통행위이론 I』, (한국어 번역본: 장춘익 옮김, 나남출판, 2006). 157쪽.

립하는 것을 그의 주된 철학적 과제로 삼았다. 즉 그는 칸트, 피히테, 헤겔, 마르크스, 프로이트에 대한 철학사의 조명을 통해서 비판적 사회이론을 확립하고자 하였다. 특히 하버마스는 『인식과 관심』(1972)에서 정신분석의 모델을 사회의 영역으로 확대할 수 있다고 믿었다. 이런 점에서 그는 정신분석의 치료에 따라 해방의 가능성을 파악하고, 언어 · 행위 · 비언어적 표현의 단계를 분석해 나간다. 따라서 하버마스가 시작하고자 하는 비판적 사회과학의 모델은 프로이트에 의해 발전된 정신분석학이었다. 정신분석을 통해서 하버마스는 '해석학적 한계경험(die her meneutische Grenzerfahrung)'을 지적함으로써 가다머의 보편성 주장에도 비판을 가한다. 그는 해석학적 한계경험을 우리가 체계적으로 산출한 오해 자체를 파악하는 데 있다고 주장한다. 다시 말해 하버마스는 가다머에 의해 제기된 해석학의 보편성 요구에 대한 이의제기를 하면서 자신의 해석을 전개해 나간다. 가다머가 요구하는 해석학의 보편성이란, 언어성이라는 언어적 전승뿐만 아니라 우리의 문화가 언어와 연관되어 있을 만큼 포괄적이라는 것이다. 해석학의 보편성을 가능하게 하는 것은 이해의 매체인 언어의 보편성이다.[5]

하버마스의 입장에서 정신분석은 해석학적 보편성의 직접적인 한계를 보여 주는 이론의 모델로 간주된다. 그래서 그는 인식론적으로 복권하려는 반성의 범주에 대해 프로이트의 정신분석을 방법

4) 하버마스는 『인식과 관심』에서 인간이 갖는 세 가지 관심을 논의하였다. 첫째, 환경 속에서 대상을 조절하는 기술적 관심이고, 둘째, 상호주관적인 이해를 증진시키는 실천적 관심이고, 셋째, 왜곡된 의사소통의 조건과 실체화된 권력으로부터 자유를 지키려는 해방적 관심이다.

5) 김영한, 『쉴라이에르마허에서 리꾀르까지 - 현대해석학의 흐름』, 270쪽.

적 원리로써 적용한다. 정신분석은 자기반성을 구체화시키고, 의사소통의 장애를 과학적으로 극복하는 데 이용될 수 있는 좋은 실례이다.[6] 따라서 하버마스는 정신분석 모델의 장점을 다음과 같이 분석한다. 첫째, 정신분석 모델은 전통적 정신과학의 객관주의적 자기이해를 깨뜨릴 수 있다. 둘째, 정신분석모델은 사회과학으로부터 '대상영역의 상징적인 전구조화'에서 발생되는 문제를 재고하게 한다. 셋째, 정신분석모델은 모든 형식언어적인 이론들에 대하여 메타언어로서 자연언어의 역할을 정당화시킬 수 있게 한다. 넷째, 이러한 근거에서 그 결과가 풍부한 과학적 정보를 이용하여 사회적 삶을 세계의 언어로 번역하고자 한다.[7]

이와 같이 하버마스는, 프로이트가 원용한 정신분석을 자기반성으로 파악한다. 즉 자기반성은 문화 속에서 자기형성 및 교양(self-formation: Bildung)과정의 이데올로기로 한 단계 나아간다.[8] 자기반성 속에서 인식된 것은 자율성과 책임 안에서 관심과 일치하게 된다. 왜냐하면 반성의 추구 그 자체가 반성의 계기가 되기 때문이다. 이것은 동시에 이성 속에 있는 관심의 주체가 된다. 따라서 하버마스가 이성을 통해 반성을 찾는 목적은 해방적, 인지적 관심으로 나아가는 데 있었다.[9] 이러한 자기반성에 의해 정신분석학은 비판적 사회과학의 이론적 토대를 마련하는 데 중요한 구실을

---

6) D. Held, *Introduction to critical Theorie*, California, 1980, 319쪽.

7) J. Habermas, *Erkenntnis und Interesse*(이하 J. Habermas, *E.I.*,로 생략하여 표기함), Frankfurt. a. M., 1977(한국어 번역본: 강영계 옮김, 『인식과 관심』, 고려원, 1983), 127-128쪽.

8) J. Habermas, *Theorie aud Praxis*, Frankfurt. a. M., 1963, 22-23쪽.

9) J. Habermas, 앞의 책, 197-198쪽.

한다. 특히 프로이트는 병리학적으로 자기반성을 필요로 하는 개인들의 자기형성의 과정에 대해 해석학 체계를 발전시켰다.

그에게 있어서 정신분석은 방법론적 해석(행위·꿈 등에 대한 해석)의 과정으로 이해된다. 여기서 정신분석은 언어나 행위, 비언어적 표현의 단계에서 언어놀이를 방해하는 신경적 증후들의 존재를 파악하고 전통적 해석학의 절차를 넘어서는 것이다.[10] 따라서 정신분석은 신경증 환자가 자신의 태도나 행위결과를 외부에서 가해지는 낯선 강제로서 경험하게 되는 과거의 과정을 재구성하게 된다. 이렇게 정신분석은 프로이트의 꿈의 해석을 문헌해석학의 모델로 정초하면서 특수한 형태의 해석학으로 나아갔다.[11] 그러므로 프로이트가 사용했던 과정과 방법들을 하버마스는 심층해석학이라 불렀다.[12] 여기서 하버마스의 심층해석학은 딜타이의 정신과학의 해석학, 가다머의 영향사적 해석학이 다루지 않은 해석학적 이해의 한계영역을 넘어서 이데올로기 비판으로 수행해 나갔다. 단적으로 심층해석학은 이데올로기 비판을 수행하는 데 있어서 자기반성의 힘에 의해 억압받고 왜곡된 의식을 변화시키고자 한다.[13]

하버마스는, 심층해석학이 정신분석학을 적용함으로써 수행하는 비판적 사회과학이론의 출발점을 의사소통능력이론에서 찾았다. 그의 심층해석학은 왜곡된 의사소통을 일상적인 의사소통으로 환원시키는 데 그 목적이 있다. 그래서 그의 심층해석학에서 기술

10) D. Held, 앞의 책, 320쪽.
11) J. Habermas, *E.I.*, 280쪽.
12) J. Habermas, *E.I.*, 277쪽; Held, 앞의 책, 320쪽.
13) 김영한, 『하이데거에서 리꾀르까지』, 박영사, 1987, 344쪽.

하고 설명하는 내용은 왜곡된 의사소통을 메타해석학과 분리하는 것이다.[14] 이런 점에서 하버마스는 프로이트의 메타 심리학을 받아들인다. 그리고 그는 정신과학의 해석학에서 이해의 한계성을 극복하고 이데올로기 비판으로부터 메타해석학(Metahermeneutik)[15]으로 확대시켰다. 여기서 하버마스는 언어분석(Sprachanalyse)을 인과율의 관계에 따라 심리학적인 탐구와 결합시킨다.[16] 따라서 그는 정신분석의 이론적 구조를 다음과 같이 세 단계로 요약한다.

첫째 단계는 메타심리학 또는 메타해석학의 단계이다. 이 단계에서 프로이트의 신경이론은 언어의 변형 및 행동 병리학에 대한 설명뿐만 아니라 에고(ego) - 이드(Id) - 슈퍼에고(Super ego)의 모델 및 본능이론을 포함시킨다. 즉 메타심리학은 대화의 분석을 통해 상황에서 드러나는 해석의 논리를 제시한다.[17] 따라서 메타심리학은 분석자와 환자가 참여하는 의사소통형식의 반성에서 시작된다.

둘째 단계는 메타심리학의 단계를 일반적 해석의 단계와 구별한다. 일반적 해석은 임상경험에서 얻은 자료뿐만 아니라 경험과학의 이론으로 구성된다. 일반적 해석은 어린이의 정신역학에 체계화된 이론을 제공한다. 따라서 어린이와 부모 사이의 상호행위의 유형, 동기의 증후군, 학습메커니즘(대상선택)을 서술한다.

셋째 단계는 치료의 의도를 지닌 채 개인적 삶의 역사를 재구성한다. 환자의 실제적 사건들은 일반적 해석체계에서 종합되며, 그

14) 김영한, 앞의 책, 344쪽.
15) J. Habermas, *E.I.*, 309쪽.
16) J. Habermas, *E.I.*, 266쪽.
17) J. Habermas, *E.I.*, 310쪽.

단편적인 정보들은 대화에서 얻고 분석해 나간다.[18] 프로이트는 이해 불가능한 생활표현들의 영역을 구분하기 위해 체계적으로 왜곡된 의사소통의 경험을 구분한다. 하버마스는 체계적으로 왜곡된 의사소통의 영역을 확장시켜 사회체계가 안고 있는 병리적, 임상적인 현상들 속에서 얻은 자료를 잘 활용한다.[19] 따라서 하버마스는 신경증세의 출현 및 신경증에 의해 왜곡된 생활표현의 형식들을 구분한다.[20] 특히 하버마스는 프로이트의 정신분석을 언어로서 수행해 나간다. 여기서 그는 정신분석을 언어분석으로서 간주한 로렌저(A. Lorezer)의 장면적 이해를 원용한다.[21] 장면적 이해란 분석자가 환자의 신경증세 장면을 전이상황의 유사적 장면과 연결시켜 그 의미를 해독하는 것을 말한다. 전이상황은 신경증세 장면을 유아기적 원래 장면에 대하여 '기호화된 관계'라는 것을 밝힐 수 있는 근거를 제공한다. 전이상황에서 의사는 환자가 반성할 수 있는 무대의 주연역할을 한다. 그래서 그는 이러한 전이상황을 통해 '유아기적 장면의 반복(Widerholung fruhkindlicher Szenen)'으로 해석한다. 그렇게 하여 신경증세적 표현에 대해 이론적 근거를 마련한다.[22]

장면적 이해는 체계적으로 왜곡된 의사소통의 원인을 지적해 낼 수 있다는 점에서 일종의 설명적 이해이다. 이런 측면에서 장면적 이해는 자연적 의사소통능력으로만 설명될 수 없는 이론적 전제에

18) D. Held, 앞의 책, 322쪽.
19) J. Habermas, *E.I.*, 138쪽.
20) J. Habermas, *E.I.*, 138쪽.
21) Alfred Lorenzer, *Sprachzerstörung und Rekonstruktion*, Frankfurt. a. M., 1976, 104쪽.
22) J. Habermas, *E.I.*, 136쪽.

기초하고 있다. 신경증세적인 장면은 체계적으로 왜곡된 맨 처음의 조건과 관련시켜 설명해야 이해될 수 있다.[23] 이러한 설명을 통해 장면적 이해는 의사소통능력에 관한 일반이론으로 설명된다. 따라서 하버마스는 심층해석학의 언어분석에 대한 장면적 이해를 세 가지 측면에서 가정한다.[24] 여기서 이론적 가설은 가다머의 철학적 해석학과는 근본적으로 다르게 구별된다.

① 정신분석학자는 왜곡되지 않은 이상적인 의사소통의 구조에 대한 선(先)개념을 갖고 있다.

② 의사소통의 체계적인 왜곡의 원인을 상징의 전언어적(前言語的) 조직화와 언어적 상징조직화의 두 단계로 분리하여 추적해 나간다.

③ 유년기의 인성형성에서 상호작용의 연관성을 일탈의 사회화 과정에서 나타난 왜곡의 발생을 설명한다.[25] 여기서 심층해석학의 이해는 언어에 대해 체계적인 선(先)이해를 요구한다.[26] 따라서 하버마스의 심층해석학적 이해는 일반적인 해석학의 이해와 구별하였을 때 새로운 계기를 마련할 수 있다. 이러한 계기는 정신분석에 대해 이해하는 대상이 갖고 있는 특수성에서 찾아낸다.[27] 따라서

23) J. Habermas, *E.I.*, 138쪽.

24) 로렌저는 장면적 이해를 환자가 자기반성의 행위에서 타당하다고 인정하는 본래의 장면을 재구성하는 목적을 갖고 있다. 그는 그 실례로 소년 한스의 공포증의 예를 들고 있다. 장면적 이해는 세 가지 유형으로 나눈다. ① 일상적인 장면, ② 전이장면, ③ 본래의 장면, 장면적 이해는 병리학적으로 경화된 의사소통 형태의 의미를 공중의 의사소통으로 번역할 수 있게 해준다. (J. Habermas, *E.I.*, 138쪽).

25) J. Habermas, *E.I.*, 139쪽.

26) J. Habermas, *E.I.*, 148쪽.

27) J. Habermas, *E.I.*, 265쪽.

일반 해석학적 이해는 전통에서 형성된 의사소통행위 안에서 정립되고 선이해(先理解)를 통해서 가능하다.[28] 이런 측면에서 심층해석학은 체계적으로 왜곡된 의사소통을 체계적인 선이해로서 전개하고 동시에 의사소통능력이론의 체계로서 정당화시킨다.[29] 하버마스는 해석학적 경험이 심층적으로 파고들어가 "체계적으로 왜곡된 의식"이 표현하는 증상에 대해 설명을 함으로써 그것을 의식으로 드러내는 이데올로기 비판으로 나아가야 함을 강조한다. 따라서 하버마스의 의사소통능력이론은 해석학적 이해로 접근하고자 하는 왜곡된 의사소통을 와해시키는 역할을 해야 한다. 그렇게 했을 때 의사소통능력이론은 사회적 · 정치적인 차원에서 거짓된 합의와 참된 합의를 구별할 수 있는 기준을 마련할 수 있다.[30] 그러므로 심층해석학은 합리적인 담화의 규제원칙을 제시할 수 있어야 하며, 근본적인 합의와 승인된 정당화에 담겨져 있는 왜곡된 의사소통을 찾아내야 한다.[31] 궁극적으로 하버마스의 심층해석학은 자기반성을 통해 타당성을 획득해 나간다.

3. 의사소통행위의 해석학

1981년에 출판된 하버마스의 『의사소통행위이론』(1981)은 이제까지의 그의 저서 중 최고의 노력을 기울인 가장 정점에 이르는 책

28) J. Habermas, *E.I.*, 148쪽.
29) J. Habermas, *E.I.*, 148쪽.
30) J. Habermas, *E.I.*, 151쪽.
31) J. Habermas, *E.I.*, 158쪽.

이라 평가한다. 이 저서에서 하버마스는 실천적인 의도를 갖고 사회이론을 계획하고 기술하였다. 하버마스는 이 저서를 통해 프랑크푸르트학파가 비판적으로 수행하려는 계획에 대해 구체적인 이론적 형태를 제공하였다. 여기서 그의 이론은 초기 호르크하이머와 그의 동료의 사회이론계획을 연결시키는 것을 의미하였다.[32] 하버마스는 이 책의 머리말에서 "의사소통행위이론은 어떤 메타이론이 아니라 자기의 비판적 척도를 현실 속에서 입증하고자 노력하는 사회이론의 시작이다."[33]라고 자신의 입장을 표명한다. 또한

> "이 연구로 나는 비판적 사회이론의 규범적 토대를 밝히는 의사소통행위이론을 도입하고자 한다. 의사소통행위이론은 (…) 자본주의적 근대화의 선택적 유형을 다시 통합 학문적으로 연구할 수 있게 하는 틀이 되고자 한다."[34]

이런 점에서 그의 『의사소통행위이론』은 현재의 비판이론의 과제와 그 가능성에 대한 새로운 규정으로 이해될 수 있다.

하버마스는 의사소통행위의 해석학를 다음과 같이 풀어 가고자 한다. 한편으로, 의사소통행위로부터 의사소통적 합리성이라는 포괄적 합리성 개념을 추출해 내는 것이다. 다른 한편으로, 자본주의 사회의 여러 사회병리학적 현상들을 의사소통행위들이 반드시 필요한 부분에서 다른 행위들에 의해 대체되는 것으로 해석하는 것

32) Alfred Wellmer, "Die Bedeutung der Frankfurter Schule heute", in: Honneth, A./Wellmer. A(Hg.), *Die Frankfurter Schuler und die Folgen*, Berlin, 1986, 206쪽.

33) Jürgen Habermas, *Theorie des kommunikativen Handelns*(이하 *TKH*.라 생략하여 인용함), Bd. 1, Frankfurt. a. M., 1985, 7쪽.

34) Jürgen Habermas, *TKH*. II., 608쪽.

이다.[35] 특히 그의 비판이론은 자본주의 사회구조를 마르크스의 소외개념에 의해 분석해 냈다. 즉 "생산관계(생산을 둘러싼 사람들 사이의 관계)"[36]에서 일어나는 자본가에 의한 노동집단 사이의 비이성적 상황들의 문제를 제기하기보다는 생산과정에서 합리화가 비인간화를 낳는다는 명제에서 경제적 하부구조와 문화적 상부구조 간의 연관관계를 밝혔다. 그는 서구 문명의 인간조건을 극복하기 위한 방안으로 실천철학을 제시했다. 즉 그는 비판이론의 비판을 통해 사회이론의 보다 명료한 방향을 제시하고자 하였다.

하버마스의 관점에서 호르크하이머와 아도르노의 비판이론은 단지 역사철학적인 측면에서 규범적 근거만을 확정하고자 하였기 때문에 경험적인 연구계획을 수립할 수 없다고 파악하고 자신의 독특한 사회이론을 전개시킨다. 무엇보다 하버마스의 『의사소통행위이론』의 중심적 사유는 마르크스, 후설, 베버, 뒤르켐, 미드, 파슨스, 슈츠 등의 사상에 근거를 두면서 자신의 이론을 전개하였다.[37] 구체적으로 하버마스는 그의 『의사소통행위이론』에서 그 당시의 비판적 사회이론의 중심적인 이론을 수용한다. 즉 마르크스의 소외론 수용(노동과 화폐)과 마르크시즘에 대한 사물화의 비판, 베버의 합리화이론과 루카치의 물화이론의 결합, 호르크하이머와 아도

35) 장춘익, 『비판과 체계-하버마스와 루만-』, 21세기북스, 2022, 49쪽.

36) 마르크스의 경제적 역사 유물론의 핵심은 생산력과 생산관계의 대응으로 구성된다. 생산력은 인간의 노동이 생산수단을 활용하여 노동대상을 변형시킬 수 있는 능력을 가리킨다. 과학기술의 발전에 따라 생산력은 끊임없이 발전한다. 생산관계는 생산을 둘러싼 사람들 사이의 관계를 의미한다. 생산력과 생산관계는 일대일 대응관계는 아니지만, 어떤 수준의 생산력은 그에 걸맞게 생산관계의 일정한 범위를 지정한다.(류동민, 『정치경제학 노트』, 충남대학교출판문화원, 2021, 37쪽.)

37) David Ingran, *Habermas and the Dialectie of Reason*, New Haven and London, 1987.

르노의 도구적 이성 비판, 후설과 슈츠/룩만(Th. Luckmann)의 생활세계 개념, 파슨스의 체계 개념, 미드의 상징적 상호작용이론 등의 수용을 통해 그의 이론을 광범위하게 전개시켰다. 여기서 하버마스는 후설, 슈츠, 룩만 등의 주관/객관의 관계를 사회와의 맥락 속에서 역사적인 의미를 개념화한다.

하버마스에게서 의사소통행위는 생활세계의 지평에서부터 "말하는 자(Sprecher)와 듣는 자(Hörer)"가 객관적 세계 · 사회적 세계 그리고 주관적 세계와 밀접히 관련되어 있다. 생활세계는 말하는 자와 듣는 자가 만나는 선험적인 장소이다. 여기서 생활세계는 객관적 세계, 사회적 세계, 그리고 주관적 세계가 조화를 이루어 상호간에 요구하는 것을 수용한다. 이를테면 말하는 자와 듣는 자는 객관적 세계, 사회적 세계, 그리고 주관적 세계가 서로 조화를 이루어 공통적인 생활세계로 함께 나가야 한다. 그렇게 되었을 경우에 생활세계는 말하는 자와 듣는 자의 상호 주관성의 형식을 가능하게 한다. 따라서 하버마스는 말하는 자와 듣는 자의 상호언어 소통행위를 다음과 같이 파악하고 있다.

① 객관적 세계의 어떤 것(진실된 대화가 가능한 실재의 전체로서)
② 사회적 세계의 어떤 것(합법적이고 규칙적인 개인의 내적 관계로서)
③ 주관적 세계의 어떤 것(말하는 자가 대중 앞에서 진실된 것을 표현할 수 있는 전권을 갖고 접근할 수 있는 결과의 전체로서)

이것은 다음과 같이 도표화할 수 있다.

행위 방식	타당성 요구	세계 관계
이론적 행위	진 리	객관적 세계
규범적 행위	정당성	사회적 세계
연출적 행위	진실성	주관적 세계

그 밖에 하버마스의 사상적으로 영향받은 사상가는 삶의 철학자인 딜타이의 삶에 대한 사유형식과 삶의 현존재형식, 후설의 생활세계, 빈델반트 · 리케르트와 같은 신칸트학파의 문화과학의 사유체계의 도움을 빌어 사회이론을 전개한다.

하버마스는 이러한 다양한 관점의 사회이론을 개진하기 위해 패러다임의 전환(Paradigmenwechsel)[38]이 필요하다고 보았다. 그는 서양철학사에서 오랫동안 전개되어 왔던 패러다임, 즉 의식 철학은 언어철학이자 주관의 철학이며 상호주관성의 철학으로 패러다임을 전환시켜야 한다고 주장한다. 이러한 패러다임의 전환은 인식론 · 진리론 · 과학이론 · 윤리학 등 다양하게 걸쳐 진행된다. 이제까지의 윤리학과 실천적인 사회과학이론이라 불리는 정치학은 테제 중심의 이론에서 생활세계의 해방론으로 새로운 사상을 체계화시켜 전환하는 것이다. 그는 패러다임의 전환을 좁게는 목적 합리성으로부터 의사소통적 합리화의 전환, 또는 행위체계와 체계이론과의 상호연관관계를 가리켰다. 하버마스는 다음과 같이 패러다임의 전환을 서술한다:

38) 하버마스의 패러다임의 개념은 토마스 쿤의 Paradigma에서 빌려 왔다. 하버마스의 패러다임에 관한 자세한 내용은 다음을 참조: Arpad A Stölter, *Moderne und Kulturkritik, Jürgen Habermas und Erbe der kritischen Theorie*, Bonn, 1996, 1-11쪽.

"나는 의사소통행위이론을 위한 패러다임의 전환을 도구적 이성 비판의 시대와 단절하여 비판적 사회이론의 정체된 과제를 다시 도입하고자 하는 것이다."[39]

이러한 맥락에서 그의 연구의 초점은 의사소통적 합리화를 위해 기존의 경제와 국가에 대한 인식론적/도구적인 합리화로부터 도덕적/미학적인 실천적 합리화의 형식으로 패러다임을 변화시키는 것이었다. 이러한 패러다임의 전환을 위해서 의사소통행위의 합리화는 객관적 세계에 대한 어떤 고립된 주체와의 관계가 아니라, 서로가 무엇인가 언어로 이해할 수 있거나 행위할 수 있는 주체로 수용하여 상호주관적인 관계로써 모형을 삼는 것이다.[40] 따라서 하버마스는『의사소통행위이론』의 저서에서 서로 연결된 목적을 다음과 같은 세 가지의 방향을 전한다. ① 근대철학과 사회이론의 주관주의적, 개인주의적 전제조건이 회의(懷疑)주의적인 것에서부터 이성의 인식론적/도구적 왜곡에 이르기까지 의사소통적 합리화의 개념으로 전개한다. ② 생활세계와 체계의 두 단계의 패러다임을 수사학(修辭學)적 방법과 연관하여 사회의 실천적 측면에 주목한다. ③ 사회적 병리현상의 유형을 분석하고 설명하고자 근대화에 대해 비판적 이론을 전개한다. 특히 하버마스는 사회이론의 기본적인 근거를 두 가지의 단계로서 수용한다. 여기서 그는 후설의 생활세계와 체계적인 행위연관을 사회적으로 통합하고자 한다. 즉 그는 생활세계와 체계를 구분하고 의식이론의 주관/객관과의 관계를 보충

39) Jürgen Habermas, *TKH*, I, 518쪽.
40) Jürgen Habermas, *TKH*, I, 525쪽.

하고 새로운 관심사를 형성한다.

궁극적으로 그는 지금까지의 의식철학에 대한 한계의 극복을 통해 의사소통적 합리화로 파악하고자 한다. 따라서 하버마스의 관점에서 선험적 주관에 대한 의식철학의 근본개념은 생활세계를 문

화적으로 전달하고, 언어적인 방향으로 나아가 사회의 비판이론을 현실화하는 것이다.[41]

4. 합의이론

하버마스의 합의이론은 의사소통행위이론과 밀접한 상관관계를 갖는다. 그의 의사소통행위이론은 비판이론의 극복을 시도하면서, 보편적 화용론의 원칙을 적용하여 모든 지배와 억압으로부터 자유로운 삶의 지표를 내세웠다. 이러한 삶의 지표는 체계와 생활세계, 노동과 상호작용, 목적 합리적 행위와 의사소통적 행위, 도구적 합리성과 의사소통적 합리성의 이원론적 개념들을 적용한다. 이러한 요소는 사회적 연관성을 위해 규정한다. 이런 근거 위에서 하버마스는 사회적 행위이론을 문제해결로 삼아 해석학을 사회이론으로 확장하고자 했고, 해석학의 여러 조건들을 사회비판적으로 반성하고자 하였다. 이러한 관점에서 제기된 논의가 합의이론이다.

그의 합의이론은 사회적인 실천과 관련을 맺고 있기에 현대사회에서 많은 주목을 받고 있다.[42] 하버마스는 합의를 상호 논증적으로 대화하는 형식으로 파악하고 넓은 의미로는 이론적이고 학문적인 차원의 논쟁 및 토론과 관련을 맺고 있다. 즉 합의는 논증을 전제로 하는 해방적 · 비판적 의식의 영역을 서로 이해하며 궁극적으로 합의에 이르고자 함이다.[43] 이러한 궁극적인 합의를 이루기 위

41) Jürgen Habermas, *TKH*, II, 189쪽.
42) 박순영 편, 앞의 책, 300쪽.

해서는 서로 이해하며 지식을 공유하고, 서로 믿고 화합하는 가운데서 참된 합의에 도달해야 한다.[44] 따라서 이러한 논의를 가능하게 하는 이론이 의사소통능력이론이다. 하버마스는 그의 논문 「의사소통능력이론에 대한 예비 견해」[45]에서 의사소통능력이론을 전개한다. 그에게 있어서 의사소통이라는 용어는 이미 인식을 주도하는 관심[46]이라는 의미로 쓰였다. 여기서 능력(Kopetenz)은 권한, 자격이라는 용어이다. 이러한 개념은 언어학자 촘스키에 의해 언어 생산적 규칙의 추상적 체계를 지배하는 이상적 화자의 능력[47]을 일컬었다. 이것을 구체적으로 표현한다면, 실천이라는 말을 의사소통으로, 의사소통은 다시 대화로, 대화의 이론화 가능성은 '이상적 언어상황'으로 환원시킨다. 그러므로 의사소통능력이론은 "인식과 관심" 아래에서 상대자와 의사소통을 할 수 있는 능력이론을 말한다.[48] 이러한 의사소통능력이론은 특정한 인식론적 가정이나 개념에 의존하지 않고, 말하는 자가 문장들을 묘사 · 표현하고 서로의 합법적인 개인의 관계에 의해 끌어들인다.[49] 하버마스와 마찬가지로 합리적인 의사소통공동체 및 건전한 사회를 구성했던 철학자는 "아펠(K.-O. Apel, 1922~)"[50]이다. 아펠의 해석학은 독창적인 측

43) 백승균, 「하버마스의 철학형성과 진리이념」, 『현상과 인식』(1983, 가을), 129쪽.
44) D. Held, 앞의 책, 300쪽.
45) J. Habermas, "Wahrheitstheorien", in: H. Fahrenbach(Hrsg), *Wirklichkeit und Reflexion*, Walter Schulz zum 60 Geburtstag, fullingen, 211-414쪽.
46) J. Habermas, *E.I.*, Frankfurt. a. M., 1977, 163쪽.
47) J. Habermas, *Vorareitende Bemerkungen zu einer Theorie der kommunikativen Kompenz*, Frankfurt. a. M, 1985, 101-141쪽.
48) 백승균, 「J. 하버마스의 논의이론과 진리이념」, 『철학연구』, 제35집, 25쪽.
49) D. Held, 앞의 책, 334쪽.
50) 아펠(K.-O. Apel, 1922~2017)은 1922년 3월 12일 뒤셀도르프에서 태어났다. 그는

면이 많이 있음에도 불구하고 하버마스의 그늘에 상당 부분 가려져 있다.

하버마스의 입장에서 의사소통행위와 합의는 서로 구별된다. 즉 의사소통행위는 문제화된 타당성의 요구가 명제로 될 때, 정당성

나치시대에 발생한 국가적 참상을 직접 체험했다. 18세였던 1940년에 아펠은 고등학교의 같은 반 학우들과 함께 독일군의 히틀러 - 유겐트로 자원입대하여 전선에 참가한다. 나치 독일 군대의 병사로 5년 동안 전쟁터에서 싸우다가 패잔병으로 미군의 포로가 되었고, 1945년 가을에 겨우 석방되었다. 1945년 독일이 전쟁에서 패배한 사실은 그에게 "우리가 그토록 믿었던 것 모두가 잘못된 것이었다"라는 심히 역겨운 자괴감이 들게 했다. 1945년 고향에 돌아와 본(Bonn)대학에 입학하여 철학과 역사, 독문학을 공부한다. 아펠은 역사학에서 랑케 계통의 정치사 강의와 철학에서 딜타이와 신칸트학파의 영향을 받고 철학사를 공부하였다. 아펠은 딜타이의 역사주의나 해석학적 입장에 따라 공부하다가 지도교수가 된 로타커(Erich Rothacker)를 만나서 심리학과 철학적 인간학 등에 매료되어 철학을 연구하게 된다. 1950년 아펠은 「현존재와 인식: 마틴 하이데거의 철학에 대한 인식론적 해석」이라는 논문으로 철학박사를 취득하였고, 1961년 단테로부터 「비코에 이르는 인간주의 전통에서의 언어이념」이라는 논문으로 마인츠대학에서 교수자격을 취득한다. 1950년대와 1960년대 조교와 강사를 거쳐 교수가 되는 과정에서 그가 주력한 연구과제는 인식론적 방법의 탐구였다. 그는 일찌감치 그의 방법론적 탐구를 인식 인간적 탐구라 명명했다. 그의 인식론적 탐구의 줄기를 잡아준 철학사조는 딜타이와 하이데거에서 뿌리를 찾는 해석학적 방법과 포퍼와 비트겐슈타인 그리고 미국의 실용주의 철학자 퍼스에 뿌리를 둔 언어철학과 과학이론이었다. 그는 1962년 킬(Kiel)대학에 정교수로 취임하면서 "비트겐슈타인과 하이데거"라는 제목으로 해석학과 언어철학의 융합을 시도했다. 아펠은 자신의 철학목표를 보편적 규범의 근거를 세우고자 한다. 이러한 시도는 그가 철학을 입문하게 된 동기이자 그 자신을 철학에 사로잡고 있는 핵심적 문제이다. 아펠의 해석학은 두 가지 차원에서 받아들여진다. 플라톤에서 슐라이어마허, 딜타이, 하이데거, 가다머에 이르는 해석학적 이해의 차원과 아리스토텔레스에서 라이프니츠, 비트겐슈타인, 모리스에 이르는 언어분석적 의미비판의 차원이 바로 그것이다. 아펠은 이 두 가지 해석학적 차원에 함축된 선험 철학적 의미지평을 확보하여 상호 매개할 수 있는 가능성을 시도한다. 흔히 아펠 철학은 선험적 화용론(Transzendental-pragmatik)으로 대표된다. 선험적이란 의미는 전통철학으로 어떤 것을 가능하게 하는 조건에 대해 질문하는 것을 뜻한다. 그 질문은 직접적으로 가능하게 하는 것이 아니고, 반성적 태도 안으로 들어가는 것을 가능하게 한다. 아펠 철학은 타당성 요구와 그 요구의 근거를 규명하는 것을 목표로 한다. 즉 "도대체 왜 어떤 것은 타당하고 그 밖의 것은 아무것도 타당하지 않다는 말인가?"라는 이러한 물음이 항상 그의 머릿속에 맴도는 것이었다.

을 확보할 수 있게 된다.51) 이것은 소박한 형태로서 발언에 사용된 문장, 행위, 육체적 체험표현의 규칙에 따라 도출된다. 그러나 합의는 의사소통행위에서 이루어진 합의를 문제 삼아 그 타당성의 근거를 재조명하여 논증적 상호이해(diskursive Verständigung)해야 한다. 여기서 합의는 언어적 발언만을 허용한다. 이런 점에서 합의에서는 상호소통의 억압된 가상화를 요구하며, 억압이 이루어진 상황에 괄호치고 억압에 대해 타당한지를 묻는다.

하버마스는 이러한 논의 과정을 거쳐 상호소통행위의 억압이나 강제를 해방시킬 수 있으며 타당성의 요구도 유보(Existenzvorbehalt)할 수 있다고 보았다. 즉 의사소통행위는 그 대상의 실재를 유보하여 ① 그렇게 있을 수도 그렇지 않을 수도 있는 사태(Sachverhalt), ② 올바름에 대한 추천(Empfehlung), ③ 그른 것에 대한 경고(Warnung)를 일컫는다52). 따라서 하버마스는 모든 사람이 지배로부터 자유로운 토론의 척도를 현대사회에서 인간이 나아가야 할 목표로 삼았다. 즉 그는 자연에 대한 기술적 지배에 의한 자연적 강제로부터 인간해방과 인간에 대한 지배로부터의 해방(Herschaftsfreiheit)을 제시한다.53) 특히 그가 관심을 보인 것은 인간의 사회적 · 정치적 해방이다. 따라서 그는 지배로부터 해방된 상태를 이상적 언어상황에서 찾았다.54)

---

51) J. Habermas, "Wahrheitstheorien", in: H. Fahrenbach(Hrsg), *Wirklichkeit und Reflexion*, Walter Schulz zum 60 Geburtstag, 130쪽.

52) J. Habermas, *Vorareitende Bemerkungen zu einer Theorie der kommunikativen Kompenz*, 117쪽.

53) J. Habermas, *Technik und Wissenschaft als Ideologie*, Frankfurt. a. M., 1973, 4-9쪽 참조.

54) 언어구조 내에서 아프리오리(A priori)하게 파악되는 이상적 언어상황을 중심으로

"이상적 언어상황은 의사소통의 외적인 우연한 방향을 통해서 방해받지 않을 뿐 아니라 의사소통구조로부터 야기되는 강요를 통해서도 방해받지 않는 상황이다."[55]

구체적으로 이상적 언어상황은 사람들이 동등한 발언기회를 갖고 토론에 참여하여 합의(Konsensus)에 도달하는 사회이다. 이렇게 의사소통행위는 상호행위에서 기대하는 것을 규정하여 적어도 두 사람 이상의 행위주체에 의해 이해되고 인정되어야만 합의규범을 지향할 수 있다. 합의규범은 일상언어의 의사소통 안에서 행해진다. 이러한 합의규범은 언어구조에서 아프리오리(A priori)하게 인식되며 자연으로부터 격상시킬 수 있는 유일한 것이 언어이다. 이렇게 언어 안에서 의사소통의 본질을 파악하여, 일반적이고 강요되지 않는 합의 이념을 표출한다. 따라서 하버마스가 주장하는 이상적 언어상황은 단순히 말하는 자의 인격적인 특성에 의해서가 아니라, 상호 언어상황이 가능한 구조적 특성에 의거한다.

이것은 대화의 역할을 서로가 긍정적으로 받아들이고 언어행위를 공평하게 하여 목적을 이루어내도록 하는 것이다. 이런 점에서 이상적 언어상황의 구조적 특성은 대화의 역할을 서로 받아들이고 언어행위에 의해 나아간다.[56] 그 이유는 하버마스 자신이 비판적

규범의 체계적인 정초를 시도하는 것이라고 앞장에서 살펴본 보편적 화용론이다. 우리는 보편적 화용론을 세부적으로 다루지 않고 이상적 언어상황이 어떻게 합의될 수 있는가 하는 사항을 일반적인 차원에서 논의하는 데 그 목적을 두었다(Jürgen Habermas, "What is universal pragmatics? Communication and Evolution of Society", Beacon press, 1979, 1장 1-69쪽 참조).

55) J. Habermas, *Wahrheitstheorien*, 42, 137, 255쪽.

56) J. Habermas, *Vorareitende Bemerkungen zu einer Theorie der kommunikativen Kompenz*, 139쪽.

사회이론의 출발점을 이상적 언어상황에 두었기 때문이다. 따라서 하버마스는 이상적인 언어상황을 세 가지 요소로서 다음과 같이 말한다. 첫째, 이성적 논의에 의해 합의에 이르고, 둘째, 상호작용에 참여하는 사람들 사이에 완전한 상호이해가 이루어져야 하며, 셋째, 대화에 참여하는 상대자의 자유로운 대등자로서 진정한 권리가 인정되어야 한다는 것이다.[57]

하버마스는 이상적 언어상황의 조건에서 논증으로 이끌어 낸 합의가 타당성 요구를 통해 진정한 합의가 될 수 있기를 노력한다.[58] 다시 말해 이상적 언어상황은 진정한 의미의 합의가 이루어졌을 때 가능하다고 본다. 그런데 모든 합의는 거짓 의사소통의 위협을 갖고 있는데, 어떻게 거짓 의사소통으로부터 참다운 의사소통을 구별해 내느냐 하는 것이 중요한 관건이다.[59] 참다운 합의를 거짓 의사소통으로부터 구별시키는 규제원칙을 규명하는 작업이 하버마스의 합의이론의 타당성 여부를 가늠하는 중요한 근거가 된다.

하버마스의 합의이론은 진술의 참과 규범의 옳음을 위한 조건을 밝히고자 한다. 그래서 그는 합의이론을 이론적 논의와 실천적 논의의 두 형식으로 나눈다. 이것을 근거로 그는 이론적 논의와 실천적 논의에 대해 논리학과 의사소통의 형식조건에 따르는 구조를 분석한다. 참다운 합의를 얻어 내기 위해서는 이상적 언어상황의 전제가 필요하며 이제까지의 존재론적인 참된 기준을 넘어서야 한

57) 차인석, 『현대의 철학 Ⅰ』, 서울대학교출판부, 1982, 183쪽.

58) J. Habermas, *Vorareitende Bemerkungen zu einer Theorie der kommunikativen Kompenz*, 163쪽.

59) 박순영 편, 앞의 책. 303쪽.

다. 그런데 대화에 참여하는 사람들이 합의를 기만할 수도 있기 때문에 모든 합의가 전부 참다운 합의가 아닐 수도 있다. 이와 관련하여 하버마스는 이상적 언어상황의 조건을 제시한다.[60] 이상적 언어상황의 조건은 의식적인 전략적 행위에서뿐만 아니라 체계적으로 왜곡된 의사소통과 모든 지배에서 자유롭게 토론을 하기 위해 평등한 기회를 보장해야 한다. 이러한 상황에서 성취된 합의는 진술의 진리 혹은 규범의 적합성에 대한 궁극적인 기준이 된다. 그러나 그 기준은 논의를 행할 때 모든 시간이나 장소에서 정당화되어 합의를 보여 줄 수 있는 조건의 합의여야 한다.[61] 이것이 충족될 때 이상적 언어상황은 보편적 합의에 도달할 수 있는 조건이 된다. 그것이 실행되기 위해서는 이해가능성, 진리성, 적합성, 진실성이라는 네 가지 타당성의 조건이 충족되어야 한다.

첫째, 말하는 자의 말이 청자에게 이해가능해야 한다(이해가능성). 이는 실제적으로 의사소통을 위한 기본적인 조건이다.

둘째, 말하는 자의 말이 명제적 차원에서 거짓이 아니어야 한다(진리성). 거짓된 명제를 알려주었다면, 비록 화자는 결과가 우연적으로 산출되었다고 할지라도 논리적으로 참된 의사소통을 할 수 없다. 따라서 듣는 자는 말하는 자의 지식을 받아들여 공유하도록 참된 명제적 진술을 해야 한다.

셋째, 아무리 말하는 자가 참된 명제를 전달했다고 하더라도 그 말이 효과가 있으려면 말하는 자와 듣는 자 사이에 형성된 관계에

60) 박순영 편, 앞의 책, 306-307쪽.

61) J. Habermas, *Wahrheitstheorien*, 239-40쪽; Held, 앞의 책, 344쪽.

부합해야 한다(적합성). 따라서 말하는 자와 듣는 자 사이에 정당한 것으로 인정된 상호관계가 성립하도록 주어진 규범적 맥락에 관련하여 올바른 화행을 수행해야 한다.

넷째, 말하는 자는 진실한 자세로 말해야 한다(진실성). 듣는 자가 말해진 것을 믿도록 생각, 의도, 감정, 소망 등을 진실하게 표현해야 한다.[62] 그렇지 않으면, 말하는 자는 그의 말을 거부할 것이고 이는 곧 의사소통의 불기능(不技能)을 초래할 것이다.

하버마스는 이러한 네 가지 조건을 '타당성 요구'로 정의한다. 이 타당성의 요구가 완벽하게 실현될 때, 비로소 참된 의사소통이 이루어진다. 타당성의 요구가 실현된다는 것은 곧 의사소통이 주체와 주체 사이에서 개방적으로 이루어지고 있음을 뜻한다. 참된 의사소통을 하고자 한다면, 말하는 자는 듣는 자에게 그러한 타당성 요구를 할 권리가 있으며 말하는 자 또한 듣는 자의 그러한 요구에 부응해야 할 의무가 있다.[63] 이것이 추구될 때 모든 합의가 그 자체에 참된 합의로서 타당한 조건을 제시하게 된다.[64] 이러한 논의가 방해 없이 진행된다면 그 결과는 참된 합의라 말한다. 동시에 합의의 참과 거짓을 결정하는 기준은 이상적 언어상황의 조건충족이 있어야 한다.

그러나 이러한 조건을 충족시켜 판단할 외적 기준이 없다면 실제 대화에서 이러한 조건이 충족되었다는 확신을 가질 수 없다. 하버마스도 이것을 어느 정도 수긍한다. 따라서 이상적 언어상황은

62) J. Habermas, *TKH*. I, 452쪽.
63) 하상복, 『푸코 & 하바마스 - 광기의 시대, 소통의 이성』, 김영사, 2009, 232-233쪽.
64) 김영한, 앞의 책 339쪽.

가능한 한 모든 참여자들이 언어행위를 선택하고 수행하는 기회의 균등한 분배가 잘 이루어져야 한다.[65] 이상적 언어상황은 네 가지 범주를 적용할 기회를 갖는다.

첫째, 의사소통을 이끌어 갈 수 있는 기회의 균등적 배분, 즉 논의 참여자가 논의를 개최하고 진술과 반대진술, 질문과 대답을 통해서 이상적 논의를 실현한다.

둘째, 지속적 언어행위를 적용할 동일한 기회를 제공한다. 즉 논의의 참여자가 해석, 주장, 해명과 정당화될 수 있게 문제를 제기하고, 타당성 논의를 통하여 선입견을 제거한다.

셋째, 의도나 표현의 균등적인 배분을 통해서 말하는 자는 자신의 의도나 다른 사람의 의도를 기만하지 않게 한다.

넷째, 정당성과 책임의 균형적인 배분을 통해서 규칙적 언어행위를 적용할 기회를 제공한다.[66] 따라서 이상적 언어상황이란 사변적 원리가 아니라 무제한적 상호소통을 위한 규제적인 이념이며 실천적 가설(eine praktische Hypothese)에 근거를 둔다.[67] 이러한 실천적 가설을 근거로 하여 하버마스는 비판적 사회이론의 출발점을 마련한다. 여기서 비판적 사회이론은 일상 언어적 상호소통의 구조 안에서 상호주관적으로 타당한 가치판단의 합리성을 규명해 낸다.[68] 궁극적으로 하버마스의 이상적 언어상황은 이상적으로 말하

65) J. Habermas, "Die Utopie des guten Herrschers", in: *Kultur und Kritik*, Frankfurt. a. M., 1977, 381쪽.

66) J. Habermas, *Vorareitende Bemerkungen zu einer Theorie der kommunikativen Kompenz*, 138쪽.

67) J. Habermas, *Wahrheitstheorien*, 259쪽.

68) 김영한, 「하버마스의 정신분석적 심층해석학」, 『하이데거에서 리꾀르까지』, 박영사, 1987, 340-341쪽.

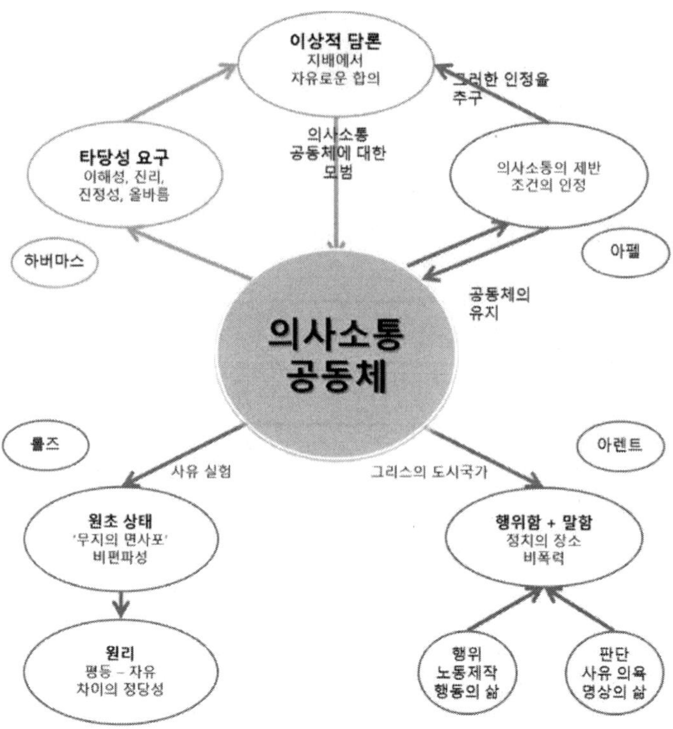

는 자들이 모여 단지 인격적 특성을 결집하는 것이 아니라 대화에서 역할을 올바르게 인식하고 대화행위에 맞는 특성을 찾고자 한다.[69] 따라서 하버마스의 비판적 사회이론은 모든 억압과 왜곡으로부터 인간해방을 위해 의사소통구조에 의해 정립해 나간다. 왜곡되지 않은 의사소통행위란 우리가 임의적으로 선택할 수 있는 주관적 규범이 아니라, 언어적 상호주관성에 의해 수행된다. 그래서 하버마스는 이러한 의사소통행위를 더 이상 권력의 산물이 아

69) J. Habermas, *Vorareitende Bemerkungen zu einer Theorie der kommunikativen Kompenz*, 139쪽.

닌 의사소통적 합리성의 개념으로 나아가야 한다고 생각한다. 때문에 그는 이상적 언어상황에서 이루어진 이성적 합의가 진리와 정당성을 판정할 수 있는 궁극적 기준이라 간주한다.

하지만 이상적 언어상황이 현실에서 성취될 수 없는 이념이라 할지라도, 그것은 우리 사회가 지향하고자 하는 민주주의의 궁극적 지표가 되어야 하며, 그 지표에 의해 끊임없이 형성되는 권력-지식연계의 틀을 평가하고 비판할 수 있는 근거를 마련해야 한다. 결국 하버마스의 이상적 언어상황은 언어의 실천행위가 담보되었을 때, 그가 궁극적으로 추구하고자 하는 의사소통적 합리성에 의해 사회 · 정치 · 경제 등 사회의 지배현상의 근거를 마련할 수 있을 것이다.

5. 영향과 의의

하버마스는 20세기 후반과 21세기 초에 걸쳐 유럽뿐만 아니라 전 세계적으로 가장 영향력 있는 인물들 중의 한 사람이며, 가장 의미 깊고 논쟁이 많은 사상가 중의 한 사람이다. 1979년 하버마스가 50세를 맞이했을 때 슈피겔(Spiegel)지는 "독일에서 현재 사상적 영향력이 가장 큰 철학자"라고 평했다. 그러나 이때는 그의 주저라고 할 수 있는 『의사소통행위이론』(1981)이 출간되기도 전이었다. 그 후 2003년 슈피겔지의 여론조사 발표에 의하면, 독일에서 가장 영향력 있는 사상가를 노벨문학상 수상자인 소설가 귄터 그라스와 철학자이자 사회학자인 하버마스를 손꼽는 데 주저하지 않았다.

하지만 하버마스의 사상에서 해석학의 중요한 영향은 언어적 전회 이외에는 쉽게 발견되지 않는다. 하버마스는 "언어는 단지 우리의 수중에 있는 하나의 대상에 그치는 것이 아니라 전통이 축적되어 있는 저장고이자 창고이다. 또한 우리가 그 속에서 그것을 통해 존재하는 매개"[70]라는 가다머의 주장에 동의한다. 하버마스는 언어를 통해 제도화된 권력관계를 "체계적으로 왜곡된 의사소통의 형태"[71]로 규명해 내고자 했다. 따라서 비판적 사회이론은 사회현실에 대해 외부로부터 행하는 객관적 설명을 제공하였다. 이런 점에서 해석학은 스스로를 입증해 주는 잠재적 가능성으로서의 해방적 관심을 희생시키면서 전통의 권리를 긍정하고자 한다.

그의 철학의 진정한 의의는 이성이 불신받고 있는 이 시대에서 계몽주의의 긍정적 유산을 현대적으로 되살리기 위해 의연하게 노력해 왔다는 데 있다. 또한 현대철학의 중요한 논쟁들 가운데 우뚝 서서 신선한 문제의식을 끊임없이 제기했다는 데 있다.[72] 그의 이성에 바탕을 둔 현대의 새로운 계몽을 요구하는 의사소통행위이론은 과학기술의 무분별한 근대화 과정의 결과로서 도구적 가치의 만연, 관료주의의 폐해, 원칙과 합의가 결여된 왜곡된 의사소통 등 많은 구조적 불합리성을 겪고 있는 우리 사회의 현실에 시사점을 제공해 준다.

---

70) H.-G. Gadamer, "On the Scope and Function of Hermeneutic Reflection", in: *Continum*, 8, 1970.

71) 미첼 퓨지, 『하버마스의 사상』, 박만준·진기행 옮김, 부산대학교출판부, 1998, 105쪽.

72) 안성찬, 앞의 책, 73-74쪽.

제8강

로티

네오프래그머티즘의 해석학

1. 생애 및 사상개요
2. 인식론에서 해석학으로 전회
3. 프래그머티즘의 진리
4. 해석학과 교화
5. 반표상주의의 해석학
6. 영향과 의의

제8강

로티

네오프래그머티즘의 해석학

1. 생애 및 사상개요

로티(Richard Rorty, 1931~2007)는 뉴욕생으로 아버지 제임스 로티(James Rorty)의 문학에 영향을 받고 자랐다. 로티의 부친은 실용주의자인 듀이의 제자이자 철학자인 후크(Sidney Hook)와 절친한 사이였다. 한때 그의 아버지는 후크와 함께 트로츠키(Leon Trotskii, 1879~1940, 옛 소련의 혁명가로서 스탈린이 집권한 이후 소련을 떠나 도피함.) 조사위원으로 활동하였다. 트로츠키란 말은 로티의 어린 시절 그의 부친세대인 좌익 지식인들에게 공적인 삶의 의미를 상징하는 메타포였다. 저널리스트였던 제임스 로티는 1933년에 자유주의자로 전향하였다. 로티는 14살 때 시카고대학교에 입학하여 문학부에서 석사학위(1952)를 취득하였다. 로티는 「트로츠키와 야생란(Trosky and Wild Orchids)」(1992)이란 글을 통해 자신이 어떤 환경에서 자랐고, 어떻게 공부했는지를 자세히 밝힌다. 그는 위의 책에서 15세에 플라톤을 읽고 20세까지 플라톤주의자가 되고자 최선을 다했다고 고백한다. 플라톤주의자가 되려는 노력은 그의 프린스턴대학교 교수 시절까지 이어진 것으로 보인다.

그는 스스로 문학적인 자질이 없다고 판단하고 진로를 바꾸어 철학을 공부하기로 하고 예일대학교 대학원에 입학하였다. 예일대학교의 박사과정에 입학한 로티는 바이스(Paul Weiss)의 지도 아래 「아리스토텔레스의 가능태에 관한 연구」로 1956년 철학박사학위를 받았다. 그리고 1958년부터 3년 동안 학위를 받은 후 웨슬리대학의 철학부 강사와 조교수를 거쳐 1961년에 분석철학의 경향이 강한 프린스턴대학교의 철학교수가 되었고 거기서 철학과장을 역임하였다. 분석철학자로 프린스턴대학의 교수가 된다. 여기서 그의 첫 번째 주저인 『언어학적 전환』(1967)을 출간하였다. 그리고 1970년에는 프린스턴대학교의 스튜어트 석좌교수가 된다. 로티를 세계적으로 유명하게 한 저서인 『철학과 자연의 거울(*Philosophy and the Mirror of Nature*)』(Princeton University Press, 1979)을 발표한 이후 프린스턴대학의 교수직은 그만두어야 했다. 그 이유는 분석철학의 전통이 강한 프린스턴대학에서 분석철학을 정면으로 비판하는 철학자를 수용하기는 어려웠기 때문이다.[1] 무엇보다 그는 분석철학적 작업이 자신의 철학적인 물음에 대한 답을 제시해 주지 못한다고 판단한다. 그래서 그는 탈분석 철학적 글쓰기를 시작하면서, 위의 책을 출판한 이후 프린스턴대학의 교수직을 사직한다. 그 이후 그는

1) 이유선, 『듀이 & 로티 - 미국철학의 유산, 프래그머티즘 - 』, 김영사, 2006, 124쪽.

프랑스의 탈구조주의 철학과 독일의 철학적 해석학 등을 수용하고, 철학자들이 도외시한 문학의 영역까지 섭렵하면서 듀이 이후 단절되었던 미국의 프래그머티즘 전통을 되살리기에 이른다.

1982년 이후 버지니아대학의 키넌 기념 인문학 교수가 된다. 1998년 이후부터 스탠퍼드대학의 비교문학과에 옮겨 재직하였다. 이 시기에 그의 가장 대표 저서인 『우발성, 아이러니, 그리고 연대』가 출간되어 세계적인 주목을 받게 된다. 로티는 1996년과 2001년 한국을 방문해서 강연을 하기도 했다. 그는 2007년 췌장암으로 숨졌다.

로티는 금세기의 가장 중요한 세 철학자라 부르는 비트겐슈타인, 하이데거, 듀이와 연관된다. 즉 전일주의(全一主義, Holism)의 언어관을 대변하는 비트겐슈타인, 역사의식을 주장한 하이데거, 철학보다 정치에 우선권을 둔 듀이의 세 관점을 엄격히 분리하고자 했다. 로티의 해석학은 반표상주의, 역사주의, 전체론 등으로 요약할 수 있다. 로티는 자신의 삶에서 두 가지 관심, 하나는 사회적이며 실천적인 문제에 대한 관심이며, 다른 하나는 사적이며 소통불가능한 관심이 서로 존중되고 거기서 나오는 용어들이 충족될 때 행복한 삶을 살 수 있다고 여겼다.[2)]

로티는 '철학이 과연 무엇을 해야 하는가? 진리에 관한 물음은 여전히 유효한가? 더 나은 사회를 만들기 위해 철학이 어떻게 기여할 수 있는가?'라는 물음들을 끊임없이 던졌다. 그의 경계를 뛰어넘는 글쓰기는 21세기의 새로운 인문학적 메시지를 던져주고 있다.

---

2) 이유선, 「로티의 정치철학」, 김용준 외, 『로티의 철학과 아이러니』, 아카넷, 2014, 21쪽.

2. 인식론에서 해석학으로 전회

로티는 『철학과 그리고 자연의 거울(*Philosophy and the Mirror of Nature*)』(1979)이라는 저서에서 지금 이후의 철학활동은 인식론으로부터 해석학으로 전환해야 한다고 힘주어 말한다. 그 이유는 간단하다. 로티에 따르면, 전통적으로 철학은 과학 · 도덕 · 예술 · 종교 등에서 제기하는 지식의 주장들에 대해 옳고 그름을 판정하고 재판정하는 역할을 수행하기 위해 지식의 토대로서 활동해 왔다는 데 있다. 그리고 모든 지식의 토대를 이해하기 위해 인간의 마음을 외부의 실재를 거울처럼 정확하게 재현(표상)하는 방법에 관한 보편적 이론(인식론)을 추구해 왔다.[3] 그런데 더 이상 현대철학은 보편적 이론을 정립하고자 하는 인식론에 매달릴 것이 아니라 유용한 학문을 표방하는 철학활동으로서 해석학을 제시해야 한다. 하지만 슐라이어마허나 딜타이 전통의 보편적 해석학을 다시 정립하고자 하는 것이 아니다. 그는 해석학이란 명칭을 즐겨 쓰지는 않지만, 인식론의 다양한 성격과는 다를 뿐이라고 말한다: "인식론은 주어진 어떤 담론의 모든 근거들이 공약가능하다는 가정에서 출발한다. 대체적으로 해석학은 이러한 가정에 대한 투쟁이다."[4]

해석학은 인식론의 대안이나 후속학문이 아니다. 그는 해석학은 인식론이 없어진 자리를 채우려 하지 말아야 한다고 본다. 로티는 과학철학에 대한 쿤(Thomas Kuhn)의 해석을 일반화한 통상적 담론

3) Richard Rorty, *Philosophy and the Mirror of Nature*, New Jersey: Princeton Univ. Press, 1979, 3쪽.

4) Richard Rorty, 앞의 책, 316쪽.

과 비통상적 담론을 비교하여 후자의 개념을 보다 더 확장하여 해석학을 정의하고자 한다. 이러한 해석학은 곧 체계적인 철학을 반대하는 교화의 철학이다. 교화적인 철학은 가다머가 『진리와 방법』(1960)에서 언급한 교양(Bildung: 교육, 육성, 자기형성)의 개념을 가다듬어 만든 용어이다. 하지만 실존주의 철학자인 사르트르가 언급하였던 대자 존재로서의 인간, 무언가를 창조하는 존재로서의 인간에 대한 강조를 통해 정당화된다.[5] 가다머는 위의 저서에서 해석학이 '진리추구의 방법'이 아님을 분명히 한다. 그가 말하는 해석학이란 인간학의 방법론이 아니라 방법론적 자기의식을 넘어서 인간학이 진정으로 무엇인가를 이해하고, 세계에 대한 경험의 총체와 연결시켜 주는 것이 무엇인지 이해하고자 하는 시도이다. 로티가 가다머의 저서를 중요하게 생각하는 이유는, 사고의 목표로서의 지식이라는 관념을 교양(Bildung)이라는 관념으로 대체하기 때문이다. 로티는 '교육'은 너무 평범하고 '교양'은 너무 생소하기 때문에 새롭고, 더 나으며, 재미있고, 유용하게 말하는 방식을 찾는 프로젝트를 상징하는 용어로서 '교화(Edification)'라는 말을 즐겨 사용한다.[6]

교화의 시도는 우리 문화와 낯선 타 문화 사이에서, 그리고 우리 학문 분야와 타 학문 분야 사이에서 공약 불가능함에도 불구하고 연결을 하고자 하는 해석학적 활동으로 형성된다. 가다머의 교양이 "우리가 보편적 인간으로 형성된다는 것"을 의미한다면, 로티의 교양은 "우리가 다른 새로운 사람으로 된다는 것"을 의미한다. 로

5) 김동식, 『로티 · 철학과 자연의 거울』, 울산대학교출판부, 2002, 183쪽.

6) Richard Rorty, *Philosophy and the Mirror of Nature*, 360쪽.

티도 이러한 차이를 분명하게 하기 위해 교양이라는 낱말을 대신하여 특별히 교화라는 용어를 사용한다.[7] 원키는 가다머의 교양개념에 대해 다음과 같이 지적한다.

> "이러한 유사성에도 불구하고 로티는 교양(Bilung)에 대한 분석을 보다 자세히 살펴볼 때 나타나는 가다머의 입장이 갖는 중요한 차원을 간과하고 있는 것처럼 보인다. 우리는 교양과 경험이 개방성이라는 덕을 포함하고 진리에 대한 인식론적 집착을 배제하면서 그 대신에 가능한 진리들의 다양성을 선호하고 있음을 고찰하였다. 로티에게 있어서 교화 혹은 교양은 사유의 목표로서의 지식을 대체하고 있다. 그러나 가다머 자신이 교양과 사실에 대한 객관적 지식 사이에 대립을 설정해 두고 있음에도 불구하고, 그에게 교양은 다원주의적인 대처방식을 교육하는 것에 그치는 것이 아니다. 더욱이 교양과 특정 종류에 대한 지식의 연관이 근본적인 것으로 남아 있다.[8]

가다머는 교양이라는 개념에 '그 자체 이외에 어떤 목적도 없는 것'이라는 의미를 부여하고, 휴머니스트의 전통에 대한 논의와 더불어 『진리와 방법』을 시작한다.[9] 그러한 교양개념이 의미를 갖도록 하기 위해서 서술어휘가 시대, 전통, 역사적 우연 등에 대해 상대적인 센스가 필요하다. 이런 상황은 자연과학의 결과에 대한 교육과정에서는 제시되지 않지만, 인문주의의 교육전통에서는 잘 이루어진다. 상대성의 센스가 주어지면 본질이나 정확한 표상의 과제라는 생각도 진지하게 생각할 수 없다. 가다머가 정신과학에서

7) Richard Rorty, 같은 책, 360쪽.

8) G. Warnke, *Gadamer: Hermeneutics, Tradition and Reason*, Standford University Press, 1987, 159쪽.

9) Richard Rorty, 앞의 책, 362쪽.

객관성의 요구를 추방하려는 시도는 교육이 통상적 탐구에서 오는 교습(敎習)으로 환원되는 것을 방지해 보자는 것이다. 그것은 비통상적 탐구가 비통상적이라는 이유만으로 의심받는 것을 막으려는 시도이다.

인간이란 근본적으로 본질을 아는 존재라는 고전적 그림을 제거하려는 가다머의 노력은 사실과 가치의 구분을 제거하려는 노력이며, 사실의 발견을 교화의 한 프로젝트라 생각한다. 로티는 『철학과 그리고 자연의 거울』에서 인식론적 기초주의에 대한 대안으로서 해석학을 제시한다. 후속 저서인 『우연성, 아니러니, 연대성』(1989)에서는 해석학에 대한 언급이 더 이상 등장하지 않고 해석학에서 말하고자 했던 자아, 언어, 공동체의 우연성에 관한 테제로 바꾸어 설명한다. 여기서의 해석학은 하이데거와 가다머의 해석학을 일컫는다.[10] 로티의 전반적인 사상의 전개과정에서 해석학에 관한 언급은 『철학과 자연의 거울』에서만 강조되고 있다. 로티는 하이데거의 기본적인 철학적 관심을 다음과 같이 평가한다.

> "하이데거가 존재에 대해 말하는 이유는 불행하게도 주목받지 못한 탐구주제에 우리의 관심을 돌리고 싶어서가 아니라, 탐구와 시의 차이, 그리고 권력을 위한 투쟁과 우연성을 수용하는 것에 대한 차이에 관심을 돌리고 싶어서이다. 그는 과학적인 철학보다 시가 전형적인 인간의 행위로 여겨지는 곳에서 문화는 어떤 모습으로 등장할 것인지를 보여 주고 싶어 한다. (…) 그러나 하이데거가 존재라는 단어를 쓴 것은 그가 빠져나오려고 몸부림쳤던 전통, 즉 존재 신학적 전통, 형이상학의 역사 속에 그를 빠뜨리고 있지 않는가? 그렇다. 그렇

10) 이유선, 『리처드 로티』, 이룸, 2003, 89쪽.

> 지만 그는 그 전통 속에 등을 돌림으로써가 아니라 그것에 귀를 기울이고 다시 서술함으로써 거기서 벗어나고자 한다."[11]

위 인용문에서 보듯이, 로티는 하이데거의 형이상학적인 역사에서 중심적 개념이었던 존재의 문제를 다시 서술한다. 로티 관점에서 하이데거가 『존재와 시간』에서 서술하고 있는 세계는 과학적인 탐구의 대상이 아니며, 철저하게 반(反)데카르트적이다. 하이데거는 인식론적 관점을 존재론적 과정으로 전환할 것을 요구한다.[12] 따라서 우리의 이해는 언제나 순환구조에 있기 때문에 데카르트의 방식으로 세계 없이 존재하는 순수한 사유 주체로서의 자아 개념은 허구인 것이다. 『로티의 입문서』를 쓴 독일의 철학자 쉐퍼(Walter Reese-Schäfer)는 로티를 가다머와 비교하여 다음과 같이 말한다.

> "로티 사상이 갖는 매력은 새로운 해석학적 철학을 시도해 볼 수 있다는 것이다. 이런 방식의 철학함은 보수적인 성향이나 독일 해석학의 전통이라는 부담으로부터 자유롭다. 로티를 '미국의 가다머'라고만 생각한다면, 그를 과소평가하는 것이다. 위르겐 하버마스와 마찬가지로 그는 형이상학적 사유가 끝난 세계에 살고 있다."[13]

가다머가 독일 해석학의 전통에 사로잡혀 보수적이고 형이상학적인 요소를 갖고 있다면, 로티는 보수적이지 않으며 전통에서도

11) R. Rorty, *Objectivity, Relativism, and Truth*, Cambridge University Press, 1991, 36-37쪽.

12) 이유선, 『리처드 로티』, 97쪽.

13) Walter Reese-Schäfer, *Richard Rorty*, Frankfurt/Main: New York: Campus Verlag, 1991, 11쪽.

자유롭고 형이상학에서도 벗어나 있다.

3. 프래그머티즘의 진리

로티는 스스로 자신의 철학을 프래그머티즘 및 실용주의(實用主義)라 부른다. 프래그머티즘이란 매우 복합적인 사상의 운동이다. 프래그머티즘이란 퍼스(Charles S. Peirce), 제임스(William James), 그리고 듀이(John Dewey)에 의해 확립된 미국적인 사상을 일컫는다. 이러한 프래그머티즘의 사상은 과학에 대한 존중, 실험주의, 경험의 존중, 이론과 실천의 불가분성 주장, 결과에 대한 강조 등을 특색으로 한다.

로티가 하이데거를 프래그머티스트로 생각하는 이유는 하이데거가 현존재라고 부르는 세계-내-존재를 진리의 근원적 현상에 대한 기초로 파악하고 있다는 점 때문이다. 하이데거는 진리와 존재의 동근원성에 대해 "진리가 존재하는 한, 존재 - 존재자가 아니라 진리가 존재한다. 그리고 진리는 현존재가 존재하는 한에서 존재한다. 존재와 진리는 동근원적(同根原的)으로 존재한다."[14]라고 말하였다. 로티는 자신의 철학을 가리켜 "우리 프래그머티즘(we pragmatism)"이라 부르기를 좋아했다. 1980년 이후 그는 프래그머티즘에 대한 새로운 해석을 통해 복원과 재부흥을 주도하였다. 그는 이론의 배후에 언제나 미국의 프래그머티즘이 버티고 있다고 강조하

14) Heidegger, *Sein und Zeit*, Max Niemeyer, 1972, 230쪽.

였고 모든 고전적인 프래그머티스트들은 합목적적이 아니라, 삶의 실천적 문제들에 연관되어 있다고 하였다.[15] 그는 "분석철학 자체가 발전을 통해 자살하였다"고 주장하면서 분석철학에 담긴 과학주의와 실재론을 비판하는 반표상주의를 표방하였다. 그는 프래그머티즘을 새롭게 해석한 문예비평으로서의 철학을 주창하였으며 분석철학이 비트겐슈타인-셀라즈-콰인-데이비슨 등을 거치면서 애초에 표방하였던 정초주의의 프로젝트가 틀렸다는 것을 스스로 입증하는 상황에 이르렀다고 보았다.

로티는 대화의 목적과 관련하여 인식을 위한 대화와 해석학적 대화를 구분한다. 그는 인식을 위한 대화를 "공약가능하게 될 수 있는 담론" 혹은 "통상적인 담론"에 근거한 대화라고 한다면, 해석학적 대화는 "공약가능하게 될 수 없는 담론 혹은 비통상적인 담론"에 근거한 대화라고 말하였다.[16] 로티에 의하면, 철학자는 두 가지 역할을 수행한다. 첫 번째는 견문이 넓은 애호가, 다방면에 걸쳐 활동력이 많은 사람, 다양한 담론들 사이에 소크라테스 방식으로 개입하는 사람의 역할이다. 두 번째는 모든 사람들이 공통적인 근거를 인식하고 있는 문화적인 감독자의 역할이다. 첫 번째의 역할은 해석학에 적합하며, 두 번째의 역할은 인식론에 적합하다.[17] 따라서 로티는 해석학을 다음과 같이 말한다.

"인식론적 행동주의에 의해 제시된 지식에 대한 프래그머티즘의

15) 데들레프 호르스터, 『로티』, 박여성 옮김, 인간사랑, 2000, 63쪽.
16) 오용득, 『철학적 해석학』, 책펴냄열린시, 2005, 179쪽.
17) Richard Rorty, 앞의 책, 317-318쪽.

접근은 공약 가능한 담론과 그렇지 못한 담론 사이에 그어진 선을 단지 통상담론과 비통상담론 사이에 그어진 선으로 해석한다. 이러한 구분은 쿤의 통상과학과 혁명적 과학 사이의 차이를 일반화한 것이다. … 에피스테메는 통상담론의 산물이다. … 비통상담론의 산물의 난센스에서 지적인 혁명에 이르기까지 어느 것 하나 이루어질 수 없다. 그리고 예측 불가능한 것을 연구하고 창조하는 학문 이외에 그것을 기술해 줄 학문은 없다. 그러나 해석학은 어떤 통상담론의 관점에서 바라본 비통상담론의 연구이다."[18]

위 인용문에서 로티는 담화를 통상적 담론(discourse which can be rendered commensurable)과 비통상적 담론으로 구분한다. 통상적 담론은 '무엇을 적절한 공허로 간주하는가? 무엇을 질문에 대답하는 것으로 간주하는가? 그 대답에 좋은 논변이 제시되는가? 그렇지 않은가?' 등에 대해서는 동의를 얻어 낸 일련의 규약 안에서 일어나는 담론이다. 비통상적 담론은 그러한 규약에 대해 아무것도 모르거나 혹은 그러한 규약을 무시하는 사람이 담론에 참여했을 때 일어나는 담론이다. 흔히 비통상적 담론은 청중들에게 이상하게 들리는 담론이다. 통상적 담론은 사람들이 원칙에 의거하여 공통된 견해에 이르고자 하는 것이다.[19] 로티는 해석학이 지식에 대해 전혀 다른 이해를 제공하기 때문에 해석학을 인식론의 후계자로 생각하지는 않는다. 우리는 어떤 인식론의 모델을 적용할 때, 통상적으로 그 모델이 제시하는 원칙으로부터 보편적 결론을 도출한다.[20] 하지만 이러한 구상은 모든 사람이 최소한의 제약을 가지고

18) Richard Rorty, 앞의 책, 415쪽.
19) Richard Rorty, 앞의 책, 346쪽.
20) 정여창, 「현대의 반인식론」, 『철학의 종언, 그 새로운 시작』, 청계, 2003, 111쪽.

참여하는 대화에는 잘 들어맞지 않는다.

4. 해석학과 교화

로티는 인식론에서 해석학으로의 전환을 시도하였다. 그러한 관점을 그는 과학에 대한 쿤의 견해를 독특하게 해석하고 활용하는 방식으로 표현하고 있다. 쿤의 견해를 일반화하여 로티는 인식론을 통상적 담론에, 해석학을 비통상적 담론에 대비시키고 있다. 해석학의 성격을 규정하는 데 있어서 반정초주의의 철학은 체계적 철학(Systematic Philosophy)이 아니라 교화적 철학(教化的 哲學: edifyng Philosophy)이라고 주장하고 두 유형으로 나누어 다음과 같이 설명한다.

> "위대한 체계적 철학자들은 건설적이며 논증을 제시한다. 위대한 교화적 철학자들은 저항적이며 풍자와 비꼬는 말, 격언을 내놓는다. 이러한 교화적 철학자들은 자기들이 저항하는 시대가 끝나면 자신들의 작업의 생명이 끝나는 것도 알고 있다. 그들은 의도적으로 일시적인 존재가 된다. 위대한 과학자들과 마찬가지로 위대한 체계적 철학자들은 영원의 집을 짓는다. 위대한 교화적 철학자들은 자기 시대의 사람들을 위하여 파괴한다. 체계적 철학자들은 그들의 탐구주제를 과학의 탄탄대로 위에 설정하기를 원한다. 교화적 철학자들은 시인들이 가끔 불을 질러 놓은 놀라움의 세계를 열어 놓는다. 그 놀라움의 세계는 언어로 묘사할 수도, 설명할 수도 없는 참으로 태양 아래서 처음 보는 새로운 무엇이다."[21]

21) Richard Rorty, *Philosophy and the Mirror of Nature*, 369-370쪽.

로티는 위 인용문에서처럼, 두 부류의 철학자들을 구별하면서 체계적 철학자들의 예로서 후설, 러셀, 그리고 데카르트와 칸트를, 교화적 철학자로는 후기 비트겐슈타인과 후기 하이데거, 키르케고르, 그리고 니체를 들고 있다. 위에서 언급한 것처럼, 체계적 철학자들은 건설적이며 논변을 제시하지만, 교화적 철학자는 반동적이며 풍자 · 조롱 · 경구를 제시한다. 체계적 철학자는 영속성을 위해 체계를 구출하는 반면에 교화적 철학자는 자신의 세대를 위해서 파괴를 행한다.

우리는 비트겐슈타인이나 하이데거처럼 단순히 말을 던짐으로써, 탐구에 종사하게 되는 것이 아니라 대화에 참여함으로써 실현

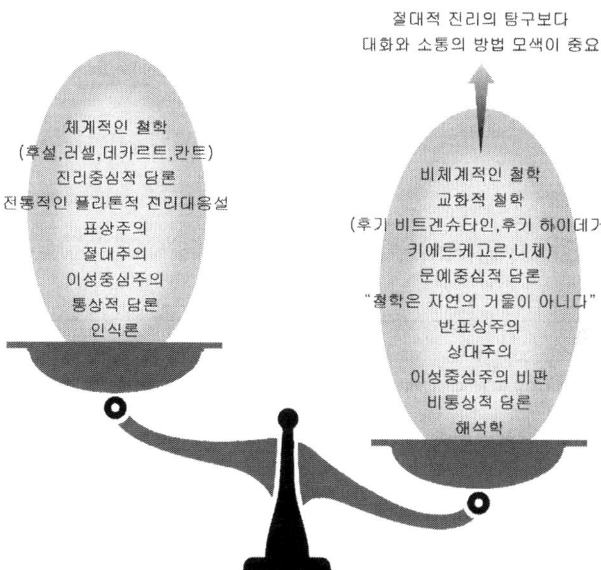

로티의 네오프래그머티즘

될 수 있는 것이다. 결과적으로 로티는 비체계적인 철학의 성립가능성을 주장하고자 하는 것이다. 로티는 지금까지 자연이나 실재를 비춘다는 인간의 정신이란 것은 근대철학이 꾸며낸 허구이며, 그것 없이도 정신현상들을 설명할 수 있다는 것이다. 그리고 자연, 세계, 실재 등을 있는 그대로 파악하는 특권적인 지식, 즉 모든 지식의 기초나 바탕이 될 어떤 정초(토대, 기반)도 없기 때문에 정초주의적 인식론은 성립될 수 없다. 따라서 탈정초주의 시대의 철학은 해석학, 즉 교화적 철학이 되어야 한다.[22] 그에게 있어서 교화적 철학이란 어떤 의미에서 전문적인 철학자들만이 알 수 있는 어려운 지식으로서의 철학이 아니라 지혜의 고민에 대해 해답을 줄 수 있는 구체적이며 세속적인 지혜를 알려 주는 철학이다. 다시 말해 교화란 주로 어떤 견해가 부적절하다는 것을 깨닫는 것, 혹은 문제의 해소를 위한 안목을 찾아내는 것을 가리킨다. 그래서 대화에 참여하는 교화적 철학자는 "어떤 관(觀: views)을 갖는 것에 대해 또 다른 관을 갖지 않도록 하면서 관을 갖는다는 관념 자체를 비난해야 한다."[23]

인간을 자아 창조의 존재로 보고 새로운 안목을 갖게 해주는 교화적인 노력은 우리의 문화와 낯선 타문화가 공약 불가능함에도 불구하고 연결하고자 하는 해석학적 활동으로 이루어진다. 특히 인간이란 본질적으로 본질을 아는 존재라는 고전적 그림을 제거하려는 가다머의 입장에서 로티는 사실과 가치의 구분을 제거하려는

22) 김동식, 『로티의 신실용주의』, 철학과현실사, 1996, 21쪽.
23) Richard Rorty, 앞의 책, 371쪽.

것이며 사실의 발견을 교화의 한 프로젝트로서 생각하는 시도라 주장한다. 로티는 인식론 중심의 철학이라는 관념의 배후에는 인간에 대한 특별한 그림이 놓여 있기 때문에 그것부터 해체해야 한다고 말한다. 철학에 대한 우리의 현재 관념은 모든 지식과 주장을 공약가능하게 하는 칸트적 시도와 밀접히 연관되어 있기 때문에 인식론이 없는 철학을 상상하기 어렵다. 그러한 어려움은 플라톤주의자, 칸트주의자, 그리고 실증주의자들이 모두 공유하고 있는 관념에서 연유한 것이다. 즉 로티에 의하면, 인식론 중심의 철학을 폐기하기 이전에 인간존재에 대한 이 고전적인 그림이 먼저 폐기되어야 한다는 것이다. 따라서 현대철학에서 해석학은 바로 그러한 시도에 대한 명칭이다.[24]

로티는 『철학과 자연의 거울』에서 체계적인 철학과 교화적인 철학을 구분한다. 체계적인 철학이란 본질주의적 진리의 발견에 힘쓰며, 그것을 위한 공통적인 진리인식의 기반을 탐구하는 철학을 일컫는다. 교화주의적 철학이란, 지식이나 진리의 문제보다 삶의 지혜를 추구하는 철학이다.[25] 로티는 교화적 철학을 체계적인 철학에 대한 의도적인 비판이라고 규정한다. 이러한 관점은 그가 앞장에서 제시한 통상적 담론으로서의 인식론과 비통상적 담론으로서의 해석학에 대한 대비와는 약간 다른 관점을 제시한 것으로 이해될 수 있다. 따라서 비체계적 철학으로서 교화적 철학은 비트겐슈타인이 강조한 언어치료적인 철학을 행하는 것과 유사하다.

24) Richard Rorty, 앞의 책, 357쪽.
25) 이유선, 『리차드 로티』, 이룸, 2003, 117쪽.

통상적 담론에 대한 통상적 참여는 세계 속에 존재하는 방식 가운데 한 프로젝트에 불과하다. 그렇지만 비통상적 실존적 담론은 언제나 통상적 담론에 기생적(寄生的)이고, 해석학은 언제나 인식론의 가능성에 기생적이며, 교화는 언제나 당시의 문화가 제공하는 재료들을 채택한다는 한계성을 지닌다. 인식론이 행해야 할 곳에서 해석학을 고집하는 것은 잘못된 관점은 아니지만, 교육의 부재라고 할 수 있다. 따라서 로티는 인식론 중심의 구성적인 철학, 즉 체계적인 철학에 반대한다. 로티는 대화를 통한 의견들의 통일이 해석학적 대화의 목적이라 생각하지 않는다. 그 이유는 이러한 대화방식은 해석학적 대화가 아니라 인식을 목적으로 하는 대화이기 때문이다. 로티는 이러한 인식을 목적으로 하는 대화를 다른 말로 표현하여 공약가능하게 될 수 있는 담론 혹은 통상적인 담론이라 말한다.[26] 그래서 그는 해석학(hermeneutics)을 인식론과 대비시켜 제시한다. 그의 해석학은 매우 독특한 의미를 지닌다. 이런 점에서 그는 통상적으로 언급되는 의미의 해석학과 명확히 구분된다. 로티의 해석학은 인식론의 방법론이나 연구프로그램이 아니다.

하지만 해석학이란 인식론의 소멸로 남겨진 문화의 빈 공간이 채워지지 않은 채로 남겨지기를 바라는 희망의 표현이다. 그 희망은 제약과 대치가 더 이상 요구되지 않는 문화를 바라는 희망이다. 로티에 의하면, 인식론은 담론의 공약가능성을 가정한 바탕 위에서 진행되지만, 해석학은 그러한 가정에 대한 반대투쟁이다. 로티는 이제까지 인식론이 통상적 담론이었고 해석학이 비통상적 담론

26) Richard Rorty, 앞의 책, 320쪽.

이었다면 그 관계를 새롭게 정의해야 한다는 것이다. 정초적 인식론을 비판하던 소극적 관점에서 벗어나 로티는 이제 적극적으로 해석학을 반정초주의의 철학으로 제시하고 있다.

'공약 가능하다(commensurable)'는 말은 다양한 의미가 있으나, 진술들이 갈등을 일으킬 때 어떻게 합리적 합의에 도달할 수 있는지에 대한 규칙을 말해준다. 그 규칙들은 그 밖의 불일치가 비인식적이거나, 단지 말뿐이거나, 일시적인 것으로 해소될 이상적 상황을 어떻게 구성하는지에 대한 제시이다. 인식론의 구축이란 타인들과 최대한의 공통 근거를 찾아내는 일이다. 그 공통 근거는 때때로 우리 바깥에 있거나 우리 내부에 존재하거나 언어 속에 존재한다. 그러한 공통 근거가 존재하지 않는다는 제안은 합리성에 대한 위협으로 보이게 된다. 이렇듯 로티의 해석학은 담론을 대화의 관계, 대화가 지속되는 한, 합의의 희망이 있는 관계로 보는 것을 말한다. 이 희망은 공통 기반 찾기의 희망이 아니라 단순히 합의에 대한 혹은 최소한 성과 있는 불일치에 대한 희망이다. 합리적이라는 것은 대화를 진행하는 데 있어서 먼저 듣는 자는 그 스스로에게 듣고자 함이다. 인식론에서 대화란 암묵적인 탐구에 비견된다면, 해석학에서는 그저 평범한 대화일 따름이다.

> "철학은 문화의 한 장르이다. 오크쇼트의 표현을 빌려 말하자면, 철학은 인류의 대화 속에서 참여하는 하나의 목소리일 뿐이다. 그것은 변증법적인 필연성에 의해서가 아니라 (신과학, 프랑스 혁명, 근대소설 등과 같은) 인류의 대화에 참여하는 다른 영역들에서 생겨난 다양한 사건의 결과로서 (헤겔, 마르크스, 프레게, 프로이트, 비트겐슈타인, 하이데거 등과 같이) 새로운 무엇인가를 생각해 낸 천재적인

개별존재들에 의해서 또는 그러한 몇몇 요인들이 상호작용한 결과로서 특정한 시기에 특정한 한 가지 주제를 중심으로 발화된 목소리들 가운데 하나일 뿐이다."[27]

위에서 인용한 것처럼, 대화의 참여자들은 오크쇼트가 말하는 우니베르시타스(universitas), 즉 공동의 목표에 도달하기 위한 상호 이해관계에 의해 뭉친 집단 속에서 결합한다. 해석학은 로티가 말하는 소시에타스(societas), 즉 공동의 기반이나 공동의 목표보다는 시민다움에 의해 결합되어 삶의 행로를 함께 하는 사람들 속에서 결합한다고 본다.[28]

주지하듯이, 인식론과 해석학에 대한 용법은 이념적 대비를 강요한 것처럼 보일 수 있다. 그래서 로티는 전일주의(Holism)론과 '해석학적 순환'(hermeneutic circle)의 연관을 지적하여 그 용법을 정당화하고자 한다. 정확한 표상으로서의 지식이라는 관념은 특정의 표상, 표현, 과정 등이 기본적, 특권적, 정초적인 것이라고 주장한다. 이러한 관념에 대한 비판은 전일주의적 논변에 의해 지원을 받는다. 우리는 기본요소를 전체 그물에 관한 지식 없이는 고립시켜 추출할 수 없다. 그래서 성공적 실천을 이루기 위한 정확한 표상이라는 관념으로 대체할 수 없다. 이와 같은 전일주의적 논변은 우리가 해석학적 순환을 피할 수 없음을 말해 준다. 일반적으로 부분을 알아야 전체를 알 수 있듯이, 전체가 어떻게 작동하는지 알지 못하고서는 낯선 문화, 실천, 이론, 언어 등의 일부를 이해할 수가 없다.

27) Richard Rorty, 앞의 책, 264쪽.
28) Richard Rorty, 앞의 책, 318쪽.

이러한 해석의 순환은 이해라는 것이 지시사항을 따르는 것보다는 사람을 알게 되는 것과 유사하다는 측면을 보여 준다. 문화는 곧 대화와 같은 해석학적 지식개념에 더 잘 부합한다. 이제까지 해석학과 인식론의 관계에 대한 통상적 취급방식은 인식론을 문화의 중요한 인지적 부분으로서 담당하고, 그 밖의 것은 해석학이 담당한다는 방식의 구분이었다.[29] 이러한 구분의 배후에 놓인 발상은 엄밀한 의미에서 지식이란 로고스를 가져야 하는데, 그러한 로고스에 의해 공약의 방법을 찾아내야 한다는 생각이다. 따라서 공약가능성의 관념은 진정한 인식의 관념 속에 들어 있으며, 단지 취미나 의견의 문제는 인식론의 영역에 포함될 필요가 없으며, 인식론이 공약가능성을 제시하지 못한 것은 주관적인 측면으로 간주된다.

로티에게 있어서 인식론이나 그 계승 학문이 문화에 필수적이라는 견해는 철학 또는 철학자의 두 부류의 역할을 혼동한 것이라 비판한다. 하나는 박식한 훈수꾼, 팔방미인, 다양한 담론들 사이의 소크라테스 같은 매개자의 역할이다. 다른 하나는 모든 사람의 공통기반을 알고 있는 문화 파수꾼의 역할이다. 궁극적으로 철학자는 형상 · 정신 · 언어 등과 같은 맥락을 알고 있기 때문에 누가 무엇을 행하는지 알고 있는 플라톤적 철인 왕을 가리킨다. 전자는 해석학에, 후자는 인식론에 부합된다.

인식론적 행동주의에 의해 제안된 지식에 대한 프래그머티즘의 접근방식은 통상적 담론과 비통상적 담론 사이를 구분한다. 즉 이는, 쿤이 주장하는 정상과학과 혁명과학 사이의 구분을 일반화하

29) Richard Rorty, 앞의 책, 319쪽.

여 통상적 담론과 비통상적 담론을 구분하여 해석하고자 한 것과 유사하다.[30] 정상과학은 좋은 설명의 기준, 문제해결의 기준 등을 합의하고 그것을 배경으로 문제를 풀어 간다. 혁명적 과학이란 설명의 새로운 패러다임에 따라 새로운 문제들을 소개한 것이다.

통상적 담론은 합의된 규약들을 바탕으로 진행되는 담론이다. 반면에 비통상적 담론은 규약을 모르거나 그 규약을 뒤엎으려는 사람이 담론에 참여할 때 발생된다. 학문적 지식은 통상적 담론의 산물이다. 비통상적 담론의 산물은 난센스로부터 지적 혁명에 이르는 것들을 포함한다. 해석학은 통상적 담론의 관점에서 볼 때 비통상적 담론에 대한 연구이며, 우리가 인식론적 설명을 확신하지 못하는 것에 대해 무언가 의미를 부여하려는 시도이다. 해석학은 어떤 규범에 대해 주관적일 수 있다. 하지만 새로운 관점에서 희망을 갖고 진행하는 점에 있어서 해석학은 주객의 성격을 넘어설 수 있다.

5. 반표상주의의 해석학

로티는 1980년대 들어서면서 전통철학을 비판하고 새로운 형태의 프래그머티즘을 천명한다. 이것이 네오프래그머티즘(neo-pragmatism, new-Pragmatism, 新實用主義)이라 부르는 반표상주의자이다. 즉, 로티는 자신을 반토대주의자(anti-foundationalist), 반본질주의

30) Richard Rorty, 앞의 책, 320쪽.

자(Anti-essentialist), 반형이상학자(anti-metaphysician), 반이원론자(anti-dualist), 반플라톤주의자(anti-platonist)라고 규정한다. 이것들은 내용적인 측면에서 서로 유사하며 반표상주의자로 환치될 수 있다.[31] 그러면 반표상주의와 대비되는 표상주의는 무엇을 말하는가?

1. 모든 언명은 인간의 내적 상태(거울같은 본질, 그러나 더러워질 수 있는 거울)를 기술하거나 외적인 실재(자연)의 상태를 기술한다.
2. 우리가 그것을 봄으로써 어떻게 보편적인 합의에 도달할 수 있는지 알게 되는 그런 언명을 우리는 말할 수 있다.
3. 따라서 영속적인 불일치의 가능성은 그 논쟁이 매우 합리적인 것처럼 보여도 실제로는 논쟁할 것이 없다는 것—왜냐하면 주관은 단지 내적인 상태일 수밖에 없기 때문에—을 가리킬 뿐이다.[32]

이와 같은 표상주의에 반(反)해 반표상주의는 플라톤이 언급하는 보편적이고 절대적이며 영원히 변치 않는 진리는 존재하지 않는다는 말로 설명된다. 다시 말해 반표상주의는 플라톤 이래로 서양에서 전통적으로 내려왔던 이성중심주의에 대한 비판으로서 진리 중심의 담론을 버리고 문제 중심의 담론을 지향하자는 철학 패러다임의 전환을 주창하는 사상이다. 로티의 반표상주의는 기본적으로 이원론적 세계관을 처음으로 주장한 플라톤의 입장을 거부한다.

주지하듯이, 플라톤은 우리가 사는 현실세계는 거짓된 허상의 세계, 모방의 세계이며, 우리의 눈에 보이지 않는 세계인 이데아의

31) 황설중, 「로티의 진리론」, 김용준 외, 『로티와 철학의 아이러니』, 아카넷, 2014, 89쪽.
32) Richard Rorty, *Philosophy and the Mirror of Natur*, Princeton University Press, 1979, 336쪽.

세계가 참된 진리의 세계라 주장하였다. 플라톤의 방식대로 이 세계를 두 부류로 나누는 순간부터 수많은 대립과 모순이 생겨나게 됨을 보게 된다. 영원한 것과 덧없음, 필연적인 것과 우연적인 것, 본질과 형상 등이 그러하다. 이러한 대립적인 구도에서 서양의 사상사를 지배한 비유가 생겨났는데, 그것이 바로 거울 이미지(mirror image)이다. '거울 이미지'란 객관적으로 존재하는 대상의 세계 안에 진리가 있으며 그 진리를 비추는 일종의 거울 같은 능력을 소유하고 있다는 것을 비유한 것이다. 다시 말해 플라톤에게 있어서 이 거울은 이데아의 참된 세계를 직관하는 이성(nous)이었다.[33] 반표상주의의 일차적 비판의 표적은 주로 분석철학이다. 로티는 『철학과 자연의 거울』에서 이성중심주의의 핵심으로 간주된 것, 즉 인식론적 정초작업의 기본전제를 허물고자 분석철학적 전통에서 정초주의를 비판한다.[34]

로티는 정초주의적 인식론의 종말을 선언하고 그가 독특한 의미로 이해한 해석학을 반정초주의의 철학으로 제시한다. 반정초주의를 표방하는 로티의 메타포는 "철학은 자연의 거울이 아니다"라는 것이다. 철학은 체계가 아니라 대화이며, 객관성이 아니라 연대성을 지향해야 한다. 따라서 신실용주의의 반전통철학적 견지를 지탱하는 힘은 "철학은 곧 자연의 거울"이라는 메타포에 대한 비판이나 해체에서 비롯된다.[35] 로티가 『철학과 자연의 거울』에서 제시

33) 이유선, 『듀이 & 로티 - 미국철학의 유산, 프래그머티즘 - 』, 김영사, 2006, 126-27쪽.
34) 김동식, 『프래그머티즘』, 아카넷, 270-271쪽.
35) 김동식, 「신실용주의의 메타철학적 메타포들」, 김동식 엮음, 『로티와 철학과 과학』, 철학과현실사, 1997, 35쪽.

한 메타 철학적 메타포는 “대화(conversation)”, “인류의 대화”, 그리고 “해석학”이었다.

로티의 반표상주의는 후기 비트겐슈타인, 하이데거, 듀이, 콰인, 셀라즈, 데이비슨, 퍼스와 같은 철학자들에 의해 형성된 것으로서 어떤 특정한 사회제도나 도덕적 신념을 비판하기 위해 보편적 형이상학의 적용을 거부한다.36) 로티에 의하면 서구의 철학적 전통은 주로 어떤 명제나 관념에 의해서 형성된 것이 아니라 거울의 이미지를 중심으로 구축되었다는 것이다.37) 반표상주의의 일차적 비판의 표적은 주로 분석철학이다. 그는 분석철학에 기대어 다음과 같이 출발한다.

> “나는 분석철학의 여러 영역, 예를 들어 심리철학에서는 브로드(Broad)에서 스마트(Smart)까지, 언어철학에서는 프레게(Frege)에서 셀라스(Sellars)까지, 과학철학에서는 카르납(Carnap)에서 쿤(kuhn)까지 전개되고 있는 변증법이 몇 단계 더 진전될 필요가 있다는 점을 독자들이 확신하기 바란다. 덧붙여 할 단계들을 통해 분석철학 그리고 사실상 칸트시대 이래로 이해되었던 철학 자체에 대한 바로 그 생각을 비판하는 위치에 서게 된다.”38)

이런 점에서 로티는 콰인, 셀라스, 데이비슨, 퍼트남 등의 작업을 통해서 분석철학으로부터 탈출하려는 단계를 밟아 나간다. 로티는 새로운 이론을 구성하는 데 관심이 있는 것이 아니라 프래그

36) 김비환, 「로티의 자유주의 정치사상」, 김동식 엮음, 『로티와 사회문화』, 철학과현실사, 1997, 61쪽.

37) Richard Rorty, “Method, social science and social hope”, in: M.T. Gibbins, ed., *Interpreting politics*, 1987, 241-259쪽.

38) Richard Rorty, 앞의 책, 15쪽.

머티즘을 통해 철학의 해체에 이르는 길을 선택했다는 데 있다. 그는 자신의 이러한 시도를 네오프래그머티즘이라 부른다. 로티가 주장하는 반표상주의란, 우리의 지식이나 언어 혹은 이성 등이 자연이나 실재의 표상이라고 보는 견해에 반대하는 입장이다. 이런 점에서 네오프래그머티즘은 실재와의 대응이라는 진리의 개념을 비판한다. 그는 전통적인 진리대응설이 갖는 여러 난점들 이외에도 두 가지의 관점을 강조한다. 즉 이는 언어의 불투명성과 개방성이다. 언어의 불투명성은 인식주관이 실재나 대상을 파악함에 있어서 거울처럼 투명한 것일 수 없다는 의미를 함축한다. 언어의 개방성이란 언어의 한계에 해석할 수 있는 여지가 무한히 열려 있다는 점을 강조한다.

반표상주의에서 근대의 인식론적 기획은 일종의 강박관념의 소산이기도 하다. 그것은 인간을 표상하는 존재로 보고 모든 다른 지식의 정초를 찾고자 하는 정초주의의 발상을 통해 철학을 마치 자연의 거울로 여기는 잘못을 범했다는 것이다. 지금껏 인간의 이성이나 언어가 외부대상세계나 실재를 잘 표상하였을 때, 그 본래적 기능이나 역할을 이루어 낼 수 있다는 생각에 사로잡혀 왔다는 것이다. 반면에 반표상주의는 우리가 언어를 사용하여 세계의 일부에 대해 말하는 것은 단지 세상사에 대처해 가는 한 방편에 불과하다고 본다.[39] 따라서 인간의 언어사용이나 탐구활동은 사회생활의 문제해결을 위한 대처의 수단이나 과정이다.

39) 김동식, 『프래그머티즘』, 아카넷, 2003, 259쪽.

6. 영향과 의의

로티는 철학에 대해 어떠한 해결책을 제시하지 않는다. 다만 자신이 이해한 것을 스스로 거부한다. 왜냐하면 그는 자기 자신이 비판자이기 때문이다. 로티는 실증주의적으로 경도되었던 경험주의의 철학관에 대해 설득력 있는 내부비판의 틀을 제공해 주었다. 쿤이 과학철학의 분야에서 이루었던 것과 비교할 만한 업적을 로티는 분석철학이라는 전통 안의 메타철학에서 이루었다.

로티는 진리에 대한 쓸모없는 탐구에 몰두할 것이 아니라 오히려 말하기와 대화의 소통을 위한 방법의 모색이 더 중요하다고 강조한다. 진리란 언어의 속성이기 때문에 말하는 자에게 더 나은 의사소통의 가능성을 제공하며 진리의 구성을 위한 새로운 접근가능성을 창출해 내야 한다는 관점을 견지한다.

로티는 프래그머티스트인 듀이의 충실한 계승자로서 듀이가 민주주의를 하나의 실험이라 파악한 관점을 거의 그대로 이어받고 있다. 그는 심리철학보다 민주주의가 우선이라는 논문을 쓰기도 했다. 로티는 니체 이후의 철학이 우연성을 인식하여 자아창조를 이루고자 하는 노력과 우연성을 넘어서 보편성을 성취하려는 노력 사이의 기나긴 싸움이라고 보았다. 전자가 반표상주의 입장이고, 후자는 전형적인 플라톤주의 입장이다. 그는 반플라톤주의자의 입장에서 상대주의적 관점을 취함으로써 포스트모더니즘의 논쟁점을 제공하였다.

제9강

데리다

해체주의의 해석학

1. 생애 및 사상개요
2. 해체주의의 해석학
3. 로고스중심주의와 음성중심주의
4. 차연작용
5. 영향과 의의

제9강

데리다

해체주의의 해석학

1. 생애 및 사상개요

자크 데리다

데리다(Jacques Derrida, 1930~2004)는 유태계 출신의 프랑스인으로 알제리에서 태어났다. 1935~1941년 사이에 엘 - 비아르에서 반유대적인 분위기 속에서 유치원과 초등학교를 다니다 쫓겨났다. 1943~1947년 동안에 벤 아쿠눈 리세에 재입학하여 불규칙한 학업을 받는 동안에 프로 축구 선수가 되고 싶어 한다. 1947년에는 바칼로레아(대학교 입학시험)시험에 낙방하였다. 한동안 그 여파로 불안과 부적응을 겪으면서 집에서 나오지 않고 일기와 독서에 몰두하면서 시를 썼다. 이 시기에 앙드레 지드, 니체, 폴 발레리에 심취하였다. 1948년 고등사범학교를 준비하면서 뷔고 리세로 옮겼다. 이 무렵 철학을 공부하기로 결정을 내린다. 이후 1949~1950년 사이에 루이 르그랑 리세에 입학하였다. 1951년 말에는 몇 번 낙방한 고등사범학교에 재입학하였다. 여기서 부르디외, 세르, 마랭 등과 만나게 되고, 1952~1953년 고등사범학교 시절에 당시 조교였던 알튀세르를 알게 되었다. 그와 친교를 맺고 20년간 동료관계를 유지하였다. 그는 1950~1960년대 대학교 교수시절에 이르기까지 마르크스주의의 환경 속에서 보냈다. 1953~1954년 루뱅을 여행하면서 석사논문인 「후설철학에서 생성의 문제」를 작성하였다. 그는 후설 현상학을 프랑스에 소개한 최초의 인물 중의 한 명이었다. 1956년에 하버드 대학에서 받은 장학금으로 후설의 현상학을 더욱 깊게 연구한다. 1961년에는 「후설의 기하학 기원에 관한 서론」으로 프리 카바이예스라는 영예의 상을 받는다.[1)]

푸코와 친교를 맺고 그의 강의를 듣는다. 1955년 철학교수 자격시험에서 떨어지고 1956년에 합격하였다. 그리고 1960년부터 본격적인 저술활동을 시작했다.[2)] 요컨대 그는 어린 나이에 프랑스로 건너와 일찍부터 혁신적인 사상가로 명예를 누렸다. 그는 현실참여(앙가주망)를 통해 기존의 대학체계와 구조주의 그리고 인종차별주의를 향해 목소리를 높여 왔다. 데리다는 30대 초반에 레비나스와 함께 파리에서, 그리고 현상학과 해석학 본부에서 리쾨르와 함께 현상학을 연구했다. 그는 2004년 10월 9일 췌장암으로 2년간 병마와 싸우다가 74세의 나이로 타계했다.

1) 김보현, 『데리다입문』, 문예출판사, 2011, 45쪽.
2) 양운덕, 「데리다」, 『현대철학의 흐름』, 박정호 외 엮음, 동녘 2004, 343쪽.

2. 해체주의의 해석학

데리다는 1967년에 출간한 세 저서 『글쓰기와 차이』, 『목소리와 현상』, 그리고 광범위한 저작 『그라마톨로지』와 같은 문자이론에 대해 영향력 있는 책을 출판한다. 데리다는 이 책들을 통해 후설의 현상학, 소쉬르의 언어학, 레비-스트로스의 구조주의, 인류학자로서 스승으로 삼은 루소를 연구 대상으로 삼아 해체주의를 전개한다. 이 책들에서 데리다는 철학적 전통과 현재의 철학적 이론을 비판하기 위한 전략적 과정으로서 해체를 이용한다. 해체주의가 여러 사상가들에 대한 연구 형태를 지니는 까닭은 해체가 이미 있는 작품 또는 사상을 구성하는 데 개입해서 그것을 뒷받침하고 있는 원리를 고찰하는 작업을 하기 때문이다. 그러면 어떠한 원리를 고찰하고 있는가? 이는 하나의 형이상학적 작품을 스스로 생각하지 않고 하는 원리이다. 말하자면 철학이나 형이상학은 무전제로 출발하는 학문이라는 측면에서 자긍심을 가질 수 있지만, 해체의 작업은 그 학문이 자신 바깥에 있는 원리에 의존하고 있다는 것을 드러낸다.[3] 데리다는 이 과정을 통해 하이데거의 형이상학적 탈구성의 방법을 더욱 발전시켰다.

해체는 어떤 이유를 묻는 대신에 그러한 생각이 어떻게 유래하게 되었는지를 질문한다. 또한 모든 연구의 영역을 끊임없는 텍스트의 일부분으로 파악한다. 해체는 어떤 근원에 도착했다는 주장을 단호하게 하지 않고 끊임없는 연결구조 속에 머물게 한다. 그리

3) 서동욱, 『타자의 철학』, 반비, 2022, 446-447쪽.

고 해체는 최종적인 원인설명에 대한 요구를 하지 않는다. 이런 측면에서 해체주의는 구체적인 목표를 지향하지 않으며, 개념에 관한 의미전이를 발견하는 것을 목표로 하고 있다는 비판에도 데리다는 동의하지 않는다. 언어의 이중적 의미는 이미 그 자신의 텍스트에서 다시 다른 텍스트를 참조한다. 여기서 데리다는 구조주의 음성학에서 기원하는 차이의 원칙을 기본원칙으로 받아들인다. 데리다가 얻고자 하는 것은 동일성이 아니라 차이이다.[4] 데리다는 『그라마톨로지(*Grammatology*)』에서 음성중심주의로서 서구의 로고스중심주의를 폭로한다.[5] 데리다의 해체프로그램은 그의 사상형성기에 영향을 준 현상학적 사상가, 즉 후설과 하이데거의 이론에 근본적인 빚을 지고 있다. 최근의 인터뷰에서 데리다는 자신이 다음과 같이 현상학에 빚지고 있음을 인정했다.

> "나의 철학적 구상은 후설과 하이데거, 그리고 헤겔의 사상에 상당한 빚을 지고 있다. 하이데거는 아마도 가장 지속적으로 나에게 영향을 미치고 있다. 특히 그리스 형이상학을 극복, 해체하려고 하는 그의 기도는 나에게 결정적인 영향을 미쳤다. 내가 아주 소상하게 그리고 아주 힘들게 연구했던 후설은 나에게 문제를 설정하고 푸는 데에 있어서 방법론적 신중성과 보류, 그리고 엄밀한 기술을 가르쳐 주었다. 그러나 나는 현전의 형이상학에서는 후설과 파토스(pathos)에 동의할 수 없었다. 그런데 사실 나에게 현전의 개념과 그것이 철학에서 수행한 근본적인 역할을 의심하도록 도와준 것은 바로 후설의 방법이었다. 하이데거와 나의 관계는 훨씬 복잡하고 광범위하다."[6]

4) 클라우스 비거링, 『매체윤리』, 유봉근 외 옮김, 연세대학교출판부, 2004, 125-126쪽.
5) 클라우스 비거링, 앞의 책, 127쪽.
6) 데리다, 「대륙사상가와의 대화」; 리처드 커니, 「자크 데리다」, 『현대유럽철학의 흐름』, 임헌규 외 옮김, 한울, 1992, 154쪽 재인용.

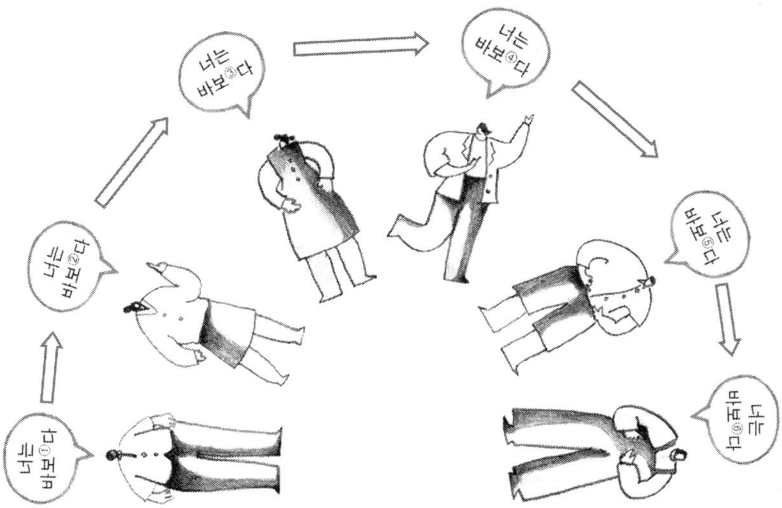

계속해서 전달된 '바보'라는 단어는 그 앞의 '바보'의 재현전 · 대리보충이다

위 인용문에서 데리다가 후기 후설과 하이데거로부터 방법론적 영향을 받았으나 그들의 사상을 전적으로 받아들이지는 않는다. 해체의 방법은 데리다가 현전(現前, presence: logos)의 형이상학이라 부르는 것과 관계가 깊다. 데리다는 현전의 형이상학이라는 개념을 만들어서 전통적으로 서양철학사를 지배해온 사유 방식을 비판한다. 또한 그가 만들어낸 로고스중심주의, 음성중심주의, 종족중심주의 등은 이 현전의 형이상학과 연관된다.[7]

데리다는 후설의 현상학에서 엄밀한 학으로서의 철학을 정립하고자 하는 이론에 동의하지 않는다. 후설에 있어서 순수한 표현형식에 대한 고찰은 동시에 직관적 본질에 대한 탐구였다. 따라서 직

7) 조광제, 「데리다: 해체와 차연」, 『현대철학의 광장』, 동녘, 2017, 548쪽.

관적인 방식으로 소박한 자연주의적 사태에 자신에게도 현전함으로써 의심의 여지가 없는 확실하고 엄밀한 방법으로 증명하고자 하는 것이었다. 그러나 데리다는 이러한 현전의 가능성을 부정한다.[8] 현전의 형이상학에 대한 순수직관을 열정적으로 추구하여 근본적인 기점을 찾고자 했던 후설의 실패는 곧 형이상학의 종말을 의미했다.

데리다는 후설과 같은 서구철학의 부류가 비이성에 대한 이성, 차이에 대한 동일성, 부재에 대한 현전을 진리 근거로 주장했다고 본다. 따라서 데리다는 이성, 동일성, 현전에 대비되는 비이성, 차이, 부재라는 타자들을 해방시키고자 한다.[9]

후설은 최후의 저작인 『선험적 현상학과 유럽학문의 위기』(1936)에 대한 토론을 실은 부록에서 다음과 같이 고백한다. "엄밀한 학으로서의 철학의 꿈은 이제 사라졌다." 이 저서에서 후설은 직접 경험의 선험적 주관의 세계를 사실상 문화적 생활과 세계의 역사성에 기반을 두고 있다. 그러나 초시간적인 본질을 직관하기 위한 현상학적 탐구가 데리다의 입장에서 아무런 의미가 없는 것은 아니었다. 데리다는 하이데거와 더불어 해체운동은 확실한 전회를 하게 되었다고 주장한다.[10] 하이데거는 『존재와 시간』(1927)에서 출발에서부터 서구 형이상학을 '존재신학적(Ontotheological)' 편견이라 부른다. 즉 그는 존재에 대한 우리 경험의 시간적 · 역사

8) 마단 사럽 외, 「데리다와 해체」, 『데리다와 푸꼬, 그리고 포스트모더니즘』, 임헌규 옮김, 인간사랑, 1997, 22쪽.
9) 양운덕, 「자크 데리다」, 박정호 외 엮음, 『현대철학의 흐름』, 동녘, 1996, 347쪽.
10) 리처드 커니, 앞의 책, 154-155쪽.

적 성격에 반하는 체계적 편견을 극복하기 위한 것이었다. 그러나 하이데거 자신은 여전히 몇몇 근원적인 것에 대한 '향수'를 가지고 있었다. 그가 '존재신학적' 전통 철학의 골격을 복구할 수도 있었던 존재라는 낱말은 그 허위가 폭로되었다.

데리다는 자신의 해체적 독본을 서구 형이상학뿐만 아니라, 여전히 플라톤에서부터 시작하여 아리스토텔레스를 거쳐 데카르트, 칸트, 헤겔, 하이데거에 이르기까지 서양철학을 로고스중심주의적 경향을 띠고 있다고 의심한다. 그러면 데리다의 '로고스중심주의'란 무엇을 의미하는가? 그는 이 용어를 현전(現前)의 개념에 그 중심을 두고 재현되는 서구 사상의 경향을 특징짓는 용어로 사용했다. 데리다의 현전은 하이데거가 사용한 Anwesen이라든가 Anwesenheit의 독일어 번역어이다. 데리다는 현전에 대한 이해를 위해 하이데거의 존재물음에서 시작되어야 한다는 입장이다. 하이데거에 의하면, 현전은 고대로부터 내려오는 존재이해의 단서가 된다. 존재란 지속적인 현전성 안에서 이해되어 온 것이다. 데리다는 하이데거의 존재론을 이성중심적인 형이상학의 연장이라 간주하고, 하이데거가 현전의 은유학(Metaphorik des Präsenz)과 목소리의 현재(Gegenwart der Stimme)를 주장하고 있다고 비판한다.[11] 현전이라는 개념은 '무엇인가 혹은 누구인가가 그 어떤 것이 지금 당장 눈앞에 주어져 있다'라는 구도를 가진다.[12] 지속적인 현전성의 이해 속에는 언제나 시간의 한 양태인 현전이 얽혀 있다. 과거나 미

11) 페터 지마, 『데리다와 예일학파』, 김혜진 옮김, 문학동네, 2001, 63쪽.
12) 조광제, 「데리다: 해체와 차연」, 『현대철학의 광장』, 548쪽.

래도 모두 현전의 변화된 양태에 불과할 뿐이다. 과거는 지나간 현재이고 미래는 곧 당도할 현재이다.13) 이런 점에서 데리다는 후설의 관점을 빌어 "현재밖에 존재하지 않는다"14)고 말한다. 따라서 데리다는 서구 형이상학의 역사를 "순전히 낱말적인 의미에서 현전으로서 존재자로 점철되어 있는 이야기"로 정의했다. 이러한 논리중심주의의 대상은 "기초 · 원칙 · 중심과 연관된 모든 용어들, 즉 형상, 아르케, 본질, 목적, 실체, 진리, 주관, 의식 초월성, 인식, 신, 인간 등 변화지 않는 주제로 삼는 형이상학을 특징으로 한다."15) 하지만 데리다는 형이상학적 사유에 빠지도록 만드는 물질/정신, 주관/객관, 허위/진리, 육체/정신, 텍스트/의미, 내면/외면, 표상/현전. 현상/본질 등과 같은 이분법적 대립을 버리도록 제안한다.16) 그래서 데리다는 중심화하는 현전의 개념이 결코 있는 그대로를 드러내는 것이 아니며 '로고스중심주의'와 단절할 것을 제의한다. 그는 원래의 현전이라고 하는 지배적인 범주를 그 자신의 부재 또는 그것의 보충물 이외에 아무것도 아니라는 것을 보여 주려고 시도한다.17)

데리다는 모든 근원적 현전의 개념을 탈중심화하기를 시도한다. 자유로운 작용의 판도라 상자(Pandor's box)를 열면서, 그는 전통적인 의미의 개념 자체를 해체하고자 한다. 그는 이것을 '산종

13) 이광래, 「데리다의 反철학으로서의 철학」, 서양철학사연구회, 『反철학으로서의 철학』, 지성의샘, 1994, 69쪽.

14) Jacques Derrida, *La voix le pheánománe*, Puf, 1967, 3쪽.

15) 이서규, 「데리다: 해체와 차연」, 『현대철학의 이해』, 건국대학교출판부, 2003, 205쪽.

16) 마단 사럽 외, 앞의 책, 27쪽.

17) 리처드 커니, 앞의 책, 156쪽.

(散種, dissemination)'의 과정이라 불렀다. 산종을 나타내는 불어 lasemence는 라틴어의 'semen'에서 나왔고, 이것은 다시 '의미하다'를 뜻하는 희랍어 'semainein'과 밀접히 연관된다. 따라서 산종은 언어학에서는 의미소를 뜻하는 씨 뿌려진(semé)이라는 과거분사와 연결되어 있다.[18] 산종은 기표(signifiant) 과정을 어떤 출발점과 종결점을 동시에 환원함으로써 결코 종결되거나 고정될 수 없는 기호로부터 무한한 이동을 드러낸다. 무한한 연쇄고리 속에 있는 어떤 것을 다른 것이 대신하는 이러한 무한한 기호의 작용을 통해서 데리다는 비중심(non-centre)적인 것을 긍정한다. 예를 들어 사적/공적, 남성/여성, 같음/다름, 이성/비이성, 참/거짓, 중심/주변 등 쌍으로 이루어진 용어들에서 첫 번째의 용어는 특권을 누린다. 여기서 데리다는 후자의 대립쌍 중에서 해체를 통해 역전과 대체할 것을 요청한다. 이것은 현전으로서 회복될 수 있는 중심과 다른 것이다. 즉 의미는 본래의 현전을 제공해 주거나 표상하지는 않는다. 현전의 개념 자체가 바로 의미작용의 결과물이다.

데리다의 입장에서 기표는 언어 이외에는 결코 자리 잡을 수 없는 기의(Signifié)에 대한 은유로 작용한다. 그래서 기의 그 자체는 다른 기표에 대한 언급 또는 연기하는 것으로써 기표가 될 수 있다. 언어 이외에는 어떤 전거도 없다. 그것은 단지 텍스트밖에 없다. 심지어 후설이 강조하는 "사상 자체"마저도 이제 더 이상 직접적으로 경험된 현상으로 해석될 수 없다. "사상 자체"라 부르는 것

18) 이승종, 「차연과 차이: 동아시아 사유로부터」, 『철학과 현실』, 가을호, 철학문화연구소, 1998, 44쪽.

은 기호이며 언어의 결과물이다. 데리다가 선호하는 해석학은 '언어-내적(intra-linguistic)'인 것이다. 즉 해석학은 사상(Denken)들보다 해석들을 이해한다. 결국 데리다는 다음과 같은 결론을 내린다. 이 순간부터 기호를 제외한 그 어떤 것도 아무런 의미가 없다. "우리는 기호 안에서만 생각한다. … 우리는 무제한의 작용, 즉 존재신학과 현전의 형이상학의 파괴로서 초월적 기의의 부재를 노래할 수 있다."[19]

3. 로고스중심주의와 음성중심주의

종종 데리다는 우상파괴주의자라 부른다. 왜냐하면 그는 기존의 서구 철학이 주장해 온 모든 진리를 우상이라 보고 그 우상들을 철저하게 파괴하고자 한다. 이런 측면에서 그는 망치를 들고 형이상학을 깨뜨리는 철학자라 불리는 니체의 후예이다. 데리다는 이러한 우상을 현전의 형이상학, 또는 로고스중심주의라 부른다. 데리다는 플라톤 이래로 지속되어 왔던 서구 형이상학의 경향을 '로고스중심주의'라는 것이다.[20] 태초에 로고스가 있었다고 하는 『신약성서』의 경우처럼, 모든 것의 기원으로서의 로고스, "태초에 말씀이 계시니라. 이 말씀이 하나님과 함께 계셨으니, 이 말씀은 곧 하나님이시리라."[21] 즉, 말은 완전한 존재를 보증하는 것으로 여겨져

19) 리처드 커니, 앞의 책, 156쪽.
20) 양운덕, 「자크 데리다」, 박정호 외 엮음, 『현대철학의 흐름』, 동녘, 345쪽.
21) 『요한복음』, 1장 1절.

왔던 것이다. 모든 것은 유일한 원인에서 생기는 결과이다.[22] 다시 말해 로고스중심주의란 말이나 이성적 진리를 중심으로 이루어진 체계를 의미한다.

플라톤 이래로 지속되어 온 로고스중심주의는 결국 어떤 절대적인 체계나 진리를 중심으로 놓고 그것을 기준으로 쌓아 올린 것이다. 하지만 그러한 중심이라는 것 혹은 절대적인 진리는 그와 반대되는 것을 추출하여 만들어진 허구에 불과하다는 것이다. 데리다는 해체라는 것이 바로 이러한 중심을 허물어뜨리는 것이라 생각한다. 그는 해체란 어떠한 중심도 없고, 비록 중심이 있다 하더라도 그 중심은 고정된 위치가 아니라 하나의 기능, 즉 무한한 기호의 대치만이 적용되는 일종의 비(非)위치만 있는 상태를 가리킨다. 사실상 이러한 로고스중심주의의 관점에서 보면, 중세시대의 사상이라는 것도 알고 보면 플라톤의 이데아론이 종교적으로 표출된 것에 불과하다. 더 나아가 근대인식론도 자연과학의 이념으로 표현된 플라톤주의이다. 더욱이 근대 이후의 자본주의 사회는 플라톤 이래로 지속되어 온 서구의 합리주의 정신이 제도화되어서 나타난 사회라 볼 수 있다.

서구 형이상학에서 로고스중심주의적 편견이 가장 적나라하게 드러나는 곳 중의 하나는 '글쓰기(writing: gramme)'에 대하여 '말(speech: phone)'에 우선성을 부여한 것이다. 글(쓰기)에 대하여 말에 우선성을 두는 것은 바로 현전에 대한 가정 때문이다. 데리다는 이

22) 이광래, 「데리다의 反철학으로서의 철학」, 서양철학사연구회, 『反철학으로서의 철학』, 지성의샘, 1994, 70쪽.

것을 음성중심주의라 부른다. 즉 서양철학은 언제나 목소리에 관심을 가지면서 글(쓰기)에 대해서는 깊은 우려를 표명해 왔다는 점에서 음성중심주의였다. 말은 그것이 현전에 더 가깝다고 생각되기 때문에 선천적인 것으로 간주되었다. 왜냐하면 말은 직접성을 함의하는 것이기 때문에 글(쓰기)보다 더 가까이 있기 때문이다. 그래서 말은 글(쓰기)에 대해 우선성을 간직하고 있는 것처럼 보인다. 따라서 데리다에게 있어서 음성중심주의는 현전의 결과 중 하나이다.[23] 이런 점에서 데리다는 서구 형이상학에 관철되고 있는 음성중심주의를 문제 삼는다. 음성중심주의는 말과 글(쓰기)를 구분하고 글(쓰기)에 음성, 말에 특권을 부여하고자 하는 태도를 비판한다. 이는 음성을 일차적으로, 기원적이고 본질적인 것으로 보는 것이다.

무엇보다 데리다는 음성에 최우선적으로 특권을 부여하는 형이상학적 전통을 의문시하고 그러한 사고틀이 숨겨진 모순들을 폭로하고자 한다.[24] 여기서 형이상학적 전통이란 신성불가침한 토대, 제일원인, 혹은 절대적인 기원들을 가정하여 다른 의미의 체계가 그것에 의존해서 구성되어진다고 생각하는 사유체계를 일컫는다. 데리다는 생생한 음성을 완전하게 필사한 서양 알파벳에 의한 글(쓰기)는 로고스의 진리를 음성적인 것에서 소리와 의미가 명료하게 통일된 것으로 간주하면서, 말을 글(쓰기)보다 편애하는 로고스중심주의의 편견을 보여 준다. 데리다는 아리스토텔레스, 루소, 헤

23) 마단 사럽 외, 앞의 책, 23쪽.

24) 양운덕, 「자크 데리다」, 박정호 외 엮음, 『현대철학의 흐름』, 369쪽.

겔의 경우를 들어 로고스중심주의적인 편견이 서양철학사 저변에 펴져 있음을 강조한다. 이렇듯 데리다가 종종 언급하고 있는 로고스중심주의는 음성중심주의(phonocentrism)인 것이다.[25] 데리다에 의하면, 로고스중심주의는 음성중심주의로 발전해 간다. 음성적 언어를 평가절상하고 문자적 언어를 평가절하하는 것이 음성중심주의이다. 이러한 음성 위주의 언어관은 형이상학시대의 일반적 경향을 보인다. 특히 음성은 근대의 주체철학이 언어의 문제에 접근하기 시작한 루소의 시대에 정점에 달한다. 신은 음성으로 말하면서 스스로 듣는다. 외면화하면서 내면화되는 음성은 정신의 자기체험이 일어나는 특권적 현상이다. 정신은 음성을 통하여 직접적인 자기현전, 무매개적 자기관계를 경험한다. 주체철학에서 정신은 진리가 내재하는 장소이며 의미가 드러나는 장소이다. 그래서 정신은 음성을 통하여 자기 합일적 일치에 당도할 뿐만 아니라 참된 의미자체와 합일하는 충만한 현전성을 이룬다. 데리다에게 있어서 음성은 좋은 언어, 고마운 언어, 축복의 언어인 것이다.[26]

데리다에 따르면, 이러한 자기 직접성의 '음성 중심적' 이념에 가장 근접해 있는 모델은, 공유된 시간과 장소에서 함께 있는 두 화자가 대화를 나눌 수 있는 경우이다. 비록 더 이상 자신과 직접적으로 동일시할 수 없다고 할지라도 두 화자가 대화에서 그들이 의도한 바를 정확하게 소통할 수 있을 때, 그 의미는 여전히 '현전'으

25) Jacgues Derrida, *Grammatologie*, Übersetz von Hans-Joerg Rheinberger und Hanns Zichler, Frankfurt. a. M., 1983, 25쪽.

26) 김상환, 「정보화시대의 해체론의 이해」, 김상환 외, 『매체의 철학』, 나남출판, 1998, 105쪽.

로 회복될 수 있다. 이러한 동일화는 자신에게 화자의 직접적 현전으로서 "영혼과 그 자신과의 침묵의 대화"에서 표현한 플라톤에게까지 거슬러 올라간다. 여기서 플라톤은 다음과 같이 믿는다: "진리는 여전히 순수한 자기 직접성이다. 여기에는 아직도 소외와 혼란이 개입되지 않았다. 침묵의 대화에서 의미는 아직도 자신과의 동일성을 유지한다. 그것은 존재가 말하는 것이고, 있는 그대로를 말하는 것이다. 타자와의 거리를 유지하면서, 자아는 순수한 하나의 진리성을 주장할 수 있다."[27)]

반면에 플라톤은 일반적으로 글(쓰기)에 대하여 상당한 의구심을 가지고 있었다. 자아 대(對) 자아라고 하는 대화는 타자에게 자아가 자기 자신을 대하는 것처럼, 직접 음성중심주의의 모델과 결별하면서, 글(쓰기)는 우리 자신으로부터 소외된 의미를 드러낸다. 기호로 각인된 의미는 원저자의 의도에 대하여 자율성과 독립성을 갖는다. 그것은 원래의 자기현전과는 동떨어진 의미를 가지고 있다. 글(쓰기)는 처음에 의도했던 것과는 아주 다르게 해석될 여지가 있다. 글(쓰기)는 처음의 자기 현전과는 동떨어진 의미를 정립한다. 그래서 플라톤은 글을 부모살해범으로 비난한다. 쓰여진 기호는 본래 그들을 낳았던 부모를 죽여 버리는 불법적 자손과 같다. 데리다는 『산종』에서 플라톤의 『파이드로스(*Phaedrus*)』에서 글(쓰기)에 대한 적대적인 평가를 한다. 그리고 여기서 정교한 해체적 분석을 시도한다. 플라톤의 『파이도로스』에 대해서 소크라테스는 "글쓰기는 독약(pharmakon)"[28)]이라 진술한다. 이 진술은 두 가지의

27) 리처드 커니, 앞의 책, 158쪽.

의미를 지닌다. 즉 "글(쓰기)는 독이다"와 "글(쓰기)는 약이다"라는 표현이 그것이다. 이 두 의미는 플라톤의 대화편에서는 결정될 수 없다. 그럼에도 불구하고 서양의 전통철학은 전자를 정확한 의미라고 결정하였다. 이 대화편에서 플라톤은 글(쓰기)는 말을 소외시키는 것에 대하여 경고하고 있다. 플라톤은 글(쓰기)들의 이러한 불법성에 대하여 구어(口語)의 특성을 대비시킨다.

> "다른 종류의 말, 즉 말이 글쓰기보다 훨씬 우수하다. 그리고 또 더 위대한 힘을 가지고 있다. 즉 같은 가문의 아들이지만 합법적인 적자이다. 나는 영혼에 각인된 지적 대화를 원한다. … 쓰여진 말이 단순히 모상에 지나지 않는다는 것을 아는 살아 있는 말을."[29]

플라톤은 자주 파르마콘(Parmakon: '치료제'와 '병균'이라는 뜻을 동시에 가지고 있는 애매한 낱말)이란 용어를 글(쓰기)의 속성에 결부시켰다. 즉 플라톤은 글(쓰기)를 파르마콘이라 불렀는데 약과 질병은 서로 모순되고 대립되는 것인데 글(쓰기)는 이러한 모순을 동시에 가진다. 파르마콘이라는 용어는 속죄와 정화를 위해서 희생된 '속죄양'을 의미하는 파르마코스(Pharmakos)에 관련된다. 또한 파르마콘은 약학이나 마법을 의미하는 파르마케아(Pharmakeia)에 관련된다. 그리고 보레아스(Boreas)의 신화에서 오리시아(Orithyia)가 같이 놀았던 처녀의 이름에 해당하기도 한다. 플라톤은 『파이도로스』에서 북풍의 여신의 신화에 관련짓기도 하였다.[30] 데리다는 다음과 같이 파

28) Platon, *Phaedrus*, 274e.; Derrida, *La dissémination*, de Seuil, 1972, 82쪽.

29) Derrida, *La dissémination*, 99쪽.

30) 휴 J. 실버만 편, 『데리다의 해체주의: 철학과 사상』, 윤호병 옮김, 현대미학사, 1998, 15쪽.

르마콘의 이중성에 대해 언급하고 있다.

> "만일 파르마콘이 이중성을 띤다면, 그것은 다음과 같은 연유에 기인한다. 즉 그것이 상반자들과 상반되게 하는 매개체가 되기 때문이다. 상반자를 결합시키거나, 역전시키거나, 한 면을 다른 면과 교차시키는 작용의 운동(육체/정신, 선/악, 내부/외부, 기억/망각, 말/글쓰기) … 파르마콘은 차이성의 산물이다. 그리고 그것은 차이성의 차연이다."31)

글(쓰기)는 화자의 의도를 시간에 제약받지 않고 반복될 수 있기 때문에 일종의 치료제라고 할 수 있는 반면에, 화자의 의도에서 벗어날 가능성이 있기 때문에 질병이 되기도 한다. 그래서 플라톤은 글(쓰기)를 말보다는 하위의 것으로 생각하였다. 말이 로고스라고 한다면, 문자는 기호라고 할 수 있다. 왜냐하면 말은 화자의 현전 속에서, 즉 화자가 실제로 존재하는 가운데서 말하는 자의 입을 통해서 나오는 직접적인 목소리이기 때문이다. 이에 반해서 글(쓰기)의 의미는 다른 것과의 비교나 해석을 통해서 전달될 수 있다. 따라서 말은 자기 스스로 현전하는 것이라면, 문자는 항상 타자의 흔적 속에서 자신을 드러내는 것이다. 그런데 알고 보면 말이라는 것도 플라톤의 생각처럼 그다지 신빙성이 있는 것이 못된다. 실제로 우리가 말을 할 때 그 말들이 발화자의 진실을 담고 있는 것이라 생각할 수 없기 때문이다. 데리다는 이 낱말이 '치료제'와 '병균' 둘 모두를 의미하는 애매한 말이라는 사실에 주목한다.

플라톤에 있어서 글(쓰기)는 화자의 원래 의도에서 신뢰성의 바

---

31) J. Derrida, *La dissémination*, de Seuil, 1972.

탕이 되는 자기에의 현존을 제거시키는 나쁜 병균으로 취급하였다. 그것은 화자의 원래 의도에서 부모의 보호를 벗어나게 하여 잘못에 노출시킴으로써 의미를 저자 외부에 놓아둔다. 그러나 의미는 역설적이게도 치료의 역할도 한다. 의미가 저자의 의도와 똑같이 남을 수 있는 것은, 그것이 반복됨으로써 망각에서 다시 회상되기 때문이다. 데리다가 지적한 것처럼, 플라톤적 형상(Eidos)의 자기동일성은 회상(Anamnesis)으로써 말하고 있는가 하는 이유이다. 글(쓰기)는 직접적 자기현전으로서 말을 소외시키는 '병균'인 동시에 원래 표현되었던 그때 그 장소라는 한계를 넘어서서 그것의 지속성을 유지시켜 주는 '치료제'이기도 하는 이중역할을 하는 것이다.

데리다는 '형상', '로고스'와 같이 가장 중요한 초시간적인 현전의 범주들이 사실상 그 반대되는 가치와 상호 공속적인 관계에 있다는 것을 증명함으로써 플라톤적 형이상학을 해체하고자 한다. 부재, 차이성, 다수성, 거리성으로 대표되는 글에 대하여 현전, 동일성, 통일성, 직접성으로 나타나는 말의 음성중심주의적 우위를 주장한다. 플라톤의 형이상학은 말을 보존하기 위하여 부재한 원래의 현전을 재현시키기 위한 수단으로써 글을 필요로 한다. 파르마콘으로서 글(쓰기)는 돌이킬 수 없는 반대작용을 한다. 왜냐하면 그것은 영혼 외부의 눈에 보이는 표지 또는 쓰여진 기호로 구체화됨과 동시에 영혼에서 잊혔던 진리를 환기시켜 주는 구원의 힘으로 작용함으로써 자신과 대화의 관계에 있는 영혼의 보이지 않는 내면성을 소외시키기 때문이다.

4. 차연작용

데리다는 차연이라는 개념을 1968년 행해진 "차연(La Différance)"이라는 강연에서 신조어로 사용한다. 데리다는 어떻게 차연되어 있는가 하는 점을 드러내 보임으로써 플라톤이 언급했던 동일성의 위계를 해체하고자 한다. 데리다가 주장하는 형이상학의 공통된 특징을 두 가지로 요약할 수 있다. 하나는 모든 형이상학에서 자기동일성을 갖춘 최초의 원인과 최종의 원인을 철학적 공리로 설정하고 이 원인에 의해 세상의 복잡한 존재물이 파생되었다고 본다. 여기서 그는 이원론적 대립구조를 통해 이 세계를 파악한다. 다른 하나는 이와 같은 일차적 원인과 이차적 파생물들이 단순히 대립적 관계로만 자리매김하는 것이 아니라 그 양자 사이의 선악 그리고 우열의 위계적 가치질서, 더 나아가 지배와 종속이라는 권력질서를 설정한다. 즉 철학은 그 학파에 따라 용어와 개념 사이의 차이는 다소 존재하지만, 형이상학체계에는 현존 · 직관 · 본질 · 있음 · 의미 · 진리 · 의식 · 주체 · 초월 · 내부 · 말 등 일차적 근원적 가치로 특권화하고, 이에 반해서 재현 · 공간 · 시간 · 경험 · 외부 · 차이 · 분열 · 역사 · 타자 · 물질 · 글씨 등을 이차적 파생물로 폄하하여 배제하는 것이었다.32)

데리다가 나열하는 대립들은 기표/기의, 감각가능/인식가능, 글쓰기/말, 말함/언어, 통시성/공시성, 공간/시간, 시간/능동과 같은 개념들이다. 데리다가 헤겔, 후설, 하이데거, 플라톤, 칸트 및 형이

32) 윤효녕, 「데리다: 형이상학 비판과 해체적 주체 개념」, 『주체개념의 비판』, 서울대학교출판부, 2003, 16-17쪽.

상학의 모든 전통에까지 귀속시켰던 시간과 기호 등의 현상학적인 해석을 받아들인다면, 이 모든 것들은 일종의 주관성의 관념을 요구한다.[33] 여기서 데리다는 이원적 대립과 위계의 가치질서를 만들어 낸 "현존의 형이상학 내지 로고스중심주의를 비판"하고 차연과 흔적이라는 중요한 개념들을 부각시킨다.

데리다의 Differee라는 라틴어 어원을 지닌 프랑스어 디페랑스(Différance)는 두 가지의 뜻을 지닌다. 첫째는 어떤 것을 구분하다 또는 분리하다의 뜻이며, 둘째는 어떤 것을 연기하다 또는 변경하다의 의미를 포함한다.[34] 이렇게 데리다는 종종 '차연(差延: Difference)'이라고 하는 신조어를 사용함으로써 차이남(Differing: 각각의 기호가 다른 그것과 구별됨)과 연기됨(Deffering: 끝없는 기호의 연쇄가 몇몇 원래의 소기에서 연쇄의 끝을 연기함)으로써 이중적인 글쓰기의 기능을 지시한다. 프랑스어 'Différer'는 이 두 의미를 지니고 있다. 로고스(Logos: 중심으로서 모든 것을 모아 주는 자기 동일성으로서)에 대한 우위성의 부여는 차연작용에 의해서 그 기반이 무너진다. 차연을 뜻하는 프랑스어 Différence는 공간적 차이 내지 거치를 의미하는 Deffer(다르다)와 시간적 차이 내지 지연을 의미하는 Defer(지연시키다)를 합쳐서 데리다가 새로 만들어 낸 단어이다. 큰 철자 a를 틀리게 사용함으로써 이 단어가 암시하는 비동일성과 차이를 부각시킨다. "글자 a로 인하여 différance가 더 정확히 의미하는 바를 고전적 언어로 나타내고자 한다면, 그것은 차이성의 근원 내지 생산 작용, 차이성

33) 존 레웰린, 『데리다의 해체주의』, 서우석 · 김세중 옮김, 문학과지성사, 1988, 77쪽.
34) 이서규, 앞의 책, 211쪽.

사이의 차이성, 차이성의 작용(유희)과 같은 것이다.[35] 요컨대 Différance는 발음상에서 어미 'ance'와 'ence'는 프랑스에서 구별되지 않는다. 여기서 발견되지 않은 차이는 단지 글(쓰기)에서만 드러날 뿐이다. 흔적(Trance) 역시 동일성 속에 각인된 근원적 타자성을 일컫는 용어로 현존의 자기동일성을 해체한다. 즉 흔적의 존재나 의식의 현존성을 산산이 부수는 변별적 타자 관계를 지칭하는 용어로서 차연과 같은 기능을 한다.[36]

그의 설명에 따르면, 이 용어들은 정확히 하나의 특정한 의미만을 고집하는 잘못된 편견을 버리는 대신에 반대자들을 세우고 그 토대를 약화시키는 두 가지 이상의 의미를 허용하기 때문에 '결정불가능'하다는 것이다. 그래서 차연은 연기와 차이 양자 모두를 의미한다. 또한 보충은 증가와 대치를, 파르마콘은 '치료제'이자 '병균' 등을 의미한다. 이러한 비로고스중심주의적 사유는 동시에 두 가지 생각을 갖는다." 그리고 데리다는 『그라마톨로지』에서 '흔적'의 말소에 대한 생각을 설명한다.

데리다는 서구 형이상학의 양자택일의 논리로 환원될 수 없는 '결정불가능성'으로써 흔적의 개념을 정립한다. 양자택일의 이 논리는 이원적 흑백논리에 기초하여 다음과 같은 세 가지 주요 원칙에 근거한다. 즉 ① 동일률(A는 A이다), ② 모순율(A는 비A가 아니다), ③ 배중률(진리는 A이거나 비A이다)이 그것이다. 데리다는 이러한 이원적 양자택일의 논리를 해체적인 양자긍정은 양자부정의 논리로 무

35) Jacqes Derrida, "Différance"(1968), *Speech and Pheomena*, trans. David B. Allison(Evanston: Northwestrn UP, 1973), 130쪽.

36) 윤효녕, 앞의 책, 19쪽.

너뜨린다고 본다. 이러한 방식으로 그는 특정한 어떤 결정된 개념을 결코 동일시할 수 없는 결정 불가능한 흔적으로 해체한다.[37] 따라서 이것은 자신과 모순되며, 자신과 다르며, 그리고 말소에 의해 작용한다. 데리다는 철학사의 텍스트 안에 '결정불가능성'이라는 용어를 쓸 것을 제안하는데 그것은 다음과 같은 의미를 지니고 있다.

> "그것은 더 이상 이원적 반대논리에 포섭되지 않고 그 이원논리에 저항하고 그것을 해체한다. 그리고 또 심지어 제3의 용어를 정립하지도 않으며, 사변적 변증법의 형식에서 이에 대한 해결의 여지고 남겨 놓지 않는다. 예를 들면 파르마콘이라는 용어는 치료제도 병균도 아니며, 선도 악도 아니며, 글도 말도 아니다. … 양자부정은 동시에 양자택일이다.[38]

데리다가 언급하는 해체는 플라톤으로부터 후설과 리쾨르에 이르기까지 서양 형이상학의 여러 유파들에 대한 비판이다. 데리다가 비판의 대상으로 삼은 형이상학이란 일정한 유파를 가리키는 것이 아니라 플라톤의 이데아, 데카르트의 사유주체, 루소의 자연의 말씀, 헤겔의 관념론의 절대인식, 후설 현상학의 의식주체와 직관, 하이데거의 존재자, 영미철학의 언어분석 등 현전의 형이상학을 주창해 온 서양 전통 철학의 모두를 포함한다. 데리다의 해체주의 전략은 바로 그러한 총체주의적 사고에 대한 해체의 전략이다. 그의 철학은 전통적인 철학의 담론에서 무시하여 왔던 영역에 눈

37) 리처드 커니, 앞의 책.

38) Jacques Derrida, *Position*, Minuit, 1972, 99쪽.

을 돌린다. 그리고 그는 저자의 서명에서부터 인용 · 문장 · 표현 · 방법 · 실수 등 갖가지 여백의 장소를 비철학적 담론으로 배척하지 않는다. 그는 주변의 것에 대한 의미 부여가 텍스트의 결정적인 구성 요소임을 보여 준다. 또한 사실 텍스트는 그러한 여백이 없이 성립하지 않음을 보여 준다. 단적으로 데리다의 해체전략은 일종의 게릴라적 전략이라 부를 수 있다. 그는 총체적 대항이 아니라 주변부의 국지적인 소규모 게릴라전을 통하여 중앙권력의 결점과 한계를 적나라하게 노출시키고자 한다. 이렇게 해서 드러나는 것은 사실상 중앙권력의 중심부에 대한 공백이 생겨난다. 모든 지식이나 사상, 나아가 사회적 제도는 체계화된 것처럼 보이지만, 그러한 체계성 속에 있는 중심은 사실상 존재하지 않는다. 결국 존재하지 않는 허상의 중심으로 짜인 체계가 기존의 사상체계인 것이다.

데리다의 주장에 의하면, 말하는 의도는 '다른' 때에 '똑같이' 되풀이되는 한에 있어서만 그 자체와 동일하다고 할 수 있는 사실에 있다. 결과적으로 '반복가능성(Reiterability)'으로서 정의될 수 있는 동일성의 개념은 글쓰기와 읽기라는 서로 차이 나게 하는 작용을 전제로 한다. 따라서 데리다의 입장에서 현전은 자신과 구별되는 자기 자신을 자체 안에 지니고 있다고 확신한다. 그리고 그 현전은 항상 연기되어 있다. 그것은 원점(Arche)이라기보다는 종점(Telos)이다. 그러나 데리다가 우리에게 확실하게 주지시키는 관점은, 우리가 결코 이 종점에 도달할 수 없다는 것이다. 왜냐하면 말에 대한 음성중심주의적 선호에 의해서 은폐된 영혼의 자기 현전성은 쓰여진 기호로 구체화되어 밖으로 드러나는 것을 요구하고 있기 때문이다. 따라서 현전에는 차연이 뿌리 깊게 박혀 있음을 알 수 있다.

음성중심주의적 편견에 대한 데리다의 비판은 이렇게 말이 글(쓰기)로 표현됨으로써 차이성을 발생시키는 것에 대해 단지 회의(懷疑)하는 사실에 머무르지 않는다. 그는 이러한 '차연작용'이 말의 고유한 것이라 주장한다. 즉 말은 각 개별적인 낱말 또는 말해진 기호가 처음부터 기표하는 음성과 기의된 개념으로 구분되는 한에서 차이성을 자체 내에 안고 있다. 데리다의 해체전략은 어떤 고정된 중심부를 거부하고 잠정적으로 정해진 위치들만이 끊임없이 떠돌아다니는 공간을 창출함으로써 자유로운 '놀이'가 가능하게 만든다. 이러한 자유로운 공간의 창출은 모든 것들이 고정되지 않고 타자와의 관계에 의해서 자유롭게 만들어지는 가변적인 위치로 나타날 때 가능하다. 이러한 생각을 이해하기 위해서는 먼저 소쉬르의 언어이론을 통해 언어에 대해 우리가 갖고 있는 일반적인 통념을 뒤집는다. 언어는 변별적인 차이에 의해서 만들어진 일종의 놀이다. 문자는 다른 문자들과의 차이에 의해서 정해진 위치일 뿐이다. 때문에 어떠한 기호도 타자 없이는 존재할 수 없다. 어떻게 보면 타자가 아님이 자신이기 때문에 자신의 고유성은 타자에 의해서 정해진다. 그런데 소쉬르는 일단 단어가 만들어지면 그 의미는 고정된다고 보았다. 여기서 소쉬르의 모순이 나타난다.

데리다는 『말하기와 현상』에서 소쉬르(Ferdinand de Saussure, 1857~1913)의 언어분석이 이미 말이라는 것에 대해 개별적 의미소의 집합이라기보다는 그 기호들의 차이성의 체계라는 것을 밝혔다. 소쉬르는 그의 『일반 언어학 강의』에서 기호는 그 스스로 무엇을 지시할 수 없고, 단지 자신과 다른 기호와 의미의 분기 또는 차이를 만듦으로써 지시한다는 것을 증명했다. 말해진 기호의 의미는 그 기호들 사이의 차이성에 의해서 발생하기 때문에 말이 직접적인 자기현전일 가능성은 처음부터 있을 수 있다. 즉 소쉬르 언어이론의 출발점은 언어기호는 사물에 대한 이름이 아니라는 것이다. 언어가 사물에 대한 이름이라면 언어에서는 항상 지시해야 할 사물이 문제가 될 수 있다. 하지만 이름이 아니라는 것은 언어가 지시해야 할 사물이 무엇인지를 고려하지 않아도 언어를 사용해서 의미를 전달하는 데 아무런 불편이 없다는 것을 나타낸다. 소쉬르는 언어기호와 지시체의 관계에 대해 부정적인 생각을 갖고 있었지만, 다른 기호들까지 언어가 지시체와 무관하다는 생각에 동의하는 것은 아니다.[39]

소쉬르는 언어학의 대상을 물리적 · 심리적 · 신경 생리적 · 역사적 사실로서의 언어현상이 아니라, 사회적 언어현상이라 보았다. 반면에 데리다는 문자학의 대상을 소쉬르와는 다르게 사회적 사실에 국한하지 않고 언어와 관계된 모든 사실, 즉 물리적 · 심리적 · 신경 생리적 · 역사적 사실까지도 포함시켰다.[40] 그런데 이러한 차이가 나게 하는 구조를 무시했을 때에만 현전이 될 수 있다. 그래서 이것은 데리다의 『그라마톨로지』에서 비로고스중심적인 언어학을 필요로 한다. 이러한 언어학은 과학이 아니다. 왜냐하면 과학적 '객관성'은 이미 현전으로 보이는 환상에 지나지 않는다는 것을 보여주는 시간적 차이성을 가정하는 '반복 가능한' 현전을 수반하고 있기 때문이다. 데리다의 『그라마톨로지』는 텍스트의 해체적 읽기에

39) 한상철, 『데리다의 해체주의에 대한 비판적 이해』, 철학과현실사, 2001, 23쪽.
40) 한상철, 같은 책, 50쪽.

과학적 객관성의 이념을 자기모순이라는 측면에서 배척한다.

데리다는 해체적 읽기를 "신중한 텍스트 분리의 실천 또는 연습"[41]이라 말한다. 그런데 데리다의 『그라마톨로지』는 단지 언어와 논리에 관한 규범적인 개념만을 해체하는 것이 아니다. 그것은 동시에 모든 규범적인 실재에 대한 이해를 해체한다. 해체는 형이상학적 관념론뿐만 아니라 실재론도 붕괴시킨다. 그것은 실재에 대한 우리의 전통적 이해가 그 자체에 정의하고 설명하는 기표적 담화에 의하여 구조화된다. 또한 모든 의미에서 차이가 나게 하는 기표의 작용으로서 원초적 글쓰기에 의해서 미리 규정되어 있다는 것을 보여 준다. 그렇게 하여 데리다는 '로고스중심주의'를 자기해체의 작용으로 이끌어 낸다. 따라서 그의 『그라마톨로지』는 회의주의의 성격을 띠고 있다. 그래서 그의 『그라마톨로지』에서 '실재'와 '의식'의 모두는 경험적인 '객관적' 근거를 갖거나 선천적인 '주관적' 의도의 환상을 무너뜨리는 다양한 의미작용으로 구성된다. 그의 『그라마톨로지』는 언어에 선행하지도 않으며 언어의 배후에는 아무것도 없다는 것을 보여 준다. 그리고 그는 언어의 이중적이며 끝없이 무한한 언어의 산종전략을 분석한다. 그가 로고스중심주의적인 형이상학에서 주장하는 합리성은 기껏해야 단지 구상했던 편견에 지나지 않는다. 따라서 데리다는 음성중심주의의 모델에 대한 비판을 서구 현전의 형이상학에 의해서 견지되었던 다양한 로고스중심주의의 편견을 다음과 같이 확장시킨다.

첫째, 로고스중심주의에서 자기에게 의식된 것과 다른 어떤

41) Jacques Derrida, *Position*, Minuit, 1972, 3쪽.

것을 현전시키는 기준으로서 이성과 지각에 인식론적 우위성(Epistemological Primacy)을 부여한 것은 기호의 작용을 무시한다는 편견이다. 이러한 우위성은 마음과 실재가 일치하는 것으로서 실재론적 진리개념과 자기를 직접적으로 증명하는 현전하는 의식으로서 관념론적 진리개념에서 두드러지게 나타난다.

둘째, 로고스중심주의는 과거와 미래의 지평과 결별하고, 일련의 형이상학적 체계에 의해 초시간적 현재에 부여된 연대기적인 우위성(Chronological Primacy)에서 나타난 편견이다. 이러한 편견은 ① 유한한 육체에 대하여 불멸의 영혼을 형이상학적으로 우위에 있다고 보는 주장이며, ② 영원 · 불멸의 동일성으로서 선천적 형식을 정립하는 것이며, ③ 초시간적인 현재로서 신의 개념(Nunc Stans)이 그것이다.

셋째, 로고스중심주의는 여성에 대한 남성의 성별적(Sexual) 우위에 있다는 편견이다. 이것을 데리다는 로고스중심주의에서 '남성중심주의(Phallogo-centric)'적 성격이라고 부른다. 남근(Phallus)은 자기자립성과 자기동일성의 상징으로서 간주되었다. 남근을 가지고 있다는 것은 자기 자신과 동일하고 충전적인 현전을 향유할 수 있다는 것을 의미한다. 이것이 결핍되어 없다는 것은, 여자라는 존재는 무엇이 모자라는 존재, 결핍이 항상 그에게 붙어 다니는 존재라는 것이다. 여성과 남성의 문제는 생물학적 차원에서 여성은 여성의 생물학적 정체성이 있으며 남성은 남성의 생물학적 정체성을 지닌다. 그리고 성의 정체성은 애초에 생물학적인 차이에 따라 구분된다. 하지만 여성과 남성의 이러한 도식적 구분은 일종의 로고스중심주의가 낳은 폐단이다. 남성성 혹은 여성성의 강한 정체성을 고집하는 것은 어떻게 보면 그러한 가족을 중심으로 형성된 체계의 결과에 불과하다. 어떻게 보면 여성성의 발견은 새로운 논리의 창출일 수 있다. 반대로 강한 여성이 남성의 지배로부터 해방된 자립적 여성의 목표를 설정하는 여성운동은 남성 지배 중심 사상의 논리에서 벗어나지 못한다. 왜냐하면 여전히 그들의 생각 속에는 로고스중심주의가 자리 잡고 있기 때문이다.

넷째, 비존재의 부재와 생성의 차이성은 분명하게 반대되는 순수 자기현전으로서 존재에 대한 존재론적 우위성(Ontological Primacy)을 지닌다. 이러한 현전의 존재론적 우위성은 모든 형이상학의 역사에 있어서 가장 두드러진 특징 중의 하나이다. 이것의 계보는 자기 자신과 침묵 속에서 대화하는 플라톤의 유명한 영혼의 모델에까지 거슬러 올라간다. 데리다는 이러한 억압의 전략과 모순을 구체적으로 밝혀냄으로써 형이상학을 해체하고자 한다. 데리다의 해체프로그램은 최근의 문학이론과 관련하여 종종 논의된다. 데리다의 사유가 가장 큰 힘을 발휘하게 된 것은 '해체적 비평'이 그 전위서클에서 반드시 요구하였기 때문이다.[42] 데리다는 동시에 어떤 일종의 로고스중심주의적 확실성을 다른 종류의 것으로 치환시키려는 시도를 피한다. 그래서 그는 심지어 자신이 사용하고 있는 해체(Deconstruction)의 생소한 용어들, 즉 차연, 원초적 글쓰기, 흔적(Trace), 보충(Supplement), 양피지(Palimpset), 말소(Erasure), 언어중심주의(Logocentrisme), 문자(Criture), 차연(Diffrance), 산종(Diss Mination), 반복(Repetition) 등의 개념은 바로 이러한 해체전략을 위해서 사용

42) 리처드 커니, 앞의 책, 164-165쪽.

되는 핵심 개념이다. 따라서 데리다는 자신의 해체적 용어를 '결정불가능'한 것으로 전개해 나간다.

데리다의 해체전략은 절대적으로 현존하는 진리나 로고스를 분해하는 것이다. 그가 이러한 중심을 해체하려는 이유는 그러한 로고스중심주의가 가지고 오는 폐단 때문이다. 그 폐단이란 구체적으로 가시적으로 눈에 보이는 현상이 아니다. 그렇지만 눈에 보이지 않는다고 해서 사소한 것이 아니라 오히려 더욱 근본적으로 우리의 사고나 신체 혹은 문화 전반에 침투해 있다. 무엇보다 그의 해체전략은 타자성을 인정하고 차이의 논리를 해방하는 것이다. 차이란 그 자체로 존재할 수 있는 것이 아니다. 언제나 타자를 포함한다. 차이의 논리에 따르면 어떤 것도 자신 속에 타자를 지니지 않을 수 없다. 어떻게 보면 타자의 흔적이 곧 자신이다. 이러한 시각을 극대화해 보면 타자성의 논리가 어떤 정치적 의미를 갖게 되는지 명확해진다.

5. 영향과 의의

데리다가 현 시대의 영향력이 있는 철학자로서 군림하게 된 측면 하나는 거시적 측면이고 다른 하나는 미시적 측면이다. 해체론은 2000년 전통의 서양사상사를 총체적으로 해체하고 새로운 사상사적 천 년을 준비하고 있다. 그러나 데리다는 이런 방대한 계획을 고전적 문헌에 대한 정밀한 분석을 통해 실천해 나갔다. 미시적 엄밀성을 보여 주는 데리다의 장인적 글읽기와 글쓰기는 문학에서 건축학에 이르는 광범위한 분야의 학자들에게 문헌해석의 새로운 경지를 새롭게 개척했다. 그의 해체론의 충격은 그 목표의 거대성에 한정되어 있는 것이 아니라 절차상 세밀함이 빚어내는 효과인 것이다. 해체론의 첨단성도 이 두 측면의 성공적 결합에 있다.

데리다는 지금까지 통용되어 왔던 전통적 철학의 범주 안에 머무르기를 거부하였다. 그의 영향력은 철학을 넘어서 문예비평, 사회학, 정치이론, 심리학, 인류학 등과 같은 다른 학문으로 확장되었다. 그러나 철학 자체 내에서 데리다의 해체전략을 어떻게 평가해야 할 것인지에 대해서는 아직 그 논의가 분분하다. 그의 저작의 핵심 중의 하나는 서구 사유에 있어서 '로고스중심주의적' 편견의 증상으로 모든 것에 대한 중심점을 갖고자 하는 데 있었다. 그는 이러한 중심점으로부터 모든 것을 환원해야만 한다고 하는 강박관념을 모호한 정식화와 고정된 동일성을 파괴하는 것이었다. 따라서 일정한 이름이 붙여지기를 거부하는 데리다의 입장은 본질적으로 절대적으로 확고한 주의나 주장을 내세웠다기보다 기존의 전통과의 대결을 통해 해체적 전략을 내세워 새로운 대안을 끊임없이 정립하고자 했다.

제 10 강

푸코

해석학과 구조주의를 넘어서

1. 생애 및 사상개요
2. 계보학의 해석학
3. 에피스테메
4. 불연속성의 역사
5. 영향과 의의

제10강

푸코

해석학과 구조주의를 넘어서

1. 생애 및 사상개요

미셸 푸코

푸코(Micheal Foucault, 1926~1984)는 프랑스 중서부의 소도시인 프와티에(Poitiers)에서 의과대학 교수의 아들로 태어났다. 친할아버지, 외할아버지, 아버지가 모두 외과의사를 지낸 전통 있는 의사집안이었다. 그의 유년시절은 도시에서 유복한 시골 부르주아의 삶을 보냈다. 그는 자신의 유년기와 청소년기를 보냈던 푸아티에에 대해 다음과 같이 회상한다: "내가 태어난 도시의 모습은 이러했다. 참수(斬首)된 성자들의 손에 책을 들고 공정한지, 성채는 굳건한지 감시하고 있는 곳. … 내가 상속받은 지혜는 그런 것이었다."[1] 19세 때에 파리의 예비

1) 디디에 에리봉, 『미셸 푸코 (상)』, 박정자 옮김, 시각과언어, 1995, 23쪽.

학교로 상경하여 20세 때에 사르트르, 레이몽 아롱, 메를로-퐁티, 시몬느 드 보부아르 등 프랑스의 최고 지식인들이 거쳐 간 명문학교인 고등사범학교(ENS)에 입학한다. 그는 철학과 심리학, 정신병리학의 공부를 병행하여 1948년에 철학 학사학위를, 1949년에 병리 심리학 학사학위를 받았다.

고등사범학교에서 교수자격시험을 준비하던 중에 푸코는 알튀세르의 권유에 따라 1950년 공산당에 가입한다. 이어 1951년에 철학 교사 자격인 아그레가시옹을 획득했고, 1952년에는 정신병리학 학위를 받았다. 그는 1952년 릴(Lille)대학교 심리학과 조교로 재직하면서 심리학을 강의했다. 해외에서 프랑스어와 문학을 가르치기도 했다. 1954년 스웨덴의 우프사라에서, 1958년 폴란드의 바르샤바에서, 1959년 독일 함부르크에 있는 대학과 문화센터에서 강의했다. 그의 첫 글은 빈스방거의 『꿈의 존재』의 번역서문이었다. 1954년 자신의 최초의 저서인 『정신병리학과 인격』을 출간했다(후에 『정신병과 심리학』이란 이름으로 개정판이 나왔다). 1955년 8월 푸코는 릴대학을 그만두고 스웨덴 웁살라에서 프랑스문화원장으로 재직하며 프랑스어를 강의하면서 국가박사학위 논문의 주제인 '정신병의 역사' 서술에 필요한 자료를 광범위하게 수집하였다. 1959년 프랑스의 클레르몽 페랑 대학교 철학과 학과장으로 임명되었다.

1961년 5월 20일 파리의 소르본 대학에서 『광기와 정신착란: 고전시대 광기의 역사』(우리나라에서 『광기의 역사』로 출간)로 철학박사학위를 받았다. 학위를 마친 그 다음 해에 프랑스 중부 클레르몽페랑(Clermont Ferrand) 대학의 철학교수가 되었다. 1963년 『임상의학의 탄생』을 출판했다. 1963년 튀지니지의 강단에 섰다가, 프랑스에

돌아와 벵센느대학 철학과 학과장으로 임명된다. 1969년 『지식의 고고학』을 출간한다.[2] 1970년 푸코의 스승이었던 이폴리트(Jean Hyppolite, 1907~1968)가 사망하자 프랑스 최고의 권위를 자랑하는 콜레주 드 프랑스(College de France)의 교수 선발에 임명되어 교수생활을 시작하였다. 그는 파리의 콜레주 드 프랑스에서 역사와 사상을 수년간 가르쳤다. 그는 콜레주 드 프랑스 교수가 된 직후부터 사회문제에 뛰어들었다. 1975년 푸코가 콜레주 드 프랑스에서 행한 강연의 핵심주제 중 하나가 범죄자 취급의 역사였다. 그는 '감옥 정보 집단(GIP: Prison Information Group)'에 참여하여 수감자의 권익 옹호를 위해 실천 운동을 하였다. 동시에 그는 국지적 투쟁에 있어서 지식인의 활동이 어떻게 이루어지는지에 대해 고찰하면서 문제의식을 심화시켜 『감시와 처벌: 감옥의 탄생』(1975)을 저술했다. 그 유명한 파놉티콘에 관한 내용이 여기에 실려 있다.[3]

푸코의 저서는 개념과 그 용어가 쉽지 않음에도 불구하고 그는 현대사상가 중에서 가장 인기 있는 철학자로 자리매김하고 있다. 푸코는 강단철학을 거부하고 대중매체의 단골 토론자로 출연하였고, 무모한 인권운동의 기수로서 활동하기도 하였다. 즉 억압된 자들의 권리를 옹호하기 위하여 한평생을 바쳤다. 푸코의 전기 『미셸 푸코: 광기의 철학자, 그 고통과 투쟁의 삶』(1989)을 쓴 에리봉(Didier Eribon, 1953~)은 푸코의 정신장애를 그가 동성애자였다는 사실로 설명한다. 동성애를 인정하지 않는 권위적이고 규격화된 도

2) 사라 밀스, 『현재의 역사가 미셸 푸코』, 임정규 옮김, 앨피, 2016, 40쪽.
3) 조광제, 「푸코: 권력의 통로인 몸」, 『현대철학의 광장』, 동녘, 2017, 491쪽.

덕률이 지배하는 사회에 감히 저항할 수 없었던 푸코는 자신의 성적 정체성을 감추고 그로 인해 발생하는 억압적 충동을 폭력적 행위와 자살의 시도로 해소했다.[4] 1984년 6월 2일 푸코는 자신의 아파트에 쓰러져 라살페트리에르 병원에 실려 갔다. 병명은 에이즈였다. 푸코는 많은 시민들의 희망을 들어주지 못하고 1984년 6월 25일 파란만장한 삶을 살다가 숨을 거두었다. 모든 일간지는 푸코의 사망을 대서특필하고 학문적, 정치적 동료들의 애도의 글이 실렸다.

푸코가 자신의 사상을 철학적으로 저술한 책은 쉽게 발견할 수 없는데, 예외가 있다면 『지식의 고고학』을 들 수 있다. 이 책은 『광기의 역사』(1956)로부터 『말과 사물』(1966)[5]에 이르기까지 그의 역사연구를 근거로 하여 인간과학 일반에 인식론적인 반성을 시도한 책이다. 쉽게 말해서 이 책은 그의 epistémologie이다. 따라서 푸코는 전통적 휴머니즘과 주의(主意)주의적 역사관에 대해 가장 파괴적인 시각을 견지해 온 비판가 중의 한 사람으로 간주된다. 그러나 푸코는 주체의 대항 해체주의적 분석에 전념해 왔으며, 反인간중심주의의 대표주자로 여겨진 주체의 계보학을 재구성하였다. 즉 그는 『광기의 역사』로부터 『말과 사물』에 걸쳐 근대적 에피스테메의 역사, 근대인의 일상을 규정하는 시선의 권력에 대해 연구를 하였다. 그는 자본주의로 환원되지 않는 근대에 고유한 삶의 방식과 권력의 메커니즘, 그것을 통해 형성되고 유지되는 신체적 및 신비적

4) 디디에 에리봉, 『미셸 푸코(상, 하)』, 박정자 옮김, 시각과언어, 1997.

5) 푸코의 『말과 사물』은 《르 몽드》지(誌)에서 20세기 프랑스 최고의 세 책 중 하나로 선정되기도 했다.

무의식에 대한 역사적 접근의 중요한 통로를 제공해 주었다.

요약하자면 푸코는 프랑스나 전 세계적으로 중요한 변화와 전환이 발생할 때마다 정치적, 철학적 논쟁에 개입했다. 그는 1968년 5월 혁명 이후 복잡해진 정치적, 철학적 상황을 분석할 수 있는 이론적 틀을 발전시켰을 뿐만 아니라 지식인들이 사회분석에 사용했던 방법론적 틀을 비판적으로 재검토할 수 있는 기회를 제공했다.[6)]

2. 계보학의 해석학

푸코의 철학은 한편으로 블랑쇼, 바타이유, 니체에 대한 이질적인 것에 대한 열정에 영향을 받았고, 다른 한편으로 뒤메질(Dumézil), 레비-스트로스, 바슐라르의 실증적 연구에도 많은 영향을 받았다. 특히 푸코는 레비-스트로스, 바타이유, 바슐라르의 이름으로 대표되는 대가들의 전통적 계보를 뒤따른다.

푸코는 『광기와 사회』(1961)에서 모든 사회 구성원들을 정상인과 비정상인, 문명인과 야만인, 합리적인 인간과 비합리적인 인간으로 자연스럽게 구별한다. 그는 정신의학적으로 정신병이라고 부르는 현상의 배후에는 다양한 광기의 가면들이 숨겨져 있다고 단언한다. 그는 "사람들은 세계의 속삭임에 주의 깊게 귀를 기울여야 하고, 시로 표현되지 않은 많은 이미지들에서 아직 깨어나 있는 상

6) 사라 밀스, 앞의 책, 69쪽.

태의 색깔들을 갖추지 못한 많은 환영들을 지각해야 한다"[7]고 힘주어 말한다. 즉 그의 『광기와 사회』는 정신의학의 모든 역사와 근원사에 관한 연구이다. 이 저서에서 우리는, 그가 사용하고 있는 담론분석의 수단과 구조주의의 모델을 들여다볼 수 있다.[8] 후기에 푸코는 자신의 지적 여정을 "지식, 권력, 윤리의 축"으로 규정한다. 그래서 그는 서구적 주체(지식, 권력, 윤리)가 어떻게 만들어지는가를 차례로 묻는다. 그에 의하면, 주체가 보편적으로 존재하는 것이 아니라 특정한 방식으로 만들어졌다고 파악한다. 여기서 푸코는 전통적인 인간중심주의에 대해 철저하게 반대한다. 또한 푸코는 니체처럼 주체의 역사성 문제를 제기한 철학자에게 빚지고 있음을 인정한다.[9] 그는 주체의 철학적 문제설정에 전념하는 문제의식을 잘 보여 준다. 그렇게 하여 그는 주체의 형성사를 발굴하고 문제화하여 재구성된 연구를 역사적 존재론이라 불렀다.

그에게 있어서 역사적 존재론은 "지식을 가진 주체로서 우리가 어떻게 구성하는가"를 다루는 고고학, "권력관계를 형성하기도 하고 그 앞에 복종하기도 하는 주체들이 어떻게 형성되는가?"를 보여 주는 계보학, 그리고 "행위의 도덕적 주체로서 우리가 어떻게 구성되고 있는가?"[10]를 탐색하는 계보학으로 이루어진다. 푸코는 지식, 권력, 윤리의 축을 다음과 같이 재구성하여 정리한다.

---

7) M. Foucault, *Wahnsinn und Gesellschaft*, Frankfurt. a. M., 1969, 13쪽.
8) 하버마스, 『현대의 철학적 담론』, 이진우 옮김, 문예출판사, 1994, 285쪽.
9) 미셸 푸코, 『자기해석학의 기원』, 심세광 외 옮김, 동녘, 2022, 38쪽.
10) M. Foucault, "What is Enlightenment?", in: *The Foucault Reader*, New York: Pantheon Books, 1984, 49쪽.

① 개인은 어떻게 앎의 주체가 되는가?
② 개인은 어떻게 권력을 행하기도 하고 그것에 복종하기도 하는 주체인가?
③ 개인은 어떻게 도덕적 주체가 되는가?

그는 자신이 제기한 이러한 질문들에 대해 정상과 광기, 병과 건강, 범죄와 법, 성적 실천을 통해 해답을 찾고자 한다. 이것은 서구적 주체가 지식, 권력, 윤리적 실천에 의해 어떻게 주체가 되면서 동시에 예속화되는지를 밝히는 작업을 시도한다.[11] 이렇게 푸코는 주체의 계보학을 연구함으로써 현대의 자기 개념으로 우리를 유구한 역사를 통해 주체 구축의 절차를 전개해 나간다. 이를 통해 그는 주체 철학으로부터 벗어나고자 했다. 하지만 이것은 언제나 쉬운 작업은 아니었다. 왜냐하면 대다수 역사가들은 사회적 절차들의 역사를 선호하고, 대다수 철학자들은 역사 없는 주체를 선호하기 때문이다.[12]

그는 심층해석학을 통해 광기와 이성이 처음으로 갈라진 근원적 분기점으로 되돌아가고자 한다. 하지만 푸코는 이러한 비정상인, 야만인, 비합리적으로 생각하는 자들을 차별하는 것에 대해 근본적으로 이의를 제기한다. 사람들이 이러한 구별을 하는 이유는 인위적인 구별과 실증적 증거에 의존하기 때문이다. 푸코의 사회비판적 태도는 지금까지 인간을 자율적인 이성의 소유자로 보았던

11) 양운덕, 『미셸 푸코』, 살림, 2003, 11쪽.
12) 미셸 푸코, 『자기해석학의 기원』, 심세광 외 옮김, 동녘, 2022, 38쪽.

근대적인 인간관에 대한 근본적인 회의에서 비롯된다. 이제까지 근대적인 인간관은 강제적인 규율을 따르고 있었지만, 그것은 그때그때의 상황에 따라 사회 권력을 정당화하는 수많은 담론들의 한 부분에 지나지 않았다. 따라서 근대인이 자랑하는 자율적인 이성은 사회적 권력의 메커니즘의 도구에 불과한 것이다.13)

계보학이란 개념은 니체(Friedrich Nietzsche, 1844~1900)로부터 유래한다. 특히 푸코는 니체가 주장하는 권력의 계보학을 온전하게 받아들인다. 니체는 권력의 질(質)에 대해 능동적인 것과 반동적인 것으로 구별한다. 그리고 그는 권력의 의지에 대해 긍정적인 것과 부정적인 것으로 구별한다. 권력의 의지는 미분적(微分的)인 힘과 동시에 발생적인 힘의 계보학적 요소이다. 이러한 관계 속에서 권력들의 양적 차이의 각각의 권력이 귀결되는 성질이 유래하는 요소이다.14) 이렇게 계보학은 가치 그 자체에서 파생되는 가치들의 미분적 요소를 의미한다. 일반적으로 계보학이란 어떤 대상의 발생과정을 추적하여 그 대상의 내면에 숨겨져 있는 심리적 재료들을 외면화시키는 것을 뜻한다. 무엇보다 계보학은 전통적인 역사학의 틀을 거부하는 일종의 반(反)역사로서 나타난다. 그리고 그 주체가 특정한 목적의식을 갖고 역사를 창조하며 조율해 나간다는 전통적인 역사관을 단호히 거부한다. 니체의 계보학은 모든 결과들로부터 원인을 거슬러 올라간다.15) 즉 니체의 사상에서 크게 영향을 받

13) 박찬국, 『철학의 거장들』, 철학과현실사, 2005, 184-185쪽.

14) 질 들뢰즈, 『니체, 철학의 주사위』, 신명순 · 조정복 옮김, 인간사랑, 1993, 99-13쪽. 질 들뢰즈, 『니체와 철학』, 이경신 옮김, 민음사, 2005, 103쪽.

15) 강영계, 『니체와 정신분석학 - 힘에의 의지와 심층의식에 관한 철학적 성찰』, 서광사, 2003, 272쪽.

은 푸코의 계보학은 단절과 불연속성에 주목하며, 광기 · 질병 · 성 · 범죄 · 육체 등에 대해서 사람들이 당연하고 자연스러운 것으로 여기는 특징들의 기초를 재구성함과 동시에 이를 해체하고자 한다. 이런 점에서 계보학은 이제까지의 이성중심주의의 방식을 섬세하게 추적함으로써 이성과 정상성의 경험과 결부된 권력의 효과를 가능하게 해준다.[16] 따라서 계보학은 기원이나 탄생을 의미할 뿐만 아니라, 기원 속의 차이나 거리를 뜻한다. 계보학은 기원 속에서의 우아함과 저속함, 우아함과 비루함, 우아함과 몰락을 의미한다. 그리고 우아함과 저속함, 우아함과 비루함이 계보학적 비판의 요소이다.[17] 다시 말해 계보학은 기원의 가치와 가치들의 기원을 의미한다. 즉 계보학은 가치의 절대적인 성격에 대립한다. 결국 푸코는 학교, 감옥, 병원, 공장, 결혼과 같은 우리의 현대관습이나 제도에 대한 도덕의 계보학을 만들고자 했다.

또한 푸코는 병원, 정신병원, 감옥과 같은 어떤 주체는 지식의 대상이자 지배의 대상이 되었다고 말한다. 그리고 그는 여기서 구축된 지식과 실천에 대해서도 관심을 가졌다. 이렇듯 푸코는 주체가 자기 자신과 관련해서 만들어내는 형태를 연구했다.[18] 이런 관점에서 푸코는 우리가 현실 속에서 부딪히는 우연성, 우리의 존재와 행위, 사유를 넘어설 수 있는 가능성들을 분리해 내는 작업을 계보학적 비판이라 불렀다.

16) 윤평중, 「미셸 푸코」, 박정호 외 엮음, 『현대철학의 흐름』, 동녘, 2004, 298쪽.
17) 질 들뢰즈, 이경신 옮김, 『니체와 철학』, 민음사, 2005, 18쪽.
18) 미셸 푸코, 『자기해석학의 기원』, 40쪽.

3. 에피스테메

푸코의 『병원의 탄생: 의학적 시선의 고고학』(1963), 『말과 사물』(1966), 『지식의 고고학』(1969)은 사물들에 대한 분류와 정리를 규정하는 각 시대의 무의식적인 사유구조를 해명하는 것을 과제로 삼는다. 이러한 사유구조를 푸코는 에피스테메(Episteme)라 부른다. 그는 자신의 인식론적 방법을 에피스테메라는 개념을 사용하여 인식론적인 구조주의로서 받아들인다. 이렇듯 대부분 푸코의 초기 저서들은 에피스테메라 지칭한다. 특히 푸코는 일정한 시기 동안에 지식형태와 학문체계들을 생산하는 에피스테메의 역할에 주목한다. 그에 의하면, 에피스테메는 우리의 인식, 실천, 문화를 가능하게 하는 감추어진 질서로서 담론적 실천들을 결합하는 관계들의 총체라 파악한다.

푸코의 에피스테메 개념은 쿤(Thomas Kuhn)의 저서 『과학혁명의 구조(*The Struktur of Scientific Revolutions*)』(1962)에서 패러다임(Paradigm)의 개념과 비교되기도 한다. 그러나 패러다임이라는 개념과 에피스테메라는 개념의 명백한 유사성에도 불구하고 푸코는 전혀 쿤의 저서를 읽지 않았다. 또한 쿤 역시 푸코의 저서를 뒤늦게 발견하였다. 또한 이 두 사상가의 접근방식은 아주 상이하다. 푸코는 고전시대의 문화와 대립하고 있던 18세기 말의 유럽 문화 속에서 정착된 에피스테메의 근본특징들을 정확히 기술하고 있지만, 이와 같은 변혁을 불러일으킨 경제적이고 이데올로기적인 원인들의 종합적인 효과는 거의 탐구하지 않았다.[19]

---

19) 크리스티앙 들라캉파뉴, 『20세기 서양철학의 흐름』, 조현진·유서연 옮김, 이제이북

일반적으로 에피스테메는 숨겨져 있고 무의식적이며 그 이면에 은폐된 상태로 자리 잡고 있기 때문에 이를 검토하는 데 고고학이 요구된다. 다시 말해 에피스테메라는 용어는 서구문화의 지배적인 진술에 대한 새로운 이해의 기초 위에서 이루어진 것이다. 이러한 인식론적 방법들은 그의 초기 저서에서 구조주의의 이론으로 종종 표현된다. 푸코에 의하면, 고고학이란 개념이 이전의 형이상학적 함의에서 벗어나 있으며, 지식의 숨겨진 구조를 과학적으로 찾아내야 한다는 의무감을 암시하고 있다고 본다. 그는 지식의 숨겨진 구조를 통해서 사회에서의 역할을 경험하고 지각하는 방식을 궁극적으로 결정하고자 하였다.[20]

이른바 고고학이란 개념은 먼저 "고문서의 묘사"라는 말장난으로 소개되었다. 이 개념은 칸트와 관련되어 특정한 사고의 형태를 필연적으로 만드는 역사로 정의된다. 칸트가 과학적 인식과 도덕적 · 정치적 행위의 선험적(경험과 관계없는) 구조를 밝혀내려고 애썼던 것처럼, 푸코는 지식과 권력의 역사적 선험성을 찾아내려고 시도하였다. 칸트가 계몽시대와 이성의 구조들과 관련하여 제 자신의 위상을 자문하였던 것과 마찬가지로, 푸코는 칸트의 「계몽이란 무엇인가?」라는 글을 다시 논하였다. 그리고 로마 스토아학파 철학자들의 자기관심을 재해석함으로써 자신의 사상을 반영하였다.[21] 푸코의 에피스테메는 선험적 범주라는 칸트의 체계에 영향을 받았지만, 역사의 전개과정은 전적으로 다르다. 에피스테메는

스, 2006, 416쪽.

20) 박정호 외 엮음, 『현대유럽철학의 흐름』, 동녘, 2002, 367쪽.

21) 피에르 빌루에, 『푸코 읽기』, 나길래 옮김, 동문선, 2002, 16쪽.

지적 습관에서 나오는 관찰 가능한 체계가 아니며, 주어진 특정한 과학사의 한 시점에서 실현되는 사유일반에 대한 제약요인도 아니다. 그것은 칸트의 지식조건과 부합하는 "역사적 선험성"에서 출발하지만, 칸트와는 다르게 그 조건을 제한적으로 적용하고 있다.[22] 단적으로 푸코의 에피스테메는 질서의 구조를 밝혀내는 데 있다. 즉 푸코는 에피스테메를 경험적 인식 · 삶 · 언어 · 노동하는 과학에 근거를 두었다. 따라서 근대사유에서 결정하였던 질서는 고전적인 에피스테메에서 비롯되었다.[23]

무엇보다 역사의 불연속성에 대한 푸코의 선호는 하나의 에피스테메에서 또 다른 에피스테메로 이행하거나 변이(Mutation)를 설명하기를 거부하는 것과 명백하게 일치한다.[24] 푸코의 구조주의에 대해 구조 없는 구조주의라 부르는 것은 단순한 도표이지 변형적 체계가 아니다. 따라서 그의 구조주의는 어느 형식에도 얽매여 있지 않기 때문에 포스트구조주의라 부른다. 그의 포스트구조주의는 첫째, 무대에 전혀 등장하지 않는 개인적 주체와 같은 수준으로 모든 주체에 공통적인 에피스테메의 주체 사이에 구분을 필요로 한다. 둘째, 의식에 관해 단편적이고 때때로 왜곡되어 있기 때문에 주체의 활동과는 상관없이 다루어진다. 따라서 주체를 아는 것은 주체의 지적 활동의 결과이지 그 활동의 메커니즘의 결과는 아닌 것이다.

---

22) 장 삐아제, 김태수 엮음, 『구조주의 이론』, 인간사랑, 1990, 127쪽.
칸트와 푸코의 문제를 자세히 다룬 논문은 다음을 참조할 것: S. Parsons, "Foucault and The problem of Kant", in: *Praxis International*, Vol. 8, 1988/ 1989, 317-328쪽.

23) Urs Mari, *Michel Foucault*, München, 1988, 25쪽.

24) 앨런 메길, 앞의 책, 339쪽.

4. 불연속성의 역사

지금까지 인류학에서는 레비-스트로스(Lévi-Strauss)의 주도 아래 서양의 타자에 대한 연구를 추진하여 왔다. 거의 같은 시기에 푸코는 서양 이성의 배후를 탐구하는 작업에 착수하였다. 레비-스트로스가 원시문명을 이성의 타자로서 연구하였듯이, 푸코는 이성의 타자를 『광기의 역사』에서 광기에 대해 탐구함으로써 구조주의의 새로운 지평을 제공하였다. 바르트는 1961년의 『서평(*Critique* 17호)』지(誌)에서 푸코의 저서가 "역사학에 구조주의를 적용한 첫 번째 경우"[25]라 높이 평가한다. 즉 "푸코가 기술한 역사는 구조적 역사이다. 이 역사는 두 차원, 즉 분석의 차원과 계획의 차원에서 구조적이다."[26]

주지하듯이, 푸코는 구조주의를 새로운 방법이 아니라 현대 지식이 떠안고 있는 불안해하는 의식이라 규정한다. 그리고 철학은 사유의 다른 분야들로 분산되어 있기 때문에 머지않아 소멸될 것이라고 단언한다. 이러한 관점은 푸코의 『지식의 고고학』에서 과학·지식·이성 간의 관계를 정의하면서 첨예하게 드러난다. 푸코의 구조주의는 구조의 존재에 근거하지 않는다. 이에 대해 피아제는 "구조 없는 구조주의"라고 언급한다. 또한 어떤 논자들은 푸코가 결코 구조주의자가 아니라 오히려 구조의 개념 또는 구조주의를 타파하려는 계획을 갖고 있음을 주장한다. 그러나 푸코는 『말과

25) 송기형, 「구조주의 혁명의 연대기」, 임봉길 외, 『구조주의의 혁명』, 서울대학교출판부, 2000, 30쪽.

26) R. Barthes, *Essais critiques*, Le Seuil, 1971, 171쪽.

사물』에서 인간을 역사의 주체로서 설정하여 인간주의를 철저히 거부하고, 불연속적인 시간성에 근거하여 역사의 해체를 시도하였다는 측면에서 구조주의자이다. 그럼에도 불구하고 구조주의는 전혀 새로운 방법이 아니라 현대과학에서 제기한 이론 중의 일부분이다.

상징인류학자인 기어츠(Cliffort Geertz)[27]에 의하면, "푸코는 반역사주의적 역사가이며, 반인간주의적 구조주의자이다"[28]라고 말한다. 그렇게 언급하는 첫 번째 이유는, 그가 이제까지의 역사를 하나의 중심, 즉 "하나의 원리 · 의미 · 정신 · 세계관 등을 연결시키는 총체적 역사"[29](AK, 21)로 간주하면서 이러한 것을 허구로 보았기 때문이다. 두 번째 이유는, "전통적인 철학적 사유는 모든 지식의 기초와 의미의 원칙을 찾는 주체철학, 즉 헤겔의 정신현상학, 데카르트주의, 사르트르의 실존주의 철학들에 의해 지배"[30]되어 왔기 때문이다. 그래서 푸코는 주체철학의 해체를 자신의 사상적 전략으로 계획한다. 비록 푸코의 반역사주의의 역사가 전통적인 역사가들과 많은 점에서 차이점이 드러난다고 할지라도, 지속적인 역

27) 기어츠는 문화에 대한 관심을 발전시켜 "인간은 자신의 경험에 의미를 부여하는 상징체계"라고 생각하였다. 기어츠는 자신의 접근법을 원주민의 견지에서 인류학을 보는 것이라 말한다. 기어츠는 네덜란드의 식민지였던 발리섬 생활 식민상황에 대한 반항심을 보여 주는 것에 중점을 두었다(크리스 고스돈, 『인류학과 고고학』, 성춘택 옮김, 사군자, 2001, 207-211쪽 참조).

28) Hubert L. Dreyfus and Paul Rainbow, *Beyond Structuralism and Hermeneutics*, The University of Chicago, 1982, 18쪽.

29) Michel Foucault, *The Archaelogy of Knowledge*, New York, 1972. (이하 *AK*라 생략하여 인용함)

30) K. Racevskis, *Michel Foucault and Subversion of intellect*, Cornell University, 1983, 26쪽.

사적 작업을 하는 아날학파의 역사가들, 바슐라르, 깡그렘 부류의 과학사가들, 뒤메질(Dumézil)의 비교종교와 신화의 역사가들과 유사점이 많다. 푸코는 다음과 같이 말한다.

> "나는 새로운 방법을 발견하는 것을 말하지 않는다. (…) 내가 하려는 것은 많은 다른 동시대의 미국, 영국, 프랑스 그리고 독일의 노력가들과 그다지 다르지 않다. 나는 결코 어떠한 원본을 요구하지 않는다."(AK, 225-227)

푸코는 구조를 가능성의 조건, 무의식적인 지식의 근거, 그리고 긍정적인 지식의 내용을 포함하고 있다고 주장한다. 푸코가 언급하는 구조는 매끈하게 연결되어 있는 과거라는 직물(織物)이 어떻게 현재로 침투해 오는가를 말하지 않는다. 그의 관점은 연속의 역사가가 아니라 불연속의 역사가이다. 단지 그는 과거가 어떻게 다르고, 어떻게 상이하고 위협적인가를 보여 주고자 한다. 그는 과거를 현재로부터 단절시키고자 하며, 현재와 과거의 관계에서 전통적으로 역사가들이 견지해 왔던 주장들을 해체하고자 한다. 그는 현재에 대해 과거의 모든 의미들을 모아 놓고 현재를 지지하고 과거를 현재에 연관시키고자 하는 전통적 역사가의 입장을 부정한다. 즉 그의 관점은 현재로부터 과거를 단절시키고 과거의 낯섦을 보여 주는 동시에 현재를 상대화시켜 허물어 버리는 것이다.

구조는 더 이상 그에게 있어서 자율적인 논리적 장치가 아니다. 연속적인 구조주의자의 관점에서 그가 차이를 서술한 것은 인간학적인 이데올로기가 숨겨져 있다. 푸코는 구조주의의 다양한 이성 중에서 한 부분의 이성을 설정한다. 즉 구조주의는 형식적 언어를 구성한다. 여기서 과거의 경험적 이성을 순화시켜 순수이성에 대한 제2의 비판을 수행한다. 그렇게 하여 새로운 수학적 선험론의 형태를 작동시킨다. 구조는 언어의 힘을 일반화시켜 경험적 이성의 순화가능성을 확장하고 한층 더 인간의 한계를 설정한다. 이런 관점에서 메길(Megil)은 푸코의 구조주의적 사유를 광범위한 의미로서 말한다: "우리는 언어에 상당한 관심을 보이고 있다. 잘 알려져 있듯이, 언어는 문학적 · 사회과학적 분석을 하는 20세기 사상의 가장 중요한 요소이다. 언어에 관한 그의 관심은 그의 저서 사방에 널려 있다."[31]

이른바 구조주의는 촘스키의 언어학, 레비-스트로스의 인류학, 라캉의 정신분석학, 알튀세르의 마르크스적 구조주의, 부르바키학파의 수학 등을 일컫는다. 과학에 대한 푸코의 견해는 여러 부분에서 바슐라르적이다. 여기서 푸코는 과학적 개념의 본질적인 역사성과 단절의 불연속적인 역사성을 상당 부분 수용한다. 사실상 푸코나 그 이외의 학자들이 1960대에 유행시켰던 단절 · 절단 · 변이 등의 개념은 바슐라르에게서 직접 빌려 온 것이다. 즉 푸코는 바슐라르를 통해서 다음과 같이 역사를 세 가지의 인식방법에서 새롭게 찾았다.

첫째, 과학사에 대한 불연속적인 고찰이다. 바슐라르 이전의 철학자들은 과학사를 거의 연속적인 역사로서 파악하였다면, 바슐라르는 과학사의 가장 의미 있는 부분을 불연속적인 순간들로 고찰

31) Allan Megill, "The Reception of Foucault by Historians", in: *Journal of the History Ideas*, Vol. 48, 1987, 119쪽.

한다. 주지하듯이, 푸코의 역사의 불연속성은 사상사에서 주된 역할을 차지한다. 푸코는 『지식의 고고학』의 머리말에서 "새로운 역사의 가장 본질적인 특징 중의 하나는 아마도 불연속에 대한 이런 전위일 것"(AK, 2)이라 언급한다. 푸코에게 있어서 지식은 역사적 연속성 위에서가 아니라 역사적 단절과 불연속 위에서 성립한다. 단적으로 그는 인간의 주체성을 부정하는 구조주의적 사유를 하고 있었다. 푸코는 이러한 시각을 '고고학'이라 지칭했다.

담론에서 불연속성은 장애물로부터의 전이이거나 역사가가 가진 담론의 통합을 제거해야 할 외적 조건이 아니다. 그것은 역사적 독해의 부정이 아니라 대상을 결정하고 분석에 의해 유용하게 하고자 하는 긍정적인 요소로 작용한다. 따라서 불연속성은 사상사를 쓰기 위한 현재의 전략으로서 중요한 의미를 지닌다.

둘째, 인식론적인 단절이다. 지금까지의 과학을 상식의 연장선상에서 이해하는 관점이다. 과학이란 단지 우리의 경험을 체계화한 것이며 경험적인 자료들에 대한 경제적인 기술일 뿐이다.

셋째, 인식론적 장애이다. 이것은 인식론적 단절을 다른 측면에서 언급한 경우이다. 오해된 과학은 경험에 고정시켜 표면적인 현상에만 집착하였기 때문에 단지 호기심과 이미지만을 불러일으켰다.

이러한 관점에서 푸코는 과학사에서 지식과 실천을 다시 조직하고자 하는 전통적인 역사서술론에 단절을 시도한다. 그는 전통과의 단절을 통해 화해할 것을 주문하였다. 그리고 푸코는 비판과 옹호자들이 동시에 받아들일 수 있는 방식으로 인문과학을 새롭게 정의하고자 한다. 한편으로 푸코는 구조주의의 원칙들을 갖고 인문과학의 통일을 시도하고자 했다. 그 때문에 그는 개별학문들, 즉 인류학 · 언어학 · 정신분석학 · 사회학 등을 텍스트와 담론을 동일한 공간 안에서 다루었다. 다른 한편으로 푸코는 제반지식들을 통해 실천할 것을 목적으로 삼았다. 이런 것들에 의해 푸코가 1960년대 이후부터 의존해 온 방법은 "고고학적인 방법"[32]이었다. 그는 르네상스 이후부터 현대에 이르기까지 서양사의 구조를 독특한 고고학적 방법으로 현재의 역사를 규명하였다. 이런 점에서 그는 서양근대문화의 사유와 그 하부구조, 그리고 현대문화를 동시에 비판적으로 분석한다. 이것은 역사의 직물이라는 점에서 다양한 언설들의 조건을 발굴하고자 하는 방법이다. 따라서 그의 고고학적 인식의 특징은 다음과 같이 정리할 수 있다.

첫째, 고고학적 인식은 역사에서의 단절이 가능하다면, 확대시켜 보자는 것이다. 즉 역사의 연속성이 지속된다고 할지라도 개별적인 요소들을 찾아내어 정의하고, 유사한 종적 계열들을 공통적인 법칙으로 전개하고자 한다.

둘째, 역사를 불연속성의 개념으로 인식하는 것이다. 여기서 불연속성의 개념은 역사가들이 지금까지 제거하려고 노력했던 것이

32) 고고학(考古學)이란 단어는 영어 Archaelogy의 번역어이다. 이 낱말은 Archaeos (과거, 古)와 Logos(논리, 학문)이라는 말의 합성어로써 문자 그대로 옛것을 생각하는 학문이다. 고고학은 19세기 중엽부터 서구에서 도입되면서 "과거 인류가 남긴 물질적인 자료(고고학적 자료)를 연구하는 학문"으로 정의되었으나, 현재의 고고학은 "과거 인류들이 남긴 물질적인 자료를 통해서 당시의 문화, 즉 행위, 사회적 조직, 이념 등을 복원하고, 그들의 문화가 어떻게 그리고 왜 변화되었는가를 연구하는 학문으로 정의"한다(최몽룡 · 최성락, 「고고학사의 개요」, 『인물로 본 고고학사』, 한울, 1997, 11쪽). 푸코는 고고학을 관념의 역사(사상사)와 비교하려 했으며, 사상사가 전통적으로 주로 다루고 있는 발생, 연속성, 총체성 등을 거부했다(E. S. Shaffer, "The Archaelogy of Michel Foucault", in: *Studies in History and Philosophy of Science*, 7, 1976, 269쪽.

다. 즉 불연속성의 개념은 역사연구의 개념이자 도구로서 기능한다. 푸코는 역사연구를 취급하는 과정에서 고전주의적 경험과학, 즉 일반 문법 · 자연사 · 언어학 · 생물학 · 경제학 등 광범위한 영역을 다루었다. 이제까지 고전사상과 근대사상 사이에서 첨예한 단절은 19세기 경험과학들에 의한 각각 분리된 담론형성에서 비롯되었다. 하지만 고전주의 학문과 담론형성은 단지 일부분이 아니라는 사실이다. 푸코는 『지식의 고고학』에서 역사적 분석은 다음과 같은 두 가지 중요한 측면을 지니고 있다고 본다.

첫째, 푸코의 역사적 분석의 내용은 담론형성의 요소들과 동일한 수준으로 다루지 않았다. 둘째, 담론형성은 분산(分散)의 체계로서 관심을 두지 않았다. 여기서 푸코는 담론형성을 지배하는 규칙에 대해 상세하게 분류하였다. 푸코는 『지식의 고고학』에서 연속성의 역사를 주체의 기본적인 기능과 밀접한 관계에 있다고 본다. 즉 역속성의 역사는 지금까지 주체를 회피해 왔던 것을 회복할 수 있다. 따라서 푸코는 지금까지의 연속적인 시간을 다시 구성하여 복원하고자 했다.

그러나 푸코는 "나는 역사를 부정하지 않는다. 역사는 서로 다른 측면에서 여러 변형을 밝혀내기 위한 것이다. 변화는 일반적이며 공허한 범주에 대해서는 의혹을 떨쳐내야 한다"(AK, 200)고 말한다. 이런 점에서 푸코는 역사가의 인식론적 순수함을 언급한다. 단적으로 역사가는 과거에 대해 "역사는 지(知)의 한 형태이자 동시에 권력의 한 형태"33)라 표현한다. 우리가 흔히 지식을 요구하는 것은

33) Mark Poster, "Foucault and History", in: *Social Reserch*, Vol. 49, 1982, 119쪽. Vgl.;

모든 권력행사와 아주 긴밀하게 결탁되어 있다. 우리가 객관적 지식이라 부르는 것은 존재하는 것이 아니며, 객관적 지식이 눈앞에 보이든 안보이든 간에 유무형의 권력을 행사하려는 시도에 불과할 뿐이다.[34] 다시 말해서 지식은 이미 과거에 대해 안다고 하는 형식에 대해서도 조절하고 순화시키는 역할을 한다.

먼저 푸코의 『지식의 고고학』은 고고학의 방법론을 빌려 온다. 그는 고고학의 역사를 다음과 같이 언급한다: "고고학의 역사는 근거를 규정하는 주체정신의 작용 안에서 형성되는 연속성의 역사가 아니라 우연히 결합되어진 층위들의 계열이다. 그러나 역사의 시점들은 그 자체의 전개 과정에서 불연속적이지 않다. 단지 그 자체로 불연속성은 존재한다."[35] 푸코의 고고학의 역사는 딜타이의 연속성의 역사에 영향을 받지 않고 니체 · 레비-스트로스 · 알튀세르 · 소쉬르 · 마르크 블로흐 · 루시앙 페브르 · 페르낭 브로델을 비롯한 아날학파[36] 등의 역사이론을 유산으로 간직한다. 그래서 그는 과학과 이성의 불연속성의 역사 및 반(反)역사성을 강조하였다. 요컨대 푸코는 전통적인 역사가들이 추구했던 과거의 문화적 전체성에 대한 총체적 이해를 거부하면서 다양한 언설들을 해부하고

마크 포스터, 『푸꼬, 마르크스, 역사』, 이정우 옮김, 인간사랑, 1990, 91쪽.

34) 앨런 메길, 『극단의 예언자들: 니체, 하이데거, 푸코, 데리다』, 정일준 외 옮김, 새물결, 1996, 325쪽.

35) 만프레드 프랑크, 『신구조주의란 무엇인가 2』, 김윤상 옮김, 인간사랑, 1999, 25쪽.

36) 아날(Annales)은 1929년 루시앙 페브르(Lucian Febvre)와 마르크 블로흐(Marc Bloch)가 공동 창간한 역사학 잡지(*Annales d'histoire économiques et sociale*)를 말한다. 이 잡지는 "경제사회연보"로 번역되기도 하며, 시대적 변화에 따라 여러 차례 잡지의 이름을 바꾸었다. 자세한 내용은 다음을 참조할 것: 김응종, 『아날학파의 역사 체계』, 아르케, 2000, 19-32쪽.

그에 대해 실천하고자 하였다.

푸코는 현재의 역사라는 측면에서 과거와의 단절에 주안점을 둔다. 즉 푸코는 랑케처럼 "과거를 있는 그대로 보여 주는" 전통적인 역사서술의 방법론을 거부한다. 이런 점에서 푸코는 역사적 작업이 과거에 대한 단순한 기술이 아니라 현재의 역사에 대한 분석을 통해 진단한다.

푸코가 추구하고자 하는 역사는 지금까지의 법칙도 아니며 과거의 제도나 이해관계에 의한 정치적 상황을 염두에 두지도 않았다. 단지 그는 현재의 역사를 서술하기 위해서 과거를 분석할 뿐이라고 말한다. 따라서 푸코는 자신의 철학을 일컬어 현재의 역사(l'histoire du présent)라고 규정한다. 이러한 그의 철학을 일컬어 "역사 · 철학적 비판"이라고 부른다. 그의 이러한 사상에는 정신병과 육체병의 역사, 감옥의 역사, 과학사, 성욕의 역사 등 진술한 언어의 구조적 방법에 의해 다양하게 해석한다.[37] 푸코 자신은 『지식의 고고학』에서 독자들에게 진정 우리가 무엇을 할 것인지를 묻는다. 푸코의 『지식의 고고학』은 다른 저서에서와는 다르게 역사적 예증을 배제하고 극도로 추상화된 언어학적 개념들만을 동원하고 있기 때문에 독해하기가 아주 난해하다. 이 책에서 지식을 구성하는 두 계기는 담론과 언표이다. 언어적 차원에서의 언표는 말과 글로 표현된 진술을 의미하고, 담론은 그러한 언표들의 집합이다. 하지만 푸코는 담론과 언표를 언어학적 영역 바깥으로 받아들이지 않는다. 그는 담론과 언표를 언어학적 영역 바깥으로 끌어내서 사

37) 김형효, 『구조주의의 사유체계와 사상』, 인간사랑, 1989, 301쪽.

회적 공간 속에 위치시키고자 한다. 사회적 지식을 만들어내는 언어들은 전통적인 언어학적 규정만으로 이해하기 쉽지 않다. 즉 그는 명제, 문장, 담화가 결코 언표와 동일시될 수 없음을 밝혔다.[38]

그러나 푸코는 위의 저서에서 속 시원한 해답을 제시하고 있는 것은 아니다. 그럼에도 불구하고 철학자나 역사가들은 과거와 현재 사이의 관계를 푸코의 고고학적 기획에 의해 다양한 방법들을 설정해 나간다.[39]

그의 역사철학비판은 종종 현대 서구 자본주의와 부르주아사회를 비판하였다. 그는 로고스와 히브리스(Hybris: 열정, 정열)가 갈등을 일으키지 않는 문명의 사회, 즉 고대신화의 희랍사회에서 문명을 찾고자 하였던 근원회귀사상을 다루었다. 푸코는 유용한 신화들이란 질서를 무질서하게 하고 현존하는 것을 파괴하며, 현재를 과거로 바꾸는 신화들이라 말한다. 이러한 그의 구조주의의 고고학적 방법은 일란성 쌍생아와 같은 관계를 유지하고 있다. 첫째 이유는 역사철학적 비판에서 구조적 방법이 내부적으로 작용하고 있기 때문이며, 둘째 이유는 구조주의적 고고학이 궁극적으로 인간의 죽음을 말하면서도 은연중에 니체가 자신의 철학 전반에 걸쳐 서술하고 있는 디오니소스적인 광기에 의해 초현실적 세계로 몰입해 들어가고 있기 때문이다.

푸코는 사상의 거대한 연속성이 있어 왔다고 하더라도, 사람들은 단절의 사건을 찾기 위해 노력해야 한다는 것이다. 하지만 우리

38) 하상복, 『푸코 & 하버마스 - 광기의 시대, 소통의 시대』, 김영사, 2009, 134쪽.

39) Michael S. Roth, Foucault's "History of Present", in: *History and Theory*, Vol. 20, 1981, 32쪽.

는 "연속성이 어떻게 형성되었고, 어떻게 지평을 제시해 나갈 수 있는가"를 언급하는 것은 아니다. 요컨대 역사의 연속성의 문제는 더 이상 전통의 문제를 어떤 고정된 노선에서만 찾는 것이 아니라 분할과 한계 · 단절들의 문제들을 설정하여 진행시키는 것이다. 무엇보다 푸코의 역사관은 어떤 하나의 생산양식이 다른 생산양식에서 변증법적으로 도출되는 헤겔 및 딜타이를 비롯한 헤겔주의자들의 목적론적 모델을 거부한다. 그리고 푸코의 역사관은 차이성을 드러내는 니체적 비판전략을 선호하면서 니체의 역사적 관점에서 출발한다. 푸코는 자신의 저서 여러 부분에서 계보학이라 부르는 역사관을 니체에게 빚지고 있음을 고백한다. 니체는 『도덕의 계보』(1887)에서 현재를 과거와 의도적으로 단절시킴으로써 현재를 불법화하기를 주저하지 않는다. 그래서 그의 계보학은 현재의 역사라 부른다. 니체의 계보학은 역사적 사건들이 지향해야 할 목적에 의한 발전과정을 확립하거나 역사적 순환을 입증하기 위한 사건을 비교하는 데 몰두하지 않는다. 니체의 의도는 체계성에 대한 비판이었고 통사와 같은 역사해석의 총체적 작업에 대한 거부였다.[40]

이것이 바로 푸코 저작의 과제였다. 다시 말해 푸코는 과거를 현재로부터 단절시키고 과거의 이질성을 증명함으로써 현재의 합법성을 상대화시키고 약화시킨다. 푸코는 "역사란 인간의 우월성을 주장하는 사람들의 마지막 요새"[41]라 지적한다. 구조주의가 언어와 무의식의 연구에서 주체의 독창적인 역할을 제거한다 할지라도

40) 이광래, 「니체와 푸코: 니체 상속인으로서의 푸코」, 한국니체학회 편, 『니체와 현대의 만남』, 세종출판사, 2001, 23쪽.

41) 개리 거팅, 홍은영 외 옮김, 『미셸 푸코의 과학적 이성의 고고학』, 백의, 1999, 297쪽.

여전히 인간의 우월성을 주장하는 사람들은 인간이 스스로 역사를 지배한다고 말한다. 그들에게는 역사의 절대적인 주체가 역사를 만들고, 역사의 연속성을 보장한다는 점이다. 이것은 구조주의적 분석에 의하면, 역사의 연속성에 대한 동시대적 단면의 일부분이다. 이것이 인간의 지배에 종속된다. 푸코는 이러한 학자들을 사르트르 · 골드만 · 루카치 · 딜타이 및 19세기 헤겔주의자들이라 지칭한다.

푸코가 이처럼 전통적인 역사가들의 연구가 질적인 면에서 부적합하기 때문에 그들의 업적을 거부한 것은 아니다. 이제까지 역사가 전통적인 방식에 의존하여 역사서술을 태초의 기원이나 기원의 시간적 흐름에 초점을 맞추었다면, 그것에 대한 인과성은 단선적이거나 일시적일 뿐이다. 푸코는 인과관계라는 것이 시간의 전후관계보다 훨씬 더 복잡할 수 있다고 강조한다. 따라서 전통적인 역사가들이 역사를 지배하는 정신이나 원리, 역사의 기원, 단선적인 연속성의 역사를 구성하는 것에 주목하였다면, 푸코는 개별적인 역사적인 사건들, 그리고 사건들 사이에서 형성되는 관계, 사건들의 계열, 사건들 간의 불연속성에 다음과 같이 관심을 보인다.

> "불연속의 개념은 역설적으로 보인다. 왜냐하면 그것은 역사탐구의 도구로서 작용하기도 하지만, 동시에 발견해야 할 목표로 여겨지기 때문이다."(*AK*, 8)

푸코가 강조하고자 하는 관점은 연속성의 역사를 말하는 것이 아니라 불연속성의 역사이다. 물론 푸코는 주체의 기능과 지속적인 역사의 개념을 거부하였다. 즉 그는 주체로서 역사의 연속성과 역사의 구조적 불연속성을 거부한 것이다. 그래서 그는 주체의 구조들을 구조주의적 방법론 안에서 순수한 언어를 찾고자 하였다.[42)]

그는 독자들에게 "나는 내 자신이 관념의 역사(*AK*, 136)"로부터 단절될 때까지 그렇게 만족스러울 수가 없었다고 말한다. 그리고 실천가들의 "보수적인 의도"(*AK*, 138)를 갖고 있는 것에 대해 격렬하게 공격한다. 푸코는 바슐라르와 깡그렘 이후로 수평적인 관념사 안에서 역사를 발견하고자 하였고, 인식의 연속성에 관심을 보이는 것에 단절을 요구하였다. 즉 그는 "전통과 흔적을 묻지 않고 부분과 전체에 대한 불연속성의 사유"를 질문하였다.[43)] 먼저 관념사에 있어서 이러한 불연속성의 사유는 실제로 역사 속에서 오랜 구조에 대한 편견인 것처럼 보인다. 푸코는 다음과 같이 연속성의 역사를 말한다.

> "연속적인 역사는 주체의 자기중심적 구성의 필수적인 상관물이다. 그것을 그를 비켜간 그에게 반환하도록 해주는 보증서이며, 시간의 재구성된 통일성 속에서 모든 것을 복귀시킴으로써 아무것도 흩뜨리지 못하도록 해주는 확실성이며, 어느 날엔가 주체가 역사의식이라는 형태 아래에서 차이성에 의해 격리되어 있는 모든 것을 다시 한 번 전유할 수 있고 지배할 수 있도록, 그들 중에서 그의 주거 속에 담을 수 있는 것을 찾아낼 수 있도록 해줄 약속이다."(*AK*, 12)

위에서 인용한 것처럼, 흔히들 역사를 수용하는 것은 "주체로서

42) 에디츠 쿠르츠웨일, 이광래 옮김, 『구조주의의 시대, 레비 - 스트로스에서 푸코까지』, 종로서적, 1980, 204쪽.

43) Claudia Honegger, "Michel Foucault und die serielle Geschichte", in: *Merkur*, 407, 1982, 507쪽.

의 행위(Aktion), 기능, 인간을 이해하는 것과 밀접히 연관되어 있다"[44]고 말한다. 이러한 방법론의 역사는 헤겔학파처럼, 과거와 현재의 전체화를 수행해 나간다. 포스터에 의하면, 푸코는 연속성의 역사를 거부했을 뿐만 아니라 "불연속성의 테제의 힘은 분명히 가장 적합한 것"[45]이었다고 말한다. 따라서 푸코에 있어서 역사의 근거는 이미 불연속성의 역사를 강조하는 것이었고, 불연속성은 정치적 · 윤리적 기초가 되었다. 그러나 이러한 근거는 현상 속에서 다시 변화를 꾀한다. 불연속성의 출발점은 아주 복잡한 변화의 과정을 겪고 난 이후에 다시 등장하게 된다. 따라서 그는 『지식의 고고학』을 "불연속성에 대한 그의 논증을 역사적 사건, 담론의 배열, 지식과 권력, 지성적인 역할"[46] 등 모든 영역에 걸쳐 확장해 나갔다. 궁극적으로 푸코는 과거의 역사를 서술하는 데 관심이 있었던 것이 아니라 언제나 현재의 불연속성에 관심을 보였다.

1) 불연속성의 역사 모델: 파놉티콘

근대적 감옥의 이상적 모델로 제출된 파놉티콘은 그 구상이 태어난 지 거의 200년 만에 미셸 푸코에 의해 재탄생하였다. 푸코는 그의 저서 『감시와 처벌』(1975)[47]을 통해 파놉티콘이라는 원형 건물에 구현된 감시의 원리가 사회 전반으로 스며들면서 규율 사회의 기본 원리인 파놉티시즘(panopticism)으로 탈바꿈했음을 지적했

44) Wilhelm Schmid, "Die Geburt der Geschichte", in: *Deutsche Zeitschrift für Philosophie*, 39. Jg, 1991, 367쪽.
45) Mark Poster, "Foucault and History", in: *Social Research*, Vol. 49, 1982, 121쪽.
46) Clare O'Farrel, *Foucault-Historian or Philosopher?*, Macmillan, 1989, 47쪽.
47) 미셸 푸코, 『감시와 처벌』, 오생근 옮김, 나남출판, 2003.

다. 푸코는 『감시와 처벌』 제3장 '규율'의 세 번째 절에서 파놉티콘에 대해 상세하게 기술한다. 푸코의 『감시와 처벌』은 감옥의 탄생이라는 부제를 달고 있지만, 푸코는 파놉티콘을 규율과 함께 규율에 의한 공간 배치의 차원에서 다루고 있다. 여기서 규율이란 인간을 개인으로부터 분리하고 각 개인을 철저하게 통제하여 각 개인의 효율성을 높이기 위해 시간과 공간, 힘, 행위를 분해하고 조직하는 것을 뜻한다.[48)]

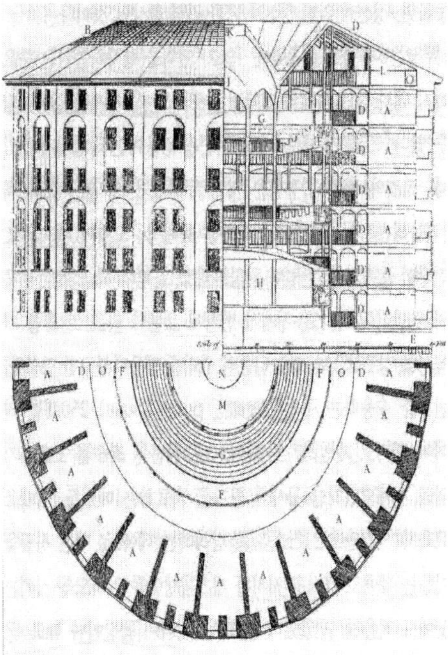

벤담의 파놉티콘 설계도
A: 수감자의 방 / F: 감독관의 감시 공간

푸코에게 있어서 공간은 규율의 효과를 행사하기 위해 조직되어 정치적으로 기능한다. 파놉티콘은 하나의 감옥시설이자 이러한 규율 공간의 일반적인 특징이기도 하다. 파논티콘은 효율적으로 감시할 수 있는 시설이며, 지식을 산출하기에 용이한 건축 공간인 것이다.[49)]

파놉티콘의 구조는 감옥뿐만 아니라 다른 근대적 공간에도 적용될 수 있음을 푸코는 말한다. 파놉티콘은 권력을 행사하는 자가 누구인지와 무관하게 어떤 권력관계를 창출하고 유지하는 기계

48) 강미라, 『몸, 주체, 권력-메를로 퐁티와 푸코의 몸 개념-』, 이학사, 2013, 119쪽.
49) 강미라, 위의 책, 182쪽.

이다.[50]

푸코는 『감시와 처벌』에서 벤담의 설계에 대한 물음, 즉 '최대 다수, 최대 행복'의 가치를 내걸었던 벤담의 공리주의는 역설적이게도 파놉티콘이라고 하는 감시의 메커니즘을 낳았다고 보았다. 처음으로 파놉티콘[51]의 개념을 제시한 사람은 1791년 영국의 공리주의 철학자인 제러미 벤담(Jeremy Bendam, 1748~1832)이다. '최대 다수의 최대행복'이라는 말로 유명한 벤담은 행복이 쾌락에서 나온다고 여겼다. 쾌락은 선이고, 고통은 악이라고 여겼기 때문에 죄수의 고통도 줄일 수만 있다면 줄이는 것이 사회의 행복에 보탬이 된다고 생각했다. 그래서 그는 지하 감옥보다 좋은 환경의 교도소를 만들어야 한다고 주장했고, "파놉티콘"[52]이란 개념을 고안해 냈다. 따라서 벤담은 죄수들을 교화할 목적으로 파놉티콘이라는 원형감옥을 국가에 제시했다. "어떻게 하면 단 한 사람이 다수를 완벽하게 감시할 수 있을까? 어떻게 하면 많은 사람이 한 사람에게

50) 강미라, 위의 책, 180쪽.

51) 프랑스어판 『파놉티콘』은 벤담이 1791년 프랑스 국민의회에 제출한 것이다. 애초 영어로 쓴 원본은 파놉티콘의 기술적 세부사항을 상세히 다루고 있지만, 프랑스어판은 프랑스 의원들을 설득하려고 원본의 핵심만을 뽑아 정리하여 파놉티콘의 원리를 단숨에 이해할 수 있다. '감시시설, 특히 감옥에 대한 새로운 원리에 관한 논문'이라는 부제를 단 이 소책자는 프랑스 의원들의 즉각적인 동의를 얻어 그 구상이 실행에 들어갈 예정이었으나 이듬해 프랑스 정국이 급변하면서 폐기되고 말았다. 파놉티콘은 그 후로 한 번도 구상 그대로 실현된 적도 운영된 적도 없지만, 푸코는 이 원리에서 근대 사회의 비밀을 푸는 열쇠를 찾아냈다.

52) 벤담은 1786년 엔지니어인 동생의 작업장을 방문하였다가 아이디어를 얻어 파놉티콘을 고안한다. 파놉티콘은 1791년에는 『파놉티콘』의 초안을 담은 21통의 편지에 기술적인 세부사항이 덧붙여져 영국의 런던과 아일랜드의 더블린에서 출간되었다. 통제를 쉽게 하기 위해 만든 공간체계로서 실체가 보이지 않는 대상에 대한 불안과 공포의 증폭을 응용하여 만들어졌다. 병원, 학교, 공장에도 이용 가능한 이 구조는 의외로 간단하다.

집중할 수 있을까?”53)에 대해 연구하던 벤담은 원형감옥의 파놉티콘을 그 해답으로 내놓았다. 벤담은 감옥을 만들려는 계획에 한정되어 구상한 것이 아니라 모든 시설로 확대되기를 다음과 같이 바랬다: ”이 원리는 다행스럽게도 학교나 병영, 즉 한 사람이 다수를 감독하는 일을 맡을 경우에 적용될 수 있다.“54)

벤담에 의하면, “파놉티콘의 원리는 감시와 경제성을 연결해야 하는 거의 모든 시설에 성공적으로 적용할 수 있다.”고 보았다. 파놉티콘식 공장은 한 사람이 수많은 작업을 효율적으로 감독하는 ‘진정한 산업 건물’이 될 수 있으며, 파놉티콘식 병원은 청결 · 환기 · 의약품 관리에서 어떤 소홀함도 허락하지 않는 최상의 병원 모델을 제공한다. 단적으로 그에게서 감옥의 본질적인 장점은 “모든 것을 한눈에 파악할 수 있는 능력을 의미하는 파놉티콘(pan-optique/pan-opticon)”55)이었다. 즉 벤담에게 있어서 파놉티콘은 사회의 모든 곳에 적용되어야 할 모델이었던 것이다. 여기서 파놉티콘은 당시 망원경과 유사한 광학기구를 일컫는 용어로 종종 사용되었는데 그리스어로 ‘모두 본다’(Pan:all + Opticon:seeing, vision)는 의미를 지닌다.56) 즉, ‘원형 감시 시설’로 옮길 수 있는 파놉티콘은 ‘전체를’(pan~) ‘한눈에 들여다 본다’(opticon)는 뜻이다.

주지하듯이, 벤담은 죄수를 교화할 수 있는 시설로 원형감옥 파놉티콘 건축을 제안했다. 설계의 핵심은 ‘시선의 불평등 교환’에 있

53) 제러미 벤담, 『파놉티콘』, 신건수 옮김, 책세상, 2007, 19쪽.
54) 제러미 벤담, 같은 책, 70쪽.
55) 제러미 벤담, 같은 책, 23쪽.
56) 홍성욱, 『파놉티콘-정보사회 정보감옥』, 책세상, 2002, 22쪽.

다. 그의 설계도를 보면 그림 속의 파놉티콘에는, 바깥쪽 원주를 따라서 죄수의 방이 들어서고 중앙 원형 공간에 감시탑이 높게 들어선다. 중앙의 감시탑 안은 밖에서 들여다볼 수 없지만, 감옥 내부는 감시탑에 서면 훤히 들여다보인다. 죄수의 방은 항상 밝게 유지되고 중앙의 감시 공간은 언제나 어둡게 유지된다. 간수는 모든 죄수의 움직임을 볼 수 있지만 죄수는 간수가 무엇을 하는지 알 수 없을 뿐 아니라 감수가 자신을 감시하는지, 감시하지 않는지조차 알 수 없다. 그래서 죄수들은 결국 규율과 감시를 내면화해서 스스로를 감시하고 감시에 복종하게 된다. 여기에서 감시는 정보를 캐내는 것에 한정되는 것이 아니라 제어나 통제까지 확장된다.[57] 죄수들은 이제 시선을 내면화해 자기 자신을 감시하고 그 감시에 복종한다. 최소한의 노력으로 최대의 효과를 누리는 완벽한 통제장치인 셈이다. 벤담은 이 원형감옥의 운영자가 되기 위해서 20여 년 동안 노력을 했다고 한다. 이는 그 시기의 감옥과는 전혀 다른 것이어서 사회적인 이슈가 되었었다. 그러나 현실과는 너무 다르기 때문에 여러 지식인들에게 거부감을 주었고 벤담의 제안은 실현되지 못했다.

푸코에 의하면, 파놉티콘의 감시원리가 사회 곳곳에 자동 규율 장치로 확장됐으며 통제의 내면화를 일반화시켰다고 말한다. 푸코는 감옥의 기원과 관련된 질문에서 이렇게 말한 바 있다.: "감옥의 기원은 한 곳이 아니라 여러 곳이다. 감옥은 하나의 발명품이었을지 모른다. 그런데 이것은 감시, 통제, 개인의 신원확인, 개인의 태

57) 제러미 벤담, 같은 책, 22쪽.

도나 행동, 능률에 대한 철저한 경계, 이 모든 기술의 발명품이다. 16세기와 17세기부터 군대, 초등학교, 중학교, 병원, 공장 등에서 이 모든 기술이 이루어진 것이다. 이것은 세련되고 일상적인 권력, 신체의 기술이다. 감옥은 규율시대의 최근의 얼굴이다. 감옥의 사회적 역할은 19세기부터 규정되기 시작한 비행자의 측면에서 규명되어야 한다. 비행자 사회의 형성은 절대적으로 감옥의 존재와 상관관계를 갖는다. 당시의 사람들은 민중집단의 내부에서 불법행위를 빈번히 자행한다고 할 수 있는 특정한 누범자들의 중심적 인물들을 구성하는 방안을 모색한다."[58]

여기서 푸코가 주장하는 바는 두 가지이다. 첫째, 오래전부터 존재해왔지만, 근대 감옥의 탄생은 18세기 말과 19세기 초에 이루어진 근대적 산물이다. 이것은 16세기와 17세기부터 군대나 학교 등에서 관행처럼 실행된 "신체에 대한 권력기술"의 발명품이다. 둘째, 감옥의 존재와 절대적인 상관관계를 맺는 비행자가 권력의 감시대상이 됨으로써 이것으로 인해 파급되는 사회적 효과를 중요시한다는 것이다.[59]

푸코는 『감시와 처벌』에서 만인이 한 사람의 왕과 같은 권력자를 우러러 보는 근대 이전의 규율권력의 사회를 "스펙터클의 사회"[60]로 보았고, 한 사람의 권력자가 만인을 감시하는 근대사회를

58) 오생근, 『미셸 푸코와 현대성』, 나남, 2013, 121-122쪽 재인용.

59) 오생근, 위의 책, 122쪽.

60) 기 드보르, 이경숙 역, 『스펙터클의 사회』, 현실문화연구, 1996. 왕조시대는 스펙터클의 시대였다. 사열식에서 수만 명의 병사는 왕 한 사람만을 바라보았다. 그러나 근대적 감옥이 등장한 이후에는 한 사람이 만인을 보는 감시 시대가 되었다. 그는 지금을 스펙터클과 감시의 융합 시대로 일렀다. 새로운 권력 이론이 나와야 한다는 것이다.

'통제와 감시사회'라고 구분 지었다.

조지 오웰은 『1984년』 암울한 미래소설에서 등장한 '빅 브라더(Big Brother)'의 끊임없는 감시를 예언했었다. 도처에 있는 카메라가 모든 사람의 모든 행동을 기록한다는 것이다. 시민들이 일할 때는 물론 심지어 잠자리에 들 때까지도 감시하는 '감시사회'를 보여주고 있다. 파놉티콘이 감옥만이 아니라 학교나 다른 사회의 기관에서도 응용될 수 있다는 벤담의 주장에 착안한 푸코는 파놉티콘이 영혼의 규율을 가능케 하는 "감시의 원리"를 체화한 "권력의 기술"이기 때문에 사회 구석구석으로 확산되었다고 해석하였다. 현대사회는 거대한 파놉티콘이라 말할 수 있지만, 그렇다고 감옥과 똑같은 것은 아니다. 감옥은 단순히 처벌하는 공간이 아니라 죄수의 마음을 잘 읽고 교화해 사회의 일원으로 재탄생시켜야 할 공간이다. 이제까지 감옥이 '처벌의 공간'이었다면 '갱생의 공간'으로 그 의미가 바뀌어야 한다. 이렇게 푸코는 윤리적 주장의 배후를 추적하여 벤담의 구상에서 근대적 규율사회 · 감시사회의 원형을 발견하고 그 의미를 추적했던 것이다.

푸코가 언급한 것처럼, 현대의 정보사회는 통제된 감시와 규율이 지배하는 사회이기도 하다. 벤담이 설계한 파놉티콘에 구현된 감시의 메커니즘과 이에 대한 푸코의 해석은 현재 우리가 살고 있는 세상에 만연되어 있는 전자 감시와 프라이버시 침해, 그리고 정보감시의 역학관계를 뒤집는 역감시를 낳았다. 오늘날 컴퓨터 기술의 발달로 정보사회라는 패러다임의 변화 속에 던져진 우리는 만인이 만인을 주시하는 시선 속에 살고 있다는 측면에서 새로운 세계의 "위험사회"61) 속에서 살아가고 있다. 수많은 개인정보의 유

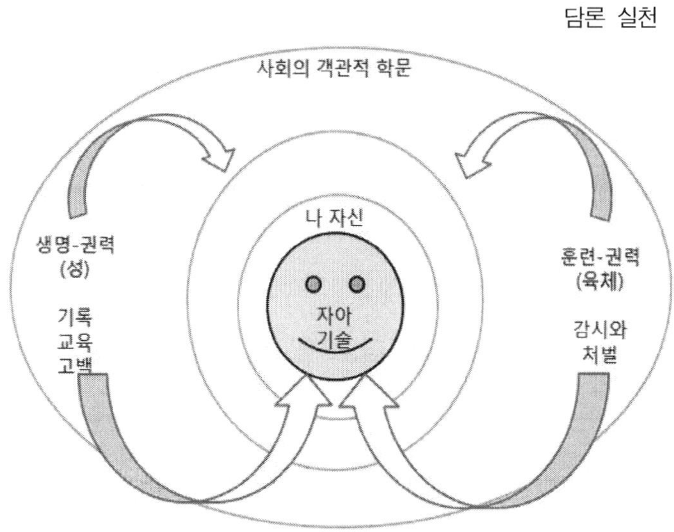

출로 인한 만인의 감시가 실제로 그 이전보다 훨씬 심각함에도 불구하고 피부로 그다지 절감하지 못하는 위험사회가 오늘날의 과학기술로 무장된 사회다. 푸코는 원형감옥에 나타난 감시를 다음과 같이 말하고 있다. "감시는 보편적이었고, 영구적이었으며, 포괄적이었고," 이러한 의미에서 파놉티콘은 감시의 원리를 체화한 "자동기계"이다. 따라서 누가 권력을 행사하는가는 중요하지 않다. 일반 시민 누구라도 이 기계를 작동시킬 수 있다. 그렇기 때문에 파놉티콘은 감옥에만 국한되지 않고, 그것의 적용 가능성은 거의 무한히 널려 있다.

미국의 미디어 이론가인 마크 포스터(Mark Poster)는 이러한 오늘날의 사회를 "신중하게 설계된 건물도, 범죄학과 같은 과학도, 그

61) 울리히 벡, 『위험사회-새로운 근대(성)을 향하여』, 홍성태 옮김, 새물결, 1997.

Stateville 형무소 내부(20세기 미국)

리고 운영을 위한 복잡한 장치도 필요 없는 슈퍼 파놉티콘"이라고 하였다. 우리 스스로가 만든 거대한 감시탑이라는 감옥의 사회가 등장한 것이다. 개개인의 정보가 자발성에 기초한 유출에서 시작된 위험이 컴퓨터를 켜놓기만 해도 정보는 자신도 모르는 사이 빠져나가게 되고 자신이 거대한 감옥의 어느 방에 놓여있는지도 알지 못하는 형국이 되어 버렸다. CCTV와 같은 전자기기를 통한 감시, 전자지문, 얼굴모양, 정맥 등 생체인식을 통한 감시, 위공위성과 연결된 위치추적 장치를 통한 감시, 휴대폰을 통한 위치추적, 기업에서의 소비자 정보의 수집 등에 의한 감시를 이미 우리 주변에서 종종 목격할 수 있다.

이러한 새로운 감시는 전자 파놉티콘(electronic panopticon)이라 부른다.[62] 21세기 들어 정부나 대부분의 기업들은 개인의 신상정보를 수집하거나 프라이버시를 침해하는 일에 한층 민감해졌으며, 정보사회가 정보감옥을 만들어냈다고 생각하게 되었다. 이러한 정보감옥은 다름 아닌 정보 파놉티콘 혹은 전자 파놉티콘이었다.

최근 들어 전자 감시나 정보 감시에 대한 우려는 파놉티콘에 대

62) 홍성욱, 「파놉티콘: 감시와 역감시의 역사」, 과학철학교육위원회 편, 『과학기술의 철학적 이해』, 한양대학교출판부, 2003, 403-4쪽.

한 관심을 더욱 증폭시켰다. 이제까지 파놉티콘의 시선이 감시의 기제였다면, 현대는 전자장치의 눈이 그 기능을 대신하게 되었다. 정보가 시선의 구실을 대신한 것이다.

2) 불연속성의 역사 모델: 세대간 주체 권력

우리가 푸코의 권력이론을 통해 세대간의 권력이론을 살펴보는 것은 다소 낯선 것일 수 있다. 하지만 푸코가 평생에 걸쳐 계보학적으로 권력 개념을 추적해 왔던 것을 미루어 보았을 때, 세대 문제는 세대간 권력과 밀접한 연관관계가 있다.

우리의 일상에서 '세대란 무엇인가?'라는 물음에 대한 근본적인 답변을 찾기란 그다지 쉽지 않다. 왜냐하면 세대 문제는 우리 일상에서 어떤 특정한 세대 집단에 대한'세대 호칭'으로 인식하거나 나의 동년배와 위 세대 혹은 아래 세대로 분류하여 피상적으로 인식해 왔기 때문이다. 또한 우리가 일상에서 마주하는 세대 문제는 쉽게 이해할 수 없는 타자의 행태들을 애매모호한 세대 집단으로 치부하기도 한다.

그러면 푸코에게서 주체 세력간의 세대 권력은 무엇을 뜻하는가? 주지하듯이, 푸코는 포스트모더니즘의 선구자답게 보편적 진리가 언제나 존재하는 것이 아니며 각 시대와 장소에 따라 각각 다르게 규정할 수 있다고 주장한다. 그는 오랫동안 근대 유럽을 중심으로 전개되어 왔던 철학, 정신의학, 의학, 형벌이론, 고고학, 인류학, 사회학 등 지식의 고고학과 계보학을 다루어 왔다. 즉 푸코에 따르면 어떠한 담론도 고정불변하는 '진리'를 담은 명제(proposition)도 확고하게 고착되어 있는 것이 아니라 우연한 조건들로 인해 진리로 통용되고 있을 뿐이다. 이러한 그의 진리 담론은 세대 문제의 연구, 특히 세대간 형성 과정을 기술하는 데 적절한 이론으로 유의미하게 활용할 수 있다.

앞서 언급하였듯이, 푸코는 자신의 지적(知的) 여정을 "지식, 권력, 윤리의 축"으로 규정하고 서구의 주체가 어떻게 만들어지는가를 진지하게 물었다. 즉 그는 주체와 권력에서 주체의 세 가지 대상화의 방식에 대해 묻는다.[63] 첫째, 어떻게 우리는 지식의 주체가 되는가? 둘째, 주체는 어떻게 권력을 행하기도 하고 그것에 복종하기도 하는가? 셋째, 어떻게 도덕적 주체가 되는가? 이러한 관점에서 푸코는 주체라는 단일한 주제로 세 가지 축을 통합하고자 했지만, 일관된 관점을 갖고 있었던 것은 아니다. 즉 그는 서로 다른 주체의 형성과정을 전제하는 주체의 형성들이 공존해야 한다고 보았다.[64] 우리는 "지식을 가진 주체로서 어떻게 구성하는가?" 이것에 대해 다루는 고고학, "주체들이 권력관계를 형성하기도 하고 그 앞에 복종하기도 하며 어떻게 형성되는가?"를 보여 주는 계보학, "우리는 행위의 도덕적 주체로서 어떻게 구성되고 있는가?"[65]에 대해 물음을 찾아가는 계보학이 그것이다. 이렇게 푸코는 지식, 권력, 윤리의 축을 재구성했다.

하지만 푸코가 분석한 근대사회의 주체 권력은 다분히 정치적인 것이다. 주체 그 자체는 칸트에서처럼 이성이나 계몽의 선험적 본

63) Michel Foucault, "Das Subjekt und Macht" ,H. L. Drefus & P. Rabinow hg. *Michel Foucault,: Jenseits von Strukturalismus und Hermeneutik*, Frankfurt. a. M, 1987, 243쪽.
64) 문성훈, 『미셸 푸코의 비판적 존재론-그 미완의 기획-』, 도서출판 길, 2010, 23쪽.
65) Michel Foucault, "What is Enlightenment?", in *The Foucault Reader*, New York: Pantheon Books, 1984, 49쪽.

질을 인식하는 것이 아니라 정치적 권력관계에서 파생된 것이다. 따라서 주체는 예속된 자이며 복종하는 자에 불과한 것이다.[66] 그에 의하면, 주체는 보편적으로 존재하는 것이 아니라 특정한 방식에 의해 만들어진다.

또한 그는 정상과 비정상(광기), 병과 건강, 범죄와 법과 같은 개념들을 통해 그가 물어 왔던 질문에 대해 해답을 찾아 나간다. 이를테면 위에서 언급했던 주체가 지식, 권력, 윤리의 축에 의해 어떻게 주체가 되기도 하고 예속되기도 하는지에 대해 푸코는 규명해 나간다. 즉 광기와 이성이 근원적으로 갈라놓은 분기점으로 되돌아간다. 푸코에게서 비정상인, 야만인, 비합리적인 것들에 대해 차별하는 이유는 인위적으로 구별하거나 실증적 증거에 의해 기인하기 때문이다. 푸코는 지금까지 근대의 주체 물음을 근본적으로 회의(懷疑)한다. 왜냐하면 근대의 주체 물음은 근대의 강제적인 규율에 의해 사회 권력을 정당화해왔기 때문이다. 근대인이 내세우는 자율적인 이성개념도 "사회적 권력의 도구에 불과"[67]한 것이었다.[68] 결국 푸코는 그동안 철학에서 자명한 것으로 인정해 왔던 권

66) 박승규, 『푸코의 정치윤리』, 철학과 현실사, 2002, 18쪽.

67) 푸코는 권력개념을 다음과 같이 말한다. 첫째, 권력이란 국가기구에 집중된 것이 아니라 사회적 관계 전체에 미세하게 침투하면서 탈 집중화된다. 모든 영역에서 형성된 권력관계는 일종의 상부권력인 셈이다.(Michel Foucault, *Wahrheit und Macht: Interview von A. Fontana und P. Pasquini, Dispositive der Macht: Michel Foucault über Sexualität, Wissen und Wahrheit,* Berlin, 1978, 39쪽.) 둘째, 권력은 생산적이다. 권력은 현실을 생산한다. 권력은 대상 영역과 진리 의례를 생산한다. 이런 점에서 개인은 권력의 산물이다.(Michael Foucault, *Überwachen und Strafen,* Frankfurt a. M. 1994,250쪽.) 셋째, 권력은 인간 본성을 억압하는 것이 아니라 인간에게 진리로 참칭되어 왔던 특정한 현실태를 부과한다.(Michel Foucault, "Zur Genealogie der Ethik", *Michel Foucault,:Jenseits von Strukturalismus und Hermeneutik,* Frankfurt. a. M, 1987, 274쪽.)

력과 행동의 원천으로서의 주체를 해체하고, 반휴머니스트로서 그리고 반(反)주체 철학자로서의 모습을 선명하게 드러냈다. 따라서 푸코에게서 주제의 인간은 능동적이고 자유롭게 의미를 창출하는 것이 아니라 권력-지식 연계에 의해 만들어지고 유통되는 실천적 산물인 것이다. 어떤 지식이나 권력이 보편적 지식이나 보편적 권력으로 나아가는 것은 아니다. 왜냐하면 권력과 지식은 분석하는 것일 뿐이기 때문에 한쪽은 지식에서 기인하고, 다른 한쪽은 권력에 기인하지만, 서로 다른 두 범주로 구성된 것은 아니다.[69] 이렇게 푸코는 서구의 주체가 보편적으로 어디에나 존재하는 것이 아니라 역사적으로 특정한 방식으로 전개되어 왔던 것으로 파악한다. 즉, 푸코는 주체와 객체의 이분법적인 사고에서 벗어나 인간을 주체화하는 다양한 방식을 세대간 권력관계로 이해한다. 즉, "주체는 사회의 이데올로기적 표상으로 산출해 왔던 동시에 특별한 '규율적' 권력과의 관계이기도 한 것이다."[70]

푸코는 『성의 역사(*History of Sex*), 1, 2, 3, 4』에서 동시대 세대간 남성들이 여성을 지배했던 성(Sex)을 권력관계의 매개로써 고찰한 바 있다. 즉 푸코는 『성의 역사』의 저서에서 「앎의 의지」(1976), 「쾌락의 활용」(1984), 「자기에의 배려」(1984)를 통해 성의 담론에 의한 세대간 권력의 관계를 촉발시키는 단초를 마련했다. 세대간 권력의 관계를 남성적인 관점에서 다루었던 푸코는 성에 대한 탐구를 통해 이성중심의 주체를 부인하고 근대적 담론인 주체 중심주의의

68) 박찬국, 『철학의 거장들』, 철학과현실사, 2005, 184-185쪽.
69) 미셸 푸코, 『비판이란 무엇인가』, 심세광 · 전혜리 외 옮김, 동녘, 2017, 66쪽.
70) Michel Foucault, *Discipline and Punish*, New York: Vintage, 1977, 82쪽.

상황을 반전시켰다.[71] 푸코는 데카르트 이후에 근대적 대상물인 이성의 주체를 부인한다. 푸코는 "먼저 몸에 대한 권력을 연구하는 것이 보다 유물론자다움"[72]이라고 주장한다. 지금까지 인류 역사에서 성의 역사는 남성이 여성을 오랫동안 지배해왔던 세대간 남성들에 의한 권력의 역사였다. 그래서 푸코는 성(性)이 그 시대 남성들의 거대한 권력조직과 연결되고 있다는 사실을 추적했다. 대부분의 세대에서 권력이 욕망을 억압했다면, 푸코는 어떤 세대를 막론하고 권력을 남성적 특성으로 보았다. 푸코는 지난 100년 동안 관심의 대상이 되어 왔던 성이 어떻게 남성들의 권력에 의해 사회질서를 규제해 왔는지에 대해 추적했다. 그는 어떻게 성을 매개로 하여 권력이 강력한 전달체로서 전승(傳承)되어 왔는지 규명해냈다. 그 당시 남성들은 욕망, 권력과 지식에 의해 사회를 규제해 왔다. 남성들의 권력은 지식을 산출하고 직접 성에 관계해 왔다. 또한 남성들에게서 지식과 권력의 관계는 우리의 삶에 은밀하게 개입하여 우리의 몸을 순응적인 형태로 길들이게 했다.

이러한 점에서 푸코는 **세대간 지식-권력**에 의해 형성되어 가는 주체의 모습을 추적한 것이다. 다시 말해 푸코에게 주체의 모습은 세대간 지식-권력에 의해 만들어낸 사회 담론인 것이다. 이렇게 푸코는 세대간에 지식을 생산하고 권력을 만들어냈지만, 세대간에 윤리적, 실천적 행동이 필요한 것으로 보았다.[73] 특히 푸코는 동일

71) 양해림, 「푸코의 남성 주체에 관한 몸과 성의 담론」, 『범한철학』, 제31집, 범한철학회, 2003, 152쪽.

72) 이광래, 『미셸 푸코』, 민음사, 1989, 243쪽.

73) 장유정, 『노년세대의 갈등유형과 소수자 미디어교육 경험에 대한 현상학적 연구-들뢰즈 가타리의 소수자론과 푸코의 주체구성론을 중심으로-』, 중앙대학교 신문방송

자(同一者)와 타자(他者)들을 이분법적 관점에서 구분하는 경계에서 벗어나서 점차 복잡한 사회체계로 진입해가고 있음을 눈여겨보았다. 이를테면 푸코의 사유는 세대간 타자의 사유이며 동일자의 외부에서 본 밖의 사유이다. 또한 동일자와 타자가 갈라지는 경계선상에서 성립되는 극한(la limité)의 사유이다. 이는 한 사회에서 경계의 여러 체계들은 배제(排除)의 체계를 함축하고 있음을 시사한다. 이쪽과 저쪽의 나눔의 경계는 사람들 사이에 뿌리 깊은 간극을 분출한다.74) 여기서 우리는 서로 다른 타자간에 불거진 세대 문제에 관심을 환기시킬 수 있다. 우리는 이러한 그의 세대론에서 **자기-세대와 타 세대를 구분하는 것과 동일한 맥락**으로 이해해볼 수 있다. 이러한 동일자와 타자들을 구분하는 경계, 자기-세대와 타 세대를 구분하는 경계들은 한국사회의 세대 담론을 형성하는 과정에서도 유효하게 적용될 수 있다. 즉, 우리는 세대의 형성과정에 대해 주체와 대상 간의 상호세대론으로 이해할 수 있는 것이다. 특히 상호세대론의 접근방식은 각기 다른 세대간 해석에 따른 세대 담론으로 이해할 수 있다.

푸코는 "어떤 사회를 막론하고 담론의 형성은 통제 · 선별 · 조직화하고 나아가 재분배하는 과정들"이라 본다. 그는 "사회 담론의 권력과 위험들을 추방해야 한다. 또한 사회 담론은 우연한 사건을 지배하며 담론의 무겁고 위험한 물질을 피해 가는 역할을 하는 과정들이 존재한다"75)고 보았다. 그렇게 해서 사회 담론들은 어떤 의

학과 대학원 박사학위 논문, 2016, 44쪽.

74) M. Focault, *L'ordre du discours*(1993). 이정우 옮김, 『담론의 질서』. 중원문화, 2014, 16쪽.

미를 만들어 내고 재생산하는 과정을 거쳐 나간다. 단순하게 사회 담론들은 언어 이상의 의미를 담고 있으며 밀접히 연관되어 있다. 사회 담론은 상호간에 지지(地支)하기 위한 싸움이 일어나기도 하지만, 궁극적으로 권력관계로 귀착된다.[76] 이러한 푸코의 사회 담론을 한국 사회에서 자기 세대를 상호 인식하고, 동시에 타 세대를 표현하는 상호 세대론으로써 이해할 수 있는 것이다.

세대 문제는 세대 위치(Generationagerung), 실제 세대(Generations-zusammung), 세대 단위(Generationseinheit)의 구분해 볼 수 있다.[77] 먼저 세대 위치는 출생 시점에 기반한 사회적 위치를 의미한다. 위치 그 자체는 잠재적인 가능성으로서 드러나거나 다른 사회적 힘들에 의해서 개입되고 수정된 형태로 표현된다. 그리고 실제 세대는 단순한 세대 위치보다도 보다 많은 내용들을 함축하고 있다.[78] 이는 실제 세대와 세대 단위로 나아갈 수 있는 잠재력을 지니고 있다. 무엇보다 실제 세대는 세대 위치에서 연대감을 형성한다. 여기서 세대 엔텔레키[79]가 창출될 때, 실제 세대는 점차 발전해나간다.

75) 장유정, 위의 논문, 38쪽.

76) 장유정, 위의 논문, 39쪽.

77) 칼 만하임, 『세대 문제』, 이남석 옮김, 2013, 68쪽.

78) 위의 책, 69쪽.

79) 엔텔레키(entelechy)라는 용어는 독일의 미술사학자였던 핀더(W. Pinder)가 한 세대의 고유한 특성을 표현하기 위해 사용했던 철학적 개념이다. 사전적 의미로 이 개념은 잠재태에 대비되는 현실태라는 뜻을 담고 있다. 사회학자 칼 만하임은 이 개념을 세대에 비추어 "세대 계층의 잠재되어 있는 가능성이 자라나오는 것"이라 말한다.(H. Jaeger, "Generations in History: Reflections on a Controversial Concept", *History and Theory*, Vol. 24, No. 3, 1985, p.284) 만하임은 세대 엔텔레키의 의미를 '세대 스타일'로 풀이하기도 한다. 그러한 의미는 어느 세대에 고유한 의식이나 정신적 특성을 지칭한다. 즉 이 개념은 역사적 사건에 대한 불변 요소들과 가변 요소들로 나누어져서 상호작용한다. 먼저 불변 요소들은 문화권, 민족, 가족, 개인 등을 가리킨

하지만 실제 세대는 역사적 자극에 대한 각기 다른 반응을 보임에 따라 그 밖의 다른 세대 단위로 분화되어 나간다.[80] 실제 세대는 단순하게 동일한 시대를 함께 '살았다'는 단순한 사실에 기반하지 않는다. 예컨대 우리가 강한 연대감, '공동 운명에 대한 참여'를 통해 "세대 엔텔레키"를 창출할 경우, 세대 의식을 형성하거나 실제 세대를 구성할 수 있다. 물론 자기 세대에 대한 인식은 그동안 '당연한 것'으로 믿어왔던 세대 단위들의 물음이어야 한다. 다시 말해 한국 사회 세대 담론에서 '당연한 것'이라고 믿는 공동체 의식이라든지 연대감을 통해 동일한 세대를 형성해나간다. 푸코의 세대-표현은 단지 어느 한 곳에 고정하여 머무는 것이 아니라 적극적인 실천 행위로 나아가야 함을 뜻한다. 여기서 21세기 한국 사회에서 푸코가 언급했던 자기-세대와 타 세대의 구분을 통한 세대 문제에 대한 인식은 여전히 참고할 만한 가치가 있다. 이를 근거로 한국사회에서 자기-세대의 '당연한 것'들에 대한 사회 담론의 인식을 타 세대와의 첨예한 권력관계가 어떻게 형성해나가고 있는지에 대해 지속적으로 주시해볼 필요가 있다.

한국 사회에서 세대 문제에서 발생하는 중요한 사실은 어떻게 세대가 단순하게 형성되어 나가는 것이 아니라, 어떻게 그러한 세대가 생겨 날 수 있는가? 에 대한 근본적인 물음일 수 있다. 왜냐하

다. 가변 요소들은 곧 엔텔레키의 개념을 지칭한다. 이런 엔텔레키 개념에 대한 역사적 사건들은 세대 구분을 하는 데 주요한 준거점으로 작용한다. 즉, 역사적 사건들은 불변 요소와 가변 요소들에 의해 다양한 엔텔레키들이 상호작용한다. 실제로 엔텔레키의 특성들은 세대사이에 상시적으로 경험하고 있는 갈등적 요인에 주목한다.(박재흥, 「세대 개념에 관한 연구: 코호트적 시각에서」, 『한국사회학』 제37권 제3호, 한국사회학회, 2003, 10쪽.)

80) 위의 책, 69쪽.

면 한국 사회에서 한 개인이 '자기 세대'와 '타 세대'를 어떠한 이유로 해서 분리하게 되었는지는 여전히 중요한 물음일 수 있기 때문이다. 우리 세대를 구분하는 기준이 바로 개인의 세대-표현이자 자기-표현일 수 있다. 그런데 이러한 세대 논의가 푸코의 국한된 논점에서 머무르는 것은 아니다. 여기서 언급하는 세대 담론은 동시대에서 진행되는 자기 세대와 타 세대의 구분에 의한 세대-표현의 이해인 것이다. 예컨대 한국 사회에서 우리의 부모님들은 나의 윗세대이며 조부모님은 그 윗세대이다. 그리고 미래에 태어날 자손은 자신의 아랫세대가 될 것이다. 초, 중, 고등학교 내에서는 자기의 동기생들과 그 손위 학번의 선배들, 그리고 후배들과 세대의 차이를 느낄 수도 있다.

실제로 자기보다 위의 기수 선배를 '화석'이라 부르기도 한다. 또한 세대 차이는 동일한 20대 초반의 연령대라 할지라도 학교라는 사회 울타리 안에서 세대-인식이 각기 다르게 발생할 수 있다. 학교 안에서 타 세대로 취급하는 선배들과 후배들을 사회에서는 본인과 동일한 세대로 인식한다. 왜냐하면 이러한 인식은 한국 사회에서 분포되어 있는 연령층들을 관점으로 해서 본인 세대(자기 세대)와 윗세대를 구분하는 세대 차이가 다르게 나타나기 때문이다. 따라서 이는 한국 사회에서 동일한 세대 간의 연령층에서도 권력관계가 각기 다르게 형성될 수 있다는 것을 암시한다.

푸코가 앞서 언급하고 있듯이, 세대의 속성은 연속적이면서도 불연속적이다. 따라서 세대 개념은 어떤 특정 집단으로 묶어 놓는 각 세대들 간의 구분이 모호하다는 이유로 다소 혼동스러울 수 있다. 세대 개념의 다의적이고 복합적인 해석은 실제 여러 매체에서도 그대로 혼용되어 나타난다. 즉 한국사회의 각종 매체에서 보도하는 청년세대를 매스컴의 정치적 성향에 따라 비교 분석한 G세대라든지 2030 세대가 복수가 아니라 단수, 또는 타자들의 상호 동일자인 것처럼 서술하기도 한다. 한 세대에서도 출생(연령)은 수많은 이질적인 개인들이 존재하고 있음에도 불구하고, 분석대상의 기사들은 세대 간의 차이 및 갈등을 오히려 부추겨 왔다. 동시에 세대 간의 차이와 갈등은 청년세대를 왜곡시키거나 무력화하는 방식으로 드러내 보이기도 한다.[81] 특히 각종 매체에서 다루어 왔던 한국사회의 세대 문제는 진보, 보수의 정치적 성향에 따라 동일한 대상을 서로 다른 세대로 구분하거나 다르게 적용해왔다. 이와 관련하여 한국 사회에서 "대부분 세대 개념의 사용방식을 특수한 소규모 집단의 일탈적 가치관이나 행동양식을 전체 연령 집단의 구성원들을 공통으로 일반화하거나, 일시적인 유행 현상을 특정 세대의 내적인 통일성의 지표로써 과장(誇張)하여 해석하는 경향"[82]도 종종 전개되어 왔다.

또한 한국 사회에서 동일 집단의 세대라고 할지라도 상대적 입장에 따라 다른 세대 명칭과 특징들을 부각시켰다. 지금껏 세대 문제는 한국 사회에서 개성을 존중하는 분위기보다 세대간 집단적 이해관계에 따라 사회 현상을 설명하는 것에 익숙해져 왔다. 이런 점에서 우리 한국 사회는 역사적 경험에 의해 비롯된 386세대와

81) 김선기, 「청년세대 구성의 문화정치학-2010년 이후 청년세대담론에 관한 비판적 분석」, 『언론과 사회』 제24권 제1호, 2016, 33쪽.

82) 전상진, 「세대사회학의 가능성과 한계: 세대 개념의 분석적 구분」, 『한국인구학』 제25권 제2호, 한국인구학회, 2002, 195쪽.

같은 공통된 특성 '세대'를 중심으로 그 시대의 변화를 설명하는 것에 익숙해져 있다. 왜냐하면 세대 갈등은 푸코의 분석처럼, '내 집단'과 '타 집단' 간의 구별을 전제로 하고 있기 때문이다. 이러한 세대간 갈라치기는 첨예한 세대간 권력관계를 암시하기도 한다. 또한 푸코가 지적하고 있듯이, 세대란 "연속적이면서도 동시에 불연속적인 시대의 변화"를 뜻하기도 한다. 이를테면 세대란 시대의 변화에 따르는 변곡점으로 세대간 집단을 통해 드러낸다. 이런 측면에서 세대론은 한 시대의 표상을 드러내 주기도 한다. 그런데 세대론이 흥미로운 사실은 시대의 인식이 어떤 한 세대에 따라 각각 분절되면서 동시에 세대 간의 서로 다른 상대적 관계에 따라 단절되기도 한다는 것이다.

5. 영향과 의의

이제까지 앞장에서 살펴보았던, 푸코의 『지식의 고고학』은 『말과 사물』 등에서 이미 선보였던 담론형성의 규칙에 대한 이론을 일반적인 관점으로 서술하였다. 여기서 푸코는 역사적 시대의 일반구조에 초점을 맞추어 전개하였다. 즉 그는 담론의 차원, 담론대상의 형성, 언표한 행위양태의 차원, 개념의 형성, 전략의 형성 등을 상세하게 분석하였다. 특히 그는 "담론이 언어에 기초한 의미창출로서 한정되지 않는다는 사실을 확인하였고, 담론 이외의 것과 끊임없는 역학관계에 의해 담론의 실천적 형태가 나타난다는 사실"[83]을 주목하였다. 그리고 푸코는 지식의 이론이 권력의 방식과 분리하여 진행하지 않았음을 밝혀냈다. 따라서 푸코의 고고학적 담론의 분석은 모세혈관처럼 사방에 퍼져 있으면서 계보학적 미시물리학의 안으로 통합되었다. 즉 그의 규율적 기술들은 몸을 장악하는 권력의 새로운 미시물리학을 통해 17세기부터 지금에 이르기까지 사회전반에 확산되었다. 그는 사회의 규율적 절차가 몸을 대상으로 하여 유용성을 증가시키거나 약화시키는 대상들을 모두 포함하여 다양한 관점에서 분석하였다.

이런 점에서 푸코는 『지식의 고고학』에 대한 탐구에서 직접적으로 정치적이고 체제전복적인 성격을 지닌 결과들을 산출하기를 기대하였다. 푸코의 『지식의 고고학』은 최소한 『광기와 이성』, 『임상의학의 탄생』, 『말과 사물』, 『성의 역사』 등에서 발전시킨 사상사의 접근을 명시적으로 정식화했다는 점에서 중요한 의의를 지닌다. 그리고 그의 『지식의 고고학』은 방법론에 대해 기본적으로 담론형성의 기술에서부터 비담론적인 인과적 개념에 이르기까지 많은 노력을 보여 주었다. 따라서 푸코의 『지식의 고고학』은 역사학과 방법론을 결합한 그 이상(以上)의 이론이라 간주된다. 특히 그의 『지식의 고고학』은 방법론을 위한 철학적 기초의 정당화를 제공하려는 노력으로 평가된다. 따라서 푸코의 목표는 지식과 언어의 철학적 설명을 함으로써 역사적으로 검토할 근거를 마련하고자 하였다.

앞서 고찰한 푸코의 관점은 철학적으로 어떤 시대의 문화와 이념을 해석하는 것과 결부되어 있기에 해석학의 경향을 아울러 지니고 있다. 왜냐하면 그의 구조주의가 후기 사상에서는 해석적 경

83) 윤평중, 「미셸 푸코」, 박정호 외 엮음, 『현대철학의 흐름』, 동녘, 2004, 303쪽.

향을 짙게 풍기고 있기 때문이다. 그가 구조주의자냐 포스트구조주의자이냐 아니면 해석학자이냐 하는 형식론적 분류는 학자들의 견해에 따라 분분하기 때문에 그의 사상을 이해하는 데 본질적인 요소는 아니다. 하지만 그의 사상의 기본적인 "고고학적 방법은 분명히 구조주의적 특성과 이념을 강조"[84] 하고 있다는 점이다. 들뢰즈(Gilles Deleuze, 1925~1995)는 『푸코』[85]를 출간하기 이전에 한 인터뷰(1970)에서 "푸코의 사상은 현대의 가장 위대한 철학 중의 하나라고 평가한다. 언젠가 금세기는 들뢰즈의 시대가 될 것이다"라고 말한다. 들뢰즈는 이 말을 뒤집어서 "지난 세기는 푸코의 시대였고 남은 세기도 여전히 푸코의 시대이다"라고 말하고 싶어 했다. 또한 데리다(Jacques Derrida)는 자신이 푸코의 제자라는 사실을 인정하면서 푸코와 마찬가지로 구조주의의 전통을 벗어나려고 하였다.

84) 김형효, 같은 책, 301쪽.
85) 질 들뢰즈, 허경 옮김, 『푸코』, 동문선, 2003.

제 11 강

라캉

무의식의 해석학

1. 생애 및 사상개요
2. 주체의 해석학
3. 무의식의 언어로서 해석학
4. 기표와 기의의 해석학
5. 거울단계이론
6. 영향과 의의

제11강

라캉

무의식의 해석학

1. 생애 및 사상개요

자크 라캉

라캉(Jacques Marie Emile Lacan, 1901~1981)은 지방 대기업의 파리 지사장이었던 아버지 마리 알프레드 라캉과 어머니 에밀리 피리핀 마리 보드리의 슬하에서 맏아들로 태어났다. 라캉의 가족은 보마르셰 거리의 저택에서 유복하게 살다가 몽파르나스 지역으로 이사하였다. 라캉은 가톨릭의 유명한 학교로 알려진 스타니슬라스 중학교에 입학하였다. 그는 특히 신학과 라틴어에 출중한 실력을 보였다. 십대에 이미 라캉은 철학에 열중하여 스피노자의 『윤리학』에 심취하면서 그의 윤리학의 구조개요를 방벽에 장식할 정도였다.

라캉은 1920년에 의학공부를 시작해서 1926년부터는 정신의학을 전공하였다. 이 기간 동안에 그는 파리에서 초현실주의를 주창한 작가, 예술가, 지식인들의 세계에 뛰어들었다. 여기서 제임스 조이스, 앙드레 브르통, 클로델, 앙드레 지드, 피카소, 살바도르 달리 등 많은 지식인, 예술인들과 교류하면서 편집증에 관한 연구를 심화시킨다. 라캉은 1932년에 「인격과 관련된 편집증적 정신병에 대하여(De la psychose paranoïaque dans ses rapports avec la personnalité)」라는 논문으로 박사학위를 받는다. 특히 박사학위 논문에서 그는 '에매'라는 가명으로 다룬 여성 편집증 환자의 사례연구에서 '에매'가 남긴 글에 각별한 관심을 기울인다. 이는 후에 무의식의 언어적 속성을 주장하는 라캉의 모습을 예고한다.

그는 1937년에 『거울단계』를 해석하면서 언어개념을 원용한다. 라캉은 프로이트의 글을 독일어 본문에 따라 상세한 독해를 통해서 이본(異本)들과 원고들을 검토하는 연구방법을 진행하였다. 박사학위논문을 준비하는 과정에서 직접 프로이트의 지도를 받았다. 정신분석학자 프로이트(Sigmund Freud, 1859~1939)[1]는 인간의 정신세계에 대한 그의 뛰어난 통찰력을 통해 현대인들에게 인간과 세계를 바라보는 새로운 시각을 제공하였다. 따라서 라캉은 "프로이트로 돌아가자!"라는 슬로건을 내걸고 자신만이 프로이트주의 정

1) 프로이트는 체코의 프라이베르크(Freiberg)라는 작은 카톨릭 촌에서 출생하였다. 그의 아버지 자콥(Jacob Freud)은 모직물 상인이었고 가부장적인 권위주의의 존재였으며, 또한 아주 괴짜였다. 손자까지 이미 있던 40세에 스물도 채 안 된 유태인 처녀와 재혼하여 아이를 8명이나 낳았다. 프로이트는 이 가운데 장남이었다. 어릴 적부터 그는 이미 자기분석, 신경증 증상을 노정하였다. 그는 자기에게 권위와 강압의 대상인 자기의 아버지를 무의식적인 질투와 미움으로 거부하였고, 젊은 어머니에 대해서는 연정을 가지고 있었다. 프로이트는 우리가 흔히 말하는 "오이디푸스 콤플렉스"를 갖고 있었다. 그의 아버지가 사망하자 프로이트는 모든 성적인 행위를 기피하였다고 한다.

통계승자라고 주장하면서도 언어학과 철학의 차용해서 프로이트주의 재해석하고 새롭게 하는데 일생을 바쳤다. 즉 라캉은 정신의학과 정신문헌들만 파고들지 않고 다방면에 걸쳐 독서를 했다. 그는 특히 야스퍼스, 헤겔, 하이데거의 저술들에 관심을 가졌다. 라캉은 헤겔연구가인 알렉산드르 코제브의 강의도 청취하였는데, 이 강의에 참석한 많은 사상가들은 프랑스 지성사에 커다란 한 획을 형성한다. 레비스트로스, 조르주 바타이유, 알렉산드르 꼬이레, 레이몽 아롱, 피에르 클로소프스키, 레몽 크노 등이 그들이었다. 라캉은 1936년 마리엔바트에서 개최한 국제정신분석협회의 연례총회에서 「거울단계」라는 논문으로 처음으로 발표를 한다.

라캉은 여러 논문과 세미나에서 현상학자 후설을 직접 언급하면서 자신의 이론형성에 현상학이 영향을 미쳐 왔음을 밝힌다. 라캉은 『심리적 인과성에 관한 강연』(1946)에서 인간인식의 특징적인 구조를 밝혀내기 위해 "사유의 상징주의" 이론을 근거지은 철학자로 후설을 중요 인물로 간주한다. 그는 위의 강연에서 거울단계에 대한 논평을 통해 현상학도 영상이 인간 주체의 형성에 구성적 역할을 할 수 있다고 말한다. 라캉은 「나의 형성자로서의 거울단계」(1946)라는 제목의 유명한 강연에서 인간 주체의 형성에 미치는 영상의 영향에 대해 발표한다. 라캉이 현상학과 밀접한 관계를 맺는데 메를로-퐁티가 그의 오랜 친구로서 학문적 교류를 한 것이 크게 작용하였다. 메를로-퐁티가 사망한 이후에 라캉은 『현대』지에 「모리스 메를로-퐁티」(1961)라는 글을 발표하여 그의 죽음을 애도하였다. 그 이전에도 그는 『세미나 제2권: 프로이트의 이론 및 정신분석학의 기술에 있어서의 자아』(1954~1955)에서 메를로-퐁티가 아직도 동일성의 사고에서 벗어나지 못했다고 비판한다.

1964년 1월 정통 마르크스주의의 철학자 알튀세르의 초청으로 그는 파리고등사범학교에서 『정신분석학의 네 가지 근본개념(세미나II)』의 세미나를 개최한다.2) 라캉의 체계에 결정적인 초석을 다진 논문은 1956년에 발표한 「정신분석학에 있어서의 말과 언어활동」이었지만, 그의 이론이 큰 반향을 일으킨 것은 『에크리: 選集(*Écrits: A Selection*)』(1966)을 발표하면서부터이다. 『에크리』에는 30년 동안 라캉이 발표한 논문 가운데 총 28개가 전체 일곱 개의 장으로 나누어 수록되어 있다.3)

라캉은 연상들이 결합하는 이동현상을 환유(換喩)라 하고 연상들이 중복되는 압축(壓縮)현상을 은유라 하였다. Verdichtung(압축)이란 독일어는 프로이트의 저서에 처음으로 나타날 때부터 검열을 피하기 위하여 무의식이 사용하는 가장 적절한 수단으로 제시된다. 압축은 프로이트의 꿈의 작업에서 나타나는 대표적인 메커니즘이다. 꿈의 작업이란 꿈의 재료들을 꿈으로 변형시키는 무의식적인 메커니즘이다. 또한 "압축은 기호표현들이 첨가되는 구조로서 은유의 영역에 속한다." 압축이란 독일어에는 Dichtung(시)란 개념이 포함되어 있다. 이러한 실례에서 압축의 심리과정이 얼마나 시에 고유하게 내재해 있는가를 알 수 있다. 이동은 의미작용으로 이전되는 구조로서 환유의 영역에 속한다. 라캉은 완전히 충족될 수 없는 인간의 욕망은 끊임없이 새로운 대상을 찾는다고 본다. 라

2) 최원, 『라캉 또는 알튀세르』, 난장, 2016, 127쪽.
3) 김석, 『에크리-라캉으로 이끄는 마법의 문자들』, 살림, 2018, 88-89쪽.

캉은 욕망의 이러한 작용방식을 환유에 비교한다. 즉 환유는 단어에서 단어로, 기표에서 기표로의 부단한 미끄러짐을 의미한다. 끊임없이 새로운 대상을 욕망하는 것이다.

2. 주체의 해석학

라캉에게 욕망의 주체와 무의식의 주체는 동의어이다. 무의식이 형성되는 것은 언어가 계속해서 욕망을 어긋나게 하기 때문에 발생하는 증상과 언어적 작용을 말한다. 무의식의 작용은 무의식의 수사학인 환유, 은유를 통해 진행되는 욕망으로 설명한다. 그리고 이러한 욕망을 대상으로 하는 학문이 바로 정신분석학이다.[4] 라캉의 정신분석은 크게 두 가지 관점에서 구분된다.

첫째, 우리가 정신분석에서 작동시키는 주체는 과학의 주체다.
둘째, 이 과학의 주체는 데카르트의 코기토이다.[5]

이렇게 라캉은 정신분석학적 그리고 과학을 통해 주체의 존재를 묘사하고자 하였다. 정신분석은 무의식적 주체에 관한 과학이며 이 주체라는 개념은 현대철학의 선구자인 데카르트와 함께 17세기에 출현했다.[6]

4) 김석, 위의 책, 88-89쪽.
5) 러셀 그릭, 『라캉과 언어와 철학』, 인간사랑, 2010, 234쪽.
6) 숀 호머, 『라캉읽기』, 김서영 옮김, 은행나무, 2017, 105쪽.

라캉이 1949년 제16차 국제정신분석학회에서 발표한 '정신분석학적 경험에서 드러난 주체의 기능 형성으로서의 거울단계' 서두에서부터 주체(나)가 형성된다. 라캉에 따르면 정신분석학의 주된 성과는 근대 초기부터 21세기에 이르기까지 서양사상의 중심이 되어 왔던 "나"라는 절대주체의 개념을 비판한 것이다. 이에 대한 비판을 기반으로 새로운 주체개념을 구축하려고 시도한 것으로 요약할 수 있다.[7] 라캉은 프로이트의 무의식을 데카르트의 주체의 직계 자손인 동시에 데카르트로부터 파생된 모든 철학적 전통을 훼손시키는 것으로 파악한다.[8]

라캉은 데카르트의 『방법서설』(1637), 『성찰』(1641) 등에서 사유주체(Cogito)의 절대성에 근거하는 어떤 철학도 잘못된 것임을 거울단계의 경험을 통해 우리가 깨닫게 된다고 주장한다. 라캉의 실재주체(Real Subject)는 무의식에 기반한다. 이런 관점에서 그는 데카르트의 "나는 생각한다, 고로 존재한다"라는 의식적 주체를 곧바로 전복시키고자 한다. "나는 내가 존재하지 않는 곳에서 생각하고, 내가 생각하는 곳에 나는 존재하지 않는다"[9]는 라캉의 도발적인 명제는 의식이 아닌 무의식을 기반으로 하는 그의 철학을 잘 나타내 준다. 라캉이 보기에 무의식적인 욕망은 결코 채워질 수 없다.

라캉의 주체는 두 단계를 통해 구성된다. 첫째는 언어를 통한 소외의 과정에서 구성된다. 둘째로 욕망의 분리에 상응한다. 하지만

7) 정문영, 「라캉: 정신분석학과 개인 주체의 위상축소」, 윤효녕 외, 『주체 개념의 비판』, 서울대학교출판부, 2003, 55쪽.

8) 숀 호머, 『라캉읽기』, 105쪽.

9) J. Lacan, *Ecrits*, Paris, Edition du Seuil, 1966, p.517.

라캉에게서 주체는 어떤 고정 불변한 실체가 아니다. 따라서 주체는 영속성과 지속성을 갖고 있지 않다. 주체는 시간의 특정 순간이라기보다 끊임없는 주체화 과정이다.[10] 라캉이 언급하는 일상적 주체는 '상상적 질서'에서 '상징적 질서'로 진입할 때 비로소 주체로 구성된다. 뒷장에서 살펴보게 될 상상적 질서란 인간이 언어의 단계로 진입하기 전에 타자와의 동일시를 통해 자신을 구성하는 '거울단계'를 말한다. 거울단계에서 거울의 투영 작용은 주체에 형태를 부여하고 주체의 발달을 인도한다. 즉, "이상적인(관념적인 허구적인) 나"(Ideal-I, imago)[11]로 기능한다. 라캉의 관점에서 데카르트의 코기토(cogito) 주체는 거울단계를 벗어나지 못한 채 오인과 환상에 얽매여 있는 에고(ego)에 불과하다.

여기서 자아는 상상계의 나르시시즘적 환상을 버리고 문화와 언어의 상호 주관적 구조인 상징계로 진입해 사회적 자아를 획득한다. 라캉은 "상징적 질서는 언어와 문화로 형성된 보편적 질서의 세계"[12]라고 말한다. 즉 이는 언어를 통해서 형성된 명령과 금지의 체계를 수용함으로써 구성되는 주체다. 그 주체는 사유 주체로서의 절대 주체가 될 수 있는 것이 아니라 사회적 구조에 선행하는 존재가 아니며 대타자를 타자로 인정한다. 즉, 대타자의 관점과 자기에 대한 대타자의 견해를 고려함으로써 비로소 진정한 주체로 될 수 있다. 라캉에게서 중요한 개념이 '타자'의 '욕망'이라는 점을

10) 숀호머, 『라캉읽기』, 김서영 옮김, 은행나무, 2017, 118쪽.

11) 라캉은 프로이트와는 다르게 '자아'(ego, the I)와 '주체(subject)'를 구분한다. 자아는 거울단계에서 발견되는 '나'의 기능 및 메커니즘으로 기만과 환성의 장소이다. 주체는 이와는 전혀 다른 상징계의 논리에 의해 구성된다.

12) Jacques Lacan, "La psychanalyse et son enseignement", in *Ecrits*, 445쪽.

다음과 같이 확인할 수 있다.

> "타자의 욕망의 수수께끼를 대면하는 주체는 이 욕망을 말로 표현하고 이후 타자의 영역에서 기표들과 동일시함으로써 자신을 구성하지만 결코 주체와 타자 사이의 간극을 메우는 데는 성공하지 못한다. 그러므로 기표에서 기표로의 끊임없는 움직임 속에서 주체는 나타나고 사라짐을 반복한다."[13]

먼저 주체는 타자를 통해 타자의 언술에 관여함으로써 주체가 된다. "무의식은 언어와 같은 구조로 짜여져 있다"[14] 혹은 "무의식은 타자의 언술이다"[15]라는 라캉의 유명한 정식은 이런 배경에서 나왔다. 타자는 나와 맞서 있는 타인뿐 아니라 그와의 상호 주관성 및 상호 인정을 의미한다. 그리고 금지와 허용을 담고 있는 문화의 규칙, 때때로 무의식과 상징적 질서일 수 있다. 라캉에게서 주체는 타자에 의해 고정불변한 실체가 아니다. 타자는 언제나 다른 얼굴로, 다른 목소리로 주체의 욕망을 야기시킬 수 있다. 그러나 타자는 결코 나의 결핍을 채울 수 없기 때문에 나의 욕망은 끊임없이 욕망으로 존속할 수 있다. 욕망은 물을 마시고 싶다는 욕구처럼 물을 마시면 해소되는 것이 아니고 대상이 고정된 것이 아니라 항상

13) Paul Verhaeghe, "Causation and Destitutionof a Pre-ontological Non-enitry: On The Lacanian Subject", ed. D. Nobus, *Key Concepts of Lacanian Psychoanalysis,* London:Rebus Press, 1998, 108쪽.

14) Jacques Lacan, *The Four Fundamental Concepts of Psychoanalysis; The Seminar of Jacques Lacan, Book XI,* trans Alan Sheridan, New York: W. W. Norton, 1998, 20쪽. (맹정현·이수련 옮김, 『정신분석의 네 가지 근본개념: 자크 라캉 세미나 II』, 새물결, 2008, 37쪽.

15) Jacques Lacan, "Fonction et champ de la parole et du langage en psychanalyse", in *Ecrits*, 265쪽.

바뀔 수 있다. 따라서 라캉은 이렇게 결코 충족되지 않는 욕망을 환유적이라고 보았다.[16] 즉 나의 존재는 타자에 의해 존재하지만 그렇다고 해서 나의 존재가 타자에 의해 완전히 충족되거나 소진되지 않는다. 오히려 그 모자람은 타자의 언술을 통해 끊임없이 지칭된다. 따라서 라캉은 "인간의 욕망은 타자의 욕망이다"[17]라고 말한다.

라캉에게 상상적 자아나 상징적 주체는 실재계에 진정한 '주체'에 접근하기 위한 불가피한 선택이다. 이런 맥락에서 이들 세 가지 차원들의 주체를 전체성에서 반성하는 것이 라캉의 주체 이론의 핵심이다.[18] 라캉은 자신이 고통을 표현할 뿐 아니라 고통에 대한 자신의 진단에 이르기까지 포함하는 '증상' 개념을 동원한다. 주체가 없는 것은 아니다. 다만 우리는 그 주체를 볼 수 없을 뿐이다.

3. 무의식의 언어로서 해석학

라캉은 "프로이트로 돌아가자!"라는 모토를 그의 철학의 주제로 삼았다. 여기서 돌아가야 할 프로이트란 "무의식"이란 새로운 개념을 발견한 프로이트요, 무의식에 대한 풍부한 논의를 포함하고 있

16) Jacques Lacan, "L'instance de la lettre dans l'inconscient", in *Ecrits*, 515쪽.

17) Jacques Lacan, "Subversion du sujet et dialectique désir dans l'inconscient freudienne" in *Ecrits,* Paris : Seuil, 1966, 814쪽.

18) 문장수, 「자크 라캉의 주체 개념」, 『철학논총』, 제56집, 새한철학회, 2009, 412쪽. 라캉의 주체개념 형성에 대한 자세한 내용은 다음을 참조: 베르트랑 오질비, 『라캉, 주체 개념의 형성』, 김석 옮김, 동문선, 2002.: 로렌초 키에자, 『주체성과 타자성-철학으로 읽은 자크 라캉』, 이성민 옮김, 도서출판 난장, 2014.

는 성숙기의 프로이트를 말한다.[19] 그는 미국식 정신분석학에 커다란 반감을 갖고 있었다. 미국식 정신분석학은 일종의 자아심리학적인 경향이 있었는데, 그들은 프로이트의 정신분석학을 자아의 형성과정에 대한 이론으로 바꾸어 버렸다. 정신분석석학을 구순기, 항문기, 성기기 등을 거쳐 하나의 표준적인 자아로 발전해 가는 과정에 대한 일종의 임상심리학으로 바꾸어 버렸다는 것이다. 라캉은 프로이트의 이론에 생물학주의의 요소를 제거하고, 프로이트의 이론이 갖고 있는 철학적 의미를 새롭게 부각시켰다. 그는 이러한 두 가지의 목적을 이루기 위해 레비-스트로스처럼 구조언어학을 자신의 이론에 끌어들인다.

라캉은 이것을 한편으로 생물학주의에 의해, 다른 한편에서는 행태주의에 의해 프로이트 이론의 고유한 정신이 훼손된 것으로 간주한다. 라캉은 프로이트의 이론에서 생물학주의의 요소를 제거하고, 나아가 프로이트 이론이 갖는 철학적 의미를 새로이 부각시키고자 하였다. 특히 그는 소쉬르적인 프로이트주의를 재구성하고자 하였다. 프로이트에 따르면, 인간은 태어날 때부터 삶의 원초적 충동을 갖고 태어난다. 그것은 성욕과 죽음의 본능(타나토스)이라는, 이제껏 무의식이라는 수면 아래에 가려졌던 인간을 움직이는 근원적인 힘을 규명해낸 것이었다. 즉 그는 그것을 에로스(Eros)와 타나토스(Thanatos)라고 말한다. 에로스는 삶의 충동이고, 사랑과 섹스는 이 충동의 대표적 표현방식이다. 여기서 에로스는 사랑과 창조력을 가지면서 성욕을 내포하는 개념이다. 그는 이를 에로스와 타

19) 이진경, 「라캉: 정신분석의 언어학」, 『철학과 굴뚝청소부』, 그린비, 2002, 298쪽.

나토스, 즉 삶의 본능과 죽음의 본능, 보존의 본능과 파괴의 본능 사이의 끊임없는 갈등과 투쟁의 본질이라 보고 있다. 그는 오이디푸스 콤플렉스를 인간의 죄의식과 규범윤리의 기원 및 종교 · 사회 · 예술 등 문화 · 문명의 발달사를 설명해 주는 핵심적인 원리로 부각시켰다. 그는 "오이디푸스 콤플렉스 이론을 인정하는 것이 정신분석학의 지지자와 반대자를 구별해 주는 증표"라고 선언하기도 했다. 프로이트가 언급했듯이, "꿈의 해석은 무의식에 이르는 왕도이다. 꿈의 분석은 우리를 개인적 비밀의 심층으로 안내해준다. 그것은 심리치료자와 교육자에게 더없이 귀중한 도구라 할 수 있다.[20]

프로이트는 꿈과 실수를 통한 자기분석과 오랜 기간 동안 행해진 신경증자들에 대한 정신분석의 임상관찰을 통해 무의식의 성질을 다음과 같이 추론한다.

첫째, 무의식에서 쾌감은 계속 맛보려고 하며 고통은 즉각 피하려고 하는 쾌락원칙에 따라 본능에너지들이 자유롭게 움직이고 있다. 즉 원초적인 1차 정신과정인 무의식은 외부세계에 상관없이 자신에게 자극과 긴장을 촉발한 대상을 향해 자신의 욕구와 긴장을 즉각적이고 직접적으로 분출하여 쾌감을 얻는다.

둘째, 무의식에는 시간의식이 없다. 즉 무의식의 내용은 죽을 때까지 불변하고 불멸한다. 예를 들어 5살 때 겪은 어떤 사건이 무의식에 억압되면, 그 사건에 대한 표상과 그것에 연관된 정서에너지는 그 당시 모습 그대로 평생 동안 정신 속에 보존되어 그 개인의 인생에 영향을 미치게 된다.

---

20) 칼 G. 융, 『무의식이란 무엇인가?』, 연암연가, 2016, 49쪽.

셋째, 무의식은 의식을 통제받지 않는 타자성이다. 어떤 생각이나 정서가 의식에 의해 무의식에로 추방되는 순간, 그것은 의식의 관찰과 통제를 벗어나게 된다.

넷째, 의식영역에서 추방되어 무의식화된 것들은 반드시 의식에로 회귀하고자 한다. 무의식은 대체로 의식기능에 약해지는 상황들을 틈타서 갑자기 회귀하기 때문에, 의식은 미쳐 이에 대한 방어를 할 수 없게 된다. 그 결과 치명적인 실수나 신경증 증상들이 발생하게 된다.

다섯째, 무의식은 의식에 대해 은폐 - 망각되어 있다.

여섯째, 무의식은 도덕과 무관하게 자신을 본능적으로 드러낸다. 이러한 사태는 꿈이나 치명적 실수(범죄) 행위들을 종종 발견할 수 있다.

일곱째, 무의식은 논리성이나 인과법칙과 무관하게 작동된다. 즉, 무의식은 일단 맛보았던 쾌감을 반복해서 맛보고자 하는 소망충족의 성향을 지닌다.[21]

이러한 프로이트의 무의식은 다음의 두 명제로 요약할 수 있다.

첫째, 인간은 의식과 다른 어떤 의식에 직접적으로 알려지지 않은 어떤 고유한 정신활동, 정신영역, 정신의 내용이 있다.

둘째, 인간을 움직이는 원동력은 의식이 아니라 무의식에서 나온다.[22]

이처럼 라캉의 관심은 프로이트가 주장한 것처럼, 무의식에 관

21) 이창재, 「무의식의 문제」, 『21c 사상과 문화의 새 지평』, 원광대학교출판부, 2003, 31-32쪽.

22) 이창재, 『프로이트와의 대화』, 학지사, 2004, 92-93쪽.

한 것이었다. 그런데 그는 프로이트와는 다르게 무의식을 단지 생물학적이고 성적인 주체로 보지 않고 언어의 문제와 관련시킨다. 라캉에게 있어서 무의식은 생물학적 존재를 인간의 자식으로 변환시키는 메커니즘이며, 계속적으로 인간의 아이로 살아가게 만드는 인간내부의 메커니즘이다. 라캉은 그리스신화의 오이디푸스기(Oedipus期: 오이디푸스 콤플렉스가 발생하는 시기)에서 아버지를 죽이고 어머니와 결혼하고 싶다는 욕구는 인간이 되기 위해 억압되어야 할 최초의 것이라 말한다. 욕구에 대한 근친상간적 금지는 인간이 지켜야 할 가장 원초적인 규칙이며 법이다. 이것은 오이디푸스적 욕망에 대한 금지를 통해 사회적 법과 규칙 속으로 들어가는 것을 뜻한다. 이처럼 사회문화적 규칙을 통해 욕구를 억압함으로써 무의식이 발생한다. 따라서 라캉은 무의식이란 동물에게는 없는 오직 인간에게만 있는 것으로 간주한다.[23]

라캉에 의하면, 무의식적인 욕망은 결코 채워질 수 없다고 말한다. 그는 프로이트가 주장하는 이드 · 자아(ego) · 초자아(Super ego)를 인정하지 않는다. 그 대신에 그는 "무의식이 하나의 언어처럼 구조를 갖고 있으며" 상징적인 것들로 구성되어 있다고 말한다. 정신분석학에서 신경증이든, 실수를 하든, 농담을 걸든, 꿈을 꾸든 간에 대게 어떤 무의식이 드러난 것으로 간주한다. 이런 현상들은 무의식의 징후라 일컫는다. 언어학에서 개별적인 징후란 무의식상의 어떤 의미를 표시하는 기표를 뜻한다. 무의식은 언어처럼 구조화되어 있다는 라캉의 명제는 프로이트의 후예들에 의해 오인되고

23) 이진경, 「라캉: 정신분석의 언어학」, 『철학과 굴뚝청소부』, 그린비, 2002, 300-301쪽.

왜곡된 무의식의 의미를 다시 정의하려는 노력이었다. 그리고 프로이트의 본래이론으로의 복귀와 히스테리에서 시작한 최초의 정신분석학적 경험으로의 복귀라는 이중적 의미를 지닌다.[24] 여기서 라캉이 말하는 프로이트로의 복귀란 정신분석학에 있어서 언어가 주체에게 미치는 영향에 대한 연구로부터 출발해야 함을 뜻한다. 무의식이 언어의 도입으로 인해서 조각났다는 사실이다. 언어의 작용으로 인해 무의식은 이제 존재하지 않는 것, 빈틈을 중심으로 움직이는 것이 되어 버렸다. 이것을 근거로 하여 그는 인간의 발달을 상상계 · 상징계 · 현실계로 구분한다. 라캉이 무의식의 이론적 구조로 삼은 것은 소쉬르의 구조주의 언어학에서였다. 상징계의 결정적 중요성에 주목하는 것은 정신분석학과 구조주의 언어학 사이의 접목을 시도하면서 프로이트로의 복귀를 부르짖는다. 라캉이 재검토하는 소쉬르의 언어기호는 기표(記表, signifiant)와 기의(記意, signifié) 사이에 임의적으로 약정된 결합체이다.

4. 기표와 기의의 해석학

라캉은 스위스의 언어학자 소쉬르(Ferdinand de Saussure, 1857~1913)에게서 기표라는 용어를 빌려 왔다. 소쉬르에 의하면, 각각의 언어는 기호로 되어 있다. 여기서 각각의 기호는 기표(단어의 소리)와 기의(단어의 의미) 두 성분으로 구성되어 있다. 기표는 기의의 소리에

24) 홍준기, 「자끄 라캉, 프로이트로의 복귀」, 김상환 · 홍준기, 『라캉의 재탄생』, 창비, 2005, 34쪽.

대한 정신적 이미지이며, 기의는 그 소리가 연상시키는 개념이다. 기호의 이 두 성분은 자의적으로 결합된다. 다시 말해 고양이라는 소리가 매일매일 밥 그릇 앞에서 먹이를 기다리는 지저분한 얼룩무늬 짐승이라는 개념을 의미해야 하는 필연적 이유는 없다. 소쉬르와 다르게 라캉은 기의보다 기표를 우선적인 것으로 평가했다.[25] 예를 들어 나무라는 글자나 소리가 기표라면, 그것을 통해 만들어지는 개념 및 청각영상을 기의라고 한다.

원래 Signifant은 Signifier(의미하다)라는 동사의 현재분사이다. 즉 Signifier에서 나온 현재분사가 형용사로 사용된 것이다. "의미하는"이라는 형용사로 번역했을 때, "의미하는 기호체계", "탈의미하는 기호체계" 등으로 표현하기에는 다소 부적절한 어감을 준다. 이는 "의미화"라는 기표적인 말과 동의어로 사용된다.[26] 이 양자(兩者)는 언어라는 상징체계를 형성하고 있는 최소단위이다. 이러한 언어기호는 서로 밀접한 연관관계를 맺고 있다.

그런데 라캉에 의해 검토된 언어기호는 기의와 기표사이의 약정이 깨어진 채 기의에 대한 기표의 우월성에 의해 특징짓고 있다. 따라서 언어기호는 기표 중심으로 이해되어야 한다. 예를 들어 언어행위를 통해 주체가 자신의 주체성에 이르고자 할 때, 이에 동원되는 주체의 또 다른 언어기호가 차지한다. 다시 말해 기의가 아닌 기표에로의 이동을 의미한다.[27] 라캉의 주체는 기표의 결과로서

25) 토니 마이어스, 『누가 슬라보예 지젝을 미워하는가』, 박정수 옮김, 앨피, 2005, 55쪽.
26) 이진경, 『노마디즘 I』, 휴머니스트, 2002, 339쪽.
27) 정재곤, 「라캉과 구조주의」, 임봉길 외, 『구조주의 혁명』, 서울대학교출판부, 2000, 205-206쪽.

구성된 주체이다. 라캉이 보여 주고자 하는 주체는 소외의 과정을 통해 구성된다. 일상적 주체는 상상적 질서에서 상징적 질서로 진입할 때, 비로소 주체가 성립된다. 따라서 언어는 상징적 질서를 통해서 짜여진 질서이며, 언어는 나와 타자를 분리시키고 동시에 나와 너를 연결시킨다. 언어를 통한 분리와 연결은 욕망이 욕망으로 자리 잡게 한다.

이러한 무의식의 구조는 은유와 환유의 메커니즘에 의해 지배하고 있음을 말한다. 다시 말해 라캉은 무의식 내에서의 언어기호들 사이의 관계는 환유(換喩)와 은유(隱喩)로 구성되어 있다고 말한다. 언어의 결합관계와 배열관계는 바로 문장으로 언어가 조직되는 방식이다. 예를 들어 "먹었어"라는 말은 "누가" "무엇을"이란 말과 결합된다. 그리고 그 말이 표시되지 않을 경우 그것은 "먹었어"와 공존한다. 이것을 라캉은 환유라 한다. 반면에 "무엇을"의 자리에 빵 대신 밥이나 물처럼 유사성을 갖는 말들이 대체되며 선택되는 관계를 은유라고 한다. 이처럼 결합관계와 계열관계를 통해 단어들은 문장으로 그리고 언어로 이루어진다. 그래서 그것을 조직하는 규칙이 언어규칙이다. 즉 그는 연상들이 결합하는 이동현상은 환유라 말한다. 완전히 충족될 수 없는 인간의 욕망은 끊임없이 새로운 대상을 찾아 나간다. 라캉은 욕망의 이러한 대상을 환유에 비교한다.

라캉은 언어기호를 소쉬르의 개념으로 받아들인다. 여기서 라캉의 무의식 내 언어기호들 사이의 관계는 은유와 환유로 구성되어 있다고 지적한다. 무의식은 의식보다 우선하며 인간의 모든 의식적 행동을 미리 결정하는 어떤 숨겨진 실체의 근원이 아니다. 무의식은 자신과 세계에 대해 갖고 있는 주체의 지식이 원천적으로 분열되어 있음을 말하는 은유이다. 언어기호의 표현은 언제나 사물에 대하여 말하지 않고 다른 기호표현에 대하여 말한다. 원래의 기호표현과 새로운 기호표현이 서로 어울려 조화를 이루는 관계를 라캉은 악보와 같다고 말한다. 그는 무의식의 자리를 타자라고 불렀다. 큰 타자는 내가 관심을 갖고 있으며, 매혹되어 있는 대상으로서의 작은 타자를 포함한다. 예를 들어 연애하는 여인과 남근(男根)은 대상으로서의 작은 타자이다. 어린아이는 자기가 반영된 이미지를 자아의 이상으로 인정한다. 그의 욕망이 겨누는 첫 번째 대상은 거울 속에 반영된 이미지이다. 상상의 세계에서 자기와 동일시하던 이미지가 주체적인 타자로 나타날 때, 이 어린아이는 그 타자를 한없이 찬양하지만, 동시에 원래의 이미지가 차지하는 독특한 자리를 위협하는 맞적수를 공격한다. 어린아이의 세계에서는 찬양과 공격성이 공존하는 경우가 종종 있다. 또한 어린아이는 상상 속에서 엄마에게 없는 남근을 자기와 동일시하고 자기를 엄마의 욕망의 대상과 동일시한다. 아버지의 개입은 이러한 상상의 이중관계를 차단한다.

라캉은 의식의 절대성을 믿으며 자신과 세계에 대해 통일적 지식을 갖고 있다고 확신한다. 주체는 상상적 자아 혹은 안다고 가정되는 주체이다. 무의식이란 상상적 자아가 자신과 세계에 대해 소유하고 있다고 믿는 지식의 한계이다. 이는 상상적 자아가 자신의 통일성을 유지하기 위하여 은폐 또는 회피하고 싶은 불쾌한 나머지 지식이다.[28]

28) 홍준기, 『라캉과 현대철학』, 문예출판사, 2000, 140쪽.

5. 거울단계이론

라캉은 상상계 · 상징계 · 실재계(현실계)라는 자신의 독자적인 세 범주를 처음으로 언급한 것은 1953년이었다. 그는 이미 1951~1953년에 "도라" "쥐인간" "늑대인간"과 같은 프로이트의 중요한 연구사례를 시작하면서 "프로이트의 복귀(Return to Freud)"를 선언한다. 이것이 곧 "상상계 · 상징계 · 실재계(현실계)"라는 제목으로 행한 강연에서였다. 그는 이러한 세 범주를 갖고 프로이트의 재해석할 것을 역설하며, 외쳤던 "프로이트로 돌아가자!"라는 구호는 당시 국제정신분석학회(JPI) 소속이었던 파리정신분석학에 대한 정면도전을 의미하였다. 라캉의 거울단계이론은 의태로 알려진 진기한 동물들의 생태학적 논의를 아동심리학과 사회이론에서 얻어낸 관찰 결과를 결합하여 이야기를 꾸려갔다. 그는 비슷한 형식의 이미지에 의해 사로잡힘이 일어난다고 주장하였다. 아이는 자기 외부의 어느 한 가지 이미지와 자신을 동일시하게 된다. 그것이 거울에 비친 자기의 진짜 이미지이건 다른 이미지이건 간에 상관이 없다는 의미이다.

라캉의 거울단계론은 상대방에 대한 폭력적인 태도와 유혹적인 태도 사이에서 오락가락하는 아이들의 이해할 수 없는 행동을 설명해내고 있다. 라캉은 그러한 행동의 두 원인을 두 개인 사이의 갈등과 연결시키지 않았다. 그는 그 원인에 대해 개인의 내부의 갈등에서 파생된 것이며, 그 갈등은 상대방과 동일화의 결과라고 주장한다. 이것은 아동기에 한번 나타나고 없어지는 계기가 아니라 아동발달의 조직적 원리이다. 자기 바깥의 이미지에 동일화되고 나면 그 이전과 같은 행동을 할 수 없는 것이다. 라캉은 이러한 동일화가 일어나는 영역을 상상계라고 불렀다. 시각적인 영역과 거울단계의 중요성을 강조하는 이 말은 어린아이들의 이미지 속에 사로잡힌다는 것을 명확히 나타내고자 하였다. 라캉은 항상 거울단계가 인간의 자의식, 공격성, 경쟁, 자기애, 질투 그리고 이미지들에 매료되는 현상 전반을 설명하는 가치 있는 패러다임이며 이것이 견고한 이론이라고 생각해 왔다.

상상계 · 상징계 · 실재계(현실계)는 말하는 존재나 인간이 자신과 세계에 대해 말하고 생각할 때 반드시 가정해야 하는 최소한의 전제조건이다. 첫째, 말은 언어(상징계)가 있어야 한다. 둘째, 말하고자 하는 대상이 있어야 한다. 즉 무엇인가 존재(실재)해야 한다. 셋째, 말하고자 하는 내용 혹은 대상에 고정된 의미가 부여될 수 있어야 한다(상상계). 그렇지 않으면 인간은 끊임없이 흐르는 언어 속에서 방향을 잡지 못하고 혼돈 속으로 빠지게 될 것이다.[29] 라캉의 단계는 편의상 세 단계로 나뉜다.

첫 번째 단계는 제2차 세계대전 전에 해당하는 시기로서 『상상계』의 연구시기이다. 두 번째 단계는 제2차 세계대전 말에서 1960년대의 중반까지의 시기로서 구조주의와 『상징계』를 연구하는 시기이다. 세 번째 단계는 1965년부터 타계할 때까지의 시기로서 『실재계(현실계)』를 탐구하는 시기이다. 먼저 상상계는 프로이트가 사용한 자기도취(나르시시즘)의 개념을 정교화한다.

라캉은 상상계의 설명을 위해 거울영상단계론을 도입한다. 그는

29) 김상환 · 홍준기, 『라캉의 재탄생』, 창비, 2005, 66-67쪽.

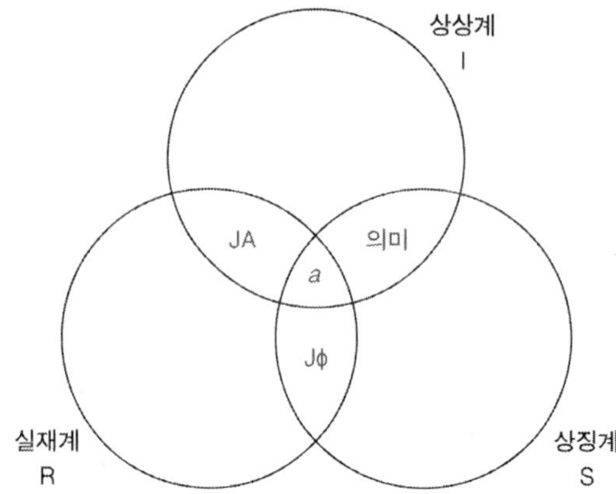

프로이트의 인간의 자아가 상상적 연관을 통해 이루어진다는 이론을 받아들인다. 라캉은 자아와 타자 사이의 나르시시즘적인 동일시는 그 나르시시즘 관계에 내재한 공격성 때문에 오래 지속될 수 없다는 점을 강조한다. 프로이트의 나르시시즘의 이야기와 정체는 "거울단계이론"에서 전개된다. 라캉은 우리가 실재한다고 알고 있는 나(자아)는 실제로는 상상의 구조물이라는 사실을 일깨워 준다. 이것은 라캉의 유명한 개념인 "거울단계"와 밀접한 연관을 맺는다. 즉 라캉의 상상계란 자아가 형성되는 영역이다. 라캉에 따르면, 어린아이는 처음 자신의 육체를 조각난 것으로 여기다가 거울 속에 비친 자신의 이미지를 다른 생물체라고 생각하고 마지막으로 그것이 자기 자신이라는 것을 알고 크게 기뻐한다는 것이다. 거울 속의 이미지는 자아의 개념에 필수적이고, 그 결과 자아의 개념 속에는 반드시 상상체가 스며들기 마련이다.

라캉은 6개월에서 18개월 사이에 구성되는 단계는 곧 거울영상단계를 갖고 있다고 말한다. 거울 앞에서 어린이는 자신의 몸이 하나로 되어 있다고 생각하고, 자기가 묶는 이 하나에 의해 지배를 받는다고 상상한다. 이러한 상상적인 통일은 어린이가 거울 속에서 자기 자신의 영상을 보았을 때 그 예로서 구체적인 체험으로 현실화되고, 이 단계가 미래의 자아의 원형으로 본다. 이 거울단계에서 상상적인 것과 상징적인 것 사이에 틈 사이로 빠져 들어가는 아이의 기쁨은 입벌림의 환호로 나타난다는 것이다. 라캉은 아이가 말을 배우기 전에, 즉 말을 배워서 나와 다른 사람을 구분할 수 있기 전에 거울에 비친 어머니의 성숙한 육체를 자신의 것으로 착각하는 단계를 상상계라고 불렀다. 이 단계에서는 자아가 없다. 자신에 대한 통일된 생각을 지닐 수 있는 언어를 배우지 못했기 때문이다. 따라서 상상계란 둘 사이에 이루어지는 공생적인 상호의존관계이거나 일방에 대한 타인의 맹목적인 의존관계이다. 예를 들어 어머니와 유아의 관계, 사랑하는 남녀의 관계, 스승이나 지도자에 대한 맹목적인 복종관계와 같은 것들이다.

위에서 언급하였듯이, 어린아이의 경우, 신체와 몸동작의 발달에 있어서 아직 완전하지 못한 유아가 거울에 비친 자신의 모습을 보고 환호성을 지른다.[30] 다시 말해서 어린아이의 이러한 행동은 "거울단계이론"에서 관찰된다는 것이다. 라캉은 구체적으로 인간의 젖먹이와 침팬지의 젖먹이는 구별된다고 말한다. 침팬지의 새끼는 거울에 비친 모습이 자신이라는 것을 알면 그저 무관심하게 자리를 떠나지만, 어린아이는 거울에 비친 영상이 자기라는 것을 깨닫고 환호성을 지르며 그것에 매료된다. 신체 발달에 있어서는

30) 자크 라캉, 권택영 엮음, 『욕망이론』, 문예출판사, 1998, 15-16쪽.

① 자신과 외부(세계 및 타자)가 분화되지 않은 상태

② 신체는 타자(특히 부모)를 통해서만 세계와 교섭한다.
이때 타자의 스타일이 이식되어 의식(자아)이 형성된다.

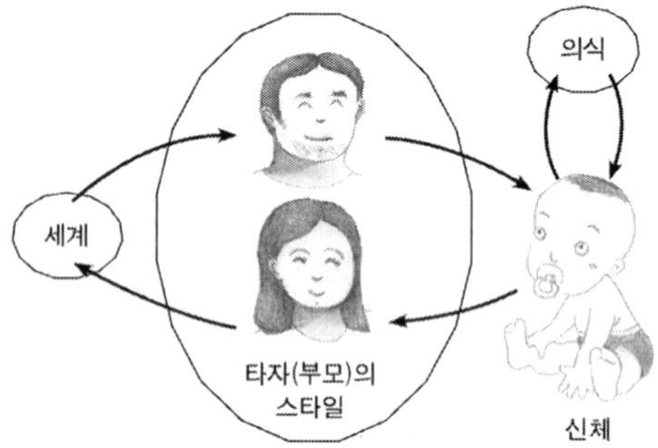

③ 독립한 자아가 세계(타자)와 교섭하고 신체를 대상화한다.
그러나 신체는 ①의 상태를 유지하고 있다.

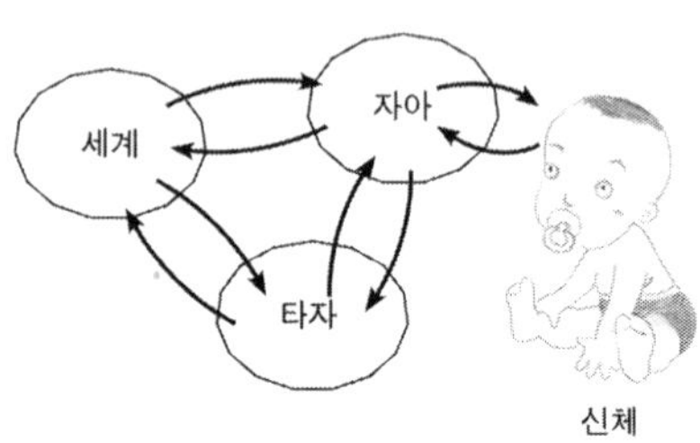

침팬지 새끼보다 훨씬 불완전 인간의 젖먹이는 거울에 비친 모습을 보고 자신을 완전하다고 오해하고 자신의 완전함에 대해 상상적 의식을 발달시킨다는 것이다. 이것이 유아의 인지발달에서 관찰될 수 있는 상상계의 전형적인 실례이다.

유아가 어머니와 한 몸이라는 착각에 빠져 있는 나르시시즘의 거울단계에서 어머니와 아이 사이를 떼어 놓는 것은 아버지이다. 아버지는 아이가 나르시시즘에 빠지지 않고 대화를 통해 어머니에게서 분리시키며 타자의 의식을 심어 준다. 상상계적인 아버지는 아이와 대화를 나누며 서로의 욕망을 길들인다. 둘은 우선 상대방의 환상을 인정한다.[31] 그래서 라캉의 관점에서 사랑은 환상이고 그 환상이 욕망의 본질이라고 말한다. 일시적이나마 남아가 엄마의 남근이라고 믿는 것과 아이가 그렇게 믿는 것을 어머니가 수용하는 양자 의견의 일치성으로 인해서 아이와 어머니의 상징적 유대는 견고해진다. 바로 이러한 유대를 아버지는 폭군이 되어 간섭한다. 아버지는 아이로부터 욕망을 빼앗고, 어머니에게는 남근적 대상을 빼앗는다. 이제 아이는 아버지라는 제3자의 개입에 의해 삼자관계로 돌입한다.

이러한 단계를 라캉은 상징계라고 부른다. 거울의 상(象)이나 어머니와의 이미지상의 투쟁, 불안정하기 그지없는 불균형의 상태가 거울영상의 단계이다. 그것을 넘어서기 위해서 요청되는 것이 아버지라는 절대타자가 존재하는 상징계이다. 상징계는 언어와 의미의 차원을 말한다. 즉 상징이란 언어로 표시된다. 이러한 의미에서 상징계는 언어의 세계라고 말할 수 있다. 라캉은 절대적 타자를 대타자(Autre)로 부르고 소문자인 상상계의 타자(autre)와 구별한다. 거울 앞의 아이를 안고 있는 어머니는 이러한 상황에서 대타자로서의 주체이다. 여기서 말하는 타자란 상상적 관계 안에서 타자와는

31) 권택영, 「욕망에서 사랑으로」, 『우리시대의 욕망 읽기』, 문예출판사, 1996. 69쪽.

다른 차원에 속한다. 질투와 증오를 넘어서 화해가 이루어질 때 인지하는 절대적 차원을 지니는 타자이다. 절대적 타자란 일종의 언어로서의 타자이며 실제로 존재하는가 아닌가는 다른 문제이다. 갓 태어난 간난 아이에게 어머니는 절대적 타자로 실재하지만, 아이가 성장하면서 절대성은 점차 잃어 간다.[32)]

라캉은 "무의식은 언어처럼 구조화되어 있다"고 말하면서 구조화된 언어들이 갖는 힘을 기표의 물질성이라 본다. 기표 내지 언어를 의미하는 상징들은 구조화된 어떤 질서를 그 나름의 세계로서 이룬다. 우리가 말하고 사유하기 위해서는 혹은 무의식이 작동하기 위해서는 '그 상징적인 것의 구조화된 질서' 속으로 들어가야 하며 그 구조와 질서에 따라야만 한다. 이처럼 라캉은 상징적인 구조화된 질서를 상징계라고 한다.[33)]

유아는 언어표현에 의해 자신이 욕망의 주체라는 것을 알고 또한 언어를 통해 충족된다. 타자에 의해 만들어진 언어와 그 의미의 네트워크의 상징계에 들어가게 된다. 그렇지 않으면 유아는 그 주체성을 둘러싼 거울영상과의 투쟁 상태에서 벗어나는 것이 불가능하게 된다. 곧 인간은 언어를 획득함으로써 비로소 진정한 의미의 욕망을 갖게 된다. 라캉의 유명한 문구인 "욕망은 타자의 언어이다", "나의 무의식은 언어의 구조를 갖는다"라는 이론 역시도 타인이 만든 언어에로의 참가라는 해석을 하게 된다.

라캉의 거울단계이론에서 근간을 이루는 주요 내용들 중의 하나

32) 무사이 마사아끼, 『라캉 대 라캉』, 임창석 · 이지영 옮김, 새물결, 2017, 32쪽.
33) 이진경, 『노마디즘 I』, 휴머니스트, 2002, 336쪽.

는 욕망의 역할에 관한 것이고, 다른 하나는 대상들을 에고로 동일시하는 나르시시즘이다. 먼저 욕망은 본능과 관계되는 용어라기보다 권위 및 인정과 관계되는 용어이다.[34] 즉, 라캉은 욕구(Besoin), 요구(Demande), 욕망(Desir)을 구별한다.

욕구는 인간이 가진 자연적, 생물학적 본능에 상응하는 개념이다. 욕구는 순수한 육체적 생존을 충족되어야 할 생물학적으로 필요한 것이다. 인간을 다른 동물과 구분시켜 주는 것은, 인간은 동물과 달리 욕구뿐만 아니라 욕망을 갖고 있다는 점이다. 인간은 배가 고플 때 밥을 먹고 목이 마를 때 물을 마신다. 이것이 욕구이다. 욕구의 대상은 자연적, 물리적 대상이다.

요구는 그것이 요청하는 만족과는 다른 것으로 이끌려 간다. 요구는 현존과 부재에 대한 요구이다. 그것은 어머니와의 원초적인 관계에서 보여 준다. 요구는 허용될 수 있는 모든 것을 사랑의 시험으로 바꿈으로써 허용될 수 있는 모든 것의 특수성을 지양(止揚)한다. 그리고 욕구가 사랑의 요구의 분쇄에 지나지 않는 것으로 전락하게 됨으로써 요구는 욕구만족 자체의 특수성을 지양한다.[35] 욕구는 언제나 요구를 통해서 표현되고 충족되기 때문에 항상 불충분하다. 욕구와 요구 사이에는 메울 수 없는 간극이 존재한다.

욕구와 요구 사이의 격차로 인해서 욕망이 생겨난다. 이런 의미에서 욕망은 결여(lack) 혹은 결핍이라 부른다. 욕망은 우리 존재의

34) 정문영, 「라캉: 정신분석학과 개인 주체의 위상의 축소」, 윤효녕 외, 『주체개념의 비판』, 서울대학교출판부, 2003, 66쪽.
35) 홍준기, 「자끄 라캉, 프로이트로의 복귀」, 김상환 · 홍준기, 『라캉의 재탄생』, 창비, 2005, 73-76쪽.

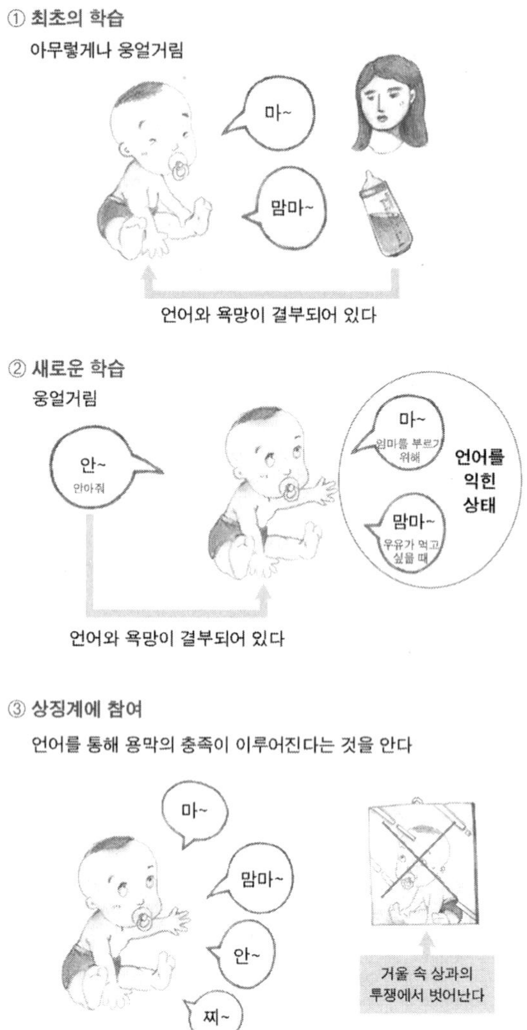

핵심에 있고, 그것은 결여와 관계한다. 욕망과 결여는 분리할 수 없을 정도로 밀착되어 있다. 욕망은 인간의 기본욕구 너머의 충족될 수 없는 어떤 것을 가리킨다.[36] 그것은 결핍을 메울 수 있는 대상을 끊임없이 찾아 나서지만, 결코 만족될 수 없는 또 다른 대상이 치환된다. 여기서 욕망은 단지 생물학적 충족욕은 아니다. 그것은 다른 사람으로부터 사랑의 대상으로서 인정받고 싶어 하는 욕망이다. 또한 다른 사람에게 가장 소중한 것(음경: Penis, 남근: Phallus)으로서 인정받고 싶어 하는 인정의 욕망이다.[37]

> "그러므로 욕망은 충족을 위한 욕구나 사랑에 대한 요구 그 어느 것도 아니며 후자(後者)로부터 전자(前者)를 감했을 경우에 생기는 차이이자 그들의 분열이 초래하는 결과로서 나타나는 현상이다."[38]

마지막 단계의 실재계(현실계)는 매우 난해하면서도 가장 흥미로운 개념 중 하나다. 실재계는 그것이 사물이 아니라는 사실에 기인한다. 실재계는 물질적 대상이나 인간의 신체도 아니고 심지어 현실이라고 말할 수도 없다. 라캉에게서 현실이란 상징들의 의미작용으로 구성된다. 실재계는 사회적, 상징적 우주의 지속적인 긴장관계를 갖고 있으며, 그 극한에 존재하는 미지의 것이다.[39]

실재계는 희열 · 쾌감의 개념과 밀접하게 연관된다. 예를 들어 성행위에서 오르가즘은 희열과 쾌감을 준다. 이때의 쾌감은 상상계도 상징계도 아니다. 임상에서 어떤 환자는 칼로 자해행위를 하면서 쾌감을 맛본다. 쾌감은 현실계의 한 부분일 뿐이다. 라캉은 현실계를 인간의 이성적 사고에 의한 것이 아니라 상상계와 상징

36) 숀호머, 『라캉읽기』, 김서영 옮김, 은행나무, 2017.
37) 이진경, 「라캉: 정신분석의 언어학」, 『철학과 굴뚝청소부』, 그린비, 2002, 306-307쪽.
38) Jacques Lacan, "The signification of the Phllus", *Ectrits*, 1977, 287쪽.
39) 숀호머, 『라캉읽기』, 128쪽.

계의 관계에 의해 정의를 내린다. 실재계는 인간의 언어 상징세계에서 추방되고 희생되었지만, 영원히 지워지는 것이 아니라 우리 곁에서 얼굴을 드러낸다.[40] 실재계는 성의 쾌감에서 나타난다. 출생 직후에 아이들은 자신이 덮고 자는 이불이나 베게 그리고 자신을 보살펴 주는 어머니 등과 자기 자신을 구별하지 못한다. 이러한 미분화된 상태에서 육체의 분화가 시작되는데 이것은 성의 쾌감의 형성 과정을 통해서 진행된다. 어린아이를 보살펴 주는 사람들이 어린아이의 육체 중 일부를 쓰다듬거나 만지거나 입맞춤하는 과정의 부위로 리비도가 집중된다. 이러한 리비도의 부분적 집중은 그 부위에 성감대를 형성시키는 것이다. 따라서 성의 쾌감이란 문화적 · 사회적 규정에 의해서 형성된다는 것이다.

인간에게 있어 사랑의 기초는 프로이트를 비롯하여 라캉에 이르기까지 나르시시즘에서부터 출발하였다. 우리는 생애를 통하여 많은 인간관계를 맺으면서 살아가게 되는데 많은 인간의 관계에서 사랑으로 맺어진 관계는 다른 관계보다도 생명을 불러일으키는 강력한 원동력이 되기도 한다. 사랑, 특히 남녀 사이의 사랑은 더더욱 삶의 원동력을 불러일으키는 긍정적인 요소로 작용한다는 점이다. 따라서 사랑은 서로 타인과의 관계나 남녀 사이의 관계에서 삶을 전개하는 데 있어서 필요한 관계의 가장 기초가 된다고 말할 수 있다. 그렇기 때문에 사랑은 근원적으로 인간을 소속하게 하는 고향과 같은 구실을 한다.

실재계는 상상계와 상징계에 비해서 시간적으로 선행한다. 그렇

40) 이유섭, 「자크 라캉」, 『103인의 현대사상』, 민음사, 1996, 129쪽.

지만 현실계는 개인이 생물학적 존재로서 생존하기 위해 충족시켜야 할 욕구와 현상의 세계, 즉 사물의 세계가 대표적으로 속한다. 그는 삶의 본능과 죽음의 본능, 죽음의 충동과 리비도가 연결된 주이상스(Jouissance), 그리고 반복의 충동을 사랑하였다. 여기서 주이상스란 태어나기 이전의 세계로 돌아가고 싶은 해체의 리비도를 뜻한다. 프로이트의 죽음의 충동과 리비도를 연결시킨 것을 라캉은 주이상스라 이름 붙였다. 주이상스는 고통과 뗄 수 없는 쾌락이다. 또한 그것은 삶의 저편이기에 '대타자의 주이상스'라고도 말한다. 주이상스는 인간의 욕망에 대비되는 것이며, 우리의 욕망이 실패할 경우에 우리가 경험하는 불만이다.

또한 사랑은 살기 위해 즉각적인 충족을 연장시킨 에로스의 본질이다. 사랑은 연민의 욕망과 내 욕망을 일치시키는 나르시시즘이 아니라 연인의 입장이 되는 타자에 대한 경험인 것이다.[41] 따라서 라캉이 강조하고자 하는 세 질서 중 어느 것 하나가 가장 중요한 것이 아니라 이것들이 연결되는 방식이었다. 라캉은 정신의 질서를 유지시키는 것이 아버지의 이름이며, 아버지의 이름이 사물과 결합시키고 어떤 의미에서 오이디푸스 콤플렉스의 실현을 보증한다고 주장하였다. 그러나 라캉에게서 중요한 사실은 아버지의 이름이 아니라 상징계 · 상상계 · 실재계라는 세 가지 질서를 결합시키는 장치라 강조한다. 왜냐하면 사랑은 살기 위해 즉각적인 충족을 연장시킨 에로스의 본질이기 때문이다. 사랑은 연인의 욕망과 내 욕망을 일치시키는 나르시시즘이 아니라 연인의 입장이 되

41) 라캉의 사랑에 관한 논의는 다음을 참조: 박영진, 『라캉, 사랑, 바디우』, 에디투스, 2019.

는 타자에 대한 경험인 것이다.

6. 영향과 의의

라캉이 이루어 놓은 정신분석학의 주요 성과는 근대 초부터 20세기에 걸쳐 서양사상의 중심이 되었던 '나'라는 절대개념을 비판하였다. 이러한 비판을 통해서 그는 새로운 주체개념을 구축하고 시도하였다. 이러한 라캉의 업적에 대한 일반적 평가는 절대 주체개념에 대한 그의 비판에만 초점을 맞추고, 라캉의 정신분석학이 서양 형이상학의 기초 자체를 해체 · 전복한다고 강조한다. 주체 자체를 부정하려는 포스트모더니즘의 문화이론의 경향은 라캉의 관점을 새롭게 이해하고자 한다. 그리고 라캉은 프로이트가 발견한 무의식의 개념을 보다 구체적으로 분석하였다. 그는 프로이트가 발견한 무의식을 특정한 종교적 · 정치적 · 문화적 가치를 정당화하는 특정한 세계관과 연결시키지 않고, 신적(神的)인 실체로써 파악하지 않았다. "프로이트의 무의식은 창조적인 상상력을 가진 낭만적 무의식이 결코 아니다. 그것은 신성한 밤의 장소도 아니다"42)라 말한다. 그는 타자와의 관계 속에 있는 주체에 관해 끊임없이 탐구하였다. 따라서 그의 주체개념은 정신분석학과 철학, 심리학, 과학 분야 등 논의가 교차하는 학문에 핵심문제로 작용하고 있으며, 특히 이론정신분석학 분야의 가장 중요한 주제로 자리 잡고 있다.

42) Jacques Lacan, *Le Séminaire XI: Les quatre concepts fondamentaux de la psychanalyse*, Paris: Seuil, 1973. 26쪽.

그의 이론은 당시 프랑스의 지식인들에게 매우 커다란 영향력을 행사한다. 알튀세르, 크리스테바, 라클라우는 라캉의 개념이나 이론적 틀을 직접적으로 원용하였고, 보드리야르는 사회적 현상을 기호적 현상으로 소급하여 라캉의 이론을 적용하였다.

그의 정신분석의 작업은 세계정신분석 연합(World Association of Psychoanalysis)의 맥락에서 이어져 가고 있다. 즉 프로이트학회, 유럽정신분석학회, 남아메리카학회 등이 이에 참여하고 있다. 영국에서는 유럽정신분석학회에 소속한 런던 정신분석의 모임과 프로이트의 분석연구센터가 라캉의 연구모임 공간을 제공하고 있다.

제 12 강

맥클루언

매체와 정보해석학

1. 생애 및 사상개요
2. 매체가 메시지이다
3. 정보해석학
4. 매체결정론
5. SNS시대의 맥클루언
6. 영향과 의의

제12강

맥클루언

매체와 정보해석학

1. 생애 및 사상개요

허버트 마샬 맥클루언

허버트 마샬 맥클루언(Herbert Marshall McLuhan, 1911~1981)[1]은 캐나다 앨버타주 에드먼턴에서 태어났다. 그는 캐나다인이면서 미국 미디어 팝문화의 고승처럼 대우를 받는 인물이다. 그는 영문학자이면서 죽기 직전까지 세계 대중매체에서 각광을 받았던 인물이다.

1911년 마니토바대학교 공학부에 입학했으나 곧 영문학과로 전과하였고 학사와 석사학위를 받았다. 영국으로 건너가 케임브리지대학교에 입학해 약 12년 동안 르네상스 영문학을 전공했다. 그는

1) 국내에서 번역본은 마샬 맥클루언, 마샬 맥루언, 마샬 맥루안, 마샬 맥루한 등 표기법이 통일되어 있지 않다. 국립국어원의 외래표기법에 따르면, '마샬 맥클루언'으로 표기해야 한다. 따라서 여기서는 표기법에 따라 마샬 맥클루언으로 표기했음을 밝힌다.

케임브리지대학교를 마치고 미국에 건너가 위스콘신대학교에서 신입생에게 영어를 가르치게 되면서 자신이 이해할 수 없는 젊은 대학생을 만난다. 그는 학생들을 이해하기 위하여 대학생 문화에 관심을 갖고 접촉하게 되었는데 이것이 대중문화를 연구하게 된 또 하나의 동기였다. 그는 사회과학자라기보다는 예언자로 평가받는다. 케임브리지 유학시절에 접한 신비평으로 인해 일찍이 광고에 관심을 가졌고, 졸업한 후에는 테크놀로지와 문명의 관계에 대한 루이스 멈포드(Lewis Mumford)의 이론으로부터 많은 영향을 받았다.[2] 맥클루언은 대중문화에 본격적인 관심을 쏟은 윈담 루이스(Wyndham Lewis)의 소설인 『인간의 시대』 및 어린이 대학살이 미디어의 변화에 의해 발생한다는 것을 다룬 『칠더마스(*Childermass*)』 등에서 많은 감명을 받고 대중문화를 연구하였다.[3] 현대 매스커뮤니케이션 이론에서 사용되는 미디어라는 단어와 가장 근접한 개념을 30여 년 전에 그는 『미디어의 이해(*Uunderstanding Media*)』(1964)라는 책에서 이미 제시했다. 미국 위스콘신대학교와 세인트 루이스대학교에 재직하는 동안 케임브리지대학교에서 대학원 생활을 시작하여 엘리자베스시대의 풍자 시인인 토머스 내시(Thomas Nashe)에 관한 학위논문 「토머스 내시의 수사법(修辭法)」을 완성하여 1942년에 박사학위를 획득하였다.

맥클루언은 미국 어섬프션대학교(현 윈저대학교)와 캐나다 토론토대학교 세인트 미카엘대학에서 교수로 있었다. 그는 토론토대학교

2) Mumford, L. *Technics and Civilization: The Interplay of Artefact and Culture*, New York: Harcourt Brace & World, 1934.

3) 마샬 맥클루언, 『미디어의 이해: 인간의 확장』, 김성기 · 이한우 옮김, 민음사, 2002, 40쪽.

에 신설된 "문화 및 기술연구소(Center for Culture and Technology)"의 소장직도 겸임했다. 미국 뉴욕 포담대학교의 알베르트 시바이처 체어(Albert Schweitzer Chair)의 명예교수직을 맡았으며, 사회 커뮤니케이션 문제 담당 교황고문에 임명되었다. 영문학자로써 출발한 맥클루언은 커뮤니케이션 이론가, 전자시대에 대한 문명비평가 또는 현대사상가로 널리 알려졌다. 맥클루언의 서술하는 명제는 그가 실험적인 방법을 적극 사용하였으며, 예술적 형식에 경도되었음을 알 수 있다. 그는 1952년 『기계신부(*The Mechanical Bride*)』라는 책에서 산업적 인간의 대중문화를 분석한다. 여기서 그는 미디어 상황, 미국적 생활방식, 광고, 영화포스터, 문고판 소설 등에 관한 다양한 주제들을 다룬다.[4)]

그의 저서들 가운데 현대 매체이론의 고전으로 손꼽히는 작품은 『구텐베르크 은하계』(1962), 『서적 시대의 종말』(1962), 『미디어의 이해(인간의 확장)』(1964), 『미디어는 마사지이다』(1967)가 대표적이다. 이 책의 출판으로 인해 맥클루언은 구텐베르크로 대표되는 인쇄문화에 대한 논쟁과 새로운 21세기 매체문화에 대한 논쟁을 불러일으켰다.[5)] 1980년 12월 31일에 맥클루언은 사망한다.

맥클루언만큼 평이 엇갈리는 학자도 드물다. "금세기 최고의 미디어 이론가"라는 찬사에서부터 바보상자(TV)의 도사라는 평가에 이르기까지 그에 대한 평가는 아주 다양하다. 그러나 비평가 톰 울프의 말처럼 "만약에 그가 옳다면 어찌할 것인가?" 프로이트나 아

4) 프랑크 하르트만, 『미디어 철학』, 이상엽 외 옮김, 북코리아, 2008, 344쪽.
5) 심혜련, 『21세기의 매체의 철학』, 그린비, 2015, 125쪽.

인슈타인에 버금가는 우리 시대 최고의 사상가로 대접해야 한다는 것이다. 현란한 은유에도 불구하고 맥클루언의 이론을 요약하면 이렇다.

그는 새로운 통신매체가 자연자체와도 같이 지구를 둘러싸고 있으며, 점차로 우리의 감성과 지각수단을 변화시키고 있다고 주장했다. 그는 새로운 인간은 텔레비전에 의해 자신의 마음보다 감각을, 민족주의적 행동보다는 넓은 종족적 행동방식을 지향하게 될 것이라고 예측하였다. 맥클루언의 명제는 한마디로 "매체가 곧 메시지이다(The medium is the message)"라는 말로 대변할 수 있다. 마샬 맥클루언은 "메시지는 곧 매체이고 매체는 곧 메시지이다"라는 충격적이고 선언적인 표현으로 커뮤니케이션 현상에 대한 자신의 생각을 표현했다.

2. 매체가 메시지이다

인류문명에 대한 맥클루언의 기술결정론적인 관점은 캐나다의 경제사학자 해롤드 이니스(Harold A. Innis)로부터 영향을 받았다. 이니스는 고대로부터 현대에 이르기까지 커뮤니케이션 방식이 제국의 형성에 미친 영향에 대해 고찰하였고, 지식의 성격과 커뮤니케이션 매체가 맺고 있는 관계를 밝히고자 노력했다.[6] 이니스는 고대사회로부터 현대에 이르기까지 미디어와 사회조직과의 관계를

6) H. Innis, *Empire and Communications*, Oxford: Oxford University Press, 1950; *The Bias of Communication*, Toronto: University of Toronto Press, 1964.

분석한 『제국과 커뮤니케이션(*Empire and communication*)』(1950), 『커뮤니케이션의 편향(*The bias of Communication*)』(1964) 등을 출간한다. 이니스는 커뮤니케이션 기술의 혁신을 사회변천의 원천으로 보았다.

그는 인류역사에 새로운 커뮤니케이션의 테크놀로지가 등장함에 따라 인간의 커뮤니케이션 양식은 문화전체의 변동에 영향을 끼친다는 결정론적인 정보사관을 제시한다. 커뮤니케이션이란 인간만이 유일하게 사용하는 언어와 상징체계, 거기서 부여되는 의미의 교환과 공유의 전반적인 과정을 뜻한다. 그리고 종종 매체와 커뮤니케이션의 개념은 동의어로서 적용되기도 한다.[7] 그는 커뮤니케이션 기술의 혁신이 인간의 사회변화를 일으키는 주요한 요인이며, 이때 커뮤니케이션의 기술이란 커뮤니케이션이 이루어지는 일체의 과정을 결정하는 인간이 개발하고 발명해 낸 도구적 수단을 가리킨다.[8] 그리고 이것은 인간능력의 확장이라고 주장했다. 역사적으로 기술의 혁신적 발전은 먼저 커뮤니케이션의 과정에 적용되어 인쇄술을 개발하였다. 그래서 점차 기계시대를 초래하게 되었고, 전신기술의 발전은 전자시대를 낳았으며, 서구문명의 여러 단계는 특정 커뮤니케이션 미디어의 지배 또는 우세에 의해서 성격지어졌다고 보았다. 이니스의 커뮤니케이션 미디어에 관한 연구는 광범위한 경제활동의 환경을 이해하는 데 가장 효율적인 접근방법이라고 생각했다.

초기에 맥클루언은 이니스의 영향이 컸지만 대표적인 『구텐베

7) Frank Hartmann, *Medienphilosophie*, Wien, 2000, 243쪽.
8) 손동현, 「정보의 존재론적 구조와 특성」, 철학연구회, 『정보사회의 철학적 진단』, 1999, 130쪽.

르크 은하계』(1962)와 『미디어의 이해』(1964)에 이르러 그는 테크놀로지의 잠재력을 찬양하게 된다. 즉 현대의 전자과학기술이 세계를 하나의 지구촌으로 만들고 인류를 인쇄시대의 선형적 세계에서 해방시킬 것이라고 본 것이다. 그의 낙관적인 기술결정론에 대해서 논란의 여지는 분명 많다. 하지만 맥클루언은 자신의 생각을 재치 있는 문장이나 극적인 은유로 표현하는 데 능숙하였다. "매체는 메시지"라는 표현이나 쿨미디어와 핫미디어 같은 용어는 그의 독특한 언어감각을 잘 보여 주고 있다. 하지만 영문학자였던 맥클루언이 매체와 테크놀로지에 관심을 가지게 된 연유는 복잡하게 얽혀 있다.

맥클루언의 명제는 한 마디로 표현하여 "매체는 메시지이다"라는 문구이다. 그리고 지구촌이라는 유명한 표제어를 남겼다. 여기서 지구촌이라는 개념은 전자매체로 인한 초영토적 재부족화를 의미한다. 그리고 인쇄문화의 시각적 공간과 대비되는 구어문화의 음향적 공간의 현대적 재현이라 볼 수 있다.[9] 이러한 지구촌이라는 말처럼 맥클루언 이론의 중요한 개념들과 "매체는 메시지이다"와 같은 핵심적인 명제는 지속적으로 후기 산업정보사회 내지 미디어사회를 알리는 표시로 종종 인용된다. 맥클루언의 명제는 한 마디로 "매체가 곧 메시지이다(The medium is the message)"라는 말로 대변할 수 있다. 맥클루언은 "메시지는 곧 매체이고 매체는 곧 메시지이다"라는 충격적이고 선언적인 표현으로 커뮤니케이션 현상에 대한 자신의 생각을 표현하였다. 메시지란 "매체의 심리적 · 사

9) 김균 · 정연교, 『맥루언을 읽는다』, 궁리, 2006, 125쪽.

회적 영향(the psychic and social effects of media)"[10]을 끼친다. 다시 말해 그는 매체에 의해 심리적 · 사회적으로 우리에게 어떻게 각인되는가를 보여 주는 매체 작용방식의 모델을 고안하였다. 그는 매체가 제시하는 방향을 다음과 같이 설명한다.

> "매체는 시간과 공간의 체계를 무너뜨리고 우리에게 다른 사람에 대한 관심을 즉석에서 그리고 지속적으로 강요하고 있다. 그것은 세계적인 대화의 차원을 재구성한다. 그렇게 하여 대중매체의 메시지는 과거의 심리적, 사회적, 경제적, 정치적 국지주의를 종결시킨 전체적인 변화를 만들었다. 지나간 시절의 시민적, 지역사회적, 국가적 연합은 이제 불가능하게 되었다. 모든 것에는 거기에 합당한 자리가 있으며, 또한 실제로 모든 것은 제자리에 있다는 생각이야말로 새로운 테크놀로지의 정신과는 아주 동떨어진 발상이 되었다. 이제 우리는 다시 고향으로 돌아갈 수 없다."[11]

위 인용문에서 매체가 어떤 매체이건 상관없이 현대인은 새로운 환경 속에서 어떠한 특징을 지니고 있는지를 잘 설명해 주고 있다. 무엇보다 메시지는 "어떤 매체나 테크놀로지가 인간사에 도입하는 규모, 속도 혹은 패턴의 변화"[12]를 빠르게 인식하게 한다. 예를 들어 영화의 메시지는 그 영화가 담고 있는 이야기가 아니라 영화라는 매체가 우리의 삶에 가져온 변화이다. 그리고 그것은 일상사를 단선적인 계기의 연속으로 이해하던 것으로부터 전체적인 지형에 대한 총체적 이해로 나아가는 변화이다. 입체파의 그림은 매체가

10) 마샬 맥클루언, 앞의 책, 37쪽.
11) Marshall McLuhan, *The Medium is the Massage*, A Benthm Bbook, 1967, 16쪽.
12) 마샬 맥클루언, 앞의 책, 36쪽.

메시지임을 알려 준다. 입체파의 그림은 이차원적 평면에 안과 밖, 위와 아래, 앞과 뒤를 동시에 보여 줌으로써 전체를 순간적으로 파악하도록 한다.[13] 포스터에 의하면, 맥클루언의 "매체는 메시지이다"라는 명제는 정보양식의 향방을 드러내고 있지만, 그 이상 더 나아가지 못한다고 진단한다. 즉 맥클루언은 수용주체의 감각기관에 초점을 두면서 그 주체를 해석하는 존재가 아니라 감각적 존재로 설정하고 있다"[14]고 비판한다. 한편으로 맥클루언은 로크적인 인식론의 전통에 따라 인간을 감각에 따르는 동물로 다루고 있지만, 다른 한편으로 이러한 동물에게 일어나는 감각구성의 움직임을 텔레비전이 초래한 변화를 강조하였다.

3. 정보해석학

전통해석학과 정보해석학의 차이는 저자 중심과 독자 중심 사이에서 강조점의 차이에 따라 드러난다. 먼저 고전적인 저자중심주의에서 텍스트의 유일하고 참된 의미는 그 텍스트에서 저자가 의도하고 있다는 기본 주장에서 시작한다. 즉 텍스트를 해석하는 데 있어서 저자의 의도를 정확히 파악하는 것이 텍스트를 올바르게 이해하는 것이라는 주장이다. 정보해석학의 의미는 앞장에서 살펴본, 가다머의 해석학이론에서 찾을 수 있다. 그의 해석학이론은 텍스트 혹은 매체의 존재론적 자율성에 대한 주장에서 출발한다. 여

13) 마샬 맥클루언, 앞의 책. 42쪽.
14) 마크 포스터, 『뉴 미디어의 철학』, 김성기 옮김, 민음사, 1994, 38쪽.

기서 매체의 배후에서 작용하는 저자는 익명성으로 대체된다. 따라서 가다머에 의하면, 텍스트의 이해는 결코 텍스트 저자의 본래적인 의도를 재생산하는 것은 아니라 주장한다. 따라서 가다머의 해석학이 독자 중심이 정보해석학에 보다 더 의미 있는 이론적 근거로써 등장하게 된다. 정보해석학은 선이해(先理解)가 갖고 있는 문제를 본격적으로 논의의 대상으로 삼는다. 특히 정보해석학은 가다머의 선이해의 개념을 정보해석학의 이해개념으로 끌어들이고자 한다.[15]

가다머의 관점에서 인간의 이해는 항상 앞서 있는 선이해를 기초로 하여 이루어진다고 말한다. 이런 선이해의 근거는 바로 전통이다. 이 이해방식의 모델이 텍스트의 의미를 이해하는 데 있어서도 그대로 적용되어야 한다는 것이다. 가다머는 텍스트를 제대로 이해하는 좋은 예를 '놀이'의 개념으로 설명하였다. 말하자면, 어떤 놀이가 제대로 이루어지기 위해서는 놀이에 참여하는 자들이 그 놀이에 열중하여 몰입해 들어갈 때에만 가능하다. 그것은 놀이하는 우리가 놀이의 주체라는 말이 아니라 놀이 자체가 놀이의 주체가 된다는 뜻이다. 다시 말해서 텍스트의 세계자체에로 우리가 몰입해 들어가게 되면, 텍스트가 말하는 바를 알아들을 수 있다는 뜻이다. 그는 이러한 상태를 텍스트의 지평과 독자인 우리의 지평이 서로 만나는 지평융합이라고 불렀다. 가다머는 이해를 인식주체(독자)의 태도라기보다는 과거와 현재가 뒤섞이는 순간에의 참여라 본다. 여기서 저자나 독자의 주관성에 초점을 두는 것이 아니라, 텍

15) 박순영, 「이해와 정보해석학」, 『해석학연구』, 제13집, 한국해석학회, 2004, 102-103쪽.

스트 자체의 세계와 독자와의 놀이에 있다. 이는 텍스트가 드러내주는 진리에 우리가 몰입해 들어가 하나로 융합해 가는 과정을 말한다. 한 텍스트의 해석은 끝나지 않는 지속적 작업이다. 즉 주어진 텍스트를 우리가 이해하고 해석하는 데 있어서 그 해석의 타당성 여부를 지금 결정하는 것이 아니라 시간 간격을 두고 입증되는 전통 혹은 역사라는 이름에 맡겨 두어야 한다는 것이다. 무엇보다 전통해석학, 현대해석학, 정보해석학에서 주된 가치를 지닌 개념은 이해의 개념이다. 따라서 이해의 개념은 해석학을 가능하도록 하게 하는 근거가 된다. 고전적 해석학의 의미에서 정의하였듯이, 이해라는 개념은 특별한 철학사적인 운명을 갖고 있다.[16)]

맥클루언은 메시지를 수용하는 주체의 감각기관에 초점을 두면서 그 주체를 해석하는 존재가 아니라 감각적 존재로 설정한다. 정보해석학이 문제 삼고자 하는 주체는 맥클루언적인 의미에서 단순한 감각적 존재만은 아니다. 주체가 매체를 통해 기술적으로 생산된 가상현실과 맺는 관계, 그러한 가상현실에 대한 주체의 관점, 그 가상현실에서 주체의 위치 등이 새로운 매체 문화에서 요구된다는 점을 정보해석학은 중시한다. 이런 점에서 정보해석학은 주체가 여전히 의미구성의 담지자로서 기능한다는 사실을 포기하지 않으면서 매체문화에서의 주체적 역할을 강조한다.[17)]

16) 이해란 개념은 19세기의 신학자들 사이에서조차 생소한 용어였다. 하이데거가 1923년 『사실성의 해석학(*Faktizität der Hermeneutik*)』이란 표제를 사용했을 때도 이 개념은 폭넓게 사용되지 않았다. 1960~1970년대에 들어와 역사사회적 현상을 인과 발생적으로 "설명하는" 방식에 대립하여, "이해하는" 접근방법을 주장하면서 "해석학"이라는 말이 논의의 중심으로 등장했다(F. Rodi, 「생활세계와 해석학의 주요 문제들」, 한국해석학회 편, 『해석과 이해』, 지평문화사 1996, 325쪽).

17) 홍경자, 「새로운 매체문화에서 주체, 의미 그리고 현실의 문제들 - 정보해석학적 논

맥클루언은 『미디어의 이해』의 부제인 '인간의 확장(the extension of man)'에서 매체와 경험의 관계에 대해 자세히 묘사한다. 맥클루언은 매체를 "인간의 확장,"[18] "감각의 확장,"[19] "우리 자신의 확장,"[20] "몸의 확장"[21] 등 다양하게 부른다. 이렇게 맥클루언은 매체의 기술을 '인간의 몸이나 감각의 확장'이라는 화두에서 출발한다. 하지만 맥클루언은 매체를 의식 확장이라거나 정신의 확장이라고 말하지 않는다. 즉 그는 정신/몸의 이분법을 받아들이지 않는다. 매체는 모든 매체가 자신의 몸의 확장이며, 이 매체의 개인적 및 사회적 영향은 새로운 테크놀로지가 우리에게 도입되는 새로운 척도로서 측정되어야 한다는 것이다. 이렇듯 그는 모든 매체가 "인간능력의 확장"이라고 간주한다. 이 말은 시인 랄프 왈도 에머슨의 "지구상의 모든 도구와 엔진들은 인간의 수족과 감각의 연장이다"라고 언급한 데서 빌려 온 말이다. 여기에서 몸과 감각은 테크놀로지와 경험의 관련성을 상징하고 있으며 '확장'은 테크놀로지의 편향성을 드러내고 있다.

맥클루언이 언급하는 '인간의 확장' 개념은 상당히 이해하기 복잡한 개념이다. 그 이유는 각각의 신체부위에 고유한 기능을 증폭시키고 확장시키는 테크놀로지가 복잡하게 얽혀져 있기 때문이다. 예를 들어, 맥루언은 활은 손과 팔의 확장인 반면, 총은 눈과 이의 확장이라고 말한다.[22] 무기는 손과 손톱 그리고 이의 확장이라고

의를 중심으로 -」, 『철학연구』, 대한철학회, 2005, 461쪽.
18) 마샬 맥클루언, 앞의 책, 34, 91쪽.
19) 마샬 맥클루언, 앞의 책, 51, 97쪽.
20) 마샬 맥클루언, 앞의 책, 81, 88쪽.
21) 마샬 맥클루언, 앞의 책, 86, 118쪽.

말한다. 그에게서 몸의 개념은 의식 혹은 의식기관인 중추신경계까지 포함한다. 맥클루언은 책은 눈의 확장이고, 바퀴는 다리의 확장이고 옷은 피부의 확장이고 전자회로는 중추신경계통의 확장이라고 말한다. 또한 자동차는 다리의 확장이고 언어는 "인간 테크놀로지"로서 인간의 생각을 외면화하여 연장시키는 매체인 것이다. 또한 자동화의 경우, 인간의 결합방법에 새로운 기준이 생겨나기 때문에 인간의 일이 불필요하게 된다는 사실이다. 그러나 그것은 소극적인 결과이다. 적극적인 면에서는 자동화는 한 시대 전의 기계 테크놀로지가 파괴한 것, 즉 일과 인간의 깊은 관여를 인간의 새로운 역할로 만들어 낸 것이다.[23] 그는 특정 종류의 매체는 특정한 감각비율을 만든다고 말한다. 흔히 "발명이나 기술은 우리의 몸을 무한히 확장하거나 자기 단절한 것이다. 이 같은 확장은 몸의 다른 기관이나 확장물들 사이의 새로운 결합비율이나 균형 상태를 필요로 한다. 예를 들어 우리는 텔레비전 영상이 불러일으키는 새로운 감각비율을 따르지 않을 수 없다."[24]

이렇듯 맥클루언은 매체에 따라 우리 감각들 사이의 비율이 바뀐다는 것은 곧 사람들 사이의 상호의존 패턴들도 바뀌는 것이라 주장한다.[25] 따라서 감각은 오관을 통해 느끼는 내적인 욕구나 동기까지 포함하는 복합적인 것이다. 맥클루언에 의하면, 매체를 "인간의 몸과 감각을 확장하는 테크놀로지"라 이해한다면, 매체는 매

22) 마샬 맥클루언, 앞의 책, 472쪽.
23) 마샬 맥클루언, 앞의 책, 476쪽.
24) 마샬 맥클루언, 앞의 책, 54쪽.
25) 마샬 맥클루언, 앞의 책, 91쪽

우 포괄적인 의미에서 경험에 관련된 모든 기능을 확장하는 것이다. 사실상 우리가 경험을 한다는 것은 총체적인 의미에서의 몸이 작용을 한다. 또한 경험은 다양한 감각이 함께 유기적으로 작동하는 총체적 경험이다.[26] 따라서 테크놀로지가 인간의 확장이라면 총체적 경험의 확장인 것이다. 다만 우리가 그 사실을 잘 인식하지 못할 뿐이다. 그는 인간의 신체부위가 연장되는 것은 인간의 삶에 큰 영향을 끼친다고 보았다. 감각기관의 확장으로서 모든 매체는 그 메시지와 상관없이 우리가 세상을 인식하는 방식에 영향을 준다. 모든 미디어는 인간 감각의 확장이지만, 그 감각도 역시 우리 개인의 에너지에 부과하는 기본요금과 같은 것이다. 그리고 이 감각이 개개인의 인식과 경험을 형성하고 있다. 그는 메시지를 수용하는 주체의 감각기관에 초점을 두면서 그 주체를 해석하는 존재가 아니라 감각적 존재로 설정한다.

맥클루언적인 의미의 주체는 단순한 감각적 존재만은 아니다. 맥클루언에 의하면, 커뮤니케이션 현상에서 본질적으로 중요한 것은 전달되는 메시지가 아니라 언어 · 화폐 · 활자 · 사진 · 영화 · 텔레

26) 맥클루언의 지각이론은 토마스 아퀴나스의 지각론으로부터 유래한다. 아퀴나스는 신체와 정신의 관계에 대해서 플라톤, 아우구스티누스적인 신체와 정신을 분리하는 이원론적인 견해를 거부하고 정신을 신체의 형상으로 보는 아리스토텔레스적인 견해를 받아들인다. 따라서 아퀴나스는 신체와 정신을 화해시킨다. 즉 감각작용은 신체를 사용하는 정신의 행위가 아니며, 정신은 자신의 인식을 위해서 감각경험에 의존하고 있다는 것이다(F. 코플스톤, 박영도 옮김, 『중세철학사』, 서광사, 1988, 480-484쪽). 엄밀한 의미에서 모든 감각은 이성적 작용의 일종이라고 보았다. 피부에 대한 그의 설명에서도 이 같은 지각관이 드러난다. "심리학자들은 오랫동안 우리 청각의 상당수가 피부 자체를 통해 일어난다고 가르쳐 왔다. … 이제 전자 시대는 우리를, 우리가 모든 표피로 생활하고 숨쉬고 듣는 세계로 몰아넣고 있다"(마샬 맥클루언, 앞의 책, 183쪽).

비전 · 컴퓨터와 같은 매체이다. 메시지의 내용이 우리에게 은밀하면서도 깊은 영향을 미치고 있는 동안 우리의 관심을 다른 곳으로 방향을 돌리는 보조의 역할을 하고 있다. 다시 말해서 어떤 내용을 전달하느냐가 아니라 어떤 매체를 통해서 전달하느냐가 중요하게 작용한다. 그리고 그는 한 사회에서 지배적으로 사용되는 매체의 특성이 그 사회의 구성원들이 생각하고 행동하는 방식을 결정한다고 주장한다. 여기서 그는 미디어의 가장 중요한 인식론적 효과는 전달되는 내용보다는 오히려 미디어의 형식에서 초래된다는 것이다. 즉 우리가 의사소통에서 이동하는 것은 정보의 내용만 말하는 것이 아니라 정보의 양과 형식, 정보전달매체의 형식이 다른 차원의 내용을 이룬다. 맥클루언이 정의하는 매체는 전화나 텔레비전뿐만 아니라 자동차와 의복과 같은 일상용품까지를 포괄하며, 매체가 메시지라는 언급은 이러한 정의를 전제로 할 때 그 의미를 지닌다. 그것은 매체가 일종의 메시지로서의 기능을 한다는 지적이며, 이는 사물의 기호화나 기호가치를 언급하는 현대이론의 중요한 패러다임이다. 같은 메시지라고 하더라도 얼굴을 맞대고 직접 말하는 것과 신문에 나오는 것, 텔레비전으로 방송되는 것은 큰 차이를 보인다. 결국에는 매체가 다르면 메시지도 달라지고 수용자가 세계를 인식하는 방식도 달라진다. 이러한 명제는 맥클루언 이론의 근본적 일관성을 이루고 있다. 특히 그는 인류문명의 역사발전을 여기에 근거하여 해석한다.[27]

---

27) 양해림, 「미디어 이론가 마샬 맥클루언의 매체결정과 이미지」, 『미의 퓨전시 대』, 철학과현실사, 2001, 223쪽. 양해림, 「매체는 곧 메시지인가」, 『미와 아트, 대중문화와 만나다』, 집문당, 2014, 201-216쪽 참조.

요컨대 맥클루언의 중심테제는 매체가 몸의 연장이라는 것이다. 매체는 몸의 영향력과 인지능력을 확장시키지만, 몸의 속도를 강화시키기 때문에 결과적으로 매체는 몸의 구체적인 성격에 영향을 미친다. 그의 이러한 시도는 인간의 인지 및 반응능력의 변화가능성에 대한 문제를 해명하는 것을 목적으로 했다. 그래서 이 연구의 프로그램을 통해 부분적으로 아주 까다롭고 완고한 것으로 여겨지던 개념이 설명될 수 있었다.[28] 그는 시각적이라는 낱말을 이미지를 본다는 의미로 사용하는 것이 아니라 음성학적 알파벳, 즉 문자와 활자의 기술을 통해 생겨난 인지방식에 사용된다. 후에 그가 텔레비전을 기술할 때 사용한 "촉각적"이라는 표현은 모든 감각이 총동원되는 감각의 합동유희에 해당하는 개념이다. 따라서 그의 지각구조의 변화메커니즘을 설명하는 데 핵심이 되는 감각비율의 변동을 구체적인 매체의 차별적인 효과로 설명하기 위해 맥클루언이 고안한 독창적이고 흥미로운 개념이 바로 핫미디어와 쿨미디어이다. 하지만 맥클루언의 매체이론에서 사람들을 가장 혼란스럽게 만든 것도 바로 이 개념인 것이다. 결국 그는 메시지란 어디까지나 매체를 통해서 전달되는 내용이라고 이해하고 있는 일반적 상식에 도전하여 "매체 자체가 곧 메시지"라 선언한 것이다.

28) 김균 · 정연교, 『맥루언을 읽는다』, 궁리. 2006, 22쪽.

4. 매체결정론

우리가 매체결정론이라고 분류하여 논리를 전개하는 인물은 맥클루언이 처음은 아니다. 이미지는 정신적 현상과 물질적인 매체를 동시에 지칭한다는 점에서 커뮤니케이션 과정에서 독특한 위치를 차지한다. 즉 이미지는 한편으로는 메시지이면서 다른 한편으로는 매체이다. "매체는 메시지"라는 맥클루언의 명제를 외면적 의미로만 파악한다면 이미지는 맥클루언의 명제를 그 자체로 구현하고 있는 셈이다. 맥클루언에 의하면, "모든 매체는 인위적인 지각과 자의적인 가치를 부여한다"[29]고 말한다. 맥클루언이 '매체'라는 용어를 사용하는 방식은 매우 독특하다. 그는 '매체'를 통해 우리가 일상사에서 매일 접하는 거의 모든 대상을 지칭하고자 했다. 그가 『미디어의 이해』 제2부에서 다루는 매체의 대상은 옷과 집, 자동차와 철도, 숫자, 텔레비전, 전화, 무기, 돈, 자동화(automation)까지 아주 광범위하게 포함되어 있다. 후기 저작인 『매체의 법칙』에서는 과학과 철학 사상, 질병과 치료법 그리고 시와 회화까지 첨가되어 있다.[30] 거의 모든 인공물(human artefact)이 매체의 속성을 지니고 있는 것이다.[31] 무엇보다 매체의 기술적 특성은 부지불식간에

29) "All media exist to invest our lives with artificial perception and arbitrary values", *Voices of Literature*, Vol. l, Toronto and Montreal: Holt, Rinehart and Winston of Canada, 1964.

30) Marshall McLuhan, M. and Eric McLuhan, *Laws of Media: The New Science*, Toronto: University of Toronto Press, 1998. 3쪽.

31) 여기서 인공물이란 사람이 만들고 사용하는 모든 대상을 지칭한다. 예를 들어 나무와 돌과 냇물 등 사람들이 사용하면 그것도 매체가 된다.

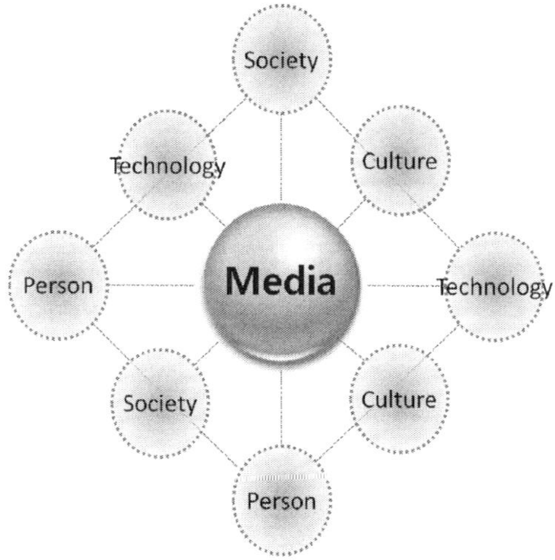

그것을 사용하는 사람들의 사고방식에 결정적인 영향을 미친다. 맥클루언의 "매체는 메시지"라는 명제는, 그가 생각했던 것보다 훨씬 더 풍부한 관점에서 재해석될 수 있다.

맥클루언이 매체를 '핫(뜨거운)'과 '쿨(차가운)'로 구분하는 것은 바로 매체가 메시지일 수밖에 없는 이유를 보다 더 구체적인 방식으로 밝히고자 하였다. 우리가 매체를 '핫'과 '쿨'로 구분하는 기준은 무엇인가? 이러한 구분은 매체의 차이가 의사소통 체계의 차이와 맞물려 있다는 사실을 전제로 한 것이다. 즉 이러한 물음에 대한 답변을 맥클루언은 비교적 명확하게 제시하고 있다. 맥클루언이 제시하는 첫 번째 원칙은 매체의 기술적 속성에 따른 정밀도(definition)의 차이이다. 맥클루언은 모든 매체를 그것이 전달하는 정보의 정밀도와 수용자의 참여도에 따라 핫미디어(hot media)와 쿨미디어(cool media)로 구분한다.

일상적인 개념으로 말할 때, 어떤 것에 대하여 '핫하다' 또는 '쿨하다'라고 하는 것은 주로 판단의 근거로서 대상이 담고 있는 내용이다. 우리가 일반적으로 어떤 사람이 '쿨하다'고 말하는 것은 그 사람의 성격을 일컫는다. '핫하다'고 부르는 사람은 일반적으로 다혈질이거나 적극적이다. 하지만 맥클루언이 매체를 '핫'과 '쿨'로 구분할 때 염두에 두고 있는 것은 매체에 담겨 있는 내용이 아니라 기술로서의 매체 그 자체이다. 모든 매체는 특정 기술의 산물이며 그 매체가 담게 되는 내용의 성격 역시도 그 기술의 속성으로부터 자유로울 수 없다. 그의 주장에 따르면, 핫미디어는 높은 정밀도(high definition)와 저참여성(low participation)을 갖고 있다. 즉 핫미디어란 단일감각을 높은 정세도에까지 확장하는 것이다. 간단히 말해, 핫미디어란 "하나의 감각만을 고밀도로 확장시키는 매체"[32]로 정의된다. 그에 따르면, 높은 정밀도란 '데이터로 가득 찬 상태, 즉 특정 매체가 담아 낼 수 있는 정보의 양을 의미한다. 각각의 매체는 담아 낼 수 있는 정보의 양에서 각각 차이가 난다. 여기서 높은 정밀도란 특정한 하나의 감각이 지배적으로 작용하는 매체로서 한 종류의 감각밀도가 높아진 매체이다. 이를테면 감각의 공동체가 파괴됨으로써 어떤 사물을 대표할 기호의 공동체 또한 파괴된 상태가 된 것을 의미한다. 공동체가 파괴된 상태는 모든 감각과 기호들의 조화로운 병존이 불가능한 상태인 왜곡된 상태로 통상적인 공통감각이 부재한 상태이다.[33] 예를 들어 만화는 사진에 비해 극

32) 마샬 맥클루언, 앞의 책, 37쪽.

33) 김성민, 「매체철학이란 무엇인가?」, 매체철학연구회, 『매체철학의 이해』, 인간사랑, 2005, 25쪽.

히 적은 시각적 정보를 제공할 수밖에 없으므로 인해 낮은 정밀도의 매체이다. 반면에 사진은 만화에 비해 높은 정세도를 가진 매체이다. 이때 높은 정밀도를 갖는 매체는 핫미디어, 낮은 정밀도의 매체는 쿨미디어이다.[34)]

또한 신문과 영화 · 라디오 등은 핫미디어이다. 그는 고밀도의 정보를 제시함으로써 세부사항이 풍부하고 수용과정에서 시청자의 협력이 별로 필요로 하지 않는 매체를 핫미디어라 부른다. 이와 반대로 정밀도가 낮아서 세부사항이 충분하지 않고 수요자에게 높은 강도의 협력을 요구하는 매체는 쿨미디어라 부른다. 쿨미디어는 감각의 공동체가 유기체로서의 균형을 유지하고 있는 매체를 일컫는다. 쿨미디어에서 하나의 감각, 하나의 기호가 지배하지 않는다. 쿨미디어는 저정밀성과 고참여성으로 특정짓는다. 여기서 정밀성이란 어떤 메시지의 정보가 분명한 정도 또는 실질적인 밀도를 의미하며, 참여성은 어떤 메시지를 받아들이는 사람이 그 뜻을 재구성하는 데 필요한 노력투입의 정도를 의미한다. 수용자는 어떤 메시지의 부족한 정밀성을 자신의 참여성으로 채우려 들기 때문에 둘 사이의 관계는 반비례한다. 이야기는 듣는 사람에게 주어지는 것이 적고, 듣는 쪽에서 상당량을 배워 가야 하므로 낮은 정세도는 쿨미디어인 것이다. 예를 들어 그는 텔레비전 · 전화 · 만화 등은 쿨미디어라고 보고 있다. 쿨미디어는 핫미디어보다 정보의 정세도가 낮아서 수용자의 높은 참여, 즉 더 많은 상상력이 요구되는 매체이다. 전화는 쿨미디어 혹은 저밀도의 미디어이다. 그 이유

34) 마샬 맥클루언, 앞의 책, 56-57쪽.

는 귀에 주어지는 정보량이 빈약하기 때문이다. 차가운 매체는 주어지는 정보량이 적기 때문에 듣는 사람의 말을 보충해야 한다. 요컨대 쿨미디어는 낮은 정세도의 미디어이다. 세부사항이 많은 핫미디어는 삶을 전문화시키고 그 영역을 구분하지만, 세부사항이 빈약한 쿨미디어는 사회적 연결을 끌어낸다.[35]

그러나 맥클루언의 구분에 따라 매체유형의 범주가 궁극적으로 결정되는 것은 아니다. 예를 들어 문자매체에 뜨거운 단계와 함께 차가운 단계도 존재하기 때문이다. 그가 전화를 쿨미디어라 하고 영화를 핫미디어라 지칭하는 것도 피상적인 분류로 볼 수 있다. 맥클루언에 따르면, 텔레비전 모니터에 맺히는 상은 정지된 사진과 같이 완전한 이미지를 우리에게 전달하지 않는다. 그것은 수많은 점들의 모자이크로 구성된 불완전한 이미지이다. 이는 고도의 밀도를 지닌 영화의 이미지와도 전혀 다르다. 이런 점에서 텔레비전은 이미지를 전달한다는 점을 제외하고는 사진이나 영화와 공통점이 전혀 없는 다른 부류의 매체이다.[36] 그래서 영화가 핫미디어인 반면에 텔레비전은 쿨미디어라는 것이다. 영화가 모자이크 형태의 이미지를 갖고 있는 텔레비전에 비해 정밀성이 높은 반면에, 수용자의 참여성은 텔레비전 쪽이 높다는 것이다. 텔레비전은 쿨미디어로서 정밀성이 낮기 때문에 수용자의 더 큰 참여를 필요로 한다. 텔레비전은 뜨거운 문제를 다루기에 그다지 적합한 매체라 말할 수 없다. 그 이유는 수용자의 참여가 지나치게 높아지기 때문에 역

35) 크라우스 비거링, 『매체윤리』, 유봉근 외 옮김, 연세대학교출판부, 2004, 199-201쪽.
36) 마샬 맥클루언, 앞의 책, 433쪽.

효과가 날 수 있기 때문이다. 영화는 움직이는 대상을 기계적인 방식으로 분류해서 필름에 담고 이를 이어 붙임으로써 유기적인 동작을 재현해 낸다는 점에서 매체적 특성을 지닌다. 이런 점에서 영화는 좋은 사운드시스템을 갖춘 어두운 극장에서 쉴 새 없이 팝콘을 먹어가면서 다른 사람들과 함께 집단적으로 관람하는 무엇으로 그 특징을 이야기할 수 없다. 맥클루언이 "텔레비전을 통해서 보는 영화는 이미 영화가 아니라 텔레비전"이라고 지적하는 것도 바로 이런 이유에서이다. 마찬가지로 기술의 발달에 힘입어 텔레비전의 화질이 영화처럼 된다면 더 이상 그것을 우리가 지금 사용하는 의미로서의 텔레비전이라고 부를 수 없을 것이다.[37]

핫미디어는 듣는 쪽이 참가하는 정도가 낮고, 쿨미디어는 참가, 혹은 보안하는 정도가 높다. 그러므로 라디오와 같은 핫미디어는 이용하는 사람에게 전화와 같은 쿨미디어와는 다른 효과를 주게 된다. 어떠한 핫미디어도 쿨미디어보다는 사람들의 참여도를 낮추게 된다. 예를 들어 강연은 세미나보다 참여도가 낮고, 책은 회화보다 참여도가 낮다. 활자의 출현에 의해 그 이전에 있었던 많은 것들은 생활이나 예술에서 배제되고, 또 많은 것들이 이제까지 없었던 새로운 힘을 갖게 되었다. 초상화의 사진은 핫미디어이고 만화는 쿨미디어이다. 왈츠는 공업시대의 화려한 기분과 환경에 어울리는 빠르고 기계적인 무용으로서 핫미디어이고 이에 비해 트위스트는 즉흥적인 몸짓으로 온몸과 마음으로 추는 화려한 형태의 춤으로서 쿨미디어이다. 야구는 핫미디어이고 축구는 쿨미디어이

37) 마샬 맥클루언, 앞의 책, 434쪽.

다. 한글은 핫미디어이고 상형문자는 쿨미디어이다. 선진국은 핫미디어이고 후진국은 쿨미디어이다. 도시인은 핫미디어이고 시골사람들은 쿨미디어이다. 그러나 전기시대가 되어 행동의 양식과 여러 가치가 역전되었다면, 과거의 기계시대는 핫미디어이고, 우리의 텔레비전시대는 쿨미디어인 것이다.[38]

이렇듯 핫미디어와 쿨미디어는 고정 불변하는 절대적인 개념이 아니라 시간과 상황에 따라 변화하는 상대적인 개념이다. 지금은 핫미디어이었던 속성이 테크놀로지의 발달로 인해 쿨미디어로 간주될 수 있기 때문이다. 이러한 개념의 변화는 새로운 기술의 도입에 의해 생겨나는 혼란과정에서 대규모의 문화적 정체(停滯)현상도 종종 뒤따른다. 사람들은 새로운 상황을 마치 오래된 상황처럼 착각하기 쉽기 때문에 "내부 확산의 시대"를 "인구의 외부 확산"으로 생각하게 된다. 즉 핫미디어가 핫한 문화에 사용되느냐, 쿨한 문화에 사용되느냐에 따라 커다란 차이를 보일 수 있다. 핫한 라디오가 쿨한 문화(비문자적 문화)에 사용될 경우에 라디오를 오락으로 생각하는 미국과 영국의 경우와는 전혀 다른 폭력적 효과를 나타낸다. 쿨한 텔레비전 미디어가 높은 문자문화의 세계에서 그러한 미디어는 적어도 그들에게는 극도의 혼란을 초래한다. 맥클루언의 구분대로 따르면, 현대의 멀티미디어는 쿨미디어와 핫미디어가 다양한 형태로 결합되면서, 전체적으로 핫미디어로 진행되고 있다고 본다.[39] 위에서 언급한 대로, 쿨미디어와 핫미디어를 구분하는 기준은 매

38) 마샬 맥클루언, 앞의 책, 52쪽.
39) 이기현, 『정보사회와 매체문화』, 김상환 외, 『매체의 철학』, 나남출판, 1998, 370쪽.

체의 정밀도의 기준차이에 있다. 매체가 제공하는 정보가 정밀하면 할수록 인간이 해석하는 참여는 줄어들게 된다. 그와 반대로 정밀도가 떨어지는 쿨미디어의 경우 인간의 적극적인 참여가 요구된다. 따라서 21세기의 정보매체는 나날이 정밀도가 더해가고 있지만, 의미구성의 과정에 대한 인간의 개입은 더욱 더 수동적으로 되어 가고 있다.

5. SNS시대의 맥클루언

맥클루언은 21세기 인터넷시대에 소프트웨어의 관계를 예측한다. 또한 그는 인쇄시대의 각각의 개인이 전기시대의 부족주의에서 밀려나고 지식인과 전문가가 대붕의 부족주의에 의해 소멸되는 현상을 예측한다.[40]

새로운 21세기 미디어는 컴퓨터와 초고속 인터넷망이 설비된 곳에서 전화선을 이용하여 인터넷에 접속하는 사용자들이 중앙 서버로부터 메일, 카페, 블로그, 동영상, 뉴스, 쇼핑 등 각종 정보를 제공받는다. 이러한 인터넷에서의 모든 행위는 SNS 시대의 일상이 되었다. 이제 컴퓨터와 인터넷은 미디어에 새로운 성격을 부여했다. 디지털화는 물질에 기반하지 않는 무한복제를 만들었고, 인터넷은 현실세계의 서로 다른 미디어들을 하나의 복잡한 미디어로

40) 백욱인, 「SNS시대의 미디어철학-맥클루언과 인터넷 미디어 미래」, 이광석 외, 『현대기술 · 미디어철학의 갈래들』, 그린비, 2016, 144쪽.

결합했다.[41] 21세기에 새로운 의미를 얻기 시작한 것은 SNS시대의 디지털 미디어로서의 유목민적인 공간이다.[42] 맥클루언은 인터넷 시대의 인간을 정보를 수집하는 유목민이라 불렀다. 이전에 식량을 채집하던 인간이 뜻밖에도 정보를 수집하는 인간으로 나타난다. 그러나 이러한 수집의 역할을 하는 전자시대의 인간은 구석기시대의 조상과 마찬가지로 유목민과 다름없는 것이다.[43]

시간적으로 통신전달매체 안에 머무르는 시간이 일정영역으로 자리를 잡기 시작했다. 개인화나 집단화가 가능한 통신수단은 집이나 옷 이상으로 중요한 정체성(正體性)의 부착물이 되었고, 예술적 표현의 매개물이라는 위상을 갖게 되었다. 일상적 도시공간에서 독자는 완결된 형태의 책을 읽으면서 시청자는 촬영되어 편집된 영화를 보고 즐긴다. 이미 많은 미술가들이 컴퓨터를 이용하여 디지털 작품을 제작하기 시작하였다. 컴퓨터 그래픽 프로그램 등을 이용한 디지털 작품들은 지금까지 원본을 전시하는 장소로 간주되는 미술관이라는 개념자체에 큰 혼란을 불러일으키게 되었다. 지금껏 하나의 원본이 여러 개의 미술관에서 동시에 전시된다는 것은 상상할 수도 없는 일이었지만, 이제 화가는 하나의 컴퓨터 파일로 존재하는 자신의 작품을 인터넷을 통해 여러 미술관에 동시에 보낼 수 있게 된 것이다. 디지털 미술작품들은 생산자(미술가), 소비자(관객), 유통자(미술관의 화랑)의 세 가지 요소로 이루어진 하나의 제

41) 백욱인, 「SNS시대의 미디어철학-매클루언과 인터넷 미디어 미래」, 이광석 외, 『현대기술 · 미디어 철학의 갈래들』, 그린비, 2016, 135쪽.

42) 양해림, 「과학기술과 새로운 공간의 창출」, 『철학연구』, 대한철학회, 제100집, 2009, 61쪽.

43) Marshall Mcluhan, *Understanding Media*, 1964, 393쪽.

도로서의 미술전체에 막대한 영향을 줄 것임이 분명하다.

무엇보다 현대인이 통신에 몰두하는 이유는 경쟁적이고 복잡한 현실로부터 벗어나 가상현실로 도피하고 싶은 무의식이 자리 잡고 있다. 오늘을 사는 대부분의 사람들은 무한 경쟁이라는 현대사회의 가혹한 현실에서 자유롭지 못하다. 이러한 현실에서 벗어나 가상현실의 매력에 흠뻑 빠진 사람들은 일상과 단절된 생활에 익숙해지며 차츰 가족이나 친구, 직장동료와의 만남을 부담스럽게 생각하게 된다.

그러나 SNS시대의 '통신'은 개인 간 커뮤니케이션을 뜻하며, 개인 간 의사소통은 주로 인스타그램, 텔레그램, 페이스북, 카카오톡 등을 통해 이루어진다. SNS시대에 개인의 사이트는 사용자들이 개인 공개 프로필을 구성하고, 실제 친구들과 상호작용하며, 공통 관심사를 기반으로 다른 사람들을 만나는 가상 커뮤니티이다. SNS 사용자들은 먼저 특정 영역의 시스템 안에서 전체 혹은 부분적으로 공개된 프로필을 만든다. 그리고 자신과 연결을 공유하는 사람들을 점차 확장하여 세분화한다. 이렇듯 SNS는 시스템 안의 다른 사람들에 의해 만들어진 관계의 연결목록을 찾아다니는 것이 가능하도록 하는 웹 기반의 서비스이다.[44)]

스마트폰이 촉발한 스마트 혁명은 관계망에 대한 성숙을 통해 서로 색다른 풍경을 작동시킬 수 있는 증후군들을 보여준다. 특히 SNS의 성장과 증가는 단순히 마케팅의 수단이 아니라 유한한 정보와 지식을 무한히 결합하여 변이될 수 있는 가능성을 확대해 나가

44) 양해림 외, 『사이버공간과 윤리』, 충남대학교 출판문화원, 2019, 192쪽.

고 있다.[45] SNS와 스마트폰의 일상화는 직접적인 면대면 커뮤니케이션을 위축시키면서 육체가 없는 인간을 맥클루언은 다음과 같이 예고하고 있다. "인간은 전자적 지각이 장소와 관계없기 때문에 개인적 정체성을 상실한다. 개인주의는 상실은 한번 더 부족적 충성의 편안함을 불러일으킨다. 전자적 사회에서는 인간이 땅을 변형시키기보다는 오히려 자신을 다른 사람을 위한 추상적 정보로 변형시킨다.[46] 맥클루언은 현실에 대한 은유적 설명에 바탕을 두고 미래에 대한 단언적 명제를 제시한다. 즉 "미디어는 인간의 확장"이며 "우리의 감각들은 밖으로 뛰쳐나갔고, 빅브라더는 우리 안으로 들어왔다."[47]

6. 영향과 의의

앞장에서 고찰하였듯이, 맥클루언에게 있어서 인류의 역사란 새로운 핫미디어 또는 쿨미디어가 기존에 주도적이었던 매체의 자리를 차지하였다. 그리고 그 매체가 지녔던 사회적 영향력과 기능을 변화시킴으로써 결과적으로는 새로운 매체에 편향적인 새로운 사회적 의식이 생겨나게 되는 반복적인 과정이었다. 여기서 우리는 맥클루언의 매체에 대한 인식이 지금까지 일반적 인식에 비추어

45) 신승철, 『스마트폰과 사물의 눈』, 자음과 모음, 2015, 262쪽.

46) Marschal McLuhan & Bruce Powers, *The global village*, Oxford University, 1998, 126쪽.

47) 마샬 맥클루언, 앞의 책, 70쪽.

볼 때 얼마나 파격적인 논리인가를 알아낼 수 있다. 맥클루언의 매체이론은 단지 내용을 담아 전달하는 중립적 도구로서의 매체가 아니라 인간의 사고를 형성하는 중요한 의미생성과정의 한 부분으로 매체를 파악해야 한다는 데 그 중요성이 있다. 따라서 맥클루언의 매체에 대한 논의는 다음과 같은 몇 가지의 함축성을 지닌다.

첫째, 매체가 낳은 개인적 사회적 결과는 그 매체로 인해 새로운 감각비율과 지각패턴이 달라지기 때문에 생겨난 것이다.48) 둘째, 매체는 관련되는 사건들의 규모나 속도, 그리고 유형의 변화를 통해서 바로 그러한 매체로 규정한다.49) 셋째, 매체에 의해 전달되는 내용보다는 매체를 통해 주입되는 표현 및 이해에 관련된 무의식적인 전체적인 장의 변화가 더 근본적인 매체의 메시지이다.50) 따라서 매체는 매체사용자들의 감각에 대해 무의식적인 도취 또는 마비상태에 빠진다. 맥클루언은 지배적인 커뮤니케이션의 종류에 따라 인류의 역사를 다음과 같은 4단계의 매체의 역사로 간주하였다.

첫째 단계는 구두(口頭) 커뮤니케이션에만 의존했던 원시부족시대이다. 원시부족시대의 사람들은 서로 모여서 공동생활을 하면서 구전(口傳) 내지 구어(Oral)로써 의사소통을 하였기 때문에 그들은 시각 · 청각 · 후각 등 오감을 동시에 사용하는 복수감각형이었다. 원시부족시대에 인간은 청각 · 시각 · 촉각 등 오감이 조화를 이루

48) 마샬 맥클루언, 앞의 책, 35, 51쪽.
49) 마샬 맥클루언, 앞의 책, 36쪽.
50) 마샬 맥클루언, 앞의 책, 43, 46, 48쪽.

어 감각의 균형을 유지하고 있었다는 것이다.

둘째 단계는 약 2천 년 전의 한자나 알파벳의 발생 이후부터 시작된 문자시대(Literate age) 또는 필사시대이다. 이때부터 사람들은 점차적으로 시각형 인간으로 변형되었지만, 문자를 이용하는 사람이 극히 적었기 때문에 이전 시대와 마찬가지로 복수감각형의 인간이 지배적이었다. 그러나 기술혁신으로 인하여 감각이 확장되면서 감각의 균형은 무너지고, 그것은 다시 기술을 낳은 사회를 구성하게 된다. 즉 알파벳처럼 시각적으로 고도로 추상화된 인쇄술의 발명은 원시인들의 감각균형을 무너뜨려 시각 중심형 인간을 만들기 시작하였다. 산업화와 시장경제체제는 물론이고 우리에게 익숙한 현대적인 시와 음악과 교육방법 역시 크게 보면 표음문자와 인쇄술로 비롯되었다.[51]

셋째 단계는 15세기의 구텐베르크의 활판인쇄술의 발명 이후부터 전기매체가 등장하기까지의 약 4세기 동안의 인쇄시대(Gutenberg age)이다. 이 시대의 사람들은 인쇄물에 의한 커뮤니케이션에 크게 의존하였으며, 사람들은 시각에 주로 의존하는 부분 감각형의 인간이 되었다. 따라서 15세기 인쇄술의 발명은 이러한 시각 중심 현상을 가속화시켰다. 이 시기에 인쇄는 개인주의와 민족주의를 만들어 냈다. 맥클루언에 의하면, 표음문자는 서구문명을 대표하는 선형적 · 분석적 · 기계적인 사고를 낳았을 뿐만 아니라 도로와 군대와 제국을 낳았다.[52] 반면 구텐베르크의 인쇄술은 표음문자를

51) 마샬 맥클루언, 앞의 책, 286쪽.

52) M. McLuhan, E. and Frank Zingrone, *Essential McLuban*(eds.), New York: Basic Books, 1995, 285쪽.

'세계화'하였고, 그 결과 기독교가 세계적인 종교로 자리 잡을 수 있도록 만들었다.53)

넷째 단계는 19세기 중반부터 20세기의 전기매체의 시기(Age of Electric Medium)이다. 전기매체의 발달로 세계는 점차 하나의 지구촌락으로 발전하게 되어 인류를 과거의 구전문화가 우세한 시대로 복귀하도록 하였다. 따라서 일종의 재부족화 현상이 나타나 사람들은 시각형의 인간에서 복수감각형으로 되돌아간다. 이렇듯 맥클루언은 인류의 역사를 인간의 기능과 역할을 확대하기 위한 도구나 기술, 매체의 역사발달사로 본 것이다. 사람은 감각을 확장하기 위하여 미디어를 창조해 냈고, 그러한 미디어는 인간의 감각과 더불어 작용하면서 상호작용을 미치게 된다. 그는 사람의 감각은 각기 사용할 수 있는 범위와 양이 한정되어 있어서 작용이 미치는 미디어가 달라지면 감각의 균형도 변한다고 말한다. 이러한 전신의 발명을 전자매체시대가 열렸고, 특히 복수의 감각을 요구하는 텔레비전의 발명과 보급은 인간의 감각균형을 복구시켜 궁극적으로 인류를 다시 부족화시킬 것이라고 보았다. 이것은 그동안 선형적 논리에 매몰되었던 인쇄시대의 시각 중심형 인간이 감각의 균형을 되찾은 것이며, 오래 전에 추방되었던 낙원으로 복귀함을 의미한다. 예를 들어 책을 보는 사람은 시각비율이 높아지고 전화를 많이 사용하는 교환수는 청각비율이 높아진다는 것이다. 맥클루언은 그 시대의 지배적인 매체가 무엇이냐에 따라 문명의 성격도 달라진다고 보았다.

53) M. McLuhan, 앞의 책, 301쪽.

그는 이러한 재치 있는 언어로 대중의 주목을 받는 데 대담한 가설을 제시했다. 그러나 폭넓은 인기에도 불구하고 그의 이론에 대한 비판은 끊이지 않았다. 논리적 설명이 부족하고 통찰력과 직관력에 의존함으로써 비과학적이라는 것이다. 그렇지만 이에 대한 맥클루언 자신은 "나는 설명하지 않는다. 탐구할 뿐이다"라고 말한다. 그러면서 미디어에 대한 그의 진지한 탐구를 인쇄시대의 선형적 방식으로 이해하려고 하지 말고 "텔레비전시대"[54]에 걸맞게 온몸으로 받아들일 것을 요구한다. 그를 옹호하는 사람이건 반대하는 사람이건 간에 모두가 인정하는 사실은 미디어에 대한 그의 견해가 대단히 독창적이라는 것이다. 맥클루언의 탁월함은 다른 사람들이 데이터만 보거나 아무것도 보지 못하는 것에서 중요한 의미를 찾아내는 데 있다. 사이버 공간이 창출하는 가상현실의 세계가 급속히 확장되는 것을 지켜보면서 우리는 맥클루언이 40년 전에 간파한 것을 이제야 깨닫는 기분이다. 전자 네트워크의 신기술로 가상공간의 정체성의 신세계가 창조되면서 우리의 삶이 근본부터 변해 가고 있는 것이다.

54) 브루디외는 텔레비전이 갖는 미디어로서의 효과에 주목하면서 그것은 구조적으로 정치논리와 경제논리에 종속되어서 결국에는 탈정치적이거나 대중선동적인 정치적 메시지를 전달하면서 민주주의를 위협하는 도구로서 작동하고 있다고 비판한다. 이에 대한 자세한 내용은 다음을 참조: 피에르 브루디외, 『텔레비전에 대하여』, 현택수 옮김, 동문선, 1998.

제 13 강

지젝

세상 거꾸로 보기의 해석학

1. 생애 및 사상개요
2. 대중문화와의 만남으로서 해석학
3. 대중문화란 무엇인가?
4. 영화의 해석학: 매트릭스로 철학하기
5. 영향과 의의

제13강

지젝

세상 거꾸로 보기의 해석학

1. 생애 및 사상개요

슬라보예 지젝

발칸반도 북쪽에 위치한 슬로베니아 공화국, 인구가 불과 약 199만 안팎의 작은 나라에 세계적으로 알려진 라캉학파가 있다. 그들은 임상과 상관없이 철학과 문화 그리고 정치와 사회현상으로 라캉에 접근하는 학파이다. 슬라보예 지젝(Slavoj Žižek, 1949~)은 이 학파를 주도하였으며 오늘날 유럽 인문학의 천재로 알려져 있다.

지젝은 구 유고슬라비아 지금의 옛 유고연방인 슬로베니아의 수도 류블랴나에서 중산층 관료의 독자로 태어났다. 마샬 티토의 통치 아래 있던 당시 유고슬로비아는 동구 블록 속에서 자유로운 공산주의 국가 중의 하나였다. 당시 국가통제의 한 측면으로 모든 영화사들에 배급된 영화는 지젝에게 긍정적 영향을 끼쳤다. 지젝은 당시 배급된 미국과 유럽영화를 보면서 할리우드 전통에 대한 정확한 인식을 갖게 되었다. 할리우드 영화에 대한 지젝의 관심은 슬로베니아의 당시 문학에 대한 혐오와 관계가 있다. 지젝은 10대 시절부터 영어로 쓰인 문학, 특히 그는 체스터튼과 같은 탐정 소설 번역에 대한 서평을 쓰면서 탐정소설에 심취했다. 이러한 문화적 관심 속에서 철학에 대한 취미를 키워 왔고, 17살 무렵에 철학자가 되기로 결심했다. 스무 살 되던 해에 류블랴나에서 공부하던 중 첫 저서를 발간했으며, 1971년에 철학과 사회학 학사를 취득하고 1975년 「프랑스 구조주의의 이론적, 실천적 타당성」이란 논문으로 문학 석사학위를 취득하였다. 이 논문은 라캉, 데리다, 크리스테바, 레비-스트로스, 들뢰즈와 같은 프랑스 철학자들의 사상을 분석했다. 1979년 류블랴나(Ljbljana)대학교 사회과학연구소에 취직하면서 이곳에서 1981년 철학박사학위를 받고, 하이데거에 관해 처음으로 책을 출판하였다. 1985년에는 파리 8대학에서 자크 라캉의 정신분석학으로 두 번째 박사학위를 취득하였다. 류블라냐 대학교 사회과학연구소의 특징은 대륙철학(데카르트, 칸트, 헤겔, 마르크스)의 배경을 공유하고, 라캉 방식의 정신분석에 매혹되어 타자의 용어로 각자를 설명하고자 하는 치열한 충동을 갖고 있었다.[1] 그는 류블라냐 대학교에서 이론정신분석학회(Society for Theoretical Psychoanalysis)를 창립했다.

무엇보다 그는 칸트, 셸링, 헤겔 등 독일 고전학으로서 라캉의 정신분석을 재해석하는 위업을 달성한다. 1990년 유고슬라비아가

1) 사라 케이, 『슬라보예 지젝』, 정현숙 옮김, 경성대학교출판부, 2006, 14쪽.

해체되고 민주화된 슬로베니아에서 최초의 민주적 선거가 시행되었을 때, 지젝은 대통령 후보로 출마하였지만 5위에 그쳤다. 대통령 선거 출마에 지젝이 TV 토론에서 엄청난 달변을 뽐낸 바 있다. 실제로 후보 중 한 명은 토론회 도중에 "슬라보예가 우리 중 가장 똑똑하다는 것은 의심하지 않지만"이라고 말하기도 했다. 그 당시 그는 자유민주당 후보로 출마했는데, 그것은 그의 신념이라기보다 민족주의와 구공산당의 보수영합을 무너뜨리기 위한 전략적 선택이었다. 지젝은 10년간 슬로베니아 정부에 비공식적으로 충고하는 역할을 수행하는 한편, 자신의 모든 에너지를 연구 활동에 쏟아 부었다. 1989년 『이데올로기라는 숭고한 대상』의 출간 이후에 영어로만 15권의 저서와 다수의 편집서적을 펴냈다. 또한 독일어, 프랑스어, 슬로베니아어로 된 다수의 책을 집필하였다.[2)]

그는 『이데올로기라는 숭고한 대상』이라는 저서를 통해 서구의 지성계에 도전장을 내밀었다. 1989년 동구권의 몰락으로 사회주의가 붕괴될 때까지 그는 마르크시즘에 심취했으며 프랑크푸르트학파의 한 분과에서 프로이트에 몰두했으며 그에 대해 관심이 많았다. 그래서 그는 프로이트가 꿈을 분석하는 방식으로서의 이념을 재해석하였다. 마르크스의 잉여가치를 잉여쾌락(surpuls enjoyment)으로 해석한 라캉에 심취하여 이것을 발전시키고 사회주의와 자본주의 등 모든 이념의 총체성을 비판했다. 그는 라캉을 모델로 삼는 이론가이자 정신분석을 마르크시즘과 결합하였다. 그리고 그는 이념뿐만 아니라 서사, S.F 소설, 영화 등의 대중문화, 모차르트와 바

2) 토니 마이어스, 『누가 슬라보예 지젝을 미워하는가』, 박정수 옮김, 앨피, 2005, 21-35쪽.

그녀의 오페라 등 다양한 장르의 문화, 그리고 정치사회 구조에 정신분석을 연결시킨 문화 이론가이다. 그는 셸링, 칸트, 헤겔 등의 독일 철학에 바탕을 두고 라캉을 재해석하면서 이를 정치 · 사회 · 문화 형식에 대입하는 전략을 취한다. 특히 그는 라캉의 실재계(현실계)에 관심을 보인다. 왜냐하면 그것이 모든 전체주의, 독재적 획일주의를 전복하는 기능을 갖고 있기 때문이다.[3)]

그의 대표작은 『이데올로기의 숭고한 대상』(1989)이며, 이 책을 출발점으로 이데올로기 비평 이론에 세계적인 명성을 얻었다. 그는 『이데올로기라는 숭고한 대상』에서 자신의 목표가 "헤겔로의 회귀"라고 밝힌다. 지젝은 헤겔의 변증법에서 포스트구조주의를 비판적으로 극복할 논리를 찾아내어 포스트구조주의가 바라보는 시각과는 다소 다르게 변증법이 결코 화해적 또는 종합적 관점을 만들어내지 않는다고 말한다. 지젝이 이해하는 헤겔은 절대적 동일성의 철학과는 그다지 관계가 없다. 오히려 헤겔은 제한된 것들과 모순적인 것들 너머에 위치하는 절대적인 것은 없다는 것을 인정한다.[4)] 그는 "헤겔의 절대지 자체는 어떤 근본적 상실에 대한 인정을 지칭하는 것"이고, 차이와 우연성에 대한 가장 강한 긍정을 헤겔에게서 찾는다. 지젝은 "라캉의 정신분석에 근거하여 헤겔의 변증법에 새로운 독법을 가하여 그것을 다시 현실화"[5)]하여 현실에 응용하였다.

또한 지젝은 유럽의 여러 잡지와 슬로베니아 좌파 저널에 편집

---

3) 권택영, 『잉여쾌락의 시대 - 지젝이 본 후기산업사회』, 문예출판사, 2003, 8-9쪽.
4) 김현강, 『슬라보예 지젝』, 이룸, 2009, 25쪽.
5) 슬라보예 지젝, 『이데올로기라는 숭고한 대상』, 이수련 옮김, 인간사랑, 2002, 28쪽.

위원으로 활동했으며 최근까지도 한국의 잡지나 신문에 글을 기고하기도 했다. 또한 그는 『부정적인 것과 함께 머물기』, 『까다로운 주체』 등의 논쟁적이고 도발적인 저서를 통해 포스트모더니즘과 해체주의 이후 세계에서 가장 주목받는 학자로 손꼽힌다. 지젝의 최대 무기는 아주 흥미롭다는 점이다. 열정적인 제스처와 욕설, 농담으로 청자를 몰입하게 하는 데에 탁월한 재주가 있다. 캐릭터 자체만으로 흥미롭다는 대중이 많으며 그 내용도 풍성하고 분석들을 예리하게 정리한다.

최근에는 지젝 연구를 목적으로 하는 국제저널이 생길 정도로 학계 전반에 큰 영향을 미치고 있다.

2. 대중문화와의 만남으로서 해석학

지젝사상의 독창성은 숭고한 것의 위상을 재정립함으로써 이를 현대문화에 대한 분석과 비판에 적용하고자 하는 데 있다. 특히 그는 유희적인 방식으로 글을 쓴다는 점에서 지금까지의 철학자와 다소 다르다. 그는 철학을 끊임없이 오락거리로 만든다. 지젝은 정신분석학과 철학을 우리의 일상생활과 대면시킨다. 지젝의 매력은 영화나 대중문화의 사례들을 농담이나 정치일화를 통해 자신의 이론을 뒷받침한다. 지젝은 영화에서 세련된 철학적 · 정신분석학적 개념의 틀을 적용한다. 이러한 방법으로 대중문화와 일상생활을 분석한다. 이러한 접근법은 죽음이나 시적 극단을 메마른 어조로 설명하는 일부 철학과 다르게 풍부한 호소력을 지닌다. 그는 끊임없이 대중문화를 참조하여 철학을 다시 새롭게 불어넣어 독자들의 공식적인 편견에서 철학을 구해내고자 한다. 이런 의미에서 지젝의 이론적 전복성은 정통이론보다 훨씬 더 정통적인 성격에서 나온다. 지젝은 라캉의 개념을 이용하여 영화의 서사분석, 지금까지 배우나 줄거리, 인물, 플롯, 상징 등을 중심으로 보아 오던 영화를 매우 색다른 관점으로 보면서 정신분석의 중요 개념을 다양하게 파악한다.

라캉의 영화에 대한 개방적 몸짓은 해석학에 대한 지지로 이루어진다. 일찍이 1933년 그의 박사학위 논문과 『로마 강연』에서 정신분석의 해석학적 접근을 통해 결정론에 반대하였다. "모든 분석 경험은 의미작용의 경험이다." 여기서 상징화의 미래에 대한 라캉의 위대한 구상이 탄생한다. 하나의 사실은 설명할 수 없는 사실로 간주하는 것이 아니라 항상 역사화된다. "프로이트학파의 임상적 명칭들은 환자를 낙인찍는 객관적 분류가 아니다. 그 명칭들은 주관적 태도, 즉 주체가 상호주체적인 상황으로 성장한 실존적 기획이다. 그리고 주체가 자유 속에서 궁극적으로 책임질 실존적 기획이다." 1950년 중반 이후로 이러한 해석학적 태도는 의심을 갖게 되면서 새롭게 보는 계기를 마련한다. 지젝은 실재의 철학자라 불린다. 이러한 명칭은 지젝이 추상적 관념이 아니라 유럽 각국의 화장실 디자인이나 아놀드 슈워제네거, 키아누 리브스의 영화 등 우리의 생활과 직접 연관된 실재적인 주제를 다룬다는 뜻이기도 하다. 다른 한편으로 라캉적 의미의 실재를 확장하고 자기화했다는 의미이다. 지젝은 언제나 상징계와의 관계 속에서 실재를 다룬다는 점이다.[6] 라캉이 말하는 실재계, 상상계, 상징계는 어디에 있고,

지젝이 말하는 판타지와 잉여는 어디에 있는가? 상상계는 댈러웨이 부인의 삶을 엮어 가는 동안 버지니아를 살게 만든 판타지이다.[7] 실재계는 상징적 법의 인과성을 교란시키는 부재의 원인이다. 이런 이유로 중층결정의 구조는 환원되지 않는다. 원인은 어떤 모순 또는 시간지체를 통해서 배가됨으로써 그 영향력을 행사한다. 원인은 상징화에 저항하고 그 자동화 과정을 방해하는 실재적이고 예정된 장애물이다. 그러나 동시에 원인은 상징화 효과의 사후적 생산물이 아니다.[8]

주지하듯이, 프로이트의 꿈 해석은 꿈의 의미에 대한 전통적 탐구와의 단절을 통해 형성되었다. 프로이트의 저항, 원인을 향한 지속적인 요청은 자연주의적 결정론적 편견으로 치부되지 않는다. 지젝은 해석학으로부터 멀어지는 라캉의 동일한 이동에 대해 자연주의와 관련된 것이 아니라 의미작용의 외면적이고 내재적인 탈중심화가 장의 한가운데서 작동하는 원인을 가시화시키는 것이라 본다. 이러한 이동은 두 단계에서 발생한다. 첫째, 라캉은 구조주의를 포용한다. 의미작용의 탈중심화 원인은 의미화 구조와 동일시된다. 따라서 해석학으로부터 구조주의로의 첫 번째 이동에서 문제가 되는 것은 정확한 원인에 대한 질문이다. 우리가 의미작용으로의 원인으로 이동한다면, 의미작용은 의미의 효과로 인지된다. 그것은 내재적 구성요소가 결정하는 원인의 오인이자 의미화 구조 자체의 형식적 기제인 상징적 의미경험이다. 의미작용으로부터 의미화 원

6) 토니 마이어스, 『누가 슬라보예 지젝을 미워하는가』, 박정수 옮김, 앨피, 2005, 65쪽.
7) 권택영, 앞의 책, 75쪽.
8) 슬라보예 지젝, 『향락의 전이』, 이만우 옮김, 인간사랑, 2001, 68쪽.

인으로의 이동은 의식작용을 실증적 결정론으로 환원하는 것은 아니다. 이것은 해석학으로부터 자연과학으로의 한 걸음으로 나아가는 것이 아니다. 이러한 환원에 앞서는 것은 상징적인 것과 실재계를 분리하는 틈새이다. 그래서 라캉의 다음 단계는 실재계(현실계)와 상징적인 것 사이의 틈새가 어떻게 상징계에 영향을 주는가에 대한 통찰력과 명확히 관련된다. 그 단계는 이러한 질서의 내재적 한계로 가능하다. 상징계는 차단되고, 의미화 연쇄는 내재적으로 모순되며, 전부가 아니고 틈새를 위주로 구조화된다. 이러한 내재적이고 상징화될 수 없는 장애물은 상징적인 것과 실재계 사이의 틈새에서 유지된다. 즉 장애물은 상징적인 것의 실재계로 흘러들어가는 것을 막는데, 상징적인 것과 실재계의 탈중심화에서 문제되는 것은 원인이다. 따라서 실재계는 상징적인 것의 부재의 원인이 된다. 이러한 원인에 대한 프로이트와 라캉의 명칭은 심적 외상이다. 이러한 의미에서 라캉의 이론적 기획은 해석학과 구조주의를 넘어선다.[9]

지젝은 상징화의 위험이라는 차원에서 심화된 숭고의 대상의 실례로 9.11테러를 든다. 지젝이 파악하기에 이것은 마치 영화 매트릭스에서 주인공이 화려한 “가짜 현실”에서 황량한 사막의 진짜 현실로 옮겨졌을 때와 동일하다. “실재의 사막에 오신 것을 환영합니다!” 뉴욕의 시민들은 그날 “실재의 사막”으로 인도된 셈이고, 무너지는 쌍둥이 빌딩의 장관은 할리우드 재난영화의 그것을 연상시켰다. 실재가 되어 나타난 이 참사의 순간에 우리의 지각을 결정짓는

9) 슬라보예 지젝, 『향락의 전이』, 이만우 옮김, 인간사랑, 2001, 65-67쪽.

것은 이데올로기적이고 상징적인 것들의 조합이라는 사실을 인식해야 한다는 것이다. 그 건물에 대한 테러가 던진 충격은 디지털화된 제1세계와 "실재의 사막" 자체인 제3세계를 갈라놓고 있는 경계를 고려하지 않고 설명할 수 없다. 지젝이 파악하기에 세계무역센터의 폭발은 위협적인 것으로 상정된 외부세계를 향한 폭력이 되돌아온 것이라는 관점이다.[10)]

또한 지젝은 타이타닉호의 침몰사건이 지니는 문화적 의미를 분석한다. 타이타닉호의 침몰은 실로 충격적인 사건으로서 불가능한 일이 일어난 것이었고, 침몰할 수 없는 배가 침몰한 것이었다. 중요한 것은 그러한 충격적인 사건이 "제시간에 일어난 것이다. 실제로 침몰이 일어나기 전에 이미 그 자리는 환상공간 속에서 그것을 위해 열려 있었고 예고되어 있었다."[11)]

3. 대중문화란 무엇인가?

대중문화에서 가장 먼저 부딪히는 문제는 개념의 정의(定義)다. 대중문화란 과연 어떠한 개념들을 포함시켜야 하는가? 물론 이러한 물음에 대한 견해는 상이하다. 먼저 문화는 규정짓는 방식에서 많은 차이를 보인다. 예컨대 문화는 대중문화 · 고급문화 · 민중문화 · 민속문화 · 민족문화 · 공중문화 · 현대문화 · 신세대 문화(X세대) · N세대문화 · MG세대, 스마트폰세대 등 다양하게 부른다. 이런 다

10) 안성찬, 「슬라보예 지젝 - 무와 이데올로기 사이의 숭고 -」, 『숭고의 미학』, 유로서적, 2004, 198-199쪽.

11) 안성찬, 위의 책, 126쪽.

대중문화의 다양성

양성으로 인해 문화개념을 단순하게 정의내리기란 쉽지 않다. 민중문화는 자본주의의 한계가 분명하여 대중문화와 구별된다. 그러나 문화의 개념들은 언제나 유기적인 기표로 이해하는 것이 바람직하다. 말하자면 대중문화가 민중문화일 수 있고, 민속문화가 대중문화로 뒤바뀔 수 있다. 일종의 문화는 근본주의적 오류를 초래할 수 있다. 그러면 대중문화는 과연 무엇일가? 이러한 물음은 이미 진부하다. 향후 대중문화는 어떻게 만들어지고 그 의미는 어떻게 규정될 것인가? 이렇게 묻는 것이 훨씬 더 대중문화를 이해하는데 바람직할 것이다.

일반적으로 대중(mass, popular)문화는 "많은 사람들이 좋아하는 것", "저속한 것," "사람들의 호기심을 끌기 위해서 정교히 만들어진 것", 그리고 "민중 스스로에 의해서 만들어진 것"을 말한다. 즉 대중문화의 평범한 정의는 수적으로 많은 사람들이 좋아하는 것을 일컫는다. 대중문화는 매스 컬처(Mass cultur)와 파퓰러 컬처(popular cultur)로 이해하기도 하지만, 우리말로 번역하였을 때 다소 차이가

난다.[12)]

"매스 컬처"라는 개념에서 '매스'는 한 집단의 성원이나 개인에 초점을 맞추기보다는 무차별적인 집단체를 의미하는 경멸적인 성격을 띤다. 말하자면 "매스(Mass)"로서의 대중은 집단의 성원이나 개인들이라기보다 무차별적인 집합체, 심지어는 오합지졸(mob)을 의미한다. 이렇게 "매스"는 대중문화를 즐기는 불특정 다수, 문화를 무분별하게 받아들이는 주체를 일컫는다. 따라서 매스 컬처는 상업주의, 획일성, 저속성과 같은 부정적인 의미를 함축한다. 매스 컬처는 대체로 경멸적인 어조로 쓰이면서, 집단적 무리의 문화부재를 뜻한다. 부정적인 의미의 매스 컬처에 대항적으로 등장한 것이 파퓰러 컬처(popular culture), 파퓰러 아트(Popular Arts)이다. 파퓰러(popular)는 한 사회에서 다양한 집단들의 집합, 자신들에 맞는 문화를 받아들이는 적극적인 주체를 말한다. 이는 매스와 반대되는 개념으로서 엘리트(eliter)를 popular의 지배세력으로 상정한다. "popular" 개념의 도입은 단순하게 미학적 차원에서가 아니라 정치적인 대상으로 바뀌어 나갔다. 이제 대중문화는 미학적으로만 논의되는 것이 아니라 대중을 관리하고 통제하려는 지배세력과, 이에 동조하거나 저항하는 집단들 사이의 정치적 대결로 설명되고 있다. 이러한 "매스 컬처"와 "파퓰러 컬처" 양자(兩者)를 대중문화라 부르는데, 결국 동일한 문화적 현상을 부정적으로 보느냐 긍정적으로 보느냐에 따라 "매스 컬처" 혹은 "파퓰러 컬처"로 각기 다르게 파악하는 것이다.[13)]

---

12) 강준만, 『대중문화의 겉과 속』, 인물과 사상사, 1999, 21쪽.

대중은 집단이나 군중, 또는 공중보다 범위가 훨씬 광범위하다. 대중은 널리 퍼져 있으며, 서로에 대해 대체로 알지 못한다. 대중은 자아인식이나 주체성이 부족하며 목적을 달성하기 위해 조직적인 방법으로 함께 행동하는 것이 원활하지 않다. 더군다나 대중은 어떤 변화가 있을 때마다 구성원들이 뒤바뀌는 성향을 지니고 있을 뿐만 아니라 타율적으로 행동하는 경향이 있다. 또한 대중은 "모든 사회계층과 인구학적인 집단을 망라한 다수로 구성된다는 점에서 이질적인 성격을 띤다. 그래서 대중은 특정한 관심집단을 선택하고, 그것을 조정하려는 사람들의 생각에 따라 행동한다는 점에서 동질적이다." 대중문화란 바로 이러한 유형의 인간들을 위해 대중매체의 절대적인 영향 아래에 만들어진 문화형태인 것이다. 21세기 들어 대중문화는 문화형식 자체를 부정하는 사람들도 그 지배를 받을 수 없을 만큼 그 영향력이 엄청나게 커졌다. 문제는 대중매체가 현대인의 심리적 미숙을 조장했던 것과 마찬가지로 대중문화도 인간의 본능과 충동을 자극함으로써 대중과 야합해 왔다는 데 있다.

대중문화는 고급문화가 아닌 일반적인 문화로 규정한다. 이러한 규정으로 인해 대중문화는 고급문화가 지니고 있는 질적인 수준에 못 미치는 문화나 내용물을 가리킨다. 이른바 대중들이 접근하기에 그다지 손쉽지 않았던 오페라 전당이나 그 안에서 이루어지는 품위 있는 예술행위, 그리고 이를 감상하는 행위는 고급문화이다. 반면에 대중문화는 상위 계층에서 강제로 강요한 것이 아니라

---

13) 강준만, 『대중문화의 겉과 속』, 22쪽.

자발적으로 발생한 문화이다. 대중문화는 민속문화와 마찬가지로 부정할 수도 가치 폄하할 수도 없는 사회현실을 반영한다. 대중문화는 고대 · 중세 · 근세 · 19세기에 이르기까지 다양한 변화과정을 진행해 왔지만, 비로소 20세기 중반에 이르러 많은 사람들에게 회자(膾炙)되었다. 다시 말해 대중문화는 17세기와 19세기에 걸쳐서 과학혁명과 기술의 발전과 정치 · 경제 · 사회적 변혁을 거치면서, 20세기 중반 이후 서구 자본주의의 경제력 확산과 전달매체에 힘입어 범세계적인 지배적 문화형태로서 확산되었다. 오늘날 문화를 다룰 때 언제나 통용하고 있는 군중, 또는 대중개념이 매스미디어, 매스커뮤니케이션의 연구와 더불어 많은 사람들에게 친숙하게 되어 가고 있다.14)

14) 양해림, 「대중문화란 무엇일까?」, 『미와 아트, 대중문화와 소통하다』, 집문당, 2014,

대중문화가 문화의 중심이 된 배경에는 자본주의의 변신이 크게 영향을 미쳤다. 식민지 경영을 통해 외부시장을 확보한 제국주의적 팽창이 한계에 달하자 이제 21세기 자본주의는 문화를 상업화함으로써 새로운 내부시장을 창출하게 된다. 2차 대전 이후로 대중문화가 상업화됨으로써 발전을 거듭한다. 전후 경제부흥에 힘입은 미국은 대중문화를 세계에 확산시킨다. 즉 미국은 지난 1920년대를 출발점으로 1930년대부터 현재에 이르기까지 재즈음악의 유행을 확산시켰다. 점차 과학기술의 발전은 새로운 매체들의 등장(라디오 방송·레코드 음악·영화·광고 등이 대중문화의 중심을 차지)을 낳았고 문화산업을 부흥시켜 나갔다. 서구에서 대중문화가 급속히 소비사회에 뚜렷이 자리를 잡게 된 시기는 1960년대에 이르러서이다. 다국적 기업이 세계에 곳곳이 침투해 들어가면서 일상생활의 중심이 노동에서 소비로 옮겨갔다. 그 결과로 인해 대중매체는 상품소비로 인해 온갖 병리현상들을 첨예하게 드러냈다.

21세기 과학기술의 급속한 발전과 상품미학이 세련화되었고, 대중매체의 영향력은 엄청나게 커지면서 문화산업을 탄생시켰다. 일반 시민들의 경제적 생활수준이 크게 향상되면서 가전제품은 물론 자가용, 컬러 TV와 비디오가 필수품이 되었다. 그래서 노동과 여가의 리듬이 일상적인 생활로 되면서 문화도 일상사에 자리 잡게 되었다. 이러한 시대의 흐름에 따라 포스트모더니즘도 이에 발맞추어 유행의 대열에 함께 했다. 대중문화는 상업화된 상품과 대체로 함께 한다. 대중문화는 대중소비를 위해 대량 생산된 상품이다. 또

256-263쪽 참조.

한 수용자는 어떠한 특성도 구분되지 않은 채 수동적인 소비자로 동일하게 규정한다. 분별없는 대중이 소비를 바탕으로 대량 생산되고 획일화된 문화상품이 대중문화의 속성인 것이다. 이에 아도르노를 비롯한 프랑크푸르트학파는 대중문화의 대중조작이 여기에 해당한다고 본 것이다. 이렇게 대중문화를 상업화된 문화로 파악하는 시각에는 서구의 퇴폐적 문화와 일치시키는 경향이 있어왔다. 지난 1980년 이후 세계화로 인한 미국화와 일본화의 확산은 전통문화를 고사하게 할 수 있다는 우려 섞인 목소리가 여전히 존재하고 있다.

대중문화는 감각적 인간과 오락적 인간(homo ludens)의 성격이 강하다. 이러한 특성은 여가, 놀이와 유흥 등 대중문화를 이해하는 다양한 장소에서 목격할 수 있다. 대중들의 삶에서 중요한 변수는 행위의 모방을 통해 만끽하는 오락적 재미에 적극적으로 참여한다는 사실이다. 이것은 넓은 의미에서 유행이라는 구체적 현상으로 나타난다. 그래서 모방과 유행은 개인적 취향에 따라 구체적인 사회적 통로에서 발견된다. 대중문화는 인간의 감각적 욕구와 오락적 차원에서 표현될 수 있는 사회적 공간에서 제공된다. 특히 이는 자본주의 사회가 소비적 인간이라는 사실과 연관된다. 대중문화가 문화소비라 말하는 것은 문화내용이나 교양 있는 일반대중과는 전혀 연관관계가 없다. 대중문화는 어느 작품전시에 대해 어느 특정한 사람에게 꾸준히 영향을 끼치는 것이 아니라 일시적인 기호품으로 될 확률이 높다. 왜냐하면 대중문화의 영향이 의도적이든 아니든 간에 주기성과 유행에 밝은 영역에서 생산되고 있기 때문이다. 문화가 영속적일 것을 전제로 하여 만들어지는 시대는 지났다.

어느 대중작품이든지 모든 대상은 주기적으로 변한다. 주지하듯이, 대중문화는 지배계급의 도구다. 대중문화는 지배계급에 경제적 이익을 안겨다 주는 상품이면서 지배계급의 이념을 전해주는 도구적 문화의 성격을 강하게 띤다. 그래서 대중문화는 정부에 의해 주도하는 문화 활동을 위해 종사하기도 한다. 또한 대중문화는 소비문화를 통해 비문화적이고 지나치게 감각적이기 때문에 문화의 본질을 상실하고 있는 것처럼 보이기도 한다.

하지만 최근의 대중문화는 고급문화/대중문화, 물질/문화, 소비/생산 등 이분법적인 경계를 허무는 작업에 주도적인 역할을 했던 포스트모더니즘의 흐름을 쫓아 소비분석을 이끌어 냈다. 그래서 지난 1990년대 이후 21세기에 이르기까지 대중문화의 활동과 생산 · 소비는 급격하게 증가했다. 이 당시 대중문화는 경제적 풍요와 여가가 문화생활의 욕구를 폭발시킨 주원인이 되었고, 산업화된 생활이 긴장완화를 더욱 필요로 하게 되었다. 즉 이는 문화적 수요가 증가하여 경제적, 정치적 상황의 변화로 인한 생활환경에 변화가 두드러졌다.

하지만 한층 여유 있는 경제상황과 여가는 상대적으로 과거보다 훨씬 가중된 긴장을 동반하는 힘든 노동을 하게 했다. 이처럼 힘든 경제적 노동 작업의 여건으로 인해 긴장을 해소하기 위한 휴식시간은 늘어났다. 그래서 대중문화는 소비의 욕구를 갖고 있는 사람들에게 상업적 동기를 부여했다. 무엇보다 대중문화의 매력은 오락 이상의 것을 즐기는 데 있다. 상업화된 대중문화라 할지라도 감각적 쾌락이나 오락만을 팔고 사는 것은 아니다. 말하자면 대중문화는 어느 정도 정체성과 친밀감을 제공하는 기능을 한다. 대중문화는 이러한 기능을 통해 청소년들에게 많은 영향을 미쳤다. 자신이 정체성을 찾고자 하고 미래의 비전을 계획하는 데 언제나 고독하기 쉬운 청소년들에게 대중문화의 화려함과 오락성이 대중문화에 더욱 애착을 갖게 했다. 자라나는 청소년들에게 정체성이나 친밀감은 지금까지 대체로 가정과 학교 그리고 교회가 그 기능을 담당해 왔다. 그런데 이것을 채워주어야 할 가정, 학교, 종교단체가 역할을 제대로 수행하지 못하는 상항이 지속되면서 청소년들이 대중문화에 몰입하고 탐닉하게 되었다. 즉 청소년들은 대중스타에게서 정신적 후원과 친밀감을 제공받는다. 여기서 청소년들은 극단적인 경우에, 자기가 좋아하는 스타가 죽을 경우 모방하여 자살하는 사례도 종종 있다. 단적으로 대중문화는 소비의 영역이다. 영화나 텔레비전을 보고, 소설을 읽고, 음악을 감상하는 일은 회사에서 컴퓨터로 일하고, 공장에서 물건을 만드는 일과는 구별된다. 왜냐하면 대중문화는 생산현장과 엄연히 떨어져 있는 소비의 현장이기 때문이다. 대중문화가 학문적으로 관심을 끌지 못했던 이유도 학계에서 소비에 대한 관심을 적게 보였다는 데 있다.

대중문화가 최근 학문의 영역에서, 그리고 소비의 영역에서 새롭게 주목받게 된 것도 지난 20세기말 이후 포스트모더니즘의 시대적 흐름과 깊은 연관이 있었던 것이다. 이제 소비를 통한 생산, 소비의 생산성에 대한 논의들이 활발해지면서 대중문화에 대한 관심을 지속해 가고 있는 것이다.

4. 영화의 해석학: 매트릭스로 철학하기

매트릭스에서 지젝은 문화산업이 현실 속에 구현된 모습을 본다. 매트릭스에서 소외되고 물화된 자본의 사회적 실체가 우리의 내적인 삶을 점령화하고 식민화하여 에너지원으로 사용하는 모습을 본다. 매트릭스는 가상현실을 끌어들임으로써 그것을 급진적으로 만들었다. 그는 매트릭스에서 영화에 대해 두 가지 해석을 한다. 첫째, 하나의 가상현실에서 다른 가상현실로 자유롭게 이동하는 주체나 모든 실재가 가짜라는 것을 인식하고 있는 순수한 영혼이 존재한다는 것, 둘째, 매트릭스의 저변에는 진정한 실재가 존재한다는 편집증적인 가정이 모두 틀렸다는 것은 역설적이다. 이 영화는 가상현실의 시뮬레이션의 저변에 어떤 실재가 존재한다고 주장한다는 점에서 틀리지 않았다. 모피어스는 네오에게 파괴된 사막에 시카고의 모습을 보여 주면서 이렇게 말한다. "진실의 사막에 온 것을 환영하네." 그러나 실재는 가상 시뮬레이션의 배후에 있는 진정한 현실이 아니다. 그것은 현실을 모순되게 만드는 텅빈 공간이다. 그리고 모든 상징적인 매트릭스의 기능은 바로 이러한 모순을 은폐하는 것이다.[15] 이 영화는 다음과 같은 모순과 마주친다.

> 모피어스: "그것은 자네가 삶에 넌더리가 났다는 느낌이지. 세상이 뭔가 잘못되었다는 느낌. 그게 뭔지는 모르겠지만, 어쨌든 마음속에 박힌 가시처럼 자네를 미치게 만드는 거야. … 매트릭스는 모든 것에 있어. 사방에 있지. 바로 이 방안에도 있

15) 슬라보예 지젝, 「매트릭스, 가해자의 히스테리 또는 새도매저키즘의 징후」, 슬라보예 지젝 외, 『매트릭스로 철학하기』, 이운경 옮김, 한문화, 2003, 292쪽.

어. … 그것은 진실을 보지 못하도록 자네의 눈을 가리는 세계야."

네오: "무슨 진실이요?"

모피어스: "자네가 노예라는 진실이지, 네오. 자네가 다른 사람들처럼 날 때부터 노예 신세라는 진실말야. … 자네도 다른 모든 사람들과 마찬가지로 냄새를 맡거나 맛을 보거나 만질 수 없는 감옥에서 태어난 거야. 자네 마음의 감옥말야."

모피어스의 말에 의하면, 결핍 · 모순 · 장애의 경험은 우리가 현실로 경험하는 것은 거짓이라는 사실을 입증한다. 매트릭스에서 또 하나의 모순은 죽음과 관련된 것이다.

네오: "매트릭스에서 죽으면 여기서도 죽나요? 가상현실 안에서만이 아니라, 실제현실에서도?"

모피어스: "육체는 정신이 없으면 살 수 없어."

지젝에 의하면, 진짜 육체란 오직 마음, 즉 자신이 몰입해 들어가는 정신세계와 연계했을 때 작용할 수 있다는 것이다. 그래서 가상현실에 있다고 죽으면, 이 죽음 또한 실재 육체에도 영향을 미친다는 이야기이다. 하지만 현실에서 죽을 때에만 진짜로 죽는다는 해석도 불충분하다. 결과적으로 가상현실에서 완전히 몰입된 네오는 매트릭스가 통제하는 가상현실 안에서 스미스 요원과의 싸움에서도 살아남아야 한다. 궁극적으로 매트릭스는 세계를 그의 마음속에 지탱하고 있는 철학자 버클리(George Berkeley; 존재한다는 것은 지각된다)의 신보다는 프랑스 철학자 말브랑슈의 "우인론(偶因論)"16)적

16) 신의 피조물인 물체나 정신 등이 원인으로서 작용할 수 있다는 것을 인정하지 않고

인 신에 훨씬 가깝다. 우인론은 본질적으로 기표의 자의성에 대한 이론이고, 육체의 인과관계의 네트워크에서 생각들의 네트워크를 분리시키는 간격(gap)에 대한 이론이며, 두 네트워크를 조화시키는 것은 대타자이다. 그래서 나의 몸이 사과를 한 입 베어 물면 나의 정신이 쾌감을 경험한다는 사실에 대한 이론이다.[17]

기계의 에너지로 양육되는 인간의 진실을 보고 나서 네오가 매트릭스 안으로 다시 들어왔을 때 모피어스는 네오에게 매트릭스의 존재를 납득시키기 위해 다음과 같이 말한다.

> 모피어스: 뭐든지 이 안에서 로드할 수 있지. 옷, 장비, 무기든 훈련 시뮬레이션이든, 우리가 필요한 건 전부 다.
> 네오: 우리가 지금 컴퓨터 프로그램 안에 있다구요?
> 모피어스: 그렇게 믿기가 힘든가? 자네 옷도 바뀌었고 머리의 몸의 구멍이나 잭도 없어. 머리모양도 다르고, 지금 자네 모습은 '잉여자기 이미지'란 거야. 자신의 모습을 디지털화 한 거지.
> 네오: 이건... 이건 실체가 아니죠?
> 모피어스: 그럼 무엇이 실체일까? 자네는 실체라는 것을 어떻게 정의 내리지? 촉각이나 후각, 시각을 뜻하는 거라면 단순히 두뇌가 해석하는 전자 신호에 불과해.

여기서 두뇌가 해석하는 전자 신호인 감각이 실체를 만들어내는 것이다. 궁극적으로 매트릭스는 유토피아와 디스토피아를 결합시킨다. 우리가 살고 있는 바로 무시간의 유토피아는 우리를 매트릭

일체 현상의 진정한 작용으로 신만을 인정하는 설이다.

17) 슬라보예 지젝, 『매트릭스로 철학하기』, 314쪽.

스에 에너지를 공급하는 수동적인 상태의 살아있는 건전지로 전락시키는 곳이다.[18] 따라서 매트릭스의 올바른 통찰력을 지젝은 두 가지 측면으로 본다.

첫째, 현실이라는 것이 일시적으로 무력화될 수 있는 자의적인 규칙들에 의해 규제당하는 가상의 영역으로 전락한다는 점이다.

둘째, 주체가 순전히 도구화된 수동성으로 전락한다. 이것이 바로 자유의 숨겨진 진실이라는 것이다.[19]

5. 영향과 의의

영국의 비평가 테리 이글턴은 지젝을 "수십 년 동안 유럽에 출현한 사람 중 가장 놀라운 명민함으로 정신분석학, 문화이론을 해설한 사람"으로 평가한다. 즉 지젝이 사용하는 대중문화, 농담, 하이테크 공상과학소설 등은 끊임없이 즐거움의 샘을 자극시킨다.

하지만 그의 비판적 사고의 토대는 의혹과 경계이다. 우리에게 주어진 것을 받아들이지 않는 순간에 우리가 현실로 대면하고 있는 것이 어떻게 가능한지를 묻는 순간에 철학은 시작된다.

라캉은 프로이트의 정신분석학을 재해석하며 수많은 논란을 일으켰다. 지젝의 책을 읽기 위해서는 먼저 라캉을 이해해야 한다는 말까지 나올 정도로 독해가 어려운 사상가다. 지젝은 정치학, 철학, 문학, 과학, 종교에까지 그리고 그 분석범위를 확장시켜 라캉의 정

18) 슬라보예 지젝, 위의 책, 319쪽.
19) 슬라보예 지젝, 위의 책, 323쪽.

신분석학을 대중화하는 데 크게 기여했다. 이렇게 지젝은 철학 · 정치학 · 정신분석의 영향을 주로 많이 받았다. 즉, 철학에서는 헤겔의 변증법, 정치학에서는 마르크스의 물신숭배 개념, 정신분석학에서는 라캉의 실재계의 개념 등이 그것이다. 하지만 그의 사상의 개념과 방법론은 서로 중첩된다. 따라서 지젝에 미친 라캉의 영향은 상상계 · 상징계 · 실재계(현실계)의 구분, 대상 a, 증환, 향락 같은 라캉의 개념들을 직접 받아들였다. 다시 말해 라캉의 사상이 지젝에게 있어서 중요한 이유는 라캉의 실재개념과 주체개념을 자신의 철학적 핵심주제로 삼고 있기 때문이다.[20]

우리가 지젝을 "실재계(현재계)의 철학자"라고 부르는 것은 그가 일상생활과 관련된 주제를 다룬다는 의미이기도 하지만, 라캉적 의미의 실재를 확장하고 자기화했다는 뜻이기도 하다. 특히 지젝의 철학적, 정치적, 대중문화 프로젝트의 중심에는 실재계(현실계)를 내세웠으며, 이 개념에서 그 연결고리를 찾고자 했다. 지젝에게 있어서 실재계는 현실에 대해 우리가 느끼는 감각의 윤곽을 잡아준다. 실재계는 끊임없이 저항하는 어떤 것, 즉 우리의 사고들이 스쳐 지나가고 정신의 빛이 조명할 수 없는 고착상태를 표현한다. 지젝의 실재계가 복잡하고 그다지 쉽게 파악하기 어렵다 할지라도 다양한 영역에 걸쳐 지속적으로 많은 영향을 미치고 있다.

20) 김현강, 『슬라보예 지젝』, 이룸, 2009, 23쪽.

참고문헌

제1강 해석학이란 무엇인가

그롱댕, 장, 『현대해석학의 지평』, 최성환 옮김, 동녘, 2019.

디이머 알빈, 『철학적 해석학』, 백승균 옮김, 경문사, 1985.

박순영, 「해석학의 현대적 위상」, 『현대철학 특강』, 철학과현실사, 1999.

블라이허, 조셉, 『현대 해석학』, 권순홍 옮김, 한마당, 1983.

신승환, 『해석학 -새로운 사유를 위한 이해의 철학-』, 아카넷, 2016.

인아이헨 한스, 『철학적 해석학』, 문성화 옮김, 문예출판사, 1998.

팔머, 리차드, 『해석학이란 무엇인가』, 이한우 옮김, 문예출판사, 2001.

푀겔러, 오토 엮음, 『해석학의 철학』, 박순영 옮김, 서광사, 1993.

하이데거, 「해석학」, 『마르틴 하이데거의 존재론』, 이기상 · 김재철 옮김, 서광사, 2002.

카푸토, 존, 『포스트모던해석학』,이윤일 옮김, 도서출판b, 2020.

Ast, F., *Grundlinien der Grammatik, Hermeneutik und Kritik*, H.-G. Gadamer/ G. Boehm, (Landshut 1808), 1972.

Apel, K-O., *Einführung zu C. S. Perice Schriften zur Entstehung des Pragmatismus*, Bd. 1. Frankfurt. a. M, 1967.

Boisacq, E., *Dictionnaire étymologique*, Hedelberg-Paris, 1916.

Grondin, Jean, *Einführung in die philosophische hermeneutik*(장 그롱댕, 최성환 옮김, 『철학적 해석학』, 한울, 2008), Darmstadt, 1991.

Jung, Matthias, *Hermeneutik zur Einführung*, Hamburg, 2012.

제2강 슐라이어마허: 보편적 해석학의 기획

강돈구, 『슐라이어마허의 해석학』, 이학사, 2000.

디이머 알빈, 『철학적 해석학』, 백승균 옮김, 경문사, 1985.

소기천, 『훅스 & 에벨링 – 해석학의 역사와 새로운 해석학』, 살림, 2006.

이병옥, 「개성과 인문학 – 슐라이어마허의 윤리학을 중심으로 – 」, 『인문학과 해석학』, 철학과현실사, 2001.

이선관, 「슐라이어마허에 있어서의 번역과 해석」, 『범한철학』, 제30집, 범한철학회, 2003, 가을.

이소오 켄, 『해석학의 흐름』, 이수정 옮김, 이문출판사, 1995.

인아이헨 한스, 『철학적 해석학』, 문성화 옮김, 문예출판사, 1998.

최신한, 『독백의 철학에서 대화의 철학으로 – 슐라이어마허의 해석학적 – 변증법적 사유방법』, 문예출판사, 2011.

최신한, 『감동과 대화의 사상가 슐라이어마허』, 살림, 2003.

최신한, 『지평확대의 철학 – 슐라이어마허, 점진적 자기발견의 정신탐구』, 한길사, 2009.

코레트 에머리히, 『철학적 해석학』, 신귀현 옮김, 종로서적, 1985.

팔머 리차드, 『해석학이란 무엇인가』, 이한우 옮김, 문예출판사, 2001.

한상연, 「사유와 존재-헤르더와 슐라이어마허의 존재론」, 『해석학연구』, 한국해석학회, 2008.

Dilthey, W., *Schleiermacher in Briefen*, III, Stuttgart, 1957.

Dilthey, W., *Gesammelte Schriften*, V, Stuttgart, 1957.

Dilthey, W., *Gesammelte Schriften*, VII, Stuttgart, 1957.

Dilthey, W., *Leben Schleiermachers*, II; *Schleiermachers System als Philosophie und Theologie*, hg. v. m. Redeker, 1966.

Grondin, J., *Einführung in die philosophische Hermeneutik*, Darmstadt, 1991.

Heinz Kimmerle, "Hermeneutische Theorie oder ontologische Hermeneutik", in: *Zeitschrift für Theologie und Kirche*, 59, Jg, 1962.

Kimmerle, H., "Das Verhältnis Schleiermachers zum transzendentalen Idealismus", in: *Kant-Studien*, Bd. 51, 1959/1960.

Kimmerle, H., "Metahermeneutik, Applikation, hermeneutische Sprachbildung", in: *Zeitschrift für Theologie und Kirche*, Bd. 61, 1964.

Kimmerle, H., "Typologie der Grundformen des Verstehens von der Reformation bis zu Schleiermacher", in: *Zeitschrift für Theologie und Kirche*, Bd. 67, 1970.

Kümmel, F., *Verstännis und Vorverständnis. Subjektive Voraussetzungen und objecktiver Anspruch des Verstehens*, Essen, 1965.

Odebrecht, R.(Hg.), *Friedrich Schleiermachers Dialektik*. Darmstadt, 1976.

Rudolph, E., "Seit ein Selbstgespräch wir sind Hermeneutische Kritische Kriterien einer Ethik der Individuum im Anschluß an Schleiermacher", in: *Internationale Zeitschrift für Philosophie*, Heft. 1, 1992.
Schleiermacher, F. D., *Friedrich Schleiermacher's Sämtliche Werke*, Bd. VII, Berlin, 1838.
Schleiermacher, F. D., *Hermeneutik*, Nach den Handschriften neu hg. u. eingel. v. H. Kimmerle, 1959.
Schleiermacher, F. D., *Hermeneutik und Kirtik*, Frankfurt. a. M., 1997.
Scholtz G., "Schleiermachers Dialektik und Diltheys erkenntnistheoretische Logik", in: *Dilthey-Jahrbuch*, 1984.
Werner Schultz, "Die Grundlagen der Hermeneutik Schleiermachers, ihre Auswirkungen und ihre Grenzen", in: *Zeitschrift für Theologie und Kirche*, Bd. 50, 1953.

제3강 딜타이: '정신과학'의 방법론으로서 삶의 해석학

딜타이, 빌헬름, 『체험 · 표현 · 이해』, 이한우 옮김, 책세상, 2002.
딜타이, 빌헬름, 『정신과학에서 역사적 세계의 건립』, 김창래 옮김, 아카넷, 2009.
박순영, 「현대해석학의 위상」, 『현대철학특강』, 철학과현실사, 1999.
배학수, 「동작 속의 진리 - 하이데거와 무용」, 한국하이데거 편, 『하이데거의 예술철학』, 철학과현실사, 2002.
슈나이더스 베르너, 박종목 옮김, 『20세기 독일철학』, 동문선, 2005.
양해림, 「딜타이에 있어서 개인, 사회 그리고 상호작용의 변증법」, 『철학연구』, 제44집, 철학연구회, 1999.
양해림, 『현상학과의 대화』, 서광사, 2003.
양해림, 「딜타이는 삶의 객관화를 극복하였는가?」, 『해석학연구』, 제16집, 한국해석학회, 2005.
양해림, 『딜타이와 해석학적 사회체계』, 집문당, 2022.
팔머 리차드, 『해석학이란 무엇인가』, 이한우 옮김, 문예출판사, 2001.
Apel, Otto, Karl, "Das Verstehen(Eine Problemgeschichte als Begriffsgeschichte)", in: *Archiv für Begriffgeschichte*, I.

Bollonow, O. F., Dilthey, *Eine Einfürung in seine Philosophie*, Leipzig, 1936.
Dilthey, W., *Gesammelte Schrift*, V, Stuttgart, 1957.
Dilthey, W., *Gesammelte Schrift*, VII, Stuttgart, 1957.
Droysen, Johan Gustav, Droysen, J. G., *Historik, Vorlesung über Enzyklopaedie und Methodologie der Geschichte*, Muinch, 1960.
Habermas, Jürgen *Erkenntnis und Interesse*, Frankfurt. a. M., 1968.
Künzel, Heinrich, "Über Wilhelm Diltheys Begriff der Struktur und der Erlebnisausdrucks", in: *Deutsche Vierjahrschrift für Literaturwissenschaft und Geistesgeschichte*, 47, 1973.
Lorenz, Heinz, *Geschichte und Glaube bei Wilhelm Dilthey*, Leipzig, 1959.
Maraldo, John, C., Der *hermeneutische Zirkel*, Freiburg/München, 1974.
Weber, Dagmar, *Zum Problem des ästhetischen Erkennens bei Wilhelm Dilthey*, Kö ln, 1983.

제4강 하이데거: 실존론적 해석학

고명섭, 『하이데거 극장 1』, 한길사, 2022.
강학순, 『하이데거의 숙고적 사유』, 아카넷, 2021.
김동규, 『하이데거의 사이-예술론』, 그린비, 2019.
김진, 『퓌지스와 존재사유 - 자연철학과 존재론의 문제들』, 문예출판사, 2003.
박순영, 「해석학의 현대적 위상」, 『현대철학특강』, 철학과현실사, 1999.
박유정, 「하이데거에 있어서 언어와 신비」, 『범한철학』, 제30집, 범한철학회, 2003.
박찬국 · 이수정, 『하이데거 - 그의 생애와 사상』, 서울대학교출판부, 2004.
박찬국, 「초기 하이데거의 불안 개념에 대한 비판적 고찰-하이데거의 불안 분석은 얼마나 사태 자체를 드러내는가」, 『가톨릭신학과사상』, 제62호, 신학과 사상학회, 2008.
배학수, 「동작 속의 진리 - 하이데거와 무용」, 한국하이데거 편, 『하이데거의 예술철학』, 철학과현실사, 2002.
부르디외, 피에르, 『하이데거의 정치적 존재론』, 김문수 옮김, 그린비, 2022.
블라트너, W., 『하이데거의 존재와 시간 입문』, 한상연 옮김, 서광사, 2015.
소광희, 『하이데거의 존재와 시간강의』, 문예출판사, 2003.

송석랑, 『언어와 합리성의 새 차원』, 충남대학교출판부, 2003.
신상희, 『시간과 존재의 빛 - 하이데거의 시간이해와 생기사유』, 한길사, 2001.
신승환, 『해석학-새로운 사유를 위한 이해의 철학』, 아카넷, 2016.
오용득, 『자기쇄신의 학으로서의 철학적 해석학』, 책펴냄열린시, 2005.
이기상, 『하이데거의 실존과 언어』, 문예출판사, 1991.
이기상, 『하이데거의 존재와 현상』, 문예출판사, 1993.
이기상, 『하이데거의 존재사건학』, 서광사, 2003.
이기상, 『존재와 시간 - 인간은 죽음을 향한 존재』, 살림, 2006.
이기상 · 구연상, 『존재와 시간 용어 해설』, 까치, 1998.
이남인, 『현상학과 해석학 - 후썰의 초월론적 현상학과 하이데거의 해석학적 현상학』, 서울대학교출판부, 2004.
이서규, 『삶과 실존철학』, 서광사, 2002.
이선일, 「다시 써보는 예술작품의 근원」, 한국하이데거 편, 『하이데거의 예술철학』, 철학과현실사, 2002.
이수정, 「하이데거의 예술론」, 한국하이데거 편, 『하이데거의 예술철학』, 철학과현실사, 2002.
이수정 · 박찬국, 『하이데거 그의 생애와 사상』, 서울대학교 출판문화원, 1999.
인아이헨 한스, 『철학적 해석학』, 문성화 옮김, 문예출판사, 1998.
지프란스키, 뤼디거, 『하이데거-독일의 철학 거장과 그의 시대』, 박민수 옮김, 북캠퍼스, 2017.
최상욱, 「하이데거에게서의 예술의 본질」, 한국하이데거 편, 『하이데거의 예술철학』, 철학과현실사, 2002.
쿤츠만, 페터, 『그림으로 읽는 철학사』, 홍기수 외 옮김, 예경, 2003.
푀겔러, 오토 엮음, 『해석학의 철학』, 박순영 옮김, 서광사, 1993.
푀겔러, 오토, 『하이데거 사유의 길』, 이기상 · 이말숙 옮김, 문예출판사, 1993.
하버마스, 『현대성의 철학적 담론』, 이진우 옮김, 문예출판사, 1994.
하이데거, 마르틴, 『이정표 1』, 이선일 옮김, 한길사, 2013.
하이데거, 마르틴, 「예술작품의 근원」, 『숲길』, 나남, 2008.
하피터, 「하이데거 전기: 역사의 '현존재' 개현의 현상학」, 한국현상학회 기획, 『현상학, 현대철학을 열다』, 세창출판사, 2021.
하피터, 『하이데거의 사회존재론』, 그린비, 2022.
Habermas, J., *Der philosophische Diskurs der Moderne*, Frankfurt. a. M., 1988.

Habermas, J., *Heidegger-Werk und Weltanschauung*, victor Farias(Hg.), Heidegger und der Nationalsozialismus, S. Fischer, 1989.

Heidegger, M., "Unterwegs zur Sprache", in: *Gesammtausgabe*, Vittorio Klostermann, Frankfurt. a. M., 1975.

Heidegger, M., *Die Grundprobleme der Phänomenologie*, Frankfurt a. M., 1975.

Heidegger, M., *Ontologie-Hermeneutik der Faktizität*, Frankfurt. a. M., 1988(『존재론: 현사실성의 해석학』, 이기상 · 김재철 옮김, 서광사, 2002).

Heidegger, M., *Die Frage nach der Technik*, GA, 38. Frankfurt a. M., 1989.

Heidegger, M., GA Bd. 65, *Beiträge zur Philosophie*, Frankfurt. a. M., 1989.

Heidegger, M., *Sein und Zeit*, Tübingen, 1993(이기상 옮김, 『존재와 시간』, 까치, 2003).

Heidegger, M., *Der Ursprung des Kunstwerkes*, Stuttgart, 1978,

Herrmann, F. W. von. *Subjekt und Dasein*, Frankfurt. a. M., 1971.

Howard, Roy J., *Three faces of Hermeneutics*, Berkeley: University of Califonia Press, 1982.

Husserl, E., *Zur Phänomenologie des innen Zeitbewußtseins*, Husserliana, Bd. X, Haag, 1969.

Raj, Singh, R. "Heidegger and the world in an Artwort", in; *The journal of Aesthetics and Art criticism*, 48: 3 Summer, 1990.

Tugendhat, E., *Selbstbewußtsein und Selbstbestimmung*, Frankfurt. a. M., 1979.

Zammermann, F., *Einfühung in die Existenzphilosophie*, Darmstadt, 1997.

제5강 가다머: 철학적 해석학

김영한, 「가다머의 영향사 해석학」, 『철학』, 제24집, 한국철학회, 1985.

김영한, 『하이데거에서 리꾀르까지』, 박영사, 1998.

박남희, 「실현의 진리를 찾아 나선 한스 게오르그 가다머」, 철학아카데미, 『처음 읽는 독일 현대철학』, 동녘, 2014.

박순영, 「Gadamer의 해석학과 정신과학의 방법론」, 『철학』, 한국철학회,제24집, 1987.

박순영, 「해석학의 현대적 위상」, 엄정식 외, 『현대철학 특강』, 철학과현실사, 1998.

서동은, 『하이데거와 가다머의 예술이해』, 누멘, 2010.
샌델, 애덤, 『편견이란 무엇인가』, 이재석 옮김, 서울: 와이즈베리, 2015.
양해림, 「딜타이는 삶의 객관화를 극복하였는가?」, 『해석학연구』, 제16집, 한국해석학회, 2005.
양해림, 『딜타이와 해석학적 사회체계』, 집문당, 2022.
오용득, 『자기쇄신의 학으로서의 철학적 해석학』, 책펴냄열린시, 2005.
이정복, 「Gadamer에 있어서 해석학적 방법과 이해의 문제」, 『철학연구』, 제15집, 철학연구회, 1980.
이희용, 「편견에 대한 해석학적 성찰」, 『현대유럽철학연구』, 제52집, 한국유럽철학회, 2019.
이희용, 「해석학적 경험의 수행구조와 그 기초 해명」, 『해석학연구』, 제16집, 2005.
원키 조지아, 『가다머 - 해석학, 전통 그리고 이성』, 이한우 옮김, 민음사, 1999.
정낙림, 「가다머의 놀이철학-해석학과 놀이」, 『놀이하는 인간의 철학』, 책세상, 2017.
Barbarić, Damir, “Zur Sprachauffassung H.-G. Gadamers”, in: *Internationale Zeitschrift für Philosophie*, Heft. 2, 1996.
Bleicher, J., *Contemporary Hermeneutics, hermeneutics as Method, philosophy and Critics*, London, 1980.
Bubner, R., *Modern German Philosophy*, Translated by Eric Matthews, 1981.
Bultman, R., “Das Problem der Hermeneutik”, in: *Glaube und Verstehen*, Ⅱ, Tübingen, 1965.
Gadamer, H.-G., “Rhetorik. Hermeneutik und Ideologiekritik”, in: *Kleine Schriften*, I, Tübingen, 1967.
Gadamer, H.-G., *Mensch und Sprache*. in: *Kleine Schriften*, I, Tübingen, 1967.
Gadamer, H.-G., *Wahrheit und Methode, Grundzüge eine philosophischen Hermeneutik*, Tübingen: J. C. Moh, 1972(이길우 외 옮김, 『진리와 방법 I』, 문학동네, 2000).
Garrett, J. E., “Hans-Georg Gadamer on fusion of horizons”, in: *Man and World*, Vol. 17, 1978.
Grondin, Jean, *Hermeneutische Wahrheit? Zum Wahrheitsbegriff Hans-Georg*

Gadamers, Königstein/Ts: forum Academicum, 1982.

Heidegger, M., *Sein und Zeit*, Tübingen, 1972.

Palmer, Richard E., *Hermeneutics, Interpretation Theory in Schleiermacr, Dilthey, Heidegger, Gadamer*, Northwestern University, 1969.

Ricoeur R., *Hermeneutics & the human sciences*, Edited & translated by John B Thompson Cambridge University press, 1981.

Riedel, M., "Zwischen Plato und Aristotels-Heiggers doppelte Exposition der Seinsfrage und der Ansatz von Gadamers hermeneutischer Gesprä chsdialektik", in: *Allgemeine Zeitschrift für Philosophie*, 11, Jg, 1986.

Tietz, U., *Hans Georg Gadamer zur Einführung*, Hamburg, 2000.

제6강 리쾨르: 상징의 해석학

김종걸, 『리꾀르의 해석학적 철학』, 한들출판사, 2003.

도스 프랑스아, 『폴 리꾀르 – 삶의 의미들』, 이봉지 외 옮김, 동문선, 2005.

커니 리처드, 『현대 유럽철학의 흐름』, 임헌규 외 옮김, 동녘, 2000.

리쾨르 폴, 『악의 상징』, 문학과지성사, 양명수 옮김, 1994.

리쾨르 폴, 『텍스트에서 행동으로』, 박영수 · 남기영 편역, 아카넷, 2004.

윤성우, 『해석의 갈등』, 살림, 2005.

윤성우, 『폴 리꾀르의 철학』, 철학과현실사, 2004.

정기철, 『해석학과 학문과의 대화』, 문예출판사, 2004.

정기철, 『리꾀르의 철학』, 시와 진실, 2016.

Klemm, David E., *The Hermeneutical Theory of Paul Ricoeur*, Toronto: Associated University Press, 1974.

Ricoeur Paul, *The Symbplism of Interpretation*, Boston, 1969.

Ricoeuer, Paul, *The Symbolism of Will*, Boston, Press, 1967.

Ricoeur, Paul, *Temp et Récit*, I, Paris, 1983.

Ricoeur, Paul, *Du texte à l'action*(『텍스트에서 행위로』): Paris: Seuil, 1986.

Ricoeur, Paul, "Life: A Story in Search of a Narrator", *Facts and Values*, ed., by M. C. Doeser & J. N. Kraaj, Dordrecht, 1986.

Ricoeur, Paul, ed. by D. Ihde, *The Conflict of Interpretations-Essays in Hermeneutics*, I, Evanston: Northwestern Univ. Press, 1974.

제7강 하버마스: 의사소통행위의 해석학

김영한, 「하버마스의 정신분석적 심층해석학」, 『하이데거에서 리꾀르까 지』, 박영사, 1987.

김영한, 『쉴라이에르마허에서 리꾀르까지 - 현대해석학의 흐름』, 숭실대학교 출판부, 2011.

류동민, 『정치경제학 노트』, 충남대학교출판문화원, 2021.

백승균, 「하버마스의 철학형성과 진리이념」, 『현상과 인식』, 1983년, 가을.

백승균, 「J. 하버마스의 논의이론과 진리이념」, 『철학연구』, 제35집. 대한철학회.

장춘익, 『비판과 체계-하버마스와 루만-』, 21세기북스, 2022.

장춘익 외, 『하버마스의 사상』, 나남출판, 1996.

차인석, 『현대의 철학 Ⅰ』, 서울대학교출판부, 1982.

퓨지 미첼, 『하버마스의 사회사상』, 박만준 · 진기행 옮김, 부산대학교출판부, 1998.

하버마스, 『현대성의 철학적 담론』, 이진우 옮김, 문예출판사, 1994,

David Ingran, *Habermas and the Dialectic of Reason*, New Haven and London, 1987.

Gadamer, H.-G., "On the Scope and Function of Hermeneutic Reflection", in: *Continum*, 8, 1970.

Habermas, J., *Technik und Wissenschaft als Ideologie*, Frankfurt. a. M., 1973.

Habermas, J., *Theorie and Praxis*, Frankfurt. a. M., 1973.

Habermas, J., "Wahrheitstheorien", in: H. Fahrenbach(Hrsg), *Wirklichkeit und Reflexion*, Walter Schulz zum 60 Geburtstag, Frankfurt. a, M., 1973.

Habermas J., "Die Utopie des guten Herrschers", in: *Kultur und Kritik*, Frankfurt. a. M., 1977.

Habermas J., "What is universal pragmatics? Communication and Evolution of Society", Beacon Press, 1979.

Habermas, J., *Interess und Erkenntnis und Interess*, Frankfurt. a. M., 1979(강영계 옮김, 『인식과 관심』, 고려원, 1983).

Habermas, J., *Theorie des kommunikativen Handelns*, Bd. 1, Frankfurt. a. M., 1985(장춘익 옮김, 『의사소통행위이론 I』, 나남출판, 2006).

Habermas, J., *Theorie des kommunikativen Handelns*, Bd. II. Frankfurt. a. M.,

1985(장춘익 옮김, 『의사소통행위이론 II』, 나남출판, 2006).
Habermas, J., *Vorareitende Bemerkungen zu einer Theorie der kommunikativen Kompenz*, Frankfurt. a. M., 1985.
Habermas, J., *Vorstudien und Ergänzungen zur Theorie des kommunikativen Handelns*, Frankfurt. a. M., 1986.
Held, D., *Introduction to Theory*, University of California press, 1980.
Lorenzer, A., Sprachzerstörung und Rekonstruktion, Frankfurt. a. M., 1973.
Stölter, A. A., *Moderne und Kulturkritik, Jürgen Habermas und Erbe der kritischen Theorie*, Bonn, 1996.
Wellmer, Alfred, "Die Bedeutung der Frankfurter Schule heute", in: Honneth, A./Wellmer. A(Hg.), *Die Frankfurter Schuler und die Folgen*, Berlin, 1986.

제8강 로티: 네오프래그머티즘의 해석학

김동식, 『로티의 신실용주의』, 철학과현실사, 1996.
김동식, 「신실용주의의 메타철학적 메타포들」, 김동식 엮음, 『로티와 철학과 과학』, 철학과현실사, 1997.
김동식, 『로티 · 철학과 자연의 거울』, 울산대학교출판부, 2002.
김동식, 『프래그머티즘』, 아카넷, 2003.
김비환, 「로티의 자유주의 정치사상」, 김동식 엮음, 『로티와 사회문화』, 철학과현실사. 1997.
김용준 외, 『로티의 철학과 아이러니』, 아카넷, 2014.
데들레프, 호르스트, 『로티』, 박여성 옮김, 인간사랑, 2000.
오용득, 『철학적 해석학』, 책펴냄열린시, 2005.
이유선, 『리처드 로티』, 이룸, 2003.
이유선, 『듀이 & 로티 - 미국철학의 유산, 프래그머티즘 - 』, 김영사, 2006.
인아이헨, 한스, 『철학적 해석학』, 문성화 옮김, 문예출판사, 1998.
정여창, 「현대의 반인식론」, 『철학의 종언, 그 새로운 시작』, 청계, 2003.
Reese-Schäfer, Walter, *Richard Rorty*, Frankfurt/Main: New York: Campus Verlag, 1991.
Rorty, R., *Philosophy and the Mirror of Nature*, New Jersey: Princeton Univ.

Press, 1979.
Rorty, R., “Method, social science and social hope”, in: M.T. Gibbins, ed., *Interpreting politics*, 1987.
Rorty, R., *Objectivity, Relativism, and Truth*, Cambridge University Press, 1991.
Warnke, G., *Gadamer: Hermeneutics, Tradition and Reason*, Standford University Press, 1987.

제9강 데리다: 해체주의의 해석학

김보현, 『데리다입문』, 문예출판사, 2011.
김상환, 「정보화시대의 해체론의 이해」, 김상환 외, 『매체의 철학』, 나남출판, 1998.
레웰린, 존, 『데리다의 해체주의』, 서우석 · 김세중 옮김, 문학과지성사, 1988.
비거링, 클라우스, 유봉근 외 옮김, 『매체윤리』, 연세대학교출판부, 2004
사럽, 마단 외, 임헌규 옮김, 「데리다와 해체」, 『데리다와 푸꼬, 그리고 포스트모더니즘』, 인간사랑, 1997.
서동욱, 『타자의 철학』, 반비, 2022.
실버만, 휴 J 편, 『데리다의 해체주의: 철학과 사상』, 윤호병 옮김, 현대미학사, 1998.
양운덕, 「자크 데리다」, 『현대철학의 흐름』, 박정호 외 엮음, 동녘, 1996.
윤효녕, 「데리다: 형이상학 비판과 해체적 주체 개념」, 『주체개념의 비 판』, 서울대학교출판부, 2003.
이광래, 「데리다의 反철학으로서의 철학」, 서양철학사연구회, 『反철학으로서의 철학』, 지성의샘, 1994.
이서규, 「데리다: 해체와 차연」, 『현대철학의 이해』, 건국대학교출판부, 2003.
이승종, 「차연과 차이: 동아시아 사유로부터」, 『철학과 현실』, 가을호, 철학문화연구소, 1998.
지마, 페터, 『데리다와 예일학파』, 김혜진 옮김, 문학동네, 2001.
조광제, 「데리다: 해체와 차연」, 『현대철학의 광장』, 동녘, 2017.
커니, 리차드, 「자크 데리다」, 『현대유럽철학의 흐름』, 임헌규 외 옮김, 한울, 1992.
한상철, 『데리다의 해체주의에 대한 비판적 이해』, 철학과현실사, 2001.

Derrida, Jacques, *La voix le pheánománe*, Puf, 1967.
Derrida, Jacques, *La dissémination*, de Seuil, 1972.
Derrida, Jacques, *Position*, Minuit, 1972.
Derrida, Jacques, "Différance", *Speech and Pheomena*, trans. David B. Allison (Evanston: Northwestrn UP, 1973.
Derrida, Jacques, *Grammatologie*, Übersetz von Hans-Joerg Rheinberger und Hanns Zichler, Frankfurt. a. M., 1983.

제10강 푸코: 해석학과 구조주의를 넘어서

강미라, 『몸, 주체, 권력-메를로 퐁티와 푸코의 몸 개념-』, 이학사, 2013.
강영계, 『니체와 정신분석학 - 힘에의 의지와 심층의식에 관한 철학적 성 찰』, 서광사, 2003.
거팅 개리, 홍은영 외 옮김, 『미셸 푸코의 과학적 이성의 고고학』, 백의, 1999.
고스돈 크리스, 『인류학과 고고학』, 성춘택 옮김, 사군자, 2001.
김응종, 『아날학파의 역사체계』, 아르케, 2000.
김형효, 『구조주의의 사유체계와 사상』, 인간사랑, 1989.
들라캉파뉴 크리스티안, 『20세기 서양철학의 흐름』, 조현진 · 유서연 옮김, 이제이북스, 2006.
들뢰즈, 질, 『니체, 철학의 주사위』, 신명순 · 조정복 옮김, 인간사랑, 1993.
들뢰즈, 질, 『니체와 철학』, 이경신 옮김, 민음사, 2005.
들뢰즈, 질, 『푸코』, 허경 옮김, 동문선, 2003.
문성훈, 『미셸 푸코의 비판적 존재론-그 미완의 기획-』, 도서출판 길, 2010,
밀스, 사라, 『현재의 역사가 미셸 푸코』, 임정규 옮김, 앨피, 2016.
박승규, 『푸코의 정치윤리』, 철학과현실사, 2002.
박정호 외 엮음, 『현대유럽철학의 흐름』, 동녘, 2002.
박찬국, 『철학의 거장들』, 철학과현실사, 2005.
벡, 울리히, 『위험사회-새로운 근대(성)을 향하여』, 홍성태 옮김, 새물결, 1997.
벤담, 제러미, 『파놉티콘』, 신건수 옮김, 책세상, 2007.
빌루에, 피에르, 『푸코 읽기』, 나길래 옮김, 동문선, 2002.
삐아제, 장, 『구조주의 이론』, 김태수 엮음, 인간사랑, 1990.

송기형, 「구조주의 혁명의 연대기」, 임봉길 외, 『구조주의의 혁명』, 서울대학교출판부, 2000.
에리봉, 디디에, 『미셸 푸코 상』, 박정자 옮김, 시각과 언어, 1997.
앨런, 메길, 『극단의 예언자들: 니체, 하이데거, 푸코, 데리다』, 정일준 외 옮김, 새물결, 1996.
양운덕, 『미셸 푸코』, 살림, 2003.
양해림, 「푸코의 남성 주체에 관한 몸과 성의 담론」, 『범한철학』, 제31집, 범한철학회, 2003.
오생근, 『미셸 푸코와 현대성』, 나남, 2013.
윤평중, 「미셸 푸코」, 『현대철학의 흐름』, 박정호 외 엮음, 동녘, 2004.
이광래, 「니체와 푸코: 니체 상속인으로서의 푸코」, 한국니체학회 편, 『니체와 현대의 만남』, 세종출판사, 2001.
이광래, 『미셸 푸코』, 민음사, 1989.
장유정, 『노년세대의 갈등유형과 소수자 미디어교육 경험에 대한 현상학적 연구-들뢰즈 가타리의 소수자론과 푸코의 주체구성론을 중심으로-』, 중앙대학교 신문방송학과 대학원 박사학위 논문, 2016.
조광제, 「푸코: 권력의 통로인 몸」, 『현대철학의 광장』, 동녘, 2017.
하상복, 『푸코 & 하버마스 – 광기의 시대, 소통의 시대』, 김영사, 2009.
홍성욱, 「파놉티콘: 감시와 역감시의 역사」, 과학철학교육위원회편, 『과학기술의 철학적 이해』, 한양대학교출판부, 2003.
최몽룡 · 최성락, 「고고학사의 개요」, 『인물로 본 고고학사』, 한울 1997.
쿠르츠웨일, 에디츠, 『구조주의의 시대, 레비 – 스트로스에서 푸코까지』, 이광래 옮김, 종로서적, 1980.
포스터, 마크, 「푸코의 지식의 고고학과 지성사의 미래」, 라카프라 카프란(편), 『현대유럽지성사』, 강원대학교출판부, 1986.
포스터, 마크, 『푸꼬, 마르크스, 역사』, 이정우 옮김, 인간사랑, 1990.
프랑크, 만프레드, 『신구조주의란 무엇인가 2』, 김윤상 옮김, 인간사랑, 1999.
푸코, 미셸, 『감시와 처벌』, 오생근 옮김, 나남출판, 2003.
푸코, 미셸, 『비판이란 무엇인가』, 심세광 · 전혜리 외 옮김, 동녘, 2017.
푸코, 미셸, 『자기해석학의 기원』, 심세광 외 옮김, 동녘, 2022.
하버마스, 유르겐, 이진우 옮김, 『현대의 철학적 담론』, 문예출판사, 1994.
홍성욱, 『파놉티콘-정보사회 정보감옥』, 책세상, 2002.

Barthes, R., *Essais critiques*, Le Seuil, 1971.

Foucault, M., *The Archaeology of Knowledge*, New York, 1972(이정우 옮김, 『지식의 고고학』, 인간사랑, 2000).

Foucault, M., "Das Subjekt und Macht" ,H. L. Drefus & P. Rabinow hg. *Michel Foucault,:Jenseits von Strukturalismus und Hermeneutik*, Frankfurt. a. M, 1987.

M. Focault, *L'ordre du discours*(1993). 이정우 옮김, 『담론의 질서』, 중원문화, 2014.

Foucault, M., "What is Enlightenment?", in: *The Foucault Reader*, New York: Pantheon Books, 1984.

Foucault, M., *Wahnsinn und Gesellschaft*, Frankfurt. a. M., 1969.

Foucault, M., *Wahrheit und Macht: Interview von A. Fontana und P. Pasquini" Dispositive der Macht: Michel Foucault über Sexualität, Wissen und Wahrheit*, Berlin, 1978.

Foucault, M., *Überwachen und Strafen*, Frankfurt a. M. 1994.

Foucault, M.,"Zur Genealogie der Ethik", *Michel Foucault,:Jenseits von Strukturalismus und Hermeneutik*, Frankfurt. a. M, 1987.

Honegger, Claudia, "Michel Foucault und die serielle Geschichte", in: *Merkur* 407, 1982.

Hubert L. Dreyfus and Paul Rabinow, *Beyond Structuralism and Hermeneutics*, The University of Chicago, 1982.

Mari, Urs., *Michel Foucault*, München, 1988.

Megill Allan, "The Reception of Foucault by Historians", in: *Journal of the History Ideas*, Vol. 48, 1987.

O'Farrel, Clare, *Foucault-Historian or Philosopher?*, Macmillan, 1989.

Parsons, S., "Foucault and The problem of Kant", in: *Praxis International*. Vol. 8, 1988/1989.

Poster, Mark, "Foucault and History", in: *Social Reserch*, Vol. 49, 1982.

Racevskis, K., *Michel Foucault and Subversion of intellect*, Cornell University, 1983.

Roth, Michael S., Foucault's "History of Present", in: *History and Theory*, Vol. 20, 1981.

Schmid, Wilhelm, "Die Geburt der Geschichte", in: *Deutsche Zeitschrift für Philosophie*, 39, Jg, 1991.
Shaffer, E. S., "The Archaelogy of Michel Foucault", in: *Studies in History and Philosophy of Science*, 7, 1976.

제11강 라캉: 무의식의 해석학

그릭, 러셀, 『라캉과 언어와 철학』, 인간사랑, 2010.
권택영, 「욕망에서 사랑으로」, 『우리시대의 욕망 읽기』, 문예출판사, 1996.
김상환 · 홍준기 엮음, 『라캉의 재탄생』, 창비, 2005.
김석, 『에크리-라캉으로 이끄는 마법의 문자들』, 살림, 2018.
라캉, 자크, 『욕망이론』, 권택영 엮음, 문예출판사, 1998.
마이어스, 토니, 박정수 옮김, 『누가 슬라보예 지젝을 미워하는가』, 앨피, 2005.
무사이 마사아끼, 『라캉 대 라캉』, 임창석 · 이지영 옮김, 새물결, 2017.
문장수, 「자크 라캉의 주체 개념」, 『철학논총』, 제56집, 새한철학회, 2009.
박영진, 『라캉, 사랑, 바디우』, 에디투스, 2019.
양해림, 『자크 라캉이 들려주는 욕망이야기-남들이 원하는 것을 바라는 나, 이상한가요?-』, 자음과 모음, 2021.
윤효녕 외, 『주체 개념의 비판-데리다, 라캉, 알튀세, 푸코』, 서울대학교출판문화원, 1999.
융, 칼 G., 『무의식이란 무엇인가?』, 연암연가, 2016.
이유섭, 「자크 라캉」, 『103인의 현대사상』, 민음사, 1996.
이진경, 『노마디즘 I』, 휴머니스트, 2002.
이진경, 「라캉: 정신분석의 언어학」, 『철학과 굴뚝청소부』, 그린비, 2002.
이창재, 「무의식의 문제」, 『21c 사상과 문화의 새 지평』, 원광대학교출판부, 2003.
이창재, 『프로이트와의 대화』, 학지사, 2004.
정문영, 「라캉: 정신분석학과 개인 주체의 위상의 축소」, 윤효녕 외, 『주체개념의 비판』, 서울대학교출판부, 2003.
정재곤, 「라캉과 구조주의」, 임봉길 외, 『구조주의 혁명』, 서울대학교출판부, 2000.
지젝, 슬라보예, 『향락의 전이』, 이만우 옮김, 인간사랑, 2002.

최원, 『라캉 또는 알튀세르』, 난장, 2016.
홍준기, 『라캉과 현대철학』, 문예출판사, 2000.
호머, 숀, 『라캉읽기』, 김서영 옮김, 은행나무, 2017.
키에자, 로렌초, 『주체성과 타자성-철학으로 읽은 자크 라캉』, 이성민 옮김, 도서출판 난장, 2014.
Lacan, Jacques, *Le Séminaire XI: Les quatre concepts fondamentaux de la psychanalyse*, Paris: Seuil, 1973.
Lacan, Jacques, "Le stade du mirroir comme formateur de la fonction du Je telle qu'elle nous est révélée dans l'expérience psychanalytique", in *Ecrits*, 1966.
Lacan, Jacques, "L'instance de la lettre dans l'inconscient", in *Ecrits*, 1966.
Lacan, Jacques, "La psychanalyse et son enseignement", in *Ecrits*, 1966.
Lacan, Jacques, "Fonction et champ de la parole et du langage en psychanalyse", in *Ecrits*, 1966.
Lacan, Jacques,, *The Four Fundamental Concepts of Psychoanalysis; The Seminar of Jacques Lacan, Book XI*, trans Alan Sheridan, New York: W. W. Norton, 1998, 20쪽(맹정현 · 이수련 옮김, 『정신분석의 네 가지 근본개념: 자크 라캉 세미나 II』, 새물결, 2008).
Verhaeghe, Paul, "Causation and Destitutionof a Pre-ontological Non-enitry: On The Lacanian Subject", ed. D. Nobus, *Key Concepts of Lacanian Psychoanalysis*, London:Rebus Press, 1998.

제12강 맥클루언: 매체와 정보해석학

김균 · 정연교 지음, 『맥루언을 읽는다』, 궁리. 2006.
김성민, 「매체철학이란 무엇인가?」, 매체철학연구회, 『매체철학의 이해』, 인간사랑, 2005.
브루디외, 피에르, 『텔레비전에 대하여』, 현택수 옮김, 동문선, 1998.
백욱인, 「SNS시대의 미디어철학-맥클루언과 인터넷 미디어 미래」, 이광석 외, 『현대기술 · 미디어철학의 갈래들』, 그린비, 2016.
비거링, 크라우스, 유봉근 외 옮김, 『매체윤리』, 연세대학교출판부, 2004.
손동현, 「정보의 존재론적 구조와 특성」, 철학연구회, 『정보사회의 철학적 진단』, 1999.
양해림, 「미디어 이론가 마샬 맥루언의 매체결정과 이미지」, 『미의 퓨전시대』, 철학과현실사, 2001.
양해림, 「과학기술과 새로운 공간의 창출」, 『철학연구』, 대한철학회, 제100집, 2009.
양해림, 『미와 아트, 대중문화와 소통하다』, 집문당, 2014.
양해림 외, 『사이버공간과 윤리』, 충남대학교 출판문화원, 2019.
이기현, 「매체의 신화, 문화의 야만」, 김상환 외, 『매체의 철학』, 나남출판, 1998.
코플스톤 F., 『중세철학사』, 박영도 옮김, 서광사, 1988.
포스터, 마크, 『뉴 미디어의 철학』, 김성기 옮김, 민음사, 1994.
홍경자, 「새로운 매체문화에서 주체, 의미 그리고 현실의 문제들 - 정보해석학적 논의를 중심으로 - 」, 『철학연구』, 2005.
Hartmann, F., *Medienphilosophie*, Wien, 2000(『미디어 철학』, 이상엽 외 옮김, 북코리아, 2008.)
Innis, H. *Empire and Communications*, Oxford: Oxford University Press, 1950; *The Bias of Communication*. Toronto: University of Toronto Press, 1964.
McLuhan, E. and Frank Zingrone. *Essential McLuban*(eds.). New York: Basic Books, 1995.
Marshall, M., *The Medium is the Massage*, A Benthm Book, 1967.
McLuhan, M., *Understanding Media: The Extension of Man*, Cambridge, Massachusetts: The MIT Press, 1994.
McLuhan, M., and E., McLuhan, *Laws of Media: The New Science*, Toronto: University of Toronto Press, 1998.
McLuhan, M., & Powers, Bruce, *The global village*, Oxford University, 1998.
Mumford, L., *Technics and Civilization: The Interplay of Artefact and Culture*, New York: Harcourt Brace & World, 1934.

제13강 지젝: 세상 거꾸로 보기의 해석학

강준만, 『대중문화의 겉과 속』, 인물과 사상사, 1999.
김현강, 『슬라보예 지젝』, 이룸, 2009.
권택영, 『잉여쾌락의 시대 - 지젝이 본 후기산업사회』, 문예출판사, 2003.

마이어스, 토니, 『누가 슬라보예 지젝을 미워하는가』, 박정수 옮김, 앨피, 2005.
브루디외, 피에르, 『텔레비전에 대하여』, 현택수 옮김, 동문선, 1998.
안성찬, 「슬라보예 지젝 - 무와 이데올로기 사이의 숭고 - 」, 『숭고의 미학』, 유로서적, 2004.
양해림, 『미와 아트, 대중문화와 소통하다』, 집문당, 2014.
이창후, 『영화로 읽는 서양철학사』, 새문사, 2014.
지젝, 슬라보예, 『향락의 전이』, 이만우 옮김, 인간사랑, 2001.
지젝, 슬라보예, 『이데올로기라는 숭고한 대상』, 이수련 옮김, 인간사랑, 2002.
지젝, 슬라보예, 「매트릭스, 가해자의 히스테리 또는 새도매저키즘의 징후」, 슬라보예 지젝 외, 이운경 옮김, 『매트릭스로 철학하기』, 한문화, 2003.
케이, 사라, 『슬라보예 지젝』, 정현숙 옮김, 경성대학교출판부, 2006.

찾아보기

(ㅊ)

(ㅋ)

(ㅌ)

(ㅍ)

(ㅎ)

저자 소개

양해림(梁海林)

- 독일 베를린 훔볼트Humboldt 대학교 철학과에서 "빌헬름 딜타이의 사회철학: 개인과 사회의 관계(Wilhelm Diltheys Sozialphilosophie: das Verhältnis von Individuu und Gesellschaft)"라는 주제로 철학박사학위를 받았다.
- 현재 충남대학교 인문대학 철학과 교수로 재직하고 있다.
- "2022년 대한민국 인권상(국가인권위원회 위원장)"을 받았다.
- 지은 책

  『딜타이와 해석학적 사회체계』(2021대한민국학술원 우수학술도서, 2022), 『인권과 사회-개정판』(2021), 『현대인을 위한 서양철학사-개정4판』(2020), 『한스 요나스의 생태학적 사유읽기-개정증보판-』(2020), 『철학자의 시사산책』(2019), 『시사프리즘, 철학으로 한국사회를 읽다』(2018), 『니체와 그리스 비극』(2017), 『기후변화, 에코(ECO)철학으로 응답하다』(2016), 『미와 아트, 대중문화와 소통하다』(2014), 『한스 요나스의 환경이야기』(2009), 『자크 라캉의 욕망이야기』(2009), 『21세기 한국사회와 철학』(2008), 『에코·바이오테크시대의 책임윤리 - 과학기술의 진보와 이성』(대한민국학술원 우수학술도서, 2005), 『현상학과의 대화』(2003), 『미의 퓨전시대』(2002) 등 20여 권의 단독저서 및 『인지인문학-인지와 문화, 그리고 대중문화와 만나다-』(공저, 2015세종우수학술도서, 2016) 등 30여 권의 공저가 있다.
- 논문

  "니체의 허무주의적 데카당스 불교관", "한국사회의 갈등구조에 대한 철학적 성찰", "피터 싱어의 동물살생에 대한 선호공리주의의 비판적 고찰", "동양과 서양의 생산양식은 어떻게 이루어졌나 - 마르크스의 아시아적 생산양식을 중심으로 - ", "헤겔의 법철학과 공동체주의 - 도덕성과 인륜성을 중심으로 - ", "생태민주주의와 생태공동체적 사유", "고령화 사회에서 노동의 소외는 극복될 수 있는가?", "네오프래그머티즘의 해석학 - 로티의 철학과 자연의 거울을 중심으로 - ", "가다머의 해석학적 이해와 언어", "하이데거의 실존론적 해석학", "해석학과 사회체계: 딜타이와 루만의 이해개념을 중심으로", "인권과 민주주의 - 하버마스의 사실성과 타당성을 중심으로 - ", "니체의 몸철학 - 오해된 몸의 복권 - " 등 100여 편의 논문이 있다.